CompTIA Security+

Markus Kammermann, Markus a Campo

CompTIA Security+

mitp

Bibliografische Information der Deutschen Nationalbibliothek
Die Deutsche Nationalbibliothek verzeichnet diese Publikation in der Deutschen Nationalbibliografie; detaillierte bibliografische Daten sind im Internet über <http://dnb.d-nb.de> abrufbar.

Bei der Herstellung des Werkes haben wir uns zukunftsbewusst für umweltverträgliche und wiederverwertbare Materialien entschieden. Der Inhalt ist auf elementar chlorfreiem Papier gedruckt.

ISBN 978-3-8266-5522-7
1. Auflage 2011

E-Mail: kundenbetreuung@hjr-verlag.de

Telefon: +49 6221/489-555
Telefax: +49 6221/489-410

Weder der Autor noch der Verlag oder CompTIA garantieren durch den Inhalt dieses Werkes in irgendeiner Weise dafür, dass ein Examen bestanden wird.

Das Bildmaterial in diesem Buch verwenden wir unter Einhaltung der Copyrights und mit freundlicher Unterstützung folgender Unternehmen:

Datatrust AG, Schweiz
F-Secure GmbH, D-München
Fujitsu Computers Switzerland, CH-Regensdorf
NETGEAR® Switzerland GmbH, CH-Zürich
Zyxel Corporation

www.mitp.de

Lektorat: Ernst H. Pröfener
Korrektorat: Jürgen Dubau
Satz: III-satz, Husby, www.drei-satz.de
Druck: Beltz Druckpartner GmbH und Co. KG, Hemsbach

Inhaltsverzeichnis

Kapitel 1

Laras Welt

Guten Tag, ich bin Lara aus Neustadt. Ich arbeite bei der lokalen Agentur der Nixsicura-Versicherungen und möchte euch einen Einblick in meinen Alltag geben.

Morgens bin ich jeweils die Erste, die anfängt, also schließe ich die Agentur und die Büros auf und starte die Kaffeemaschine. Anschließend gehe ich an meinen Computer und starte diesen, damit ich Zugriff auf die Daten und das Internet habe. Am Morgen genieße ich die Ruhe, da kann ich alle Mails lesen und noch ein wenig im Internet surfen und lesen, was auf der Welt Interessantes geschieht.

So gegen acht Uhr kommen dann die beiden Kollegen und die Chefin, und der Arbeitstag beginnt: Kunden bedienen, Post öffnen, Verträge schreiben, Policen einordnen oder auch mal Reklamationen bearbeiten – was alles so anfällt in einer Versicherungsagentur. Über Mittag gehen wir meist alle zusammen essen. Wir kennen da ein kleines Restaurant in der Nähe, das ist über Mittag zwar gut gefüllt, aber für uns halten sie immer einen Tisch frei.

Am Mittagstisch kann man dann schon auch mal was Privates bereden, aber auch aktuelle Vorgänge vom Vormittag, interessante Schadensfälle oder die neuesten Ideen unserer Kunden können wir hier besprechen.

Am Nachmittag geht's dann noch einmal zurück in die Agentur. Während die beiden Kollegen dann öfter draußen bei den Kunden sind, bleibe ich in der Agentur für die Administration zuständig. So gegen 17 Uhr verlasse ich dann das Büro – abschließen tut in der Regel die Chefin, da sie länger bleibt.

Soweit ist eigentlich alles wie immer, wir sind organisiert, und ich bin zufrieden auf meiner Stelle. Nur nächste Woche, da müssen wir die Agentur für einen Tag schließen, weil unsere Zentrale uns alle in ein Sicherheitstraining schicken will. Ich weiß zwar nicht, wozu das gut sein soll, bei uns ist ja noch nie etwas passiert – aber wenn es angeordnet ist, gehen wir doch und sehen, was wird.

In Laras Welt spielt die Sicherheit keine aktive Rolle, aber ihre Welt ist für sie in Ordnung.

1.1 Das Ziel dieses Buches

Dieses Buch verfolgt zwei Ziele: Ihnen die Welt der Bedrohungen und Sicherheitsmaßnahmen im Umfeld von IT-Systemen und Netzwerken zu erklären und Sie auf die entsprechende Zertifizierung Ihrer Fähigkeiten als CompTIA Security+-Techniker/-in vorzubereiten.

Die folgenden Kapitel dieses Buches möchten Ihnen dazu das notwendige Wissen vermitteln und Ihnen eine Orientierung anbieten, damit Sie sich anschließend in den verschiedenen Themenbereichen von Netzwerken auskennen und auch in der Lage sind, Netzwerke zu verstehen und entsprechend zu betreuen. Dabei behandeln wir in diesen Kapiteln Netzwerke in ihren unterschiedlichsten Dimensionen vom Stecker bis zum E-Mail-Verkehr.

Zur Thematik dieses Buches gehört auch, dass Sie in der Lage sein werden, Kunden zu verstehen und deren Anforderungen an einen gewünschten Netzwerksupport umsetzen zu können.

Die Inhalte dieses Buches und eventuell auch ein dazugehöriges Seminar helfen Ihnen beim Verständnis der technischen Begriffe, der Funktionsweise von Netzwerken und ihren Protokollen sowie der Fehlerdiagnose.

Eine ausreichende eigene Praxis und ggf. eine ergänzende Ausbildung durch ein Seminar bieten Ihnen zusammen mit diesem Buch die notwendigen Grundlagen, um die Prüfung CompTIA Security+ bestehen zu können.

1.2 Die CompTIA Security+-Zertifizierung

CompTIA ist ein weltweiter Verband der Informationstechnologieindustrie. Der Verband wurde 1982 in den USA gegründet und zählt heute mehr als 20.000 Unternehmen und professionelle Branchenangehörige als Mitglieder. CompTIA hat Mitglieder in mehr als 100 Ländern und liefert Technologiestandards in den Bereichen internetfähige Dienstleistungen, E-Commerce, herstellerunabhängige Zertifizierung, Kundenzufriedenheit, Public Policy sowie Ausbildung. Die Arbeit von CompTIA beruht auf einem kooperierenden Mitgliedsmodell – d.h. Hersteller, Dienstleister und Beschäftigte der IT-Industrie arbeiten bei der Formulierung und Umsetzung konkreter Ziele zusammen.

Insbesondere im Bereich der IT-Zertifizierung hat sich CompTIA weltweit einen anerkannten Ruf erworben und ist heute der größte herstellerunabhängige Anbieter von Zertifizierungen im Bereich der Informationstechnologie. Basis für die anerkannte Güte der CompTIA-Zertifikate ist nicht zuletzt deren gemeinschaftliche Entwicklung durch IT-Fachkräfte und Mitgliedsunternehmen. Da ein großes Problem der IT-Branche der Wildwuchs zahlreicher Fort- und Weiterbildungsmaßnahmen ist, bietet CompTIA insbesondere im Rahmen der technischen

Grundausbildung hochwertige Zertifikate an, die Privatpersonen wie Unternehmen die Orientierung auf dem unübersichtlichen Fortbildungsmarkt erleichtern sollen.

Das erklärte Ziel von CompTIA ist die Etablierung von technischen und fachlichen, aber auch ethischen und professionellen Qualitätsstandards in der IT-Industrie. Indem Unternehmen wie Compaq, Hewlett-Packard, IBM, Intel, Microsoft und Ricoh die Entwicklung der Zertifikate von CompTIA finanziell und mit ihrem Know-how unterstützen, gewinnen diese gleichzeitig Anhaltspunkte über die Fachkompetenz und ein sicheres Anforderungsprofil für die Auswahl von Mitarbeitern.

Weltweit haben mehr als ca. 700.000 Menschen CompTIA-Zertifikate in PC-Anwendung, Netzwerktechnologie, Servertechnologie, Document Imaging, Internet- und E-Business-Technologie erworben.

Die CompTIA Security+-Zertifizierung wendet sich an Techniker mit eigener Berufserfahrung im Informatikbereich und bescheinigt dem Träger eine breite Kenntnis auf dem Gebiet der Netzwerktechnologie. Das bestandene Examen bedeutet, dass der Geprüfte über ausreichend Wissen verfügt, um eine Reihe von Netzwerkprodukten zu konfigurieren bzw. in Betrieb zu nehmen. Im Rahmen der Zertifizierung werden zahlreiche herstellerunabhängige Netzwerktechnologien behandelt. Die CompTIA Security+-Prüfung eignet sich sehr gut als Vorbereitung auf die IT-Zertifikate diverser im Networking-Sektor aktiven Hersteller.

Damit die Zertifizierung am Markt erfolgreich bleibt, wird die Prüfung durch die CompTIA regelmäßig aktualisiert und an die aktuellen Anforderungen angepasst. Die letzten beiden Anpassungen fanden 2008 und aktuell im Jahr 2011 statt. Die Inhalte der Zertifizierung werden anschließend in Lernzieldokumenten auf der Webseite von CompTIA unter `www.comptia.org` veröffentlicht (sogenannte »Exam Objectives«).

Die CompTIA Security+-Zertifizierung teilt sich in mehrere Fachgebiete, im CompTIA-Sprachgebrauch »Domains« genannt. In der aktuellen Fassung der Prüfung (SY0-301) lauten diese Themen wie folgt:

Domain 1	Netzwerksicherheit
Domain 2	Compliance und Betriebssicherheit
Domain 3	Bedrohungen und Schwachstellen
Domain 4	Anwendungs-, Daten- und Rechnersicherheit
Domain 5	Zugriffskontrolle und Identitätsmanagement
Domain 6	Kryptografie

Entsprechend behandeln wir in diesem Buch die oben genannten Themenbereiche ausführlich und vermitteln Ihnen mit diesem Buch das für die Zertifizierung notwendige Wissen. Im Zentrum steht dabei weniger die Auflistung aller möglichen und unmöglichen Abkürzungen aus diesem Bereich, sondern die Schaffung des Verständnisses für die Thematik Netzwerk. Für die Abkürzungen finden Sie zudem ein Glossar im Anhang dieses Buchs.

1.3 Voraussetzungen für CompTIA Security+

Gemäß der Webseite von CompTIA (`www.comptia.org`) sind die Minimalvoraussetzungen für das Bestehen der Security-Prüfung zwei Jahre Erfahrung im Netzwerkbereich mit Schwerpunkt Sicherheit.

Als adäquate Ausbildung, schreibt CompTIA zudem, werden CompTIA Network+ Kenntnisse empfohlen, aber nicht vorausgesetzt.

Diesen Empfehlungen stimmen wir Autoren natürlich zu. Dieses Buch kann Ihnen nicht die praktische Erfahrung vermitteln, die im Bereich Netzwerktechnik nötig ist, um erfolgreich zu sein. Wenn Sie sich also auf die Zertifizierung vorbereiten möchten, lesen Sie dieses Buch, aber installieren Sie auch selber ein Netzwerk, gehen Sie in ein Training oder bauen Sie mit Kollegen ein Netzwerk auf, und üben Sie sich praktisch in der Fehlerbehebung und Konfiguration.

Für weitere Informationen begeben Sie sich bitte auf die Webseite von CompTIA unter `www.comptia.de` oder `www.comptia.org`. Details zur Prüfung finden Sie zudem in Kapitel 17, »Die CompTIA Security+-Prüfung«.

1.4 Persönliches

Wer sich zum ersten Mal mit der Thematik Informatiksicherheit befasst, wird vor allem eins feststellen: Es wimmelt nur so von Fremdwörtern und Fachbegriffen. Von Antispam über Phishing bis zum Zombie ist alles vertreten, was das Alphabet zu bieten hat.

Als Autoren staunen wir manchmal selber über die Vielfalt an Kreationen, die hier geschaffen werden – auch wir mussten nachdenken, als wir zum ersten Mal über »Whaling« gelesen haben ... und längst nicht alle Begriffe verfügen über den gleichen Tiefsinn oder fachlichen Rückhalt.

Ein Buch zur Informatiksicherheit zu verfassen ist daher eine Gratwanderung zwischen der notwendigen Vermittlung von Fachwissen und der Zurückhaltung gegen ein Überborden von Pseudofachbegriffen und (vorwiegend) Anglizismen, die mehr vorgeben, als sie wirklich bedeuten.

Wir haben uns daher beim Schreiben bemüht, Ihnen einen Überblick zu ermöglichen, sich mit den zentralen Themen vertraut zu machen, und vor allem die Thematik zu verstehen, aber nicht schlicht Begriffe auswendig zu lernen – obwohl sich das prüfungstechnisch nicht ganz vermeiden lässt.

Es ist unsere feste Hoffnung, dass wir Sie mit diesem Buch für die Thematik der Informationssicherheit über die reine Prüfung hinaus sensibilisieren können, Ihnen Hilfen an die Hand geben und Sie ausrüsten für einen sinnvollen und sicheren Umgang mit Informationen und Informatikmitteln in Ihrem Umfeld.

Zu den Autoren selber:

Markus a Campo studierte Technische Informatik an der RWTH Aachen und promovierte dort 1991. Nach einer Anstellung in der IT-Abteilung eines Aluminiumkonzerns arbeitet er seit 1997 als Berater, Autor und Schulungsreferent mit dem Schwerpunkt IT-Sicherheit. Seine Themen sind: Netzwerksicherheit allgemein, Security-Audits, Incident-Response, IT-Forensik, Smartphones, Sicherheit von Web-Applikationen sowie die Standards BSI-Grundschutzkataloge und ISO 27001. Er ist von der IHK Aachen öffentlich bestellter und vereidigter Sachverständiger mit dem Bestellungstenor »Systeme und Anwendungen der Informationsverarbeitung, insbesondere im Bereich IT-Sicherheit«.

Markus Kammermann, Autor der Bücher »CompTIA Network+« und »CompTIA A+« (MITP) und Mitautor von »CompTIA Server+«, ist seit vielen Jahren als Systemtechniker und Ausbilder tätig. Nebst beruflichen Ausbildungen als ICT-Projektleiter und Ausbilder ist er CompTIA PDI+, Network+, Server+ und CTT+ zertifiziert und engagiert sich seit über 20 Jahren als Trainer, Unternehmensberater für Ausbildungsprogramme und Prüfungsexperte, unter anderem im eigens entwickelten certins®-Programm für technische Trainer (www.certins.eu) sowie in der Grund- und höheren Berufsbildung für Informatik in der Schweiz.

Bedanken möchten wir uns auch bei Jürg Fischer, der uns zu Beginn des Buches mit einigen Inhalten und Kapiteln sowie Grafiken unterstützt hat.

Bedanken möchten wir uns an dieser Stelle zudem ausdrücklich bei den Herstellern und ihren Kommunikationsabteilungen, die uns mit Bildmaterial und Unterlagen unterstützt haben.

Einmal mehr möchten wir uns an dieser Stelle bei Ernst-Heinrich Pröfener und dem MITP-Verlag bedanken. Dies ist nun schon unser viertes Buch in dieser Reihe, das wir gemeinsam publizieren. Als Autoren freut es uns, dass wir diese Zusammenarbeit über Jahre so erfolgreich fortsetzen dürfen.

Kapitel 2

Vorbereitungen

Bevor wir uns an die eigentlichen Themen von CompTIA Security+ heranwagen, möchten wir Ihnen die Gelegenheit geben, die Voraussetzungen für diese Zertifizierung in einem kleinen Test an sich selber zu überprüfen.

Sie finden daher im Folgenden 25 Fragen, welche sich, basierend auf den von CompTIA definierten Voraussetzungen, vorwiegend mit Netzwerkfragen befassen und Ihnen die Einschätzung erlauben sollen, ob Sie das für die folgenden Themen benötigte Verständnis und Fachwissen mitbringen.

Frage 1

Sie verkaufen Ihrem Kunden eine Komponente mit der Aufschrift »IEEE 802.11n«. Worum handelt es sich technisch gesehen bei diesem Produkt?

A VLAN-Technologie

B USB 3.0-Anschluss

C USB 1.n-Anschluss

D W-LAN-Technologie

E Firewire-Anschluss

F FDDI-Anschluss

Frage 2

Welches ist die maximale Segmentlänge eines Gigabit-Ethernet-Segments, wenn Sie dieses mit 1000BASE-LX verkabeln?

A 5.500 Meter

B 3.000 Meter

C 550 Meter

D 250 Meter

E 100 Meter

Frage 3

In einem Unternehmen sollen sich dessen Gäste mit dem Internet verbinden können, ohne dass sie irgendeinen Zugriff auf das Firmennetzwerk erhalten. Alle Verbindungen müssen über den gleichen Switch gemanagt werden können. Was werden Sie unternehmen, um diese Anforderungen zu erfüllen?

A RIPv2 implementieren
B OS-PF installieren
C Port Trunking implementieren
D VLAN-Funktionalität implementieren

Frage 4

Bei allen folgenden Anschlüssen handelt es sich um fiberoptische Anschlüsse mit Ausnahme von:

A BNC (British Naval Connector)
B MT-RJ (Mechanical Transfer-Registered Jack)
C ST (Straight Type)
D SC (Standard Connector)

Frage 5

Ein Netzwerk gemäß 802.11n-Standard kann auf Frequenzen im folgenden Frequenzband senden:

A 900 MHz
B 1.9 GHz
C 2.9 GHz
D 5.0 GHz
E 11.0 GHz

Frage 6

Nicht jedes Kabelmedium reagiert gleich auf elektromagnetische Störungen. Welches der folgenden Medien ist am anfälligsten für diese Störungen?

A UTP-Kategorie 5e
B MMF optisches Kabel
C RG-58 Koaxial
D SMF optisches Kabel

Frage 7

Mit welchem der folgenden Geräte können Sie ein 802.3-Netzwerk mit einem 802.11-Netzwerk verbinden?

A Modem

B Repeater

C PVC (Permanent Virtual Circuit)

D Gateway

E WAP (Wireless Access Point)

Frage 8

Welche Netzwerkschnittstelle arbeitet auf den oberen drei OSI-Layern und verbindet Netzwerke unterschiedlicher Architekturen?

A Hub

B Modem

C Switch

D Router

E Gateway

Frage 9

Die Arbeitstation, an der Sie gerade arbeiten, zeigt Ihnen eine Fehlermeldung. Diese besagt, dass die IP-Adresse Ihres Rechners doppelt im Netzwerk entdeckt worden ist. Nachdem Sie sich eine Ursache für dieses Problem überlegt haben, was ist Ihr nächster Schritt?

A Einen Aktionsplan zur Lösung umsetzen

B Zusätzliche Fakten zum Auftreten des Problems sammeln

C Die Lösung dokumentieren

D Den Aktionsplan testen und die Ergebnisse auswerten

Frage 10

Welcher Programmaufruf erzeugt das folgende Ergebnis auf dem Bildschirm:

```
Aktive Verbindungen
Proto     Lokale Adresse        Remoteadresse              Status
TCP       workstation:1135      192.168.2.68:microsoft     HERGESTELLT
TCP       workstation:3845      server05.mitp.de:HTTP      WARTEND
```

A arp

B ifconfig

C tracert

D netstat

E proto /a

F nslookup

Frage 11

Ein Benutzer meldet sich beim Administrator, dass er keinen Zugriff mehr auf das Netzwerk hat. Er kann keinen erfolgreichen *ping*-Befehl an die anderen Stationen in seinem Netz absetzen, und *ipconfig* zeigt ihm zwar eine gültige IP-Adresse an, die aber nicht das korrekte Subnetz anzeigt, in dem sich Rechner eigentlich befindet. Welcher Ansatz beschreibt dieses Problem am ehesten richtig?

A Der DHCP-Server hat die Kommunikationsverbindung zum passenden DNS-Server verloren.

B Der WINS-Server ist offline.

C Der DHCP-Server ist offline.

D Jemand hat einen zweiten DHCP-Server aktiviert.

E Die Netzwerkkarte ist defekt.

Frage 12

Ihr IT-Administrator hat kürzlich einen neuen DNS-Server ins Netzwerk integriert und den bisherigen DNS-Server vom Netz genommen. Der neue DNS-Server verfügt über eine neue IP-Adress, und dieser Wechsel wurde im DHCP-Server auch eingetragen.

Dennoch können in der Folge einige Arbeitsstationen Webadressen wie z.B. `www.educomp.eu` aufrufen, während andere dies nicht können. Welche Arbeitsstationen sind in der Lage, die Adresse `www.educomp.eu` aufzurufen?

A Jede Arbeitsstation, die seit der Umstellung den DHCP-Lease nicht erneuert hat.

B Jede Arbeitsstation mit einer statischen IP-Adresse.

C Jede Arbeitsstation, die mindestens über Internet Explorer 5.5 SP2 verfügt.

D Jede Arbeitstation, welche den DHCP-Lease seit der Umstellung erneuert hat.

Frage 13

Ein Webdesigner hat den Webauftritt der Firma umgebaut und dabei so programmiert, dass ab jetzt HTTPS notwendig ist, um eine Verbindung zum Server herzustellen.

Nach dieser Umstellung ist der Webserver zwar für die Intranet-Benutzer nach wie vor zugänglich, aber vom Internet ist keine Verbindungsaufnahme mehr zu diesem Webserver möglich. Was verursacht dieses Problem am ehesten?

A Die Firewall des Unternehmens verweigert den Zugang auf Port 389.

B Die Firewall des Unternehmens verweigert den Zugang auf Port 443.

C Der Webserver des Unternehmens verweigert Zugang auf Port 8080.

D Der DNS-Server des Unternehmens ist deaktiviert.

Frage 14

Welches der folgenden Kommandos resultiert in der Anzeige der MAC-Adresse eines bestimmten Computers?

A nslookup

B ipconfig /all

C nbtstat -r

D netstat

Frage 15

Eine Antivirensoftware bietet dann den besten Schutz, wenn sie ... (vervollständigen Sie bitte den Satz korrekt):

A auf den Arbeitsstationen installiert ist, die mit dem Internet verbunden sind.

B auf den Servern installiert ist.

C auf den Servern und allen Arbeitstationen installiert ist.

D auf dem Internet-Gateway installiert ist.

Frage 16

Der Netzwerkadministrator muss das Notebook eines Außendienstmitarbeiters einrichten. Dabei muss er dem Verkäufer ermöglichen, im Außeneinsatz via Internet eine sichere Verbindung zum Firmennetzwerk aufbauen zu können. Was muss der Administrator bei der Einrichtung konfigurieren?

A Er installiert das IPX/SPX-Protokoll für sicheren Datenaustausch.

B Er installiert eine Firewall auf dem Laptop.

C Er richtet einen drahtlosen Zugang ein.

D Er erstellt eine PPTP-Verbindung.

E Er stellt sicher, dass die Antivirensoftware jederzeit auf dem neuesten Stand ist.

Frage 17

Ihr Netzwerkadministrator implementiert mehrere VLANs auf einem Switch. Welches Gerät bzw. welche Funktionalität benötigt er dabei, um den Datenverkehr zwischen den verschiedenen VLANs zu ermöglichen?

A Nichts

B Einen zweiten Switch

C Einen zusätzlichen Switch pro VLAN

D Einen Router

Frage 18

Beim Einsatz einer Routing-Tabelle wird welche der folgenden Routen am *ehesten* ausgewählt?

A Die niedrigste administrative Distanz

B Die höchste administrative Distanz

C Die BGP-Route

D Die Route mit dem höchsten Hop-Count

Frage 19

Wenn ein Windows-Netzwerk auf eine Ressource zugreift, werden die »Credentials« (Zugriffsberechtigungen) durch den Gebrauch eines ________ (setzen Sie den korrekten Begriff ein) übertragen.

A Passworts

B Tokens

C Cookies

D Keys

E Usernames

Frage 20

Sie installieren ein neues Netzwerk und setzen dazu zwei Domaincontroller auf. Der eine hat die Adresse 192.168.25.5 und der andere die Adresse 192.168.25.140. Beide fungieren als DHCP-Server im Range 192.168.25.1–192.168.25.254 mit dem Subnetz 255.255.255.0. Nach der Installation treten verschiedentlich DHCP-Fehler auf. Wie können Sie diese beheben?

- A Ändern Sie das Subnetz auf 255.255.0.0, damit Sie mehr verfügbare Adressen erhalten.
- B Die Server halten die IP-Adressen zu lange im Cache Memory fest. Booten Sie die beiden Server neu, und das Problem ist behoben.
- C Teilen Sie den DHCP IP-Bereich zwischen den beiden Servern auf, indem Sie den Bereich im DHCP-Server halbieren, sodass einer die Adressen von 192.168.25.1-127 und der andere von 192.168.25.128-254 vergibt.
- D Teilen Sie den DHCP-IP-Bereich zwischen den beiden Servern auf, indem Sie das Subnetz auf 255.255.255.128 ändern und den IP-Bereich halbieren, sodass einer die Adressen von 192.168.25.1-127 und der andere von 192.168.25.128-254 vergeben kann.

Frage 21

Sie arbeiten als Netzwerkadministrator in Ihrer Firma. Sie müssen den Bandbreitenbedarf für das Internet reduzieren. Wie können Sie dies erreichen?

- A Sie installieren einen WINS-Server.
- B Sie installieren einen Proxy-Server.
- C Sie installieren einen HTTP-Dienst.
- D Sie installieren einen DHCP-Server.
- E Sie installieren einen DNS-Server.
- F Sie installieren eine Firewall.

Frage 22

Der Systemadministrator konfiguriert den MS Exchange-Server für den Einsatz von E-Mail. Der Server muss dabei Mails an die Partnerfirma versenden können, welche ihrerseits einen Groupwise-Server von Novell einsetzt. Welches Protokoll wird eingesetzt, um Mails zwischen diesen beiden Server hin und her zu senden?

- A POP3 (Post Office Protocol Version 3)
- B CSNW (Client Service for NetWare)
- C SMTP (Simple Mail Transfer Protocol)
- D TCP/IP
- E WNMG (Windows NetWare Mail Gateway)

Frage 23

Der Administrator eines Netzwerks ist zuständig für ein kleines lokales Netzwerk, in welchem zehn Stationen verkabelt durch einen Switch verbunden sind. Der Switch wiederum ist an einen Router angeschlossen, der die Verbindung ins Internet sicherstellt. Eines Tages wird er von einem Benutzer um Hilfe gebeten, weil dieser nicht mehr ins Internet kommt. Alle anderen Benutzer haben aber Zugriff auf das Internet. Was muss dieser Administrator prüfen, um dieses Problem anzugehen?

- A Netzwerkkarte der betroffenen Maschine, Port des Switchs, der zum Router verbunden ist
- B Netzwerkkabel von der betroffenen Maschine zum Switch, Port am Switch, bei dem dieser Rechner eingesteckt ist, Zugangskabel vom Internet zum Router
- C Netzwerkkarte der betroffenen Maschine, Netzwerkkabel von dieser Maschine zum Switch, Port am Switch, bei dem dieser Rechner eingesteckt ist
- D Netzwerkkabel der betroffenen Maschine, Netzwerkkabel aller anderen Benutzer und deren Ports am Switch, Uplink-Port zum Router

Frage 24

Ihr Unternehmen möchte für das neue Verkaufssystem eine sichere Netzwerkumgebung einrichten. Daher muss der Netzwerkverkehr dieses Systems aus Sicherheitsgründen isoliert werden. Das aktuelle Adressschema lautet 10.22.33.x /24. Welche der folgenden Methoden hilft am besten, um den Verkehr zu separieren?

- A Ein dediziertes Broadcast-Netzwerk für das neue System
- B Ein dediziertes Multicast-Netzwerk für das neue System
- C Der Wechsel der IP-Adressen in ein C-Klassenschema
- D Die Einrichtung eines eigenen Subnetzes für das neue System

Frage 25

Welches Netzwerkgerät kann regelbasiert Pakete filtern?

- A Firewall
- B Layer-2 Switch
- C Hub
- D Bridge

Die Antworten zu diesen Fragen finden Sie in Anhang A, »Antworten zu den Fragen«.

Das Ziel dieses Tests ist es, mindestens 60 % der Fragen richtig zu beantworten. Erreichen Sie dieses Ziel, sind Sie gut vorbereitet auf die folgenden Kapitel. Erreichen Sie dieses Ziel nicht, empfehlen wir Ihnen, sich vorgängig intensiver mit Netzwerktechnik auseinanderzusetzen, zum Beispiel anhand der CompTIA Network+-Zertifizierung, zu welcher von diesen Autoren ebenfalls ein deutschsprachiges Buch vorliegt, »CompTIA Network+« aus dem MITP-Verlag.

Kapitel 3

Wo liegt denn das Problem?

Wenn Sie sich an den Text aus der Einleitung des ersten Kapitels erinnern, so scheint Laras Welt ähnlich der Welt vieler Anwender wie auch Informatikspezialisten ohne große Anstrengung in Ordnung zu sein. Wozu also der ganze Aufwand zum Thema Sicherheit?

Lesen Sie daher an dieser Stelle bitte den Text in Kapitel 1 noch einmal in Ruhe durch. Notieren Sie sich dabei auf einem Blatt Papier alle Ereignisse im Bericht von Lara, an denen Informationen in Form von Daten, Dokumenten oder Gesprächen weitergegeben werden. Blättern Sie jetzt also zurück und lesen Sie...

Hinweis

Nehmen Sie sich Ihre Zeit für Notizen.

Haben Sie den Text noch einmal gelesen? Und sich dabei Notizen gemacht?

Fragen Sie sich jetzt nach dem Lesen anhand Ihrer Notizen, wer an diesen Informationen Interesse haben könnte, und notieren Sie sich, ob diese Interessenten berechtigter- oder unberechtigterweise daran interessiert sind.

Und jetzt machen wir den letzten Schritt mit dieser Situation: Was passiert, wenn diese Informationen in falsche Hände gelangen? Und wie groß sind die Risiken, wenn Sie die einzelnen Tatbestände Revue passieren lassen?

Damit haben wir miteinander die Ausgangslage geschaffen, warum die Thematik »Sicherheit« von Bedeutung sein kann und vielerorts auch sein *muss*.

Stellen Sie sich an diesem Punkt doch einmal folgende Fragen zu Ihrem eigenen Umfeld, in dem Sie arbeiten:

- Wie wird bei Ihnen im Unternehmen der Internetzugang der Mitarbeiter geregelt? Gibt es dafür Richtlinien oder Beschränkungen?
- Verfügen Sie über drahtlose Netzwerke und wie sind diese eingerichtet?
- Verfügen Ihre Mitarbeiter über Installationsrechte auf den eigenen Systemen, an denen sie arbeiten?
- Werden in Ihrem Unternehmen Notebooks eingesetzt? Und wie werden diese aktualisiert sowie auf mögliche Gefährdungen überprüft?
- Wissen Sie, welche Ports wozu auf Ihren Firmen-Firewalls offen sind?

- Wie häufig müssen Ihre Mitarbeiter Passwörter für den Systemzugang wechseln? Und wie viele Passwörter müssen die Mitarbeiter kennen?
- Wer darf in Ihrem Unternehmen Auskünfte an externe Personen erteilen?
- Wie ist der Umgang mit E-Mails geregelt? Wer darf was lesen, anhängen, versenden, öffnen, weiterleiten oder speichern?

Nehmen Sie sich auch hier die Zeit, um Ihre persönlichen Antworten zu diesen Fragen zu notieren. Dann lesen Sie weiter, und wir sprechen über die Risiken im Umgang mit Informationen und Informationstechnik.

Hinweis

Nehmen Sie sich Ihre Zeit für Notizen.

3.1 Die Risikolage

Informationen sind wichtige Werte für ein Unternehmen und müssen daher entsprechend gesichert und geschützt werden. Denken Sie nur an Konstruktionspläne, Offerten, Rechnungen, Patentanmeldungen oder andere Informationen, welche für die Wertschöpfung eines Unternehmens von Bedeutung sind.

Zahlreiche dieser Informationen werden heute mithilfe der Informatik erstellt, bearbeitet, gespeichert und transportiert. Ebenso zahlreich ist die Anzahl von Geschäftsprozessen, welche ohne eine zuverlässige Informatik gar nicht mehr denkbar sind. Aus dieser Verknüpfung von Information und Informatik ergibt sich unser Fokus für die Informationssicherheit.

Nach dieser Einleitung, dem Lesen des Textes und Ihren eigenen Notizen und Gedankengängen ist Ihnen wahrscheinlich bewusst, dass zu vielen Gelegenheiten und in verschiedenster Umgebung Informationen und Daten weitergereicht werden, und dass es ebenso viele Risiken gibt, denen diese Daten und die dazu gehörigen Systeme ausgesetzt sind.

Mögliche Risiken können ganz unterschiedlicher Herkunft sein:

- Irrtümer oder Fehler der eigenen Mitarbeiter im Umgang mit Systemen und Anwendungen
- Hard- oder Softwaremängel
- Defekte an Systemen und Netzwerkkomponenten
- Mangelnde Dokumentationen
- Höhere Gewalt wie Feuer oder Wasser
- Malware wie Viren, Würmer und Trojaner
- Informationsdiebstahl und Spionage
- Hacking, d.h. bewusstes Eindringen in Systeme und Netzwerke
- Sabotage und technische Angriffe

Bedeutung und Auftreten dieser Risiken verändern sich immer wieder von Jahr zu Jahr, doch insgesamt lässt sich bis heute zuverlässig aussagen: Die häufigsten Risikoquellen sind bis heute die menschlichen Irrtümer und Fehler, gefolgt von Malware aller Art.

Etwas anders sieht die Schadenstatistik aus. Hier sind die Schäden, welche durch Malware verursacht werden, erstens größer und zweitens häufig teurer als diejenigen, welche durch Mitarbeiter entstehen.

3.2 Kategorien der Informationssicherheit

Die Informationssicherheit, auch IT-Sicherheit oder Datensicherheit genannt, bedient sich zur Beschreibung des Schutzes vor Schaden dreier Kategorien, auch die drei Grundsäulen der Informationssicherheit genannt:

- Vertraulichkeit
- Integrität
- Verfügbarkeit

Vertraulichkeit ist der Schutz vor unbefugter Preisgabe von Informationen. Vertrauliche Daten und Informationen dürfen ausschließlich Befugten in der zulässigen Weise zugänglich sein. Niemand anderes darf an die Daten gelangen, weder technisch noch organisatorisch.

Integrität bezeichnet die Sicherstellung der Korrektheit (Unversehrtheit) von Daten und der korrekten Funktionsweise von Systemen. Wenn der Begriff Integrität auf »Daten« angewendet wird, drückt er aus, dass die Daten vollständig und unverändert sind. In der Informationstechnik wird er in der Regel aber weiter gefasst und auf »Informationen« angewendet. Der Begriff »Information« wird dabei für »Daten« verwendet, denen je nach Zusammenhang bestimmte Attribute wie z. B. Autor oder Zeitpunkt der Erstellung zugeordnet werden können. Der Verlust der Integrität von Informationen kann daher bedeuten, dass diese unerlaubt verändert, Angaben zum Autor verfälscht oder Zeitangaben zur Erstellung manipuliert wurden.

Die *Verfügbarkeit* von Dienstleistungen, Funktionen eines IT-Systems, IT-Anwendungen oder IT-Netzen oder auch von Informationen ist vorhanden, wenn diese von den Anwendern stets wie vorgesehen genutzt werden können. Die Verfügbarkeit hat dabei zwei Aspekte: Sie muss gewährleistet sein, aber in ihrer Zugänglichkeit auch auf die Berechtigten gemäß Vertraulichkeit und Integrität beschränkt werden.

Weitere Kategorien, welche ergänzend genannt werden können, sind die Verbindlichkeit sowie die Authentizität von Informationen. Die drei oben genannten sind aber die zentralen drei Säulen der Sicherheit.

Der Schutz von Informatiksystemen und -daten wird wiederum in drei Kategorien unterteilt:

- Physische Sicherheit
- Technische Sicherheit
- Organisatorische Sicherheit

Die *physische Sicherheit* kümmert sich um Bedrohungen und Maßnahmen, welche baulich oder gebäudebezogen sind wie etwa der Hochwasserschutz für einen Serverraum oder die Stromversorgung von IT-Systemen.

Die *technische Sicherheit* kümmert sich um alle Risiken und Maßnahmen im Zusammenhang mit den eigentlichen Systemen. Viren und deren Bekämpfung, die Implementierung von Verschlüsselungstechnologien oder der Schutz von Netzwerken sind Themen dieser Kategorie.

Die *organisatorische Sicherheit* kümmert sich letztlich um alle Fragen der Organisation, etwa wer für die Datensicherung zuständig ist, wie häufig ein Passwort gewechselt werden muss oder wer die Meldeliste für Notfälle führt.

Aus operationaler Sicht ergeben sich damit für Techniker und Administratoren unterschiedliche Felder, die es in allen drei obigen Bereichen zu berücksichtigen gilt:

- Computer und Netzwerke
- Sicherheitsmanagement und Richtlinien
- Authentifikation und Zugriffsrechte
- Datensicherung und -sicherstellung
- Gesetzliche Aspekte wie die Sicherstellung des Datenschutzes und dessen unmittelbare Folgen für die Informationssicherheit

Gerade das Sicherheitsmanagement und die dazugehörigen Richtlinien sind aber nicht einzig das Gebiet der technischen Verantwortlichen, da es für die Implementierung dieser Themen zwingend die Unterstützung der Betriebsleitung braucht. Sicherheitsverantwortliche können und müssen die notwendigen Vorschläge einbringen. Doch nur, wenn die Sicherheitspolitik durch das Management getragen und gefördert wird, kann sie im Unternehmen auch wirklich umgesetzt werden. Und damit kommen wir zum nächsten Thema: den Lösungsansätzen für die Sicherheitsproblematik.

3.3 Lösungsansätze im Überblick

Nachdem wir bisher die Problematik der Informatiksicherheit angesprochen haben, wird es Zeit, dass wir uns an dieser Stelle mit Lösungen für diese Probleme auseinandersetzen.

Natürlich geht dies nicht in einem einzigen Kapitel, sonst bräuchte es kaum eine eigene Zertifizierung für diese Thematik. Vielmehr möchte das vorliegende Kapitel in verschiedene Lösungsansätze einführen, welche anschließend in den folgenden Kapiteln detailliert vorgestellt werden.

Halten wir uns das noch einmal vor Augen. Die drei Grundsäulen der Informatiksicherheit lauten:

- Integrität: Es darf auf keine Weise und niemandem möglich sein, zufällig oder unberechtigt Daten zu verändern.
- Vertraulichkeit: Nur wer berechtigt ist, darf Zugriff auf für ihn bestimmte Daten und Bearbeitungsmöglichkeiten erhalten.
- Verfügbarkeit: Die Daten müssen jederzeit verlustfrei zur Verfügung stehen.

Auf Englisch bestehen dafür auch die Begriffe *Confidentiality* (Vertraulichkeit), *Integrity* (Integrität) und *Availability* (Verfügbarkeit) und daraus abgeleitet die Abkürzung CIA, die Sie in diesem Zusammenhang antreffen, auch in den Bezeichnungen von CompTIA.

Um diese drei Grundsäulen umzusetzen, benötigt ein Unternehmen eine Sicherheitsrichtlinie, welche von oben her durch die Geschäftsstrategie getragen und in konkrete technische und organisatorische Maßnahmen und Richtlinien umgesetzt wird. Im operativen Bereich werden diese Maßnahmen und Richtlinien dann konkret manifestiert, implementiert, durchgesetzt und regelmäßig aktualisiert.

3.4 TCSEC, ITSEC und Common Criteria

Um die Umsetzung von sicherheitstechnischen Maßnahmen zu überprüfen, wurden verschiedene Normen eingeführt, welche diese Prüfung ermöglichen. Da sind zum einen die amerikanische Normen TCSEC (Trusted Computer System Evaluation Criteria). Sie werden umgangssprachlich auch als *Orange Book* bezeichnet. Hierbei handelt es sich um einen von der US-Regierung herausgegebenen Standard für die Bewertung und Zertifizierung der Sicherheit von Computersystemen. Die Norm stammt im Wesentlichen aus den Jahren 1983 bis 1985 und wurde 2005 durch die internationalen »Common Criteria«-Standards ersetzt.

In Europa existieren demgegenüber die Standards nach ITSEC, welche seit 1991 von der europäischen Union formuliert worden sind. Auch ITSEC ist mittlerweile in den Common Criteria aufgegangen.

TCSEC kategorisiert die Sicherheit von Computersystemen in ein hierarchisches System mit vier Hauptstufen: A, B, C und D, wobei »A« ein sehr sicheres System ist und »D« ein unsicheres System. Die meisten Unix- und Windows-Systeme erfüllen von sich aus »C1«, lassen sich aber ohne großen Aufwand auch so konfigurieren, dass sie »C2« erfüllen.

Bei ITSEC lauten die entsprechenden, etwas detaillierter formulierten fünf Klassen dann F-C1 bis F-B3, wobei es dann noch zusätzliche Klassen für die Funktionalität von Systemen gibt. Da das ganze System an dieser Stelle aber zu weit führt, sei es lediglich erwähnt und auf die Seiten des BSI (Bundesamt für Sicherheit in der Informationstechnik) verwiesen (`www.bsi.de`).

Die bereits erwähnten Common Criteria liegen mittlerweile in Version 3.x vor und wurden zum internationalen Standard ISO/IEC 15408 erklärt.

Mit der ISO-Norm 27001 besteht überdies eine Normenreihe für Informationssicherheitsmanagementsysteme (ISMS), und mit ISO 27002 bis 27005 besteht ein Leitfaden für das Informationssicherheitsmanagement (vormals ISO/IEC17799:2005, Technical Corrigendum 1 vom 01/07/2007). Diese Norm wurde aus dem britischen Standard BS7799 heraus entwickelt und erstmals 2005 vorgelegt.

Die Norm ISO/IEC 27001 nennt sich »Information technology – Security techniques – Information Security Management Systems – Requirements«. Sie spezifiziert die Anforderungen für Herstellung, Einführung, Betrieb, Überwachung, Wartung und Verbesserung eines dokumentierten Informationssicherheitsmanagementsystems unter Berücksichtigung der Risiken innerhalb der gesamten Organisation. Hierbei werden sämtliche Arten von Organisationen (z.B. Handelsunternehmen, staatliche Organisationen, Non-Profit-Organisationen) berücksichtigt. Die Norm wurde im Jahr 2008 zudem als DIN-Norm veröffentlicht.

3.5 Die IT-Grundschutzkataloge des BSI

Nun sind wir also hier nicht die ersten, welche sich mit der Sicherheit befassen. Für Deutschland, Österreich und die Schweiz ist das BSI dabei die maßgebliche Stelle, welche sich seit vielen Jahren mit dieser Problematik auseinandersetzt und die Ergebnisse seit Jahren auch publiziert, damit Behörden (ihr eigentliches und erstes Zielpublikum) und Unternehmen sich daran orientieren und ihre Informatiksicherheit optimieren können.

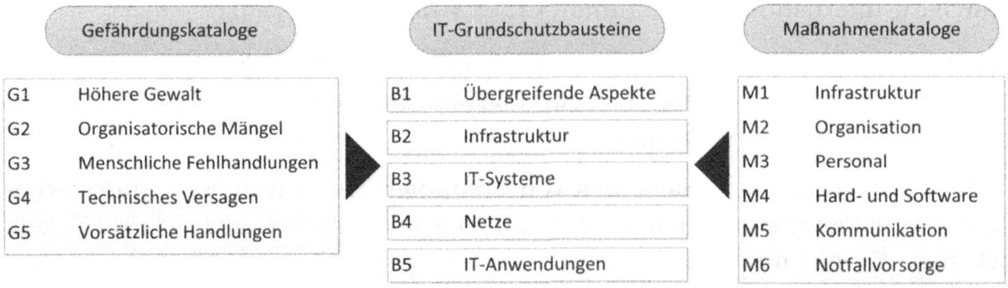

Abb. 3.1: Der Aufbau der IT-Grundschutzkataloge mit den Bausteinen im Schichtenmodell

Die Grundschutzkataloge des BSI sind dreiteilig aufgebaut:

- IT-Grundschutz-Bausteine
- Gefährdungskataloge
- Maßnahmenkataloge

Die einzelnen Bausteine werden dabei als Schichtenmodell dargestellt und behandelt. Diese werden vom BSI selbst wie folgt beschrieben:

- Schicht 1 umfasst sämtliche übergreifenden Aspekte der Informationssicherheit. Beispiele sind die Bausteine Personal, Datensicherungskonzept und Outsourcing.
- Schicht 2 befasst sich mit den baulich-technischen Gegebenheiten. Beispiele sind die Bausteine Gebäude, Serverraum und häuslicher Arbeitsplatz.
- Schicht 3 betrifft die einzelnen IT-Systeme. Beispiele sind die Bausteine Allgemeiner Client, Allgemeiner Server, TK-Anlage, Laptop und Mobiltelefon.
- Schicht 4 betrachtet die Vernetzungsaspekte der IT-Systeme. Beispiele sind die Bausteine Heterogene Netze, WLAN, VoIP sowie Netz- und Systemmanagement.
- Schicht 5 schließlich beschäftigt sich mit den eigentlichen Anwendungen. Beispiele sind die Bausteine E-Mail, Webserver und Datenbanken.

  (Quelle: BSI-Grundschutzkataloge, `www.bsi.de`*)*

Um nun die Sicherheit im Unternehmen nach diesen Grundschutzkatalogen zu optimieren, empfiehlt das BSI folgendes Verfahren:

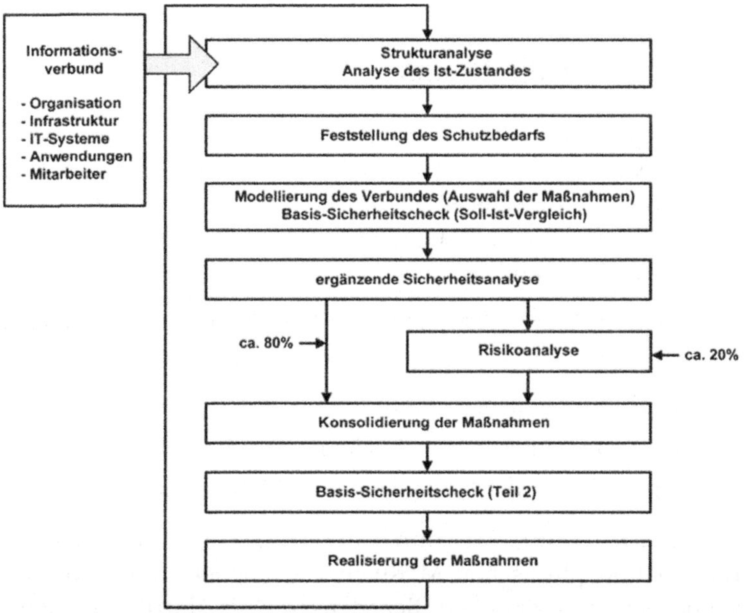

Abb. 3.2: Vorgehensmodell nach BSI (Standard 100-2, Grafik aus diesem Standard entnommen)

Ziel einer Schutzbedarfsfeststellung ist es zu festzustellen, welcher Schutz für die Informationen und die damit eingesetzte Informationstechnik ausreichend und angemessen ist. Dazu werden für jede Anwendung und die verarbeiteten Informationen die zu erwartenden Schäden betrachtet, welche bei einer Beeinträchtigung von Vertraulichkeit, Integrität oder Verfügbarkeit entstehen können. Wichtig ist dabei auch eine realistische Einschätzung der möglichen Folgeschäden. Bewährt hat sich eine Einteilung in die drei Schutzbedarfskategorien »niedrig bis mittel«, »hoch« und »sehr hoch«.

Das BSI hat diese Schlüsselfaktoren einer messbaren IT-Sicherheit in den Grundschutzkatalogen klar definiert.

Um die erfolgreiche Umsetzung von IT-Grundschutz nach außen transparent machen zu können, hat das BSI basierend auf der Norm ISO/IEC 27001 ein Zertifizierungsschema entwickelt. Das ISO 27001-Zertifikat auf der Basis von IT-Grundschutz oder auch ein Auditor-Testat bietet Unternehmen und Behörden die Möglichkeit, ihre Bemühungen um Informationssicherheit transparent zu machen.

Grundlage für die Vergabe eines entsprechenden ISO 27001-Zertifikats auf der Basis des IT-Grundschutzes ist die Durchführung eines Audits durch einen externen, beim BSI zertifizierten Auditor. Das Ergebnis des Audits ist ein Auditbericht, der der Zertifizierungsstelle vorgelegt wird, die über die Vergabe des ISO 27001-Zertifikats auf der Basis von IT-Grundschutz entscheidet. Kriterienwerke des Verfahrens sind neben der Norm ISO 27001 die in diesem Dokument beschriebene IT-Grundschutz-Vorgehensweise und die IT-Grundschutzkataloge des BSI.

3.6 Lösungsansätze für die Praxis

Die IT-Grundschutzkataloge bieten eine hervorragende Grundlage für die praktische Umsetzung des IT-Grundschutzes. Für das Unternehmen geht es also darum, die in den IT-Grundschutzbausteinen beschriebenen Elemente gemäß Vorgehensmodell (BSI-Standard 100-2) zu analysieren, den Schutzbedarf zu bestimmen und entsprechend zu handeln.

Die Informationssicherheit in ihrer Umsetzung verfolgt drei unterschiedliche praktische Ziele:

- Vorsorge: Schutz gegen mögliche Gefahren
- Entdeckung: Auffinden von eingetretenen Risiken und Schäden
- Behandlung: Reaktion auf Ereignisse mit geeigneten Maßnahmen

Die Vorsorge kümmert sich darum, dass durch die bereits erwähnten, technischen, organisatorischen und physischen Maßnahmen möglichst viele Risiken soweit abgedeckt werden können, dass kein Schadensereignis eintritt. Die Maßnahmen zur Entdeckung liegen vor allem im Bereich der Überwachung und verhelfen dazu, ein dennoch eingetretenes Problem möglichst rasch zu erkennen, um die Auswirkungen zu minimieren. Die Behandlung obliegt dann der vorgängigen guten Planung, damit effektiv auf den Schaden reagiert und das operative Geschäft möglichst rasch vollumfänglich wieder hergestellt werden kann.

Für alle diese Ziele und Schritte ist es sehr wichtig, dass das Management und die Mitarbeiter entsprechend ihrer Verantwortung mit einbezogen werden.

Man kann sagen, alles beginnt damit, dass im Unternehmen und bei den einzelnen Mitarbeitern ein Sicherheitsbewusstsein geschaffen wird, neudeutsch »Security Awareness« genannt.

Hierbei geht es zum einen um generelle IT-Sicherheitsmaßnahmen, etwa Sicherheitsvorschriften für allgemeine Arbeiten im Unternehmen, aber auch um Notfallmaßnahmen oder das Meldewesen.

Es geht im Weiteren um den Umgang mit vertraulichen Daten, was damit beginnt, dass sich das Unternehmen überhaupt bewusst wird, welche Daten wie zu klassifizieren sind, wobei nicht zur vergessen ist, dass der Datenbegriff elektronische und auch auf Papier oder Tonband enthaltene Informationen umfasst. Auch die Datensicherung wird an dieser Stelle zum Thema (wer sichert wann was wo und wie).

Ein weiterer Bereich der Security Awareness umfasst den Bereich der persönlichen Sicherheit am Arbeitsplatz. Wie werden private Arbeiten am Arbeitsplatz gehandhabt, was ist der Umgang mit fremder Software und wie sind Passwortrichtlinien umgesetzt? Auch der Umgang mit dem Internet sowie E-Mail sind hier anzusiedeln.

Nicht zuletzt gehört in die Security Awareness die Ausbildung der Mitarbeiter im konkreten Umgang mit Bedrohungen, angefangen bei Viren und dem Einsatz von Antivirensoftware über den Umgang mit Daten und Dokumenten bis hin zu Umgangsregeln mit Fremden (Stichwort: Social Engineering).

3.7 Sicherheitsmanagement und Richtlinien

Für das Unternehmen ist über das Bewusstsein im Umgang mit der Sicherheit hinaus ein geordneter Umgang mit Informationen entscheidend, welcher durch ein Sicherheitsmanagement gemäß BSI oder ISO 27001 geleistet wird. Dieses mündet in einer übergreifenden Sicherheitsrichtlinie, welche mehrere einzelne Richtlinien enthalten wird, wie etwa:

- Informationsrichtlinien
- Systemsicherheitsrichtlinien
- Administrative Richtlinien

- Disaster-Recovery-Pläne
- Richtlinien zur Benutzerverwaltung
- Richtlinien zur Internet- und Mail-Nutzung
- Softwaredesign-Richtlinien

Die Informationsrichtlinien legen fest, wie Informationen klassifiziert werden und wer welche Informationen zu welchen Bedingungen an wen weitergeben darf. Es wird unterschieden in öffentliche, interne, private und vertrauliche Informationen und festgelegt, wer sich zu welchen Klassen Zugang verschaffen darf.

Systemsicherheitsrichtlinien definieren die Konfigurationen von Netzwerken und Systemen, was die Hardware, die Softwareinstallationen und die Netzwerkverbindungen anbelangt. Auch der Einsatz von Sicherheitssoftware, Passwortregelungen und entsprechende Anforderungen an die Verschlüsselung werden hier definiert.

Administrative Richtlinien legen Regeln für den Unterhalt, die Aktualisierung und die Überwachung von Systemen und Netzwerken fest. Dazu gehören auch Angaben über die Datensicherung oder die Auswertung von Protokollen, welche in der Überwachung erstellt werden.

Disaster Recovery ist für viele Sicherheitsverantwortliche ein Reizwort. Es gilt, die Balance zwischen möglichen Vorkehrungen und realen Risiken zu finden. Braucht das Unternehmen wirklich eine Hot Site oder reichen Ersatzgeräte aus? Wie müssen die Wiederanlaufszenarien definiert werden, damit der operative Betrieb im Katastrophenfall möglichst nicht unterbrochen wird? Eine umfassende und konkret auf das Unternehmen bezogene Risikoanalyse ist hier die Mutter aller sinnvollen Pläne.

Die Richtlinien zur Benutzerverwaltung regeln, wie und durch wen neue Benutzer erfasst werden, wie die Rechte erteilt und bei Bedarf auch angepasst werden (Stichwort: Abteilungs- oder Aufgabenwechsel). Dazu gehört auch, dass man weiß, wer ausgeschiedenen Mitarbeitern den Account wieder sperrt oder nicht mehr benötigte Rechte rechtzeitig wieder entzieht, damit kein Chaos entstehen kann. Ein besonderes Augenmerk gilt hier übrigens gerade den IT-Administratoren selber: Es muss sichergestellt sein, dass bei Personalwechsel auch hier keine Möglichkeit mehr besteht, mit bestehenden Zugriffsberechtigungen auf Systeme zuzugreifen, z. B. weil man vergisst, externe Zugänge wie VPN oder RDP für nicht mehr angestellte Admins zu deaktivieren.

Die Internet- und Mailnutzung wird in einer Richtlinie definiert, die den Mitarbeitern Klarheit darüber verschafft, welche Nutzungen erlaubt und welche untersagt sind. Die Verwendung von Sicherheitsmaßnahmen und auch die (soweit gesetzlich erlaubte) Überwachung von Internet und Mail werden hier festgelegt.

Richtlinien zum Softwaredesign definieren, welche Sicherheitsanforderungen ein System aufweisen muss. Hier wird auch beschrieben, welche Kapazitäten die Anwendung aufweisen muss, damit sie danach sicher betrieben werden kann. Für Eigenentwicklungen sind die Testabläufe hier im Grundsatz festgeschrieben, damit für alle Anwendungen gleichermaßen geregelt ist, wie und in welchem Umfang sie vor der Freigabe für den produktiven Betrieb getestet werden.

Auf alle diese Richtlinien werden wir im Rahmen der weiteren Kapitel zu sprechen kommen, damit Sie in der Lage sind zu erkennen, welche Themen in einer solchen Richtlinie jeweils behandelt werden müssen.

3.8 Fragen zu diesem Kapitel

1. Wofür steht die Abkürzung CIA im Zusammenhang mit Sicherheit in der Informatik?
   - A Confidentiality, Integrity, Availability
   - B Confidentiality, Intrusion, Aversion
   - C Computer Integrity Approved
   - D Computing Industries Award for Security
2. Welche Organisation kümmert sich in Deutschland um die Belange der Informatiksicherheit?
   - A ISO
   - B ANSI
   - C BSI
   - D IEEE
3. Wie nennen sich die drei grundlegenden Elemente, welche in den Grundschutzkatalogen erläutert sind?
   - A Risikoplan, Maßnahmenplan, Grundschutzbausteine
   - B Gefährdungskataloge, Maßnahmenkataloge, Audit-Kataloge
   - C Risikokataloge, IT-Grundschutzbausteine, Maßnahmenkataloge
   - D Gefährdungskataloge, IT-Grundschutzbausteine, Maßnahmenkataloge
4. Welche Sicherheitsmaßnahmen kümmern sich hauptsächlich darum, dass ein Server nicht gestohlen werden kann?
   - A Physische Sicherheit
   - B Organisatorische Sicherheit
   - C Technische Sicherheit
   - D Operative Sicherheit

5. Welche Sicherheitsmaßnahmen kümmern sich hauptsächlich darum, dass Daten auf einem Server nicht gestohlen werden können?

   A Physische Sicherheit

   B Organisatorische Sicherheit

   C Technische Sicherheit

   D Operative Sicherheit

## Kapitel 4

Verschlüsselungstechnologie

Verschlüsselung ist eines der Zauberworte, die IT-Systeme sicher machen sollen. Allerdings steckt der Teufel im Detail. Nicht jede Art von Verschlüsselung ist sicher, nicht jeder Algorithmus ist unknackbar. Wird Verschlüsselung jedoch mit Sorgfalt und Überlegung eingesetzt, hilft sie mit, einige der großen Sicherheitsziele in der IT zu erreichen:

- **Vertraulichkeit** Ein Dokument oder eine Nachricht wird versendet, und nur der rechtmäßige Empfänger kann diese lesen.
- **Integrität** Falls ein Dokument oder eine Nachricht nachträglich manipuliert wird, kann der Empfänger das feststellen.
- **Authentizität** Eine Nachricht kann sicher einem Absender zugeordnet werden.
- **Unleugbarkeit** Diese auch als Nachweisbarkeit, Nichtabstreitbarkeit oder Unbestreitbarkeit bezeichnete Eigenschaft des Versendens oder Empfangens bedeutet, dass der Absender das Versenden und der Empfänger den Empfang nicht abstreiten können.

Um diese Sicherheitsziele zu erreichen, werden zwei unterschiedliche Varianten von Verschlüsselung eingesetzt. Zum einen wird das Dokument selbst verschlüsselt, was seine Vertraulichkeit gewährleistet. Mit einer digitalen Signatur hingegen werden die anderen Ziele erreicht. Eine digitale Signatur besteht meist aus einer kryptografischen Prüfsumme, die noch zusätzlich verschlüsselt wird.

4.1 Grundlagen der Kryptografie

Kryptografie ist die Kunst der Verschlüsselung. Schon vor Tausenden von Jahren gab es Systeme, um Nachrichten vor dem Lesen Unbefugter zu schützen. Dabei handelte es sich oft um eine einfache Abbildung von einem Buchstaben auf einen anderen. Eine solche Verschlüsselung wurde im »Goldkäfer« von Edgar Allan Poe auch literarisch geadelt.

Im Zeitalter von Computern sind einfache Systeme wie im »Goldkäfer« natürlich nutzlos. Mittels eines »Brute Force«-Angriffs, bei dem alle denkbaren Abbildungsvorschriften (Codierungsverfahren) ausprobiert werden, sind solche Verfahren in wenigen Sekunden geknackt.

Die Geschichte der Kryptografie ist voll von raffinierten Systemen und Versuchen, diese zu knacken. Ein prominentes Beispiel ist die im Zweiten Weltkrieg von

Deutschland eingesetzte Enigma-Verschlüsselungsmaschine, bei der über sich drehende Walzen eine mehrfache Abbildung von Buchstaben aufeinander durchgeführt wurde. Mit mechanischen Geräten, maßgeblich entwickelt vom britischen Mathematiker Alan Turing, konnte die Verschlüsselung geknackt werden. Hilfsmittel waren dabei eine Analyse deutscher Meldungen, die einige immer gleiche Bestandteile enthielten, die Untersuchung von erbeuteten Maschinen, die einen Konstruktionsfehler offenbarten, sowie ein Stab von bis zu 14.000 Mitarbeitern, die in den Ausgaben der mechanischen Computer nach sinnvollen Texten suchten.

Das Problem der Enigma-Maschine und vieler anderen Kryptosysteme war, dass deren Sicherheit von der Geheimhaltung des Algorithmus (bzw. des mechanischen Aufbaus) abhing. Das widerspricht Erkenntnissen des niederländischen Kryptologen Auguste Kerckhoff, die dieser bereits 1883 formulierte: »Die Sicherheit eines Kryptosystems darf nicht von der Geheimhaltung des Algorithmus abhängen. Die Sicherheit gründet sich nur auf die Geheimhaltung des Schlüssels.«

4.1.1 One-Time-Pad

Ein Musterbeispiel für die Theorie Auguste Kerckhoffs ist das sogenannte One-Time-Pad, mit dem eines der seltenen absolut unknackbaren Verschlüsselungssysteme realisiert wird. Der Algorithmus beschränkt sich auf eine der bekanntesten und einfachsten logischen Operationen, das XOR.

Beim One-Time-Pad verfügen der Sender einer Nachricht und auch der Empfänger über eine lange Liste von zufällig erzeugten Zeichen, die immer nur ein einziges Mal als Schlüssel genutzt werden. Je ein Zeichen des Klartextes wird mit den nächsten Zeichen dieser Liste verknüpft, das Ergebnis dieser XOR-Operationen ist der verschlüsselte Text. Der Empfänger macht genau dasselbe. Er verknüpft Zeichen für Zeichen des verschlüsselten Texts über ein XOR mit seiner Liste von Zeichen und erhält wieder den Klartext:

Ai XOR Bi XOR Bi = Ai

Das One-Time-Pad zeigt bei aller Perfektion bei der Verschlüsselung auch eines der ganz großen Probleme der Kryptografie, nämlich die Frage, wie der geheime Schlüssel (in unserem Fall also die lange Liste mit Zeichen) auf sicherem Weg dem Sender und dem Empfänger zugestellt wird.

Die Beantwortung dieser Frage war Ausgangspunkt für die Entwicklung eine Vielzahl von Verschlüsselungssystemen. Gelöst ist das Problem bis heute nicht, sodass es keine perfekte Lösung von Verschlüsselung und Schlüsselaustausch gibt. Ein Ansatzpunkt könnte hier die Quantenkryptografie sein, die auf dem Austausch von Photonen basiert und sich auf die Heisenbergsche Unschärferelation stützt. Eine Messung des Zustands kleiner Teilchen ändert diesen, sodass das Belauschen eines über polarisierte Photonen ausgetauschten One-Time-Pads die ausgetauschten Daten verändert. Diese Änderung nehmen die Kommunikationspartner wahr und wissen, dass sie abgehört wurden.

Da ein One-Time-Pad mit seiner im Idealfall unendlich langen Liste mit Zeichen für einen praktischen Einsatz wenig geeignet erscheint, haben sich Mathematiker viele andere Verfahren überlegt, die mit kleineren Schlüsseln arbeiten. Diese verwenden nicht einfach nur eine XOR-Verknüpfung, sondern bestehen aus komplizierten Operationen wie Permutationen oder Bitverschiebungen. Zur Vergrößerung der Sicherheit werden diese Operationen in mehreren Runden durchgeführt, sodass sich der verschlüsselte Text in jeder Runde mehr vom Ausgangstext entfernt.

Wie gut ein Verfahren letztlich ist, entscheidet die Praxis. Die Geschichte hat gezeigt, dass es immer sicherer ist, auf ein etabliertes und von Mathematikern analysiertes Verfahren zu setzen, als sich selbst ein eigenes Verfahren auszudenken. Selbst wenn dieses auf den ersten Blick sicher erscheint, ist nie auszuschließen, dass später Schwächen gefunden und das System geknackt wird.

4.1.2 Blockverschlüsselung

Das One-Time-Pad ist eine Stromverschlüsselung, bei der Zeichen für Zeichen verschlüsselt bzw. entschlüsselt wird. Die meisten anderen Verschlüsselungsverfahren arbeiten mit Blöcken von Zeichen (etwa von 8 Bytes), die in den Algorithmus eingespeist und nach der Verschlüsselung einen Block von verschlüsselten Zeichen ergeben.

In der Regel sind Verfahren im Einsatz, die mit Permutationen und Bitverschiebungen arbeiten, Blockverschlüsseler. Bei ihnen werden alle Bits eines Blocks mathematisch miteinander verknüpft und ergeben so den verschlüsselten Block. Wird jeder Block unabhängig von den anderen Blöcken verschlüsselt, spricht man vom ECB-Mode (Electronic Codebook).

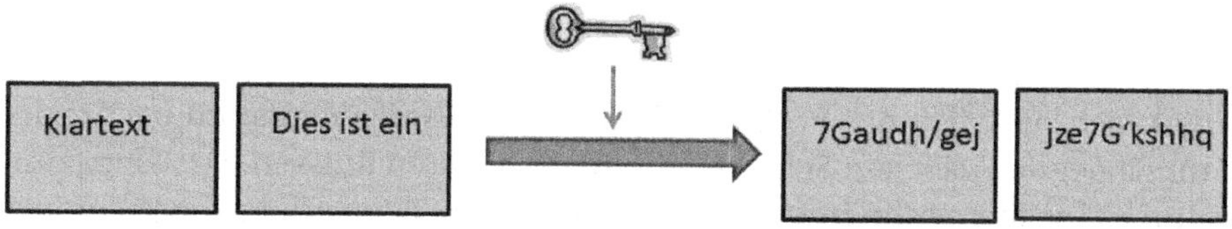

Abb. 4.1: Blockverschlüsseler im ECB-Mode

Blockverschlüsseler im ECB-Mode haben einige Nachteile:

- Da derselbe Klartext immer auch denselben verschlüsselten Text ergibt, kann ein Angreifer einen verschlüsselten Block speichern und später erneut nutzen (Replay-Angriff). Transportiert ein Block etwa ein verschlüsseltes Passwort, so ist mit diesem Angriff eine unberechtigte Anmeldung möglich.
- Ein Klartextblock muss komplett gefüllt sein, bevor verschlüsselt wird. Nicht gefüllte Blöcke werden vor der Verschlüsselung mit anderen Zeichen aufgefüllt.

In der Praxis kommen Blockverschlüsseler im ECB-Mode nur selten zum Einsatz. Stattdessen wird gerne der CBC-Modus (Cipher Block Chaining) genutzt, bei dem eine eingebaute Rückkopplung (XOR-Verknüpfung eines verschlüsselten Blocks mit dem nächsten zu verschlüsselnden Klartextblock) verhindert, dass gleiche Klartextblöcke auch gleiche verschlüsselte Blöcke ergeben. Der erste zu verschlüsselnde Klartextblock wird dabei mit einem Initialisierungsvektor (IV) verknüpft. Der IV muss natürlich auch dem Empfänger bekannt sein.

4.1.3 Stromverschlüsselung

Stromverschlüsseler vermeiden die Nachteile der Blockverschlüsselung, indem sie aus einem Zeichen im Klartext ein verschlüsseltes Zeichen generieren, ohne auf das Füllen eines Blocks zu warten.

Das One-Time-Pad ist ein Stromverschlüsseler. Nach seinem Vorbild wurden andere Verfahren zur Stromverschlüsselung abgeleitet. Gleich geblieben ist die XOR-Verknüpfung von Zeichen und Schlüssel. Die Folge von Schlüsseln wird aber nicht über eine zuvor ausgetauschte Liste, sondern über einen Schlüsselgenerator erzeugt.

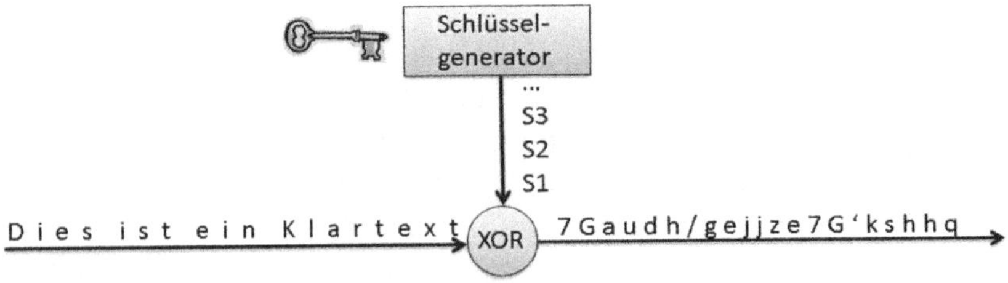

Abb. 4.2: Stromverschlüsseler

Hier stellt sich natürlich das Problem, dass die Schlüsselgeneratoren bei Sender und Empfänger den gleichen Schlüsselstrom produzieren müssen. Das kann zum einen durch eine identische Initialisierung auf beiden Seiten erfolgen (synchroner Stromverschlüsseler) oder durch eine automatische Synchronisation über die ersten übermittelten Zeichen (selbstsynchronisierender Stromverschlüsseler).

In der Praxis werden Stromverschlüsseler meist durch »umgebaute« Blockverschlüsseler realisiert. Der Grund liegt darin, dass es sehr schnelle und leistungsfähige Blockverschlüsselungsalgorithmen gibt, die man gerne auch für Datenströme nutzen möchte. Dabei gibt es zwei Standardverfahren:

- Im CFB-Modus (Cipher Feedback) wird zunächst aus dem Initialisierungsvektor, dann aus den verschlüsselten Blöcken ein Schlüsselstrom erzeugt, mit dem der Klartext über XOR verknüpft wird. Die verschlüsselten Daten werden gesammelt, bis ein Block voll ist. Daraus werden über ein Schieberegister die nächsten Zeichen des Schlüsselstroms erzeugt.

- Im OFB-Modus (Output Feedback) wird der Schlüsselstrom zunächst durch den Initialisierungsvektor, später dann aus dem vorhergehenden Block des Schlüsselstroms selbst erzeugt.

Die folgenden Abbildungen zeigen als Beispiel eine Stromverschlüsselung bzw. Entschlüsselung im CFB-Modus.

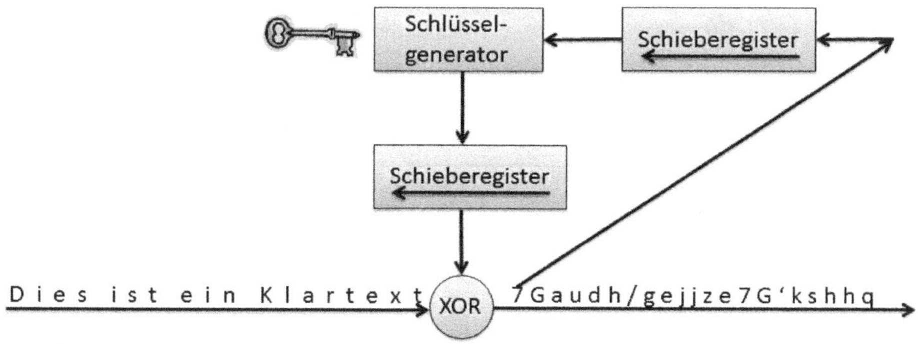

Abb. 4.3: CFB-Verschlüsselung

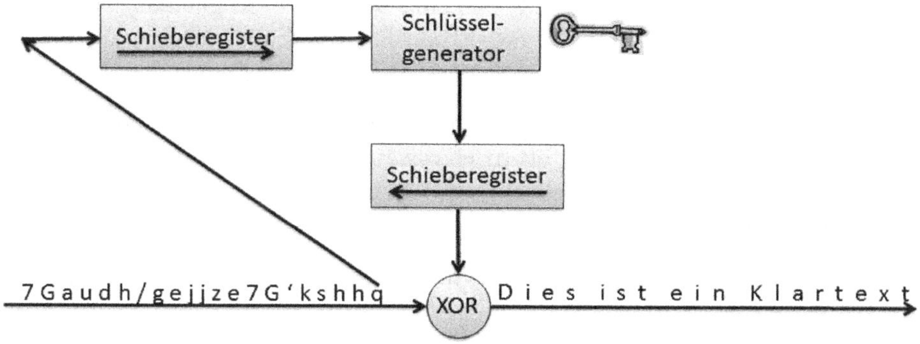

Abb. 4.4: CFB-Entschlüsselung

4.2 Symmetrische Verschlüsselung

Bei der symmetrischen Verschlüsselung gibt es einen geheimen Schlüssel, der sowohl zur Ver- als auch zur Entschlüsselung benutzt wird. Damit stellt sich das Problem, wie der Schlüssel vom Sender zum Empfänger gelangt. Dafür gibt es zwei prinzipielle Vorgehensweisen:

- Der Schlüssel wird vor Beginn der Verschlüsselung bei Sender und Empfänger fest installiert. Man spricht hier auch von einem Pre-Shared-Key, da der Schlüsselaustausch zeitlich deutlich vor Beginn der Verschlüsselung stattfindet.
- Der Schlüssel wird unmittelbar vor Beginn der Verschlüsselung ausgetauscht. Dazu dienen spezielle Verfahren wie etwa Diffie-Hellman, bei dem der Schlüssel auf beiden Seiten berechnet wird, ohne dass Dritte aus den ausgetauschten Daten auf den Schlüssel schließen können.

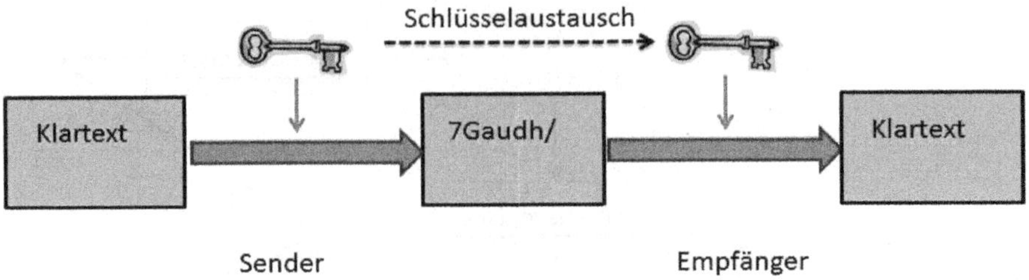

Abb. 4.5: Symmetrische Verschlüsselung

Algorithmen zur symmetrischen Verschlüsselung kommen mit relativ kleinen Schlüssellängen aus. Als Faustformel gilt, dass heutzutage eine Schlüssellänge von 128 Bit ausreichend ist, vorausgesetzt, der Algorithmus ist stark. Ein Algorithmus wird als stark bezeichnet, wenn es keine schnellere Möglichkeit zum Knacken eines Schlüssels gibt, als alle möglichen Schlüssel auszuprobieren (»Brute Force«).

Wegen der kurzen Schlüssel lassen sich symmetrische Algorithmen sehr kompakt formulieren und darüber hinaus oft in Hardware abbilden. Symmetrische Algorithmen sind deshalb in der Regel sehr schnell und eignen sich zur Absicherung von großen Datenmengen.

Im Folgenden werden die wichtigsten symmetrischen Verschlüsselungsalgorithmen kurz vorgestellt und bewertet.

4.2.1 DES

DES (Data Encryption Standard) ist eine Blockverschlüsselung mit einer Blockgröße von 64 Bit. Der Schlüssel hat eine Länge von 56 Bit, wozu noch 8 Bit für eine Paritätsprüfung hinzukommen.

DES wurde in den 1970er Jahren von IBM entwickelt und war für viele Jahre ein Standardverfahren. DES konnte nie geknackt werden. Allerdings ist die Schlüssellänge von nur 56 Bit so gering, dass ein Brute-Force-Angriff mit Ausprobieren aller 2^{56} Möglichkeiten in wenigen Sekunden möglich ist.

DES sollte deshalb heutzutage nicht mehr eingesetzt werden.

4.2.2 3DES

Triple-DES, auch 3DES genannt, ist eine Weiterentwicklung von DES mit dem Ziel, eine größere Schlüssellänge zu nutzen. 3DES basiert auf einer dreifachen DES-Verschlüsselung nach folgendem Prinzip:

- Zunächst wird ein Block mit einem Schlüssel A DES verschlüsselt.
- Anschließend wird das Ergebnis dieser Verschlüsselung mit einem Schlüssel B DES entschlüsselt.
- Schließlich wird dieses Ergebnis wieder mit Schlüssel A DES verschlüsselt.

Es gibt auch eine Variante mit drei verschiedenen Schlüsseln A, B und C, doch ist die Sicherheit dieser Methode nicht größer als die mit zwei Schlüsseln. Mit einer Schlüssellänge von 112 Bit bewegt sich 3DES im unteren Bereich des Notwendigen, wird in vielen Systemen aber noch eingesetzt.

4.2.3 AES

AES (Advanced Encryption Standard) ist der momentane Standardalgorithmus bei symmetrischer Verschlüsselung. Er arbeitet mit Blocklängen von 128, 192 oder 256 Bits. Die Schlüssellänge kann ebenfalls 128, 192 oder 256 Bit groß sein.

AES wurde in einem offenen Wettbewerb als Nachfolger von DES gekürt. In diesem 1997 gestarteten Verfahren wurden zahlreiche Algorithmen eingereicht und von Mathematikern und Kryptologen begutachtet. Sieger wurde im Jahr 2000 ein von den belgischen Wissenschaftlern Joan Daemen und Vincent Rijmen entwickelter Algorithmus mit Namen »Rijndael«, der seitdem den Namen AES trägt.

Eines der Auswahlkriterien beim Wettbewerb war die Schnelligkeit der Ver- und Entschlüsselung. AES ist sehr schnell und damit seinen Mitbewerbern mit ähnlicher Sicherheit (wie etwa 3DES) überlegen.

4.2.4 Blowfish

Blowfish ist ein Verfahren zur Blockverschlüsselung, das 1993 von dem vielfach als »Kryptologiepapst« bezeichneten Bruce Schneier entwickelt wurde. Da es ein sehr schnelles Verfahren ist, erzielte es eine hohe Verbreitung.

Die Schlüssellänge ist variabel und reicht von 32 Bit bis 48 Bit. Es werden immer Blöcke zu je 64 Bit verarbeitet. Wenn bisher auch kein effizienter Angriff gegen Blowfish entwickelt wurde, rät Schneier dazu, den als Nachfolger propagierten Algorithmus Twofish einzusetzen. Blowfish wird aber immer noch in zahlreichen Verschlüsselungssystemen genutzt.

4.2.5 Twofish

Twofish ist ein Blockverschlüsseler mit einer Blocklänge von 128 Bit und einer Schlüssellänge von 128, 192 oder 256 Bit. Der Algorithmus wurde von einem Team unter Mitwirkung von Bruce Schneier als Nachfolger von Blowfish entwickelt.

Twofish nahm als einer der eingereichten Algorithmen am AES-Wettbewerb teil, konnte sich aber gegen den Rijndael-Algorithmus nicht durchsetzen.

4.2.6 RC4

RC4 ist ein schon älterer Algorithmus, der 1987 von Ron Rivest entwickelt wurde. Ron Rivest ist einer der Pioniere bei der Entwicklung von Computer-basierten Kryptosystemen und war auch an der Entwicklung des später noch beschriebenen RSA-Algorithmus beteiligt.

RC4 ist ein Stromverschlüsseler, der wie üblich über eine XOR-Verknüpfung des Klartexts mit einem Schlüsselstrom durchgeführt wird. Der Schlüsselstrom wird über ein 8 x 8 Byte großes Feld berechnet, das zu Beginn mithilfe des geheimen Schlüssels mit Zahlen von 0 bis 255 gefüllt wird. Mit vergleichsweise einfachen (und schnellen) mathematischen Operationen wird dann ein Schlüsselstrom generiert.

Leider hat sich der Algorithmus in der Praxis nur bedingt bewährt. Hauptproblem beim RC4 ist die Tatsache, dass relativ viele »schwache« Schlüssel existieren. Wird ein solcher Schlüssel genutzt, kann man dem verschlüsselten Text quasi ansehen, wie der Schlüssel lautet. Zum Knacken des Schlüssels muss man dann nur genügend verschlüsselte Netzwerkpakete aufzeichnen und analysieren.

Ron Rivest entwickelte die verbesserten Verfahren RC5 und RC6, die Blockverschlüsseler sind, in der Praxis aber kaum eingesetzt werden. RC6 nahm ohne Erfolg am AES-Wettbewerb teil.

4.3 Asymmetrische Verschlüsselung

Das große Problem bei der symmetrischen Verschlüsselung besteht darin, dass Sender und Empfänger über denselben Schlüssel verfügen müssen. Gerät der Schlüssel beispielsweise beim Transport vom Sender zum Empfänger in falsche Hände, ist es mit der Vertraulichkeit vorbei.

Um diesen Nachteil zu vermeiden, wurden Kryptosysteme entwickelt, die mit zwei Schlüsseln arbeiten. Einer der Schlüssel muss stets geheim bleiben (der private Schlüssel), der andere Schlüssel (öffentlicher Schlüssel) kann ohne Risiko dem Empfänger zur Verfügung gestellt werden.

Bei der asymmetrischen Verschlüsselung nimmt der Sender den öffentlichen Schlüssel des Empfängers und verschlüsselt die Nachricht mit diesem. Den

Schlüssel kann er zuvor vom Empfänger erhalten oder von einem Schlüsselserver im Internet heruntergeladen haben.

Der Empfänger nutzt seinen privaten Schlüssel, um die Nachricht zu entschlüsseln.

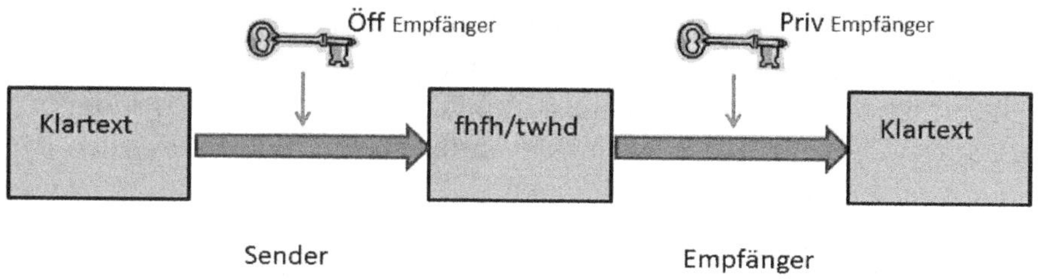

Abb. 4.6: Asymmetrische Verschlüsselung

Das Problem des Schlüsselaustauschs ist mit einem Verfahren der asymmetrischen Verschlüsselung gelöst, doch entstehen dabei zwei neue Probleme:

- Der Sender muss sich vergewissern, dass der öffentliche Schlüssel wirklich vom Empfänger ist. Wenn er anstelle dieses Schlüssels einen anderen Schlüssel untergeschoben bekommt, kann seine Nachricht in falsche Hände fallen.
- Asymmetrische Verfahren arbeiten mit großen Schlüssellängen (beispielsweise 1024 oder 2048 Bit), um eine den symmetrischen Verfahren vergleichbare Sicherheit zu erzielen. Dadurch sind asymmetrische Kryptosysteme langsam.

Natürlich sind private und öffentliche Schlüssel miteinander verknüpft. Beide werden gleichzeitig durch mathematische Operationen berechnet. Das kann beispielsweise die Multiplikation sehr großer Zahlen sein. Ein Angreifer, der den privaten Schlüssel aus dem öffentlichen Schlüssel berechnen will, kann entweder alle denkbaren Schlüssel probieren (Brute Force) oder aber versuchen, einen schnellen Weg für die Umkehroperation der Schlüsselgenerierung zu finden. Es ist allerdings ein Qualitätskriterium für asymmetrische Verfahren, dass die Umkehroperation äußerst komplex ist und deshalb in der Regel Brute Force der schnellste Weg ist.

Als Faustformel für sichere Schlüssellängen bei asymmetrischen Verfahren gilt heute eine Länge von mindestens 1.024 Bit. Damit erreicht man in etwa eine Sicherheit, die einer Schlüssellänge von 128 Bit bei einem symmetrischen Verfahren entspricht.

4.3.1 RSA

Obwohl RSA bereits 1978 von den Mathematikern Ron Rivest, Adi Shamir und Leonhard Adleman entwickelt wurde, ist er bis heute einer der meistbenutzten asymmetrischen Algorithmen. Die Berechnung der beiden Schlüssel beruht auf der Multiplikation sehr großer Zahlen, sodass ein Angreifer, der einen privaten Schlüssel erhalten will, riesige Zahlen in ihre Primfaktoren zerlegen muss.

Die Zerlegung großer Zahlen in Primfaktoren ist allerdings ein Standardproblem der Mathematik, zu dem es einige sehr schnelle Verfahren gibt. Die Sicherheit von RSA hängt deshalb am seidenen Faden, zumindest was Schlüssel mit einer Länge von 1.024 Bit angeht. Schlüssellängen von 512 Bit gelten als geknackt. In der Praxis sollten deshalb Schlüssellängen von 2.048 Bit oder sogar 4.096 Bit genommen werden. Diese sind sicher, und es nicht zu erwarten, dass sie in den nächsten Jahren wirkungsvoll angegriffen werden können.

4.3.2 Diffie-Hellman

Diffie-Hellman ist ein asymmetrischer Algorithmus, der als das erste Verfahren mit privaten und öffentlichen Schlüsseln gilt. Er wurde bereits 1976 von Whitfield Diffie und Martin Hellman entwickelt. Diffie-Hellman wird im Gegensatz zu RSA zum Austausch von Schlüsseln genutzt oder besser gesagt: zum gleichzeitigen Berechnen eines geheimen Schlüssels auf beiden Seiten der Verbindung. Dabei senden sich beide Partner Werte zu, die die Funktion von öffentlichen Schlüsseln wahrnehmen. Die dazugehörigen privaten Anteile gehen aber nicht über die Leitung.

Nach Abschluss der Berechnungen, die auf der Potenzierung sehr großer Zahlen beruhen, steht auf beiden Seiten ein geheimer Schlüssel zur Verfügung, der dann beispielsweise für eine symmetrische Verschlüsselung genutzt werden kann. Ein Angreifer, der aus den öffentlich ausgetauschten Daten diesen geheimen Schlüssel berechnen will, muss den Logarithmus riesiger Zahlen bilden. Das ist mathematisch extrem aufwendig, und so ist bei Diffie-Hellman Brute Force die schnellste Methode zum Knacken des Verfahrens.

Ein Abkömmling von Diffie-Hellman ist der Algorithmus ElGamal, der in den USA weit verbreitet ist. ElGamal wird zur digitalen Signatur von Dokumenten genutzt und ist Bestandteil des staatlichen Signaturstandards DSA (Digital Signature Algorithm). Eine Variante von ElGamal kann auch zum Verschlüsseln von Nachrichten verwendet werden.

4.3.3 Hash-Verfahren

Während asymmetrische Algorithmen mit zwei Schlüsseln und symmetrische Verfahren mit nur einem Schlüssel arbeiten, werden Hash-Werte ganz ohne Schlüssel berechnet. Unter Kryptologen gibt es deshalb eine Diskussion, ob die Berechnung eines Hash-Werts überhaupt eine Verschlüsselung ist oder nicht.

Diese Diskussion soll hier nicht vertieft werden. Fakt ist jedoch, dass die zur Berechnung eines Hash-Werts genutzten Operationen wie XOR, Permutationen oder Schiebeoperationen im Prinzip dieselben sind, wie sie auch in anderen Verschlüsselungsverfahren eingesetzt werden. Allerdings laufen die Operationen etwas anders ab als bei einer klassischen Verschlüsselung. Verschlüsselt werden immer dieselben Zahlen, die in der Spezifikation des Hash-Verfahrens nachgelesen werden können. Der Schlüssel, der für die Verschlüsselung genutzt wird, ist dabei eine Funktion der Nutzdaten.

Mit einem Hash-Verfahren ist es nicht möglich, Dokumente zu verschlüsseln und wieder zu entschlüsseln. Vielmehr entsteht bei der Berechnung des Hashes eines Dokuments dessen digitaler Fingerabdruck.

Anhand von Hash-Werten kann kontrolliert werden, ob ein Dokument manipuliert wurde oder nicht. Dazu muss bei der Erstellung des Dokuments dessen Hash-Wert berechnet werden. Kommen später Zweifel an der Echtheit des Dokuments auf, wird der Hash erneut berechnet und mit dem Original-Hash verglichen.

Eine typische Berechnung eines Hash-Werts läuft, etwas vereinfacht dargestellt, wie folgt ab:

- Die festen Zahlen werden mit einem Block der Nutzdaten als Schlüssel verschlüsselt. Ein solcher Block hat häufig die Länge von 512 Bit. Die Verschlüsselung läuft in mehreren Runden ab, üblich sind drei oder vier Runden.
- Das Ergebnis dieser Verschlüsselung wird erneut verschlüsselt, dieses Mal mit dem zweiten Block der Nutzdaten als Schlüssel usw.
- Sind alle Nutzdaten abgearbeitet, ist das Ergebnis der Hash-Wert des Dokuments.

Werden vier Zahlen zu je 32 Bit als Startwerte für die Verschlüsselungen genutzt, hat der Hash ebenfalls 128 Bit.

Ein Hash kann als nicht umkehrbare Einwegverschlüsselung angesehen werden. Aus einem Dokument kann ein Hash berechnet werden, aber umgekehrt nicht aus dem Hash das Dokument. Es ist allerdings theoretisch möglich, ein anderes Dokument zu erzeugen, das denselben Hash-Wert besitzt wie das Originaldokument. In diesem Fall spricht man von einer Kollision. Bei einem guten Hash-Verfahren ist es nicht möglich, eine Kollision schneller als mit Brute Force zu berechnen.

Ein weiteres Qualitätskriterium eines Hash-Verfahrens ist der Schutz vor versehentlicher Fehlinterpretation. So soll eine kleine Änderung am Dokument (beispielsweise ein Bit) eine große Änderung am Hash-Wert ergeben, damit Manipulationen schnell und zuverlässig erkannt werden.

4.3.4 MD4 und MD5

MD5 (Message Digest 5) wurde Anfang der 1990er Jahre von Ron Rivest als Nachfolger seines MD4 entwickelt. MD4 war in die Kritik geraten, da zwei der drei Runden von MD4 als geknackt galten.

MD5 startet ebenso wie MD4 mit vier Zahlen zu je 32 Bit, der Hash-Wert ist also 128 Bit lang. MD5 nutzt vier Runden und galt bis vor einigen Jahren als sicher. Wissenschaftler der Universität Shanghai entdeckten jedoch die Möglichkeit, Kollisionen schneller als über Brute Force zu erzeugen.

Damit hat MD5 noch nicht an Bedeutung eingebüßt. Die relativ geringe Länge des Hashes mit nur 128 Bit lässt allerdings vermuten, dass in einigen Jahren das Verfahren geknackt wird. MD5 sollte deshalb mittelfristig nicht mehr eingesetzt werden.

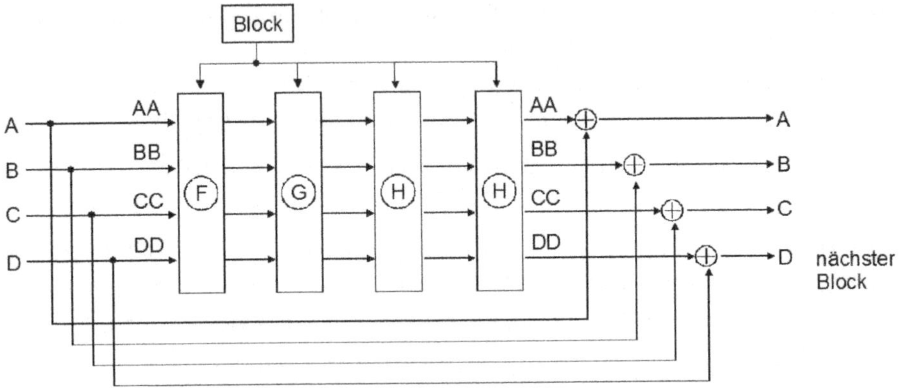

Abb. 4.7: Schematischer Ablauf von MD5

4.3.5 SHA

SHA (Secure Hash Algorithm) wurde Anfang der 1990er Jahre entwickelt, um innerhalb des DSA-Standards Hash-Werte zu berechnen. SHA ähnelt vom Prinzip her MD4 und MD5, bringt aber durch eine Expansion der Nutzdaten eine größere Zufälligkeit und damit Sicherheit in das Verfahren ein.

Das einfachste SHA-Verfahren wird als SHA-1 bezeichnet und startet mit fünf Zahlen zu je 32 Bit. Der Hash-Wert eines Dokuments ist also 160 Bit lang. Die Berechnung des Hashes erfolgt wieder in Runden. Pro Block der Nutzdaten werden vier Runden durchlaufen, wobei der Schlüssel für alle Runden aufgrund der Expansion der Nutzdaten ein anderer ist.

Als Hash-Verfahren mit größerer Sicherheit als SHA-1 existieren die Varianten SHA-256, SHA-384 und SHA-512, die einen längeren Hash-Wert als Ergebnis haben. Bei SHA ist dieselbe Problematik wie bei MD5 bekannt, dass Kollisionen schneller als Brute Force erzeugt werden können. SHA-1 ist deshalb mittelfristig vom Aussterben bedroht.

In der Zukunft sollen MD5 und alle SHA-Verfahren durch einen neuen Standard abgelöst werden. Zu diesem Zweck wurde ein Wettbewerb analog zu AES ins

Leben gerufen mit dem Ziel, ein sicheres Hash-Verfahren für kommende Jahrzehnte zu finden.

4.3.6 RIPEMD

Das heute eingesetzte RIPEMD-160 (RACE Integrity Primitives Evaluation Message Digest) ist ein 1996 publiziertes Hash-Verfahren mit 160 Bit Breite, das Ähnlichkeiten zum Design von MD5 ausweist. Es wurde aus einem als unsicher angesehenen Vorläufer namens RIPEMD mit 128 Bit Breite entwickelt. Die Sicherheit von RIPEMD-160 wird allgemein als in etwa so groß wie die von SHA-1 mit ebenfalls 160 Bit angesehen.

Neben den Standardverfahren mit 160 Bit Breite gibt es den Algorithmus auch als RIPEMD-128 RIPEMD-256 und RIPEMD-320. RIPEMD in seinen diversen Varianten wird vergleichsweise selten eingesetzt. Eine sehr prominente Software, die RIPEMD-160 (in Kombination mit AES) benutzt, ist das Verschlüsselungsprogramm TrueCrypt.

4.3.7 HMAC

Sollen beispielsweise in einem VPN Daten verschlüsselt und manipulationssicher übertragen werden, so könnte man einen Hash-Wert über die Daten berechnen und diesen Hash-Wert anschließend verschlüsseln. Das kostet allerdings viel Rechenzeit, wohingegen das 1997 von IBM entwickelte HMAC beide Operationen quasi gleichzeitig durchführt.

HMAC (Hash-based Message Authentication Code) ist ein Algorithmus, der die Berechnung eines Hash-Werts mit einer symmetrischen Verschlüsselung kombiniert. Die Grundidee basiert darauf, nicht den Hash vom Originaldokument zu berechnen, sondern von einem durch den geheimen Schlüssel verändertes Dokument. Solange der Angreifer den geheimen Schlüssel nicht kennt, kann er die Berechnung des HMACs nicht nachvollziehen und somit zu gefälschten Daten keinen passenden neuen Hash berechnen.

HMAC lässt sich mit beliebigen Hash-Funktionen kombinieren. In der Praxis werden oft MD5 oder SHA-1 eingesetzt. Die Sicherheit von HMAC ist immer so groß wie die des Hash-Verfahrens, mit dem gearbeitet wurde.

4.3.8 Hash-Verfahren mit symmetrischer Verschlüsselung

Neben den beschriebenen Hash-Verfahren mit eigenständigen Algorithmen gibt es auch Hash-Varianten von symmetrischen Verfahren. Auch hier werden feste Zahlen verschlüsselt, wobei der Schlüssel jeder Runde von den Nutzdaten abgeleitet wird.

Nach dieser Methode arbeiteten frühe Unix- und Windows-Authentifikationsverfahren. So setzen die Windows-Hashes LANMAN und NTLMv1 auf einem modifizierten DES auf. Wegen der Nutzung von DES gelten sie als wenig sicher, wobei LANMAN das Passwort noch in zwei getrennte Hälften zu je 7 Bytes aufteilt und damit noch unsicherer wird. Der Nachfolger NTLMv2 nutzt dann einen HMAC auf Basis von MD5.

4.3.9 ECC

Elliptic Curve Cryptography (ECC) ist eine Variante von asymmetrischen Verfahren, die sich von unserem normalen Zahlensystem und den darauf definierten Rechenregeln entfernt. Hintergrund sind die hohen Schlüssellängen, die bei anderen asymmetrischen Verfahren benutzt werden (etwa 1.024 oder 2.048 Bit).

Das Prinzip von ECC ist gleich dem anderer asymmetrischer Verfahren: Es wird eine mathematisch einfache Operation definiert, mit der die Partner ihre Schlüssel berechnen bzw. austauschen. Die Umkehroperation, die ein Angreifer zum Knacken eines Schlüssels ausführen muss, ist dagegen sehr kompliziert und kann nur mit Ausprobieren (Brute Force) durchgeführt werden.

ECC nutzt als Ausgangsbasis elliptische Kurven, über die eine Addition zweier Zahlen wie folgt definiert ist:

- Ziehe eine Gerade durch die zu addierenden Zahlen a und b.
- Suche den dritten Schnittpunkt der Geraden mit der Kurve und spiegele diesen Punkt an der x-Achse. Das Ergebnis ist die Summe c = a + b.

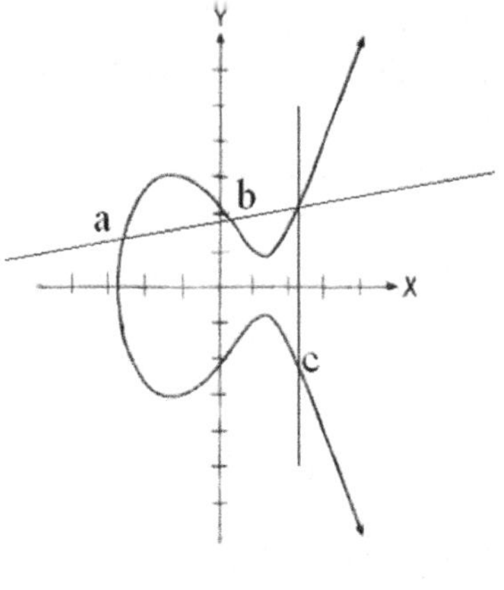

Abb. 4.8: Elliptische Kurve mit c = a + b

Eine Multiplikation zweier Zahlen wird als mehrfache Addition definiert, was mathematisch einfach zu berechnen ist. Die Umkehroperation, die Division zweier Zahlen auf der elliptischen Kurve, ist dagegen mathematisch extrem schwierig.

Mithilfe von ECC lassen sich bekannte asymmetrische Algorithmen wie RSA oder Diffie-Hellman neu formulieren. Der große Vorteil ist die bei ECC benötigte geringe Schlüssellänge. Sie beträgt nur 160 Bit anstelle von 1.024 Bit und 210 Bit anstelle von 2.048 Bit. ECC wird deshalb oft auf Systemen mit leistungsschwachen Prozessoren wie etwa SmartCards eingesetzt.

4.3.10 Digitale Signaturen

Hash-Werte werden eingesetzt, um Dokumente digital zu signieren. Enthält ein Dokument eine digitale Signatur, kann überprüft werden, ob das Dokument wirklich vom Absender stammt. Dazu wird der Hash des Dokuments mit dem privaten Schlüssel des Absenders verschlüsselt. Ein Empfänger kann mithilfe des öffentlichen Schlüssels des Absenders den Hash entschlüsseln und mit dem von ihm selbst berechneten Hash-Wert vergleichen.

Die folgende Abbildung zeigt die verschlüsselte Übertragung eines Dokuments zusammen mit einer digitalen Signatur.

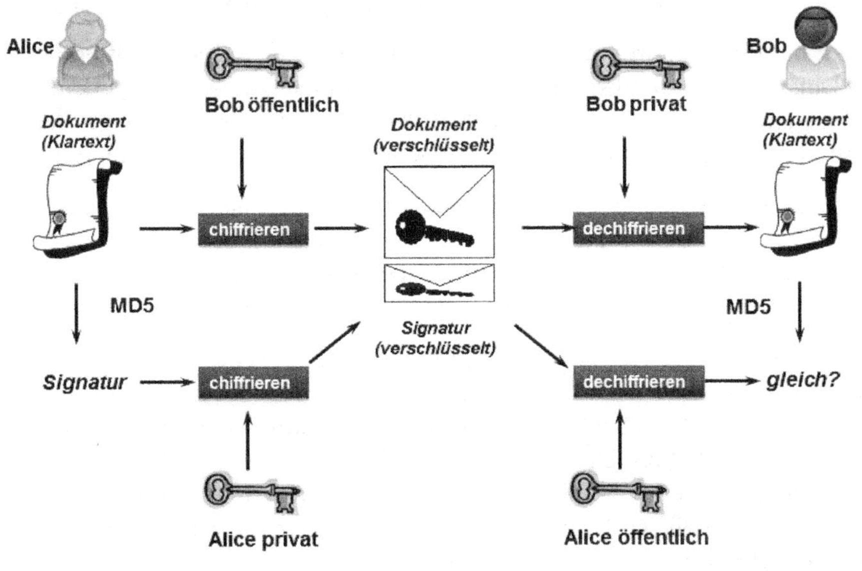

Abb. 4.9: Verschlüsselung und digitale Signatur

4.4 Hybride Verschlüsselung

Wie oben dargelegt, ist eine symmetrische Verschlüsselung aufgrund der vergleichsweise geringen Schlüssellänge wesentlich schneller als eine asymmetrische

Verschlüsselung. Eine asymmetrische Verschlüsselung hat jedoch den Vorteil, dass der Schlüssel nicht zuvor vom Sender zum Empfänger transportiert werden muss. In der Praxis werden deshalb oft symmetrische und asymmetrische Verschlüsselung miteinander kombiniert.

Dabei werden die Nutzdaten zunächst symmetrisch verschlüsselt, wobei der genutzte Schlüssel oft durch einen Zufallsgenerator ermittelt wird. Der symmetrische Schlüssel wird anschließend mit dem öffentlichen Schlüssel des oder der Empfänger verschlüsselt und zusammen mit den verschlüsselten Nutzdaten auf die Reise geschickt. Ein Empfänger mit passendem privatem Schlüssel entschlüsselt zunächst den symmetrischen Schlüssel und anschließend die Nutzdaten.

Solche hybriden Systeme haben sich allgemein durchgesetzt, vor allem bei der Verschlüsselung großer Datenmengen wie Festplatten oder einzelnen Partitionen.

4.5 PKI in Theorie und Praxis

Man könnte denken, mit hybrider Verschlüsselung von Dokumenten und digitaler Signatur seien die eingangs formulierten Anforderungen nach Vertraulichkeit, Integrität, Authentizität und Unleugbarkeit bereits erfüllt. Leider ist dem nicht so. Das Problem der Echtheit von Schlüsseln wurde nur auf eine andere Ebene verlagert.

Gelingt es nämlich einem Angreifer, seinem Opfer seinen eigenen öffentlichen Schlüssel anstelle des öffentlichen Schlüssels einer anderen Person zu »verkaufen«, wird die Sicherheit komplett ausgehebelt. Er kann anstelle dieser anderen Person Nachrichten entschlüsseln und eigene Nachrichten als diese Person signieren.

Der Nachweis der Echtheit von öffentlichen Schlüsseln ist also eine Aufgabe, die noch gelöst werden muss. Zu diesem Zweck wird eine als *Public Key Infrastructure* (PKI) bezeichnete Infrastruktur aufgebaut. Dabei gibt es zwei Modelle zur Organisation von Vertrauensbeziehungen, die auch als Trust-Modelle bezeichnet werden:

- Die Benutzer kümmern sich selbst um Erzeugung und Austausch von Schlüsselpaaren. Öffentliche Schlüssel erhalten einen Hash (Fingerprint), anhand dessen die Echtheit des Schlüssels geprüft werden kann – notfalls durch ein Telefonat mit dem Schlüsselbesitzer. Öffentliche Schlüssel werden entweder direkt ausgetauscht oder liegen auf öffentlich zugänglichen Schlüsselservern. Dieses Trust-Modell wird als *Web of Trust* bezeichnet. Mit Programmen wie PGP oder GPG kann man sich Schlüsselpaare und den Hash selbst erzeugen und ohne Zeitverlust verschlüsseln und digital signieren.
- Ein öffentlicher Schlüssel wird von einer unabhängigen Institution geprüft und von dieser mit einem digital signierten Zertifikat bestätigt. Wenn beide Kommunikationspartner dieser Institution vertrauen, können sie auch von der Echtheit der öffentlichen Schlüssel ausgehen. Eine solche Infrastruktur wird

als *hierarchische PKI* bezeichnet. Ein gängiger Standard, solche Zertifikate anzulegen, ist X.509.

Die beiden folgenden Abbildungen zeigen den Unterschied zwischen PGP und X.509.

Abb. 4.10: PGP-Schlüssel

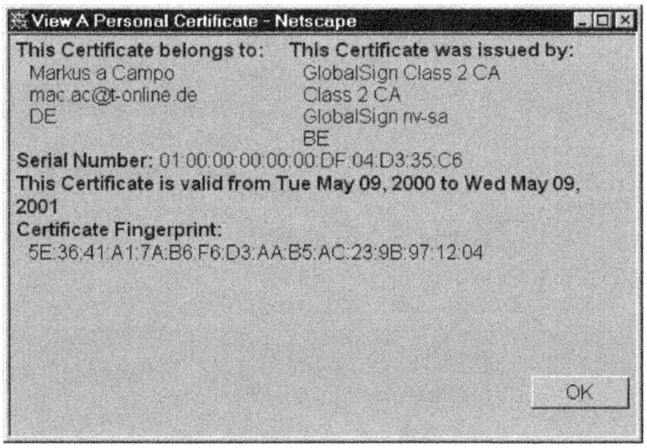

Abb. 4.11: X.509-Zertifikat

4.5.1 Aufbau einer hierarchischen PKI

Leider lässt es sich in der Praxis nicht umsetzen, dass alle denkbaren Kommunikationspartner derselben unabhängigen Institution vertrauen. Aus diesem Grund wurde eine Hierarchie von Schlüsseln und Zertifikaten aufgebaut, die nach folgendem Muster arbeitet:

- Ein Endbenutzer (Subscriber) erzeugt ein Schlüsselpaar und lässt den öffentlichen Schlüssel von einem Trustcenter signieren. Dazu beantragt er bei einer Stelle, die als Registration Authority (RA) bezeichnet wird, ein Zertifikat.
- Die RA ist ausführendes Organ einer CA (Certification Authority) und kontrolliert, ob der Schlüssel wirklich dem Benutzer gehört (beispielsweise durch Vorlage eines Personalausweises). Falls dem so ist, wird der Schlüssel von der CA signiert und in ein Zertifikat eingebaut. Dieser Prozess wird als *Registrierung* bezeichnet.
- Andere Nutzer können die Echtheit dieses Schlüssels anhand des beigefügten Zertifikats der CA kontrollieren. Dieses Zertifikat wird wieder über ein Schlüsselpaar (in diesem Fall das der CA) abgesichert. Die Echtheit des öffentlichen Schlüssels der CA wird wieder mit einem Zertifikat bestätigt, das von einer übergeordneten CA digital signiert ist. Dieses Zertifikat wird wieder von einer übergeordneten CA beglaubigt usw.
- Der Nutzer kontrolliert also die ganze Kette von Zertifikaten, angefangen von dem des öffentlichen Schlüssels seines Kommunikationspartners bis hinauf zu einem in der Hierarchie ganz oben stehenden Zertifikat. Dieses Zertifikat ist zwar auch unterschrieben, aber vom Aussteller selbst und wird deshalb auch als Root-Zertifikat bezeichnet.

Root-Zertifikate kann man nicht prüfen, man kann ihnen nur blind vertrauen. Damit Benutzer nicht ständig gefragt werden, ob sie einem Zertifikat vertrauen, sind Root-Zertifikate von gängigen CAs schon fest im System angelegt (in Browsern oder anderen Zertifikatsspeichern).

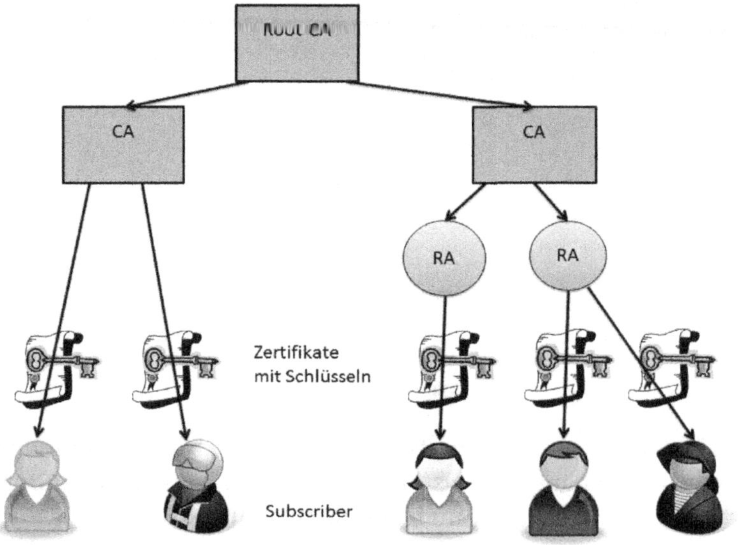

Abb. 4.12: Hierarchische PKI

4.5.2 Zurückziehen von Zertifikaten

Zertifikate und die mit ihnen signierten öffentlichen Schlüssel sind in der Regel nur für eine bestimmte Zeit gültig. Das Ablaufdatum ist Teil der von der übergeordneten CA signierten Datenstruktur und kann nachträglich nicht verändert werden. Nach Ablauf dieser Zeit werden Schlüssel und Zertifikate ungültig.

In Ausnahmefällen kann es aber dazu kommen, dass Zertifikate vor Ablauf dieser Zeit ungültig werden sollen. Das kann etwa nötig sein, wenn ein privater Schlüssel in falsche Hände gekommen ist und der dazugehörige öffentliche Schlüssel unbrauchbar gemacht werden soll. Oder eine Mail-Adresse wird ungültig, und der Schlüssel soll zurückgezogen werden.

Zu diesem Zweck gibt es Sperrlisten (Certificate Revocation Lists, CRL). In diese werden ungültige Zertifikate eingetragen. Die Liste selbst wird signiert, um Manipulationen zu verhindern. In regelmäßigen Abständen holen sich IT-Systeme die aktuelle CRL von ihrem Provider und löschen alle ungültigen Zertifikate aus ihrem Speicher.

4.5.3 Hinterlegung von Schlüsseln

Ein kritischer Punkt jeder PKI sind die privaten Schlüssel. Diese befinden sich im Besitz eines Benutzers. Er darf sie nicht kopieren und weitergeben. Ein Verlust eines privaten Schlüssels ist ein großes Problem, da der Benutzer nicht mehr auf die für ihn verschlüsselten Daten zugreifen kann. Besonders fatal ist ein Verlust von privaten Schlüsseln bei einer CA, da dann indirekt vielleicht Millionen von Schlüsseln betroffen sind.

Aus diesem Grund werden Schlüssel an einem sicheren Ort hinterlegt. Sie werden mit einem weiteren, meist symmetrischen Schlüssel verschlüsselt und auf ein anderes System kopiert. Dieser symmetrische Schlüssel darf natürlich nicht in fremde Hände fallen. Aus diesem Grund wird er mit dem öffentlichen Schlüssel einer vertrauenswürdigen Person verschlüsselt. Diese Person wird auch als Recovery-Agent bezeichnet, da sie im Fall des Falles den privaten Schlüssel zurückgewinnen kann.

In besonders sicherheitskritischen Bereichen wie etwa Banken werden Schlüssel nach dem Vieraugenprinzip hinterlegt. In diesem Fall besitzt jeder der beiden Recovery-Agents nur eine Hälfte des Passworts zum Zugriff auf den privaten Recovery-Schlüssel.

4.5.4 Aufsetzen einer hierarchischen PKI

In Firmen und Behörden wird oft eine eigene PKI implementiert. Diese dient dazu, den internen Datenverkehr sicher zu machen. Die folgende Zusammenstellung beschreibt die Arbeiten, die zu einem Aufsetzen einer hierarchischen PKI nötig sind:

- Zunächst wird eine Software installiert, mit der Aufgaben einer CA ausgeführt werden können. In größeren Netzwerken wird zusätzlich eine RA-Software installiert, die Registrierungen abwickelt. In kleinen Netzen übernimmt die CA auch die Aufgaben der RA.
- Dann wird ein Schlüsselpaar generiert und mit dem privaten Schlüssel digital signiert. Daraus wird das Root-Zertifikat der PKI generiert. Das Root-Zertifikat hat meist eine lange Lebensdauer (z. B. 10 Jahre).
- Anschließend werden untergeordnete Zertifikate mit kürzerer Lebensdauer erzeugt (oft 2 Jahre). Diese werden über das Root-Zertifikat beglaubigt.
- Das Root-Zertifikat wird in den Zertifikatsspeicher aller beteiligten IT-Systeme geladen.
- Für jedes der beteiligten IT-Systeme wird ein Schlüsselpaar generiert und über eines der untergeordneten Zertifikate beglaubigt. Das kann von den Benutzern selbst durchgeführt werden, indem sie sich über eine RA registrieren.
- Private Schlüssel werden gesichert hinterlegt.
- Falls Schlüssel vor ihrem Ablauf ungültig werden, muss in regelmäßigen Abständen eine CRL erstellt und auf alle beteiligten IT-Systeme verteilt werden.

4.6 Fragen zu diesem Kapitel

1. Sie müssen eine große Datenmenge verschlüsseln, daher setzen Sie folgendes Verfahren ein:

   A Symmetrischer Algorithmus

   B Zufallsgeneratoralgorithmus

   C Asymmetrischer Algorithmus

   D Fehlerkorrektionsalgorithmus

2. Welches der folgenden Verfahren würde einen sicheren Schlüsselaustausch über ein ungesichertes Netzwerk ohne einen Pre-Shared Key ermöglichen?

   A 3DES

   B AES

   C DH-ECC

   D MD5

3. Welcher Verschlüsselungsalgorithmus benötigt zur Entschlüsselung am wenigsten Zeit?

   A RSA

   B AES

   C 3DES

   D L2TP

4. Was beschreibt am besten den privaten Schlüssel in Bezug auf die asymmetrische Verschlüsselung?
   A Der Schlüsseleigner hat exklusiven Zugriff auf den privaten Schlüssel.
   B Jeder hat über die Schlüsselautorität Zugriff auf den privaten Schlüssel.
   C Nur die Verbindungspartner haben Zugriff auf den privaten Schlüssel.
   D Der private Schlüssel ist identisch mit dem öffentlichen Schlüssel, aber zusätzlich verschlüsselt.
5. 5. Welcher Algorithmus ist am wenigsten sicher?
   A NTLM
   B MD5
   C LANMAN
   D SHA-1
6. Eine Administratorin wurde gebeten, Kreditkartendaten zu verschlüsseln. Welcher Algorithmus ist dafür der sicherste und benötigt dazu die geringste CPU-Belastung?
   A 3DES
   B AES
   C SHA-1
   D MD5
7. Welches Element einer hierarchischen PKI finden Sie in einem im Browser eingesetzten vertrauenswürdigen Root-CA?
   A Symmetrischer Schlüssel
   B Privater Schlüssel
   C Öffentlicher Schlüssel
   D Asymmetrischer Schlüssel

## Kapitel 5

Die Geschichte mit der Identität

Benutzer, die an einem Computersystem arbeiten, haben unterschiedliche Rechte. Sie dürfen Dokumente lesen oder verändern oder auf Verzeichnisse mit Dokumenten für die ganze Abteilung zugreifen. Dabei wird in der Regel aufgrund der Identität der Benutzer entschieden, worauf diese zugreifen dürfen und worauf nicht. So darf Frau Meier von der Buchhaltung auf die Lohndaten der Firma zugreifen, was dem Pförtner, Herrn Müller, streng verboten ist.

Bei Bedarf können Personen auch mehrere Identitäten haben. So darf Herr Schmidt von der Instandhaltung auf die gesamten technischen Unterlagen der Abteilung zugreifen. Herr Schmidt ist aber auch IT-Administrator der Instandhaltung. In dieser Rolle hat er weiter gehende Rechte als in seiner Funktion als Techniker.

5.1 Identitäten und deren Rechte

Wenn Rechte an Identitäten gekoppelt sind, muss die Identität eines Benutzers überprüft werden. Sonst könnte sich Frau Meier als Herr Schmidt ausgeben und auf alle Computer der Instandhaltung zugreifen. Das muss verhindert werden.

5.1.1 Zuweisung von Rechten

Die Kontrolle von Identitäten und die Zuweisung von Rechten geschehen in den meisten Fällen in einem mehrstufigen System:

- Ein Benutzer identifiziert sich gegenüber einem Computersystem. Das kann beispielsweise über einen Benutzernamen geschehen, der ihm vom Administrator zugewiesen wurde.
- In einem zweiten Schritt authentifiziert sich der Benutzer. Das kann etwa durch Eingabe eines nur ihm bekannten Passworts oder durch seinen Fingerabdruck geschehen.
- Ist die Authentifizierung erfolgreich, werden dem Benutzer Ressourcen und Zugriffsrechte zugewiesen. Beispielsweise erscheint nach einer Authentifizierung an einem Windows-PC der Desktop mit Icons. Diese Zuweisung von Rechten wird als Autorisierung bezeichnet. Erst wenn ein Benutzer autorisiert ist, kann er Dateien lesen oder schreiben.

Wenn autorisierte Benutzer auf Dateien und andere Ressourcen zugreifen wollen, werden ihre Zugriffe durch das System kontrolliert. Diese Zugriffskontrolle geschieht in der Regel über Zugriffslisten (Access Control Lists, ACL), in denen für jede Ressource festgehalten wird, welcher Benutzer sie in welcher Weise bearbeiten darf.

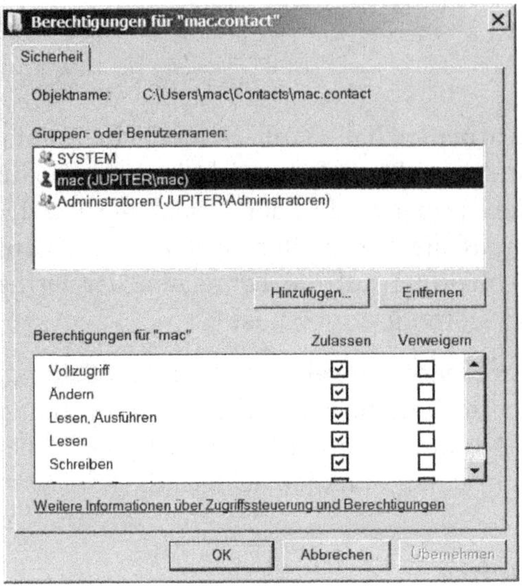

Abb. 5.1: Windows-Zugriffsliste

Zugriffslisten enthalten zulässige und verbotene Operationen. Zugriffe, die in einer ACL nicht explizit aufgeführt sind, sind grundsätzlich verboten (»Implicit Deny«).

Eine weitere Einschränkung besteht darin, die Zugriffslisten mit einer Zeitsteuerung zu versehen, so dass es beispielsweise nur zwischen 8 Uhr morgens und 8 abends möglich, sich mit diesen zugewiesenen Rechten am System anzumelden.

5.1.2 Rollen

Die Zuweisung von Rechten an Benutzer ist an sich einfach und effektiv. In komplexen Systemen, in denen Benutzer unterschiedliche Funktionen wahrnehmen und ihre Aufgaben je nach Funktion verschieden sind, wird die Verwaltung von Zugriffsrechten schnell kompliziert und fehleranfällig. Deshalb werden Benutzern oft Rollen zugewiesen und die Zugriffsrechte an diese Rollen gekoppelt. So haben etwa Herr Blum, Frau Grube und Herr Meis Rechte von Administratoren, weil sie für diese Rolle im System eingetragen sind.

Müssen sich Rechte von Administratoren ändern, etwa weil neue Systeme hinzugekommen sind, wird das nur an einer einzigen Stelle eingetragen: bei der Rolle. Das ist weniger Arbeit und weniger fehleranfällig, als die Rechte bei allen Administratoren einzeln zu pflegen.

5.1.3 Single Sign On

Aber selbst das Rollenkonzept stößt an Grenzen, vor allem in Umgebungen mit heterogenen Systemen und unterschiedlichen Authentifizierungsmethoden. Ein Benutzer meldet sich beispielsweise an seinem Windows-PC an und will dann über eine Terminalemulation auf sein Menü auf dem Großrechner zugreifen. Hier muss er sich erneut authentifizieren.

Um diese Mehrfachauthentifizierung zu vermeiden, wurden Systeme zum Single Sign On entwickelt. Hier sorgt eine Kommunikation der Systeme untereinander dafür, dass sich ein Benutzer nur ein einziges Mal anmelden muss. Will er auf einen anderen Computer zugreifen, erkundigt sich dieser bei dem System zum Single Sign On, ob sich der Benutzer bereits erfolgreich authentifiziert hat. Ist das der Fall, so entfällt die erneute Authentifizierung, und der Benutzer darf auf seine Ressourcen zugreifen.

5.2 Authentifizierungsmethoden

Eine einfache Möglichkeit zur Identifizierung besteht über die Vergabe von Benutzernamen. Für die anschließende Authentifizierung können Elemente aus den folgenden drei Gruppen verwendet werden:

- Passwort oder PIN (»What you know«)
- SmartCard oder ein anderes Authentifizierungsgerät (»What you have«)
- biometrische Erkennung wie Fingerabdrücke, Retinamuster oder Ähnliches (»What you are«).

Wir unterscheiden dabei zwischen verschiedenen Formen der Authentifizierung: der Einfaktor- und der Mehrfaktorauthentifizierung. Während bei der Einfaktorauthentifizierung meist Benutzername und Passwort verwendet werden, erhöht man bei der Mehrfaktorauthentifizierung die Qualität der Authentifizierung um weitere Elemente wie SmartCard oder ein biometrisches System.

Dabei ist zu beachten, dass bei einer Mehrfaktorauthentifizierung die einzelnen Bestandteile aus verschiedenen Gruppen stammen. Eine Zweifaktorauthentifizierung mit einer PIN 1 und einer PIN 2 ist nur so gut wie eine Einfaktorauthentifizierung mit einer längeren PIN.

5.2.1 Benutzername und Kennwort

Diese Form der Authentifizierung ist sehr einfach realisierbar. Das Passwort wird verschlüsselt und in einer Benutzerdatenbank gespeichert. Die Anmeldung am System findet dann je nach Authentifizierungsprotokoll verschlüsselt oder unverschlüsselt statt. Eine große Gefahr besteht darin, dass das Passwort mit kryptografischen oder »Social Engineering«-Techniken geknackt wird. Deshalb ist es wichtig, qualitativ gute Passwörter zu verwenden und diese geheim zu halten. Folgende Regeln sollten dabei beachtet werden:

- Ein Passwort muss mindestens acht Zeichen lang sein.
- Es muss Klein- und Großbuchstaben, Ziffern und Sonderzeichen enthalten.
- Es darf nicht mehr als 3 aufeinanderfolgende gleiche Zeichen vom vorherigen Kennwort an irgendeiner Position beinhalten.
- Es darf nicht mehr als 2 aufeinanderfolgende identische Zeichen beinhalten.
- Es darf nicht die User-ID (Benutzername) oder Variationen davon beinhalten.
- Es darf nicht leicht zu erraten sein (z. B. Autokennzeichen)

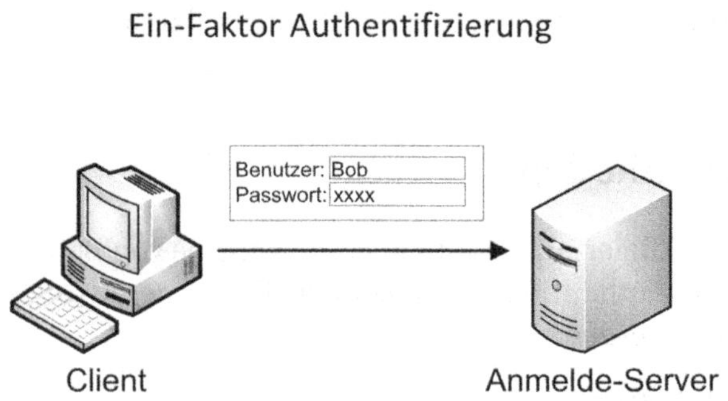

Abb. 5.2: Authentifizierung mit Benutzername und Kennwort

5.2.2 Token

In der nachfolgenden Abbildung wird die Verwendung eines Token im Anmeldevorgang aufgezeigt. Dabei handelt es sich um einen USB-Stick, der zur Authentifizierung eingesteckt werden muss.

Dabei ist es je nach Betriebssystem und Anwendung möglich, dass das Token bei jedem Anmeldevorgang, beim Starten einer Anwendung oder bei jeder Transaktion (z. B. beim Online-Banking) überprüft wird.

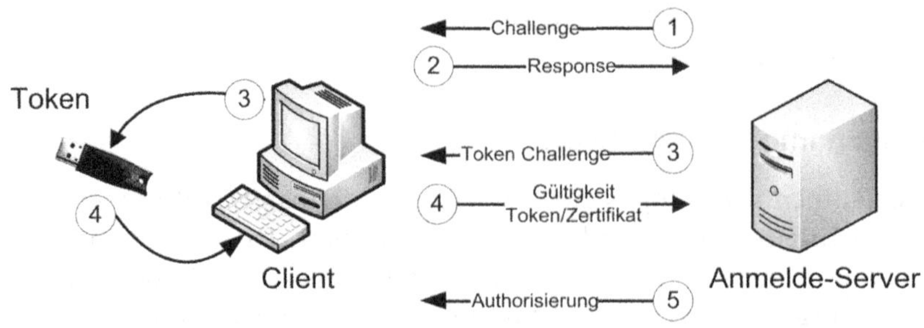

Abb. 5.3: Token-Authentifizierung

5.2.3 Zertifikate

Auch die im vorangegangenen Kapitel über Verschlüsselung beschriebenen Zertifikate können für eine Authentifizierung verwendet werden. Eine Zertifizierungsstelle stellt dabei Zertifikate aus, welche vom Client-PC oder Benutzer akzeptiert werden. Diese Zertifikate können dann direkt auf dem Computer, aber auch auf SmartCards gespeichert werden. Die SmartCard wird dann als persönliche Identifizierungskarte eingesetzt. Im englischsprachigen Raum wird eine solche SmartCard auch als »Common Access Card« bezeichnet.

Sobald sich ein Benutzer an der Zertifizierungsstelle anmeldet und das Zertifikat als gültig verwendet werden kann, bekommt er den Zugriff auf alle verbundenen Ressourcen. Ein wesentlicher Vorteil liegt bei den Möglichkeiten der Zertifizierungsstelle, ungültige Zertifikate über eine Certificate Revocation List (CRL) zurückziehen und somit den Zugriff des Benutzers sehr schnell im ganzen Verbund einzuschränken oder zu verhindern.

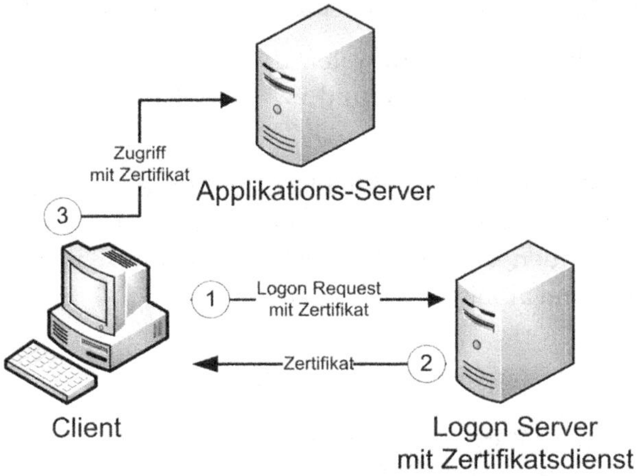

Abb. 5.4: Authentifizierung mit Zertifikaten

5.2.4 Biometrie

Als biometrisches System bezeichnet man eine Erkennung körperlicher Merkmale, welche die Identität eines Benutzers verifiziert. Dabei stehen folgende Möglichkeiten zur Verfügung:

- **Gesichtserkennung:** Dabei werden Gesichtsmerkmale erkannt. Diese Erkennung wird heute in vielen Bahnhöfen, Flughäfen und öffentlichen Gebäuden eingesetzt.
- **Iris-Scan:** Dieser Mechanismus identifiziert den farbigen Teil der Iris des Auges. Das Muster der Iris ist eindeutig und bei jedem Menschen individuell.

- **Retina-Scan:** Mit der Retinaerfassung wird ein Muster der Blutgefäße im Augenhintergrund verwendet. Das Verfahren arbeitet berührungslos und benutzt ein optisches System zur Erfassung der biometrischen Merkmale.
- **Fingerprint:** Die Fingerprinterkennung ist heute sehr verbreitet. Viele Notebooks sind mit entsprechenden Lesern ausgestattet. Die Qualität dieser Authentifizierung hat im Laufe der letzten Jahre zugenommen, jedoch ist es relativ einfach, ältere Leser zu umgehen. Aktuelle Leser verwenden bis zu 300 verschiedene Messpunkte, um Fingerprints zu aufzunehmen.
- **Handgeometrie:** Die Handgeometrie kann als biometrische Referenz verwendet werden, da sich auch diese bei jedem Menschen unterscheidet.
- **Stimmenerkennung:** Stimmen können aufgrund der Frequenz unterschieden werden.
- **Venen-Scan:** In Bereichen mit hohen Sicherheitsanforderungen (beispielsweise Rechenzentren) werden Venen-Scanner eingesetzt. Hierbei muss die Hand eines Benutzers auf einen Leser gelegt werden. Dabei wird das Venenmuster erkannt. Die Erkennungsgenauigkeit ist bei diesem System sehr hoch.

Stellvertretend für die unterschiedlichen Biometriesysteme werfen wir hier einen genaueren Blick auf ein System für Venen-Scans, und zwar das PalmSecure™-Verfahren, welches von Fujitsu eingesetzt wird.

Hierbei kommt ein Sensor mit Nahbereichs-Infrarotlichtsensor zum Einsatz, welcher Venenmuster von der Handinnenfläche scannt. Dieser Scanner kann entweder als eigene Einheit aufgestellt werden, er kann aber auch beispielsweise in eine Computermaus integriert werden und arbeitet trotzdem zuverlässig.

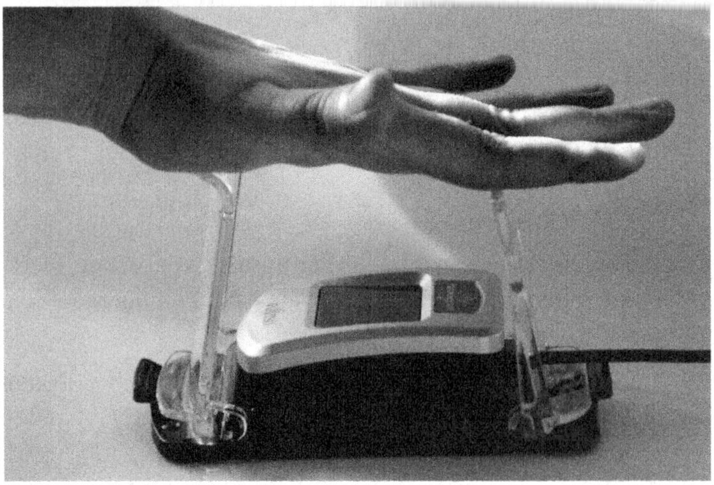

Abb. 5.5: Erfassung der Venenmuster

Zur Erstaufnahme des Venenmusters wird die Hand in einer festen Position zum Scanner angelegt (siehe obiges Bild) und danach werden die Venenmuster mehrfach eingelesen. Dabei werden die Finger leicht gespreizt und die Hand wird waagrecht zum Sensor gehalten. Die Aufzeichnung des Venenmusters verlangt also eine gewisse Genauigkeit, um anschließend ein zuverlässiges Resultat zu erhalten.

Das heißt zum Beispiel: keine Handschuhe tragen, nicht heftig schwitzen, keine Verletzungen, welche abgeklebt oder eingebunden sind, keine stark schmutzigen Hände. Nur so können einwandfreie Muster angelegt werden. Die Muster werden anschließend verschlüsselt in einer Datei abgelegt, sodass die Authentifizierungssysteme wie z. B. eine Systemanmeldung darauf zurückgreifen können. Mit der sehr präzisen Venenerkennung lassen sich aber nebst Computern auch andere Systeme verbinden wie Tür- oder Raumzugänge.

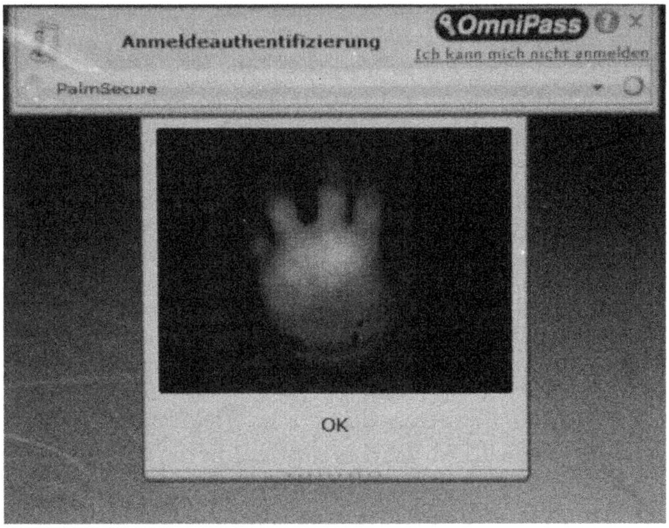

Abb. 5.6: Erfolgreiche Systemanmeldung mittels vorgängig erfasster Venenmuster

Den Einsatz von Biometriesystemen als solchen besprechen wir dann etwas später im Buch in Abschnitt 6.1.3, »Biometrische Erkennungssysteme«, genauer.

5.2.5 Benutzername, Kennwort und SmartCard

Multifaktorauthentifizierungen werden sehr häufig über die Angabe von Benutzername und Passwort sowie den Besitz einer SmartCard realisiert. Dabei wird der Zugriff auf die SmartCard oft noch durch die Angabe einer zusätzlichen SmartCard-PIN geschützt.

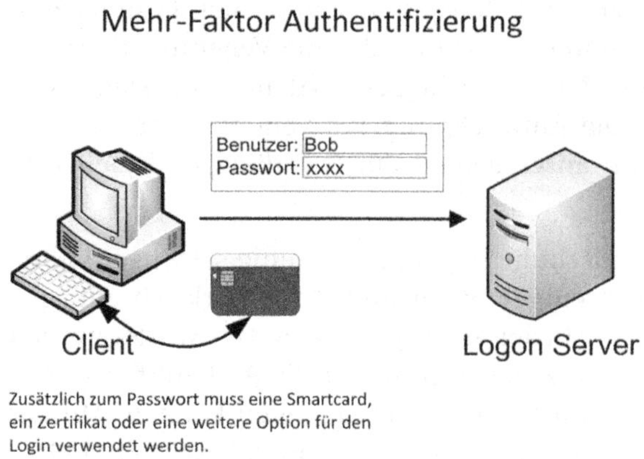

Abb. 5.7: Mehr-Faktor Authentifizierung

5.2.6 Wechselseitige Authentifizierung

Die oben beschriebenen Authentifizierungen haben den Nachteil, dass sich der Benutzer zwar am System authentifiziert, er aber letztlich nicht weiß, ob er sich tatsächlich am richtigen System angemeldet hat. Theoretisch könnte er sich auch ein einem falschen System angemeldet haben, das seine Eingaben entgegennimmt und dem richtigen System übermittelt. Das falsche System befindet sich aber im Besitz eines Angreifers, der Eingaben des Benutzers lesen und manipulieren kann.

Ein solches Szenario kann nur durch eine wechselseitige Authentifizierung vermieden werden. Der Computer überprüft die Identität des Benutzers, der Benutzer hingegen, ob der Computer auch das korrekte System ist. Diese beiderseitige Authentifizierung kann auf Seiten des Benutzers durch Hinterlegung von Schlüsseln und Zertifikaten auf einer SmartCard geschehen, mit deren Hilfe er die »Identität« des Computers prüft.

5.3 Protokolle für die Authentifizierung

Im Laufe der Jahre wurden zahlreiche Protokolle entwickelt, mit denen Authentifizierungen technisch realisiert werden. Die folgende Zusammenstellung ist nur eine Auswahl. Weitere Protokolle finden sich in diesem Buch in Abschnitt 11.3, »Protokolle für den entfernten Zugriff«.

5.3.1 Kerberos

Der Authentifizierungsdienst Kerberos wurde bereits 1978 definiert. Basis für die Authentifizierung ist eine Instanz, der alle beteiligten Parteien vertrauen. Diese Instanz wird als Kerberos-Netzwerkdienst bezeichnet. Da die Zuverlässigkeit von

Kerberos von diesem Dienst abhängt, muss dieser besonders geschützt werden. Mit Kerberos können Single-Sign-On-Systeme realisiert werden, wobei der Kerberos-Dienst nach erfolgreicher Erstauthentifizierung die weiteren Authentifizierungen bei Bedarf übernimmt.

Im Mittelpunkt von Kerberos stehen »Tickets«, über die Authentifizierungen abgewickelt werden:

- Der Client kontaktiert einen Dienst des Kerberos-Servers, das Key Distribution Center (KDC).
- Dort authentifiziert sich der Client (beispielsweise über Benutzername und Passwort) und fordert ein Ticket Granting Ticket (TGT) an.
- Bei korrekter Authentifizierung sendet ihm der Kerberos-Server das TGT zu.
- Das TGT wird dazu genutzt, sich an anderen Servern im Netzwerk zu authentifizieren. Mit seiner Hilfe fordert der Client vom KDC für jede Authentifizierung ein neues Ticket an, das vom KDC an den anderen Server geschickt wird. Der Server kontrolliert das Ticket und gewährt dem Client Zugriff.

Die Übermittlung der Nachrichten zwischen Client, Server und KDC geschieht verschlüsselt. Unbefugte haben somit keine Möglichkeit, Nachrichten zu lesen oder zu verfälschen und das Kerberos-System auszuhebeln.

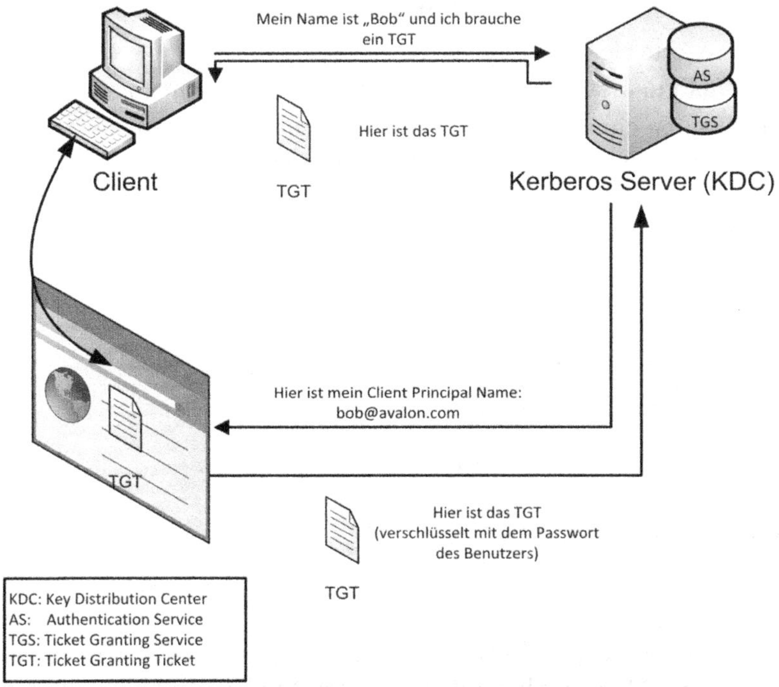

Abb. 5.8: Kerberos-Authentifizierung

5.3.2 PAP

PAP (Password Authentication Protocol) ist ein veraltetes Protokoll, mit dem sich ein Client an einem Einwahlserver authentifiziert:

- Der Client übermittelt Benutzernamen und Passwort an den Server.
- Der Server nimmt die Authentifizierung an oder lehnt diese ab.

Da die Übertragung der Daten unverschlüsselt erfolgt, ist dieses Verfahren äußerst unsicher. Es wird heute nicht mehr eingesetzt.

5.3.3 CHAP

CHAP (Challenge Handshake Authentication Protocol) ist ein Nachfolger von PHP, der allerdings nur eine geringfügig verbesserte Sicherheit bietet:

- Nach einer Login-Anfrage des Clients an den Server erzeugt der Server eine Zufallszahl (die Challenge) und sendet diese an den Client.
- Der Client fragt beim Benutzer das Passwort ab, verknüpft es mit der Challenge und berechnet daraus einen Hash (oft ist das MD5). Der Hash wird an den Server gesendet (Response).
- Der Server, der das Passwort im Klartext in seiner Datenbank gespeichert hat, bildet ebenfalls aus der Challenge und dem Passwort den Hash und vergleicht ihn mit dem vom Client berechneten Wert.
- Sind beide Hash-Werte gleich, erfolgt die Autorisierung.
- MSCHAPv1 ist die Microsoft-Version von CHAP, das bereits mehr Sicherheit bietet, MSCHAPv2 ist eine Weiterentwicklung, die ebenfalls mehr Sicherheit bietet, aber für sich alleine heute auch als relativ unsicher gilt.

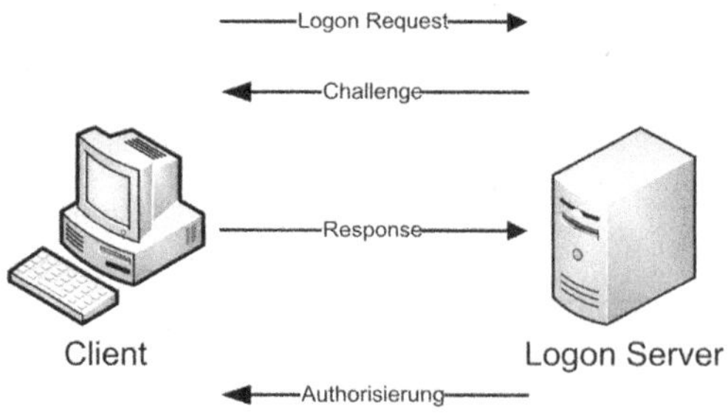

Abb. 5.9: Authentifizierung mittels CHAP

5.3.4 NTLM

Nachteilig an CHAP ist die Notwendigkeit, das Benutzerpasswort auf dem Server im Klartext zu speichern. Microsoft hat mit einer unter Windows implementierten Weiterentwicklung dieses Problem gelöst.

Bei NTLM (NT LAN Manager) wird nicht das Klartextpasswort verwendet, sondern dessen MD4-Hash. Dieser Hash wird mit einer Challenge-Zufallszahl verknüpft, mittels DES verschlüsselt und das Ergebnis an der Server geschickt. Der Server hat in seiner Datenbank den MD4-Hash des Passworts abgelegt und kann das Passwort kontrollieren.

Durch die Verwendung von MD4 und DES ist NTLM alles andere als sicher, weshalb in modernen Windows-Systemen neben Kerberos vor allem der Nachfolger NTLMv2 benutzt wird. NTLMv2 wandelt das NTLM-Protokoll insoweit ab, als dass für die Antwort anstelle von DES ein HMAC-MD5 genutzt wird.

5.4 Die Non-Repudiation

Eine vollendete Authentifizierung bedeutet nicht nur, dass ein Benutzer Zugriff auf bestimmte Ressourcen erhält. Da die Merkmale, über die die Authentifizierung erfolgt ist, nur dem rechtmäßigen Benutzer bekannt sein sollten, kann dieser später nicht leugnen, sich am System angemeldet und bestimmte Aktionen durchgeführt zu haben. Diese Nicht-Leugbarkeit wurde bereits eingangs von Kapitel 4 über Verschlüsselung angesprochen.

Eine Nicht-Leugbarkeit kann natürlich nur bewiesen werden, wenn das zur Authentifizierung benutzte Verfahren wirklich sicher ist. Eine Anmeldung an einem Rechner über PAP oder CHAP erfüllt diese Anforderung nicht.

5.5 Vom Umgang mit Passwörtern

Der Umgang mit Passwörtern ist ein heikles Thema. Wie man am Beispiel der Nicht-Leugbarkeit sieht, haben Passwörter auch eine juristische Bedeutung. Deshalb muss sehr sorgfältig mit ihnen umgegangen werden. Bei der Fülle von Passwörtern, die sich ein normaler Benutzer merken soll, kann es da aber Probleme geben.

Als Grundregel gilt, dass Passwörter niemals im Klartext aufbewahrt werden dürfen. Das gilt nicht nur für die kleinen gelben Zettel unter der Schreibtischunterlage, sondern auch für elektronische Dokumente. Wenn Passwörter irgendwo gespeichert werden sollen, dann nur in verschlüsselter Form. Und das Master-Passwort, mit dem die anderen Passwörter entschlüsselt werden können, muss besonders sicher sein.

Wer ein gutes Gedächtnis hat, kann sich Passwörter vielleicht merken. Als Gedächtnisstütze sind »Eselsbrücken« sinnvoll, die man leichter behalten kann. So könnte man sich das relativ komplexe Passwort 1KsTkiR34$,bSa4€« mit dem Satz »1 Kilo saure Trauben kosten im Regen 34 $, bei Sonne aber 4 €« merken.

5.6 Fragen zu diesem Kapitel

1. Was tun Sie, wenn ein Zertifikat kompromittiert worden ist?

   A Den Wiederherstellungsassistent starten

   B Das Zertifikat auf die CRL setzen

   C Das Zertifikat löschen

   D Die Ermittlungsbehörden einschalten

2. Was garantiert, dass ein Benutzer nicht abstreiten kann, eine Nachricht übermittelt zu haben?

   A Verfügbarkeit

   B Integrität

   C Nicht-Leugbarkeit

   D Vertraulichkeit

3. Wie nennt sich die Publikation deaktivierter Benutzerzertifikate?

   A Certificate Revocation List

   B Certificate Suspension List

   C Wiederherstellungsliste

   D Certificate Authority

4. Welche Variante kann als Beispiel für die Zweifaktorauthentifizierung bezeichnet werden?

   A RAS und Benutzername/Passwort

   B RADIUS mit L2TP

   C LDAP mit WPA

   D Iris-Scan und eine elektronische Zutrittskarte

5. Wenn Sie eine Sicherheitsrichtlinie zum Umgang mit Mobiltelefonen herausgeben, um das Risiko des Telefonmissbrauchs durch fremde Benutzer zu minimieren, wie lautet sie?

   A Das Mobiltelefon darf nur für firmeninterne Nachrichten eingesetzt werden.

   B Das Mobiltelefon verlangt ein Passwort nach einer gewissen Zeit der Inaktivität.

   C Das Mobiltelefon verschlüsselt alle Daten.

   D Die Datenleitungsdienste des Mobiltelefons werden deaktiviert.

Kapitel 6

Physische Sicherheit

Unter physikalischer Sicherheit verstehen wir sowohl bauliche wie auch organisatorische Maßnahmen rund um die Thematik Gebäude-, Infrastruktur- und Zutrittsschutz.

Bauliche Maßnahmen befassen sich mit Fragen wie:

- Wie steht es um Hochwassersicherheit des Serverraums oder des Rechenzentrums?
- Wie ist der Brandschutz ausgebaut?
- Wie ist der Schutz der Anlagen bei Hitze oder Kälte geregelt?
- Wie ist die Stromversorgung aufgebaut?
- Gibt es Ersatzgeneratoren, Notstrom, unabhängige Netzleitungen?
- Gibt es Fenster oder Türen zu den Anlagen und wie sind diese gebaut?

Organisatorische Fragen sind:

- Welche Zugangsbeschränkungen wie Schlüsselsysteme oder Badges gibt es generell für den Zugang zum Gebäude?
- Welche Zutrittsregelungen werden zu den kritischen Räumen getroffen? Und wer verwaltet diese Regelungen und aktualisiert sie bei Bedarf?
- Wer kümmert sich um die Abläufe der physikalischen Sicherheit?

Je größer die Informatikumgebung ist, desto umfassender müssen diese Fragen geklärt werden. Aber auch, wer nur einen Server im Keller stehen hat, sollte sich überlegen, wie gut dieser gegen Wassereinbruch geschützt ist – bevor die nächste Überschwemmung alle Daten wegspült! Ansprechende Beispiele zu dieser Thematik hatten wir ja in den Nachrichten der letzten Jahre genug!

6.1 Zutrittsregelungen

Der Zutritt muss auf zwei Ebenen geregelt werden: physisch und logisch. Obwohl die logische Sicherheit nicht Teil dieses Kapitels ist, soll auch dieser Aspekt im Zusammenhang mit dem Zutritt respektive dem Zugriff kurz erwähnt werden. Denn auch das Gestalten und regelmäßige Wechseln von sicheren Passwörtern gehört zur Sicherheit dazu. Das gilt für den Remote-Zugriff auf den Server genauso wie für andere Netzwerkkomponenten, auf die man mittels Softwareaccount Zugriff hat.

Die Regelung des physischen Zutritts (Zugang) beginnt beim Gebäude selber, geht weiter zur Zutrittsberechtigung zum Serverraum und endet bei der Absicherung der Racks und Servergehäuse. Nur so sind die Systeme selber letztlich gegen unberechtigten Zutritt und Zugriff richtig gesichert.

Dabei können ganz unterschiedliche Schließsysteme zum Einsatz kommen:

- Schlüssel
- Badge oder Keycard
- Biometrisches System
- Hybride Systeme

Schließsysteme sind wichtig, aber sie sind nicht besser als der, der sie verwaltet. Nach der Installation muss das Schließsystem auch verwaltet werden, Ein- und vor allem Austritte von Mitarbeiter müssen im System hinterlegt werden, sodass beispielsweise Schlüssel von austretenden Systemadministratoren wieder eingezogen werden, Badges ihre Gültigkeit verlieren oder biometrische Systeme die entsprechenden Personen nicht mehr akzeptieren.

Und nicht zuletzt müssen die Systeme auch zweckgerichtet eingesetzt werden. Es nützt das beste System nichts, wenn der Techniker einen Holzkeil in die Türe klemmt, um schneller hinein- und hinausgelangen zu können und der Serverraum danach stundenlang für alle zugänglich ist.

Zum Thema Zutritt gehört auch die Überwachung. Wird der Zugang zu kritischen Räumen überwacht, und wenn ja wie? Gibt es allenfalls eine Videoüberwachung oder gar Bewegungsmelder?

Und wie ist die Alarmierung geregelt, wenn jemand unberechtigt den Raum betritt oder ohne die korrekte Berechtigung Zutritt erlangt?

Gerade in sensiblen Bereichen (Rechenzentren, Geldautomaten etc.) ist auch der Einsatz von Wachpersonal eine nicht zu unterschätzende Form von Zutrittsregelung, welche in Zusammenhang mit Zutrittsausweisen oder Kontrolllisten eine wirkungsvolle Maßnahme darstellt.

Das Wachpersonal kann auf der einen Seite reine Sichtkontrollen durchführen (wird der Zugangscode bzw. die Keycard eingegeben) oder den Zugang anhand von Kontrolllisten aktiv regeln. Klassisch in diesem Zusammenhang ist das Beispiel von Besuchern, die sich mit Namen und Unterschrift in solche Kontrolllisten ein- und beim Verlassen des Gebäudes auch wieder austragen. In Hochsicherheitszonen kommt zudem die Kontrolle von Gepäck hinzu, manuell oder unterstützt von elektronischen Hilfsmitteln (Gepäck-Scanner).

Alle diese Fragen wollen dem Einsatzgebiet und der Wichtigkeit entsprechend beantwortet und in einem Konzept zur physischen Sicherheit festgehalten werden.

6.1.1 Schlüsselsysteme

Das klassische Schließsystem besteht aus einem Zylinderschloss und den entsprechenden Schlüsseln. Der Vorteil besteht darin, dass derselbe Schließtyp für verschiedene Zugänge verwendet werden kann, sodass derselbe Schlüssel verschiedene Türen öffnen kann. Der klassische Nachteil besteht darin, dass Schlüssel unpersönlich sind, verloren gehen oder gestohlen werden können und damit die Sicherheit nicht mehr gewährleistet ist.

Wichtig ist es hier, ein Verzeichnis aller ausgegebenen Schlüssel zu führen (und aktuell zu halten), damit man weiß, wer welchen Schlüssel besitzt.

Eine andere Form von Schlössern sind Zahlenschlösser, welche die Türen elektronisch blockieren und nur durch die Eingabe einer bestimmten Kombination geöffnet werden können. Diese Kombination kann in obigem Sinne nicht verloren gehen, allerdings kann sie durch unsachgemäßen Umgang auch Unberechtigten bekannt sein.

Abhilfe schafft hier die Möglichkeit, die Zahlenkombination in einem gewissen Zeitraum zu wechseln, sodass wiederum nur diejenigen Zutritt erhalten, welche die jeweils aktuelle Kombination kennen.

Elektronische Schlösser sind eine neuere Entwicklung. Hierbei wird der Zylinder mit Elektronik versehen und der eigentliche Schlüssel durch einen elektronischen Schlüssel ersetzt. Elektronische Schlösser lassen sich bei Bedarf zentral verwalten, das heißt auch, ein verlorener oder gestohlener Schlüssel kann sofort gesperrt werden, und das Medium ermöglicht keinen Zutritt mehr aufgrund der Sperrung.

Zur physischen Sicherheit der Server selber gehört es zudem, dass nicht nur die Räume, sondern auch die Racks oder die Systeme selber abgeschlossen sind. Zudem sei hier die Notwendigkeit erwähnt, dass auch das BIOS durch ein Passwort gesichert ist und der lokale Zugang über das Betriebssystem ebenfalls durch ein starkes Passwort abgesichert ist. So kann auch der, der sich Zutritt bis zu den Servern selber verschafft hat, so schnell keinen Unfug damit treiben.

6.1.2 Badges und Keycards

Umgangssprachlich als Badges werden Ausweise bezeichnet, welche aufgrund von aufgedruckten Merkmalen wie Identitätsfoto oder Strichcode zur Identifizierung von Personen eingesetzt werden.

Grundsätzlich werden zwei Arten solcher Badge-Systeme unterschieden:

- Kontaktbehaftete Systeme: Magnetstreifenkarten, Kontaktkarten
- Berührungslose Systeme: RFID, Proximity Card, Contactless Smart Cards

Die Systeme mit Kontakt zum Lesegerät sind insofern etwas sicherer, als dass keine Daten über die Luft übermittelt werden, allerdings können sie bei Diebstahl genau so ausgelesen und manipuliert werden wie die neueren berührungslosen Systeme.

Bei allen Systemen liegt der Fokus heute darauf, die Daten auf den Badges selber zu verschlüsseln und sie zentral zu erfassen, sodass auch eine Sperrung zentral erfolgen kann, selbst wenn die Karte noch im Umlauf ist.

6.1.3 Biometrische Erkennungssysteme

Ein biometrisches Erkennungssystem misst Werte an lebenden Wesen, in unserem Fall Werte von Mitarbeitern eines Unternehmens, welche Zutritt zu Räumen und Systemen erhalten möchten.

Damit ein biometrisches Erkennungssystem zuverlässig funktioniert, benötigt es gut definierbare Messgrößen sowie eindeutige und konstante Merkmale, um eine Person zweifelsfrei und unabhängig von Alter oder Gesundheit zu identifizieren.

Dabei kommen sowohl verhaltensbasierte wie auch physiologiebasierte Merkmale in Frage, die über längere Zeit stabil sind. Dazu gehören verhaltensbasiert etwa die Stimme oder die Handschrift, physiologiebasiert der Fingerabdruck, die Iris oder auch die Hand- oder die Gesichtsgeometrie.

Natürlich gibt es noch mehr relative eindeutige Merkmale wie etwa die Zahnstellung – aber wir möchten ja hier ein biometrisches Erkennungssystem beschreiben, und das Erfassen des Zahnabdrucks wäre hier nicht gerade hilfreich.

Bei biometrischen Erkennungssystemen werden aktuell unterschiedliche Verfahren einzeln oder kombiniert eingesetzt, wie wir es in Abschnitt 5.2.4, »Biometrie«, bereits erläutert haben:

- Gesichtserkennung
- Iris-Scan
- Retina-Scan
- Handschriftenerkennung
- Finger- oder Handabdruck
- Stimmerkennung
- Bilderkennung
- Venen-Scan

Damit ein biometrisches System funktioniert, muss es mit den individuellen Daten der Berechtigten »gefüttert« werden. Dazu benötigt das Lesegerät einen Sensor zur Merkmalsextraktion sowie eine Software zur Berechnung des erfassten Merkmals mit der sich identifizierenden Person (Merkmalsvergleich). Als Sensoren kommen Bildsensoren (Kamera, optische Sensoren), kapazitive Sensoren (Streifensensoren) oder Ultraschallsensoren zum Einsatz.

Die Sensoren lesen zuerst ein biometrisches Beispiel ein, welches digital verschlüsselt abgespeichert wird und damit auch nicht gestohlen oder missbraucht werden kann. Dieses dient bei zukünftigem Einsatz des Sensors als Referenz für den Merkmalsvergleich mit der Person, die sich aktuell am System identifizieren möchte. Manchmal werden auch mehrere Beispiele genommen, um Abweichungen zu verarbeiten.

Biometrische Erkennungssysteme, welche nicht für den persönlichen Einsatz, sondern für den Gebrauch in Unternehmen oder für Kunden eingesetzt werden, unterliegen dem Datenschutz, da über die personenbezogenen Charakteristika ein Rückschluss auf die Person möglich ist. Daher gilt dem Schutz dieser Daten durch Verschlüsselung und der Beschränkung des biometrischen Einsatzes auf notwendige Anwendungen hohe Priorität.

Wird das System nebst der Identifikation auch zur Verifikation, z. B. Anmeldung an einem System, eingesetzt, wird es mit Badges, PINs oder Usernames kombiniert. In diesem Fall wird zuerst die Verifikation durchgeführt: Gibt es diesen Benutzer? Anschließend wird die Identifikation durch das biometrische Erkennungsgerät durchgeführt: Handelt es sich um diese Person?

6.1.4 Zutrittsschleusen

Um hochsichere Räume wie ein Rechenzentrum zu schützen, werden diese nebst obigen Sicherheitssystemen meist mit physischen Barrieren ausgerüstet, sogenannten Schleusen, englisch auch Man Trap genannt.

Abb. 6.1: Zutrittsschleuse

Am effizientesten sind in diesem Zusammenhang die Mannschleusen oder Drehschleusen. Nachdem sich der Zutrittswillige authentifiziert hat, kann er die

Schleuse betreten, diese schließt sich hinter ihm und öffnet den Zugang erst, wenn keine weitere Person die Schleuse mehr betreten kann. Dies ermöglicht eine hohe Kontrollsicherheit. Besonders sensible Drehschleusen sind zudem mit Gewichtssensoren ausgestattet, damit sich bestimmt nicht mehr als eine Person in der Schleuse befinden kann und sich niemand im Huckepack oder durch dichtes Beieinanderstehen einschleichen kann. Ergänzt werden kann diese Schleuse durch einen Wachposten oder eine Videoüberwachung, die das Geschehen überwacht.

Bei Schleusenzugängen findet die Zutrittserteilung in der Regel in mehreren Schritten statt:

- Autorisierung: Durch Badge oder Ausweis. Nur ein gültiger Ausweis ist in der Lage, die Schleuse zu öffnen
- Identifizierung: Durch ein biometrisches System (oder älter: PIN-Nummer) wird überprüft, ob die eingetretene Person auch wirklich die autorisierte Person ist
- Vereinzelung: Durch den Einsatz von Sensoren wird sichergestellt, dass nur eine Person in der Schleuse ist und keine weitere Person unerlaubt eingeschleust werden kann

Wichtig ist beim Einsatz von Schleusen natürlich, dass ausserhalb dieser Schleusen kein Zutritt möglich ist. Bei geschlossenen Räumen ist dies kaum ein Problem (Mauern), aber wenn es um ganze Gelände oder Gebäude geht, muss allenfalls mit weiteren Maßnahmen wie einer Videoüberwachung (siehe nächstes Teilkapitel) oder mit Umzäunungen gearbeitet werden, um einen unberechtigten Zutritt zu verhindern.

6.1.5 Videoüberwachung

Die Videoüberwachung wird über Kameras realisiert, entweder via CATV (Kabel-TV) oder via Netzwerkkameras, sogenannte IP-Kameras. Je nach Einsatzgebiet müssen solche Kameras große Temperaturunterschiede aushalten, wetterfest sein und sowohl Tag- wie auch Nachtsichtobjektive aufweisen. Moderne Kameras bieten auch einen Modus für hohe Auflösung, damit auch Details der Überwachung zu erkennen sind.

Beim Aufstellen einer Kamera ist zu beachten, dass sie möglichst große Sichtwinkel bietet und auf einer Höhe angebracht wird, die es einem Angreifer nicht einfach ermöglicht, die Kamera auszuschalten. Achten Sie auch auf die sichere Führung von Strom- und Datenkabeln, die von außen nicht zugänglich sein sollten.

Hilfreich ist in diesem Zusammenhang sicher die Anbringung mehrerer Kameras mit überlappenden Sichtwinkeln: Dies erhöht die Sicherheit gegenüber versteckten Angreifern oder dem Anschleichen an eine Überwachungsstation.

Heute können Sie sich zwischen kabelgebundenen oder drahtlosen Kameras entscheiden. Dabei ist die Verlegung kabelloser Kameras gewiss einfacher, dafür bilden drahtlose Kameras ein höheres Sicherheitsrisiko beim Abfangen des Signals. Doch dazu mehr beim Thema drahtlose Netzwerke in Kapitel 12.

Eine weitere Möglichkeit ist der Einsatz beweglicher Kameras sowie von Kameras mit automatischer Ereigniserkennung bzw. Bewegungsmeldern, welche bei Bedarf an ein Alarmierungssystem angeschlossen werden können.

6.1.6 Multiple Systeme

Um die Sicherheit von sensiblen Bereichen zu erhöhen, werden mehrere Ebenen des Zutrittsschutzes realisiert, welche auf unterschiedlichen Attributen beruhen. So beginnt der Zutritt zum Gebäude beispielsweise über ein Badge-System, beim Eingang zum Rechenzentrum im Gebäude gibt es eine Videoüberwachung, welche einen neuerlichen Badge-Zutritt überwacht, und der Raum mit den sensiblen Servern wird durch eine Zutrittsschleuse geschützt. Dadurch werden mehrere physische Barrieren eingebaut, um die Sicherheit zu erhöhen.

Durch den Einsatz unterschiedlicher Technologien schafft man sich zudem eine gewisse Unabhängigkeit, falls eines der Systeme überwunden wird oder ausfällt.

6.2 Bauschutz

Ein Gebäude und die Räume darin müssen gegen verschiedene Gefahren geschützt werden, namentlich gegen Einbruch, Feuer und Wasser.

6.2.1 Einbruchschutz

Der Einbruchschutz wird primär durch den Bau selber gewährleistet, d.h. durch den Einsatz von einbruchsicheren Türen und Fenstern sowie durch die bereits beschriebenen Maßnahmen der Überwachungs-, Schließ- und Zutrittssysteme, die Gebäude und sensible Räume vor unerlaubtem Eintreten schützen.

Auch der Einsatz von Safes für die Aufbewahrung wichtiger Dokumente oder auch Datenträger gehört zu den wichtigen Maßnahmen des Einbruchsschutzes.

Abb. 6.2: Safe für die feuerfeste Aufbewahrung von Datenträgern

Hinzu kommt die Installation von Alarmanlagen, an welche die bereits beschriebenen Systeme gekoppelt werden können, um so ein widerrechtliches Überwinden von Schließanlagen zu überwachen und entsprechende Maßnahmen (Alarmierung von Sicherheitsdienst, zusätzliche Verriegelungen etc.) auszulösen. Gekoppelt werden können diese Anlagen auch mit der Videoüberwachung oder wie schon erwähnt mit zusätzlichen Bewegungsmeldern, welche Auffälligkeiten registrieren und melden.

Wichtig bei Implementierung eines Einbruchsschutzes sind der Test und eine regelmäßige Überprüfung der Anlage, damit deren Funktionalität gewährleistet ist und nicht eine Scheinsicherheit vermittelt, die dann im Ernstfall versagt.

6.2.2 Hochwasserschutz

Eine Gefahrenanalyse ist die Grundlage für die passenden Vorkehrungen gegen Wasserschäden. Hierzu gehören zum einen Ereignisse höherer Gewalt wie Hochwasser nach Unwetter oder ein Dammbruch eines naheliegenden Gewässers. Ebenso aber Schäden durch geborstene Wasserleitungen im Gebäude oder schlecht verlegte Klimaanlagen, die Wasser verlieren und Schäden verursachen können.

Während der Schutz vor Hochwasser bzw. von außen eindringenden Wassers vor allem eine bauliche Angelegenheit ist (z. B. Hochwasserschotte oder Wasserschotttüren), kann gegen die anderen Wasserschäden auch durch die Raum- und Anlagegestaltung einiges unternommen werden.

So tut man beispielsweise gut daran, sich zu überlegen, ob ein Rechenzentrum ins Kellergeschoss gehört, und wenn ja, wie dieses vor eindringendem Wasser zu schützen ist – da reichen einfache Hohlböden nicht aus.

Gegen kleinere Wassermengen dagegen sind mit Hohlboden ausgestattete Räume sicher ein guter Schutz – sofern man die Hohlböden dann nicht auf derselben Ebene für eine schlecht geschützte Stromführung missbraucht... Ebenso wichtig: keine Fenster in Server- oder Telekomräumen, wichtige Systeme nicht auf den Boden stellen, sondern in einem Rack montieren und keine wasserführenden Gebäudeleitungen durch den Serverraum leiten.

Wichtig ist immer auch eine sorgfältige Planung und Installation der Klimaanlagen, damit kein Kondenswasser in Berührung mit elektrischen Anlagen kommen kann.

Nicht zuletzt ist es wichtig, mit entsprechenden Sensoren die Feuchtigkeit und allenfalls eindringendes Wasser frühzeitig zu erkennen, um Maßnahmen treffen zu können.

6.2.3 Brandschutz

Wie bei allen Sicherheitsfragen wird auch beim Brandschutz eine eigene, gut geplante Brandschutzstrategie benötigt.

Entsprechend der Umgebung können Brandschutzmauern, Brandschutzschleusen und -tore verbaut werden. Häufig müssen diese Anlagen aber bereits beim Bau des Gebäudes oder Raumes mitberücksichtigt werden, da ein nachträglicher Einbau, wenn überhaupt, nur mit großem Aufwand zu realisieren ist.

Was sich auf jeden Fall während oder nach dem Bau implementieren lässt, sind Brandmeldeanlagen und Rauch- oder Feuersensoren. Diese müssen mit einer Alarmanlage und allenfalls auch direkt mit einer Löschanlage gekoppelt werden, damit das Feuer im Brandfall möglichst rasch bekämpft werden kann.

Bei größeren Räumen ist auch eine Rauchabsauganlage von Nutzen, die den Rauch entsprechend aus dem Raum absaugt. Zwingend notwendig sind Abzugssysteme immer dort, wo mit Gaslöschanlagen gearbeitet wird.

Grundsätzlich werden Brände in Brandklassen eingeteilt. Diese sind mit der Klassifizierung A–F versehen, wobei die Brandklasse E heute nicht mehr existiert.

Brandklasse	Brennstoff	Löschmittel
A	Feste Stoffe (z. B. Papier, Kohle, Kunststoffe, Textilien)	Wasser, Schaum, ABC-Pulver
B	Flüssige oder sich verflüssigende Stoffe (z. B. Alkohol, Benzin, zahlreiche Kunststoffe, Lacke)	Schaum, ABC-Pulver, CO_2
C	gasförmige Stoffe (z. B. Acetylen, Erdgas, Methan, Propan)	ABC-Pulver
D	Metalle (z. B. Aluminium)	Metallbrandpulver, verschiedene Speziallöschmittel
F	Fettbrände (z. B. Öl, Speisefett)	Speziallöschmittel

Tabelle 6.1: Brandklassen

Feuerlöschanlagen für IT-Infrastrukturen können sehr unterschiedlich konzipiert und mit unterschiedlichen Löschmitteln betrieben werden. Nicht jedes Löschmittel ist für denselben Zweck geeignet. Allen voran können Sie in elektronischen Umgebungen wie Serverräumen oder Rechenzentren nicht mit Wasser agieren, da dies zu erheblichen Schäden führen würde.

Möglich sind der Einsatz von Stickstoff oder Argon, die per se nicht giftig oder personengefährdend sind und die das Feuer ersticken. Sie können in hoher Konzentration bei der Brandbekämpfung aber zu Sauerstoffmangel führen. Argon kann in Löschanlagen eingesetzt werden, nicht in Feuerlöschern.

Auch CO_2 löscht das Feuer durch Ersticken. CO_2 treffen Sie auch in Feuerlöschern an (anstelle von Löschschaum oder Löschpulver). Sein großer Vorteil bei der Brandbekämpfung in elektrischen oder elektronischen Umgebungen wie Telekomanlagen oder Rechenzentren ist, dass es nicht elektrisch leitend ist und dass es keine Rückstände hinterlässt. Allerdings können durch die entstehende große Kälte magnetische Datenträger beschädigt werden. Bei der Anwendung sollte nicht vergessen werden, dass CO_2 für Mensch und Tier als Atemgift wirkt und daher nicht unbedenklich eingesetzt werden sollte, insbesondere in geschlossenen Räumen.

Halone, wie sie früher verwendet wurden, sind aufgrund ihrer Schädlichkeit heute verboten. Es gibt aber neue und zugelassene Halone, die neuerdings wieder eingesetzt werden. Da sie das Feuer nicht ersticken, sondern an seinem Verbrennungsvorgang hindern (chemische Reaktion), benötigt deren Einsatz deutlich weniger Löschmittel als der mit Stickgasen.

Ob ein Löschgerät für den geplanten Einsatz geeignet ist, kann anhand der Brandklasse auf dem Gerät ersehen werden.

Abb. 6.3: Löschanlage eines Rechenzentrums (Quelle: TDS AG)

6.2.4 Klimatisierung und Kühlung

Server- und Netzwerkräume enthalten in der Regel auf engem Raum zahlreiche Geräte, welche durch ihren elektrischen Betrieb Wärme abgeben. Im Unterschied zu Rechenzentren, bei welchen die Klimatisierung von Planungsbeginn an eine feste Komponente beim Bau des Gebäudes ist, werden in diesen Räumen vorgängig oft keine gezielten Überlegungen zur Klimatisierung gemacht. Erst wenn Probleme durch zu große Wärme auftreten, wird über die Klimatisierung bzw. Kühlung des Raums beraten.

Als Informationen dazu können Sie davon ausgehen, dass in einem Serverraum bis zu 4000 Watt pro Quadratmeter zu kühlen sind, ein volles Blade-Rack verbraucht bis zu 20 Kilowatt pro Rack. Dabei gilt der Grundsatz: Power in = heat out (Energie rein und dafür Hitze raus...).

Wenn ein Doppelboden im Raum vorhanden ist, kann die Kühlung über diesen Hohlboden erfolgen. Ansonsten muss die Luft im Raum selber gekühlt werden. Bei den in kleineren Umgebungen oft anzutreffenden Haushaltsklimageräten ist dabei zu bedenken, dass diese oft nicht geeignet sind, weil die Luft durch den Betrieb dieser Geräte zu trocken wird. Um nicht zusätzliche Risiken durch statische Ladungen oder (wenn zu feucht) durch Korrosion zu erzeugen, sollte die Luftfeuchtigkeit in Räumen mit Netzwerk- oder Servergeräten zwischen 30 % und 60 % liegen (45 % +/- 15 % Abweichung). Die Temperatur beträgt idealerweise rund 230 Celsius +/- 30.

Wenn Sie den Raum mit einer Klimaanlage kühlen, müssen Sie auch beachten, dass die durch das Klimagerät entzogene Wärme (Abluft) aus dem Raum abgeführt wird. Sonst hebt sich der Nutzen der Anlage direkt auf. Aus diesem Grund müssen Abluftrohre aus dem Raum, in der Regel nach draußen, geführt werden. Hierbei dürfen wiederum andere Gefahren wie eindringendes Wasser bzw. der Einbruchschutz nicht vernachlässigt werden.

Ein neueres Konzept der getrennten Luftführung nennt sich Warmluftgang- und Kaltluftgangführung. Das heißt, es bestehen separate Kaltluftgänge, welche kühle Luft zu den Systemen hinführen, und Warmluftgänge, welche die warme Luft aus den Systemen absaugen. Dabei werden die zu kühlenden Systeme in Schränken oder über mehrere Racks hinweg zusammengenommen und nach außen abgedichtet, sodass die kühlende Luft direkt zu diesen Komponenten hingeführt wird. Durch das Absaugen der warmen Luft entstehen präzise gelenkte Luftströme, die eine kosten- und energieeffiziente Kühlung der Anlage zulassen und es nicht mehr erfordern, dass ganze Räume gekühlt werden müssen.

Zudem muss der Ableitung des Kondenswassers, welches durch die Komprimierung der Luft dieser entzogen wird, Beachtung geschenkt werden, nicht dass nachher eine Klimaanlage auf den Server tropft...

In kleineren Räumen wird die Anlage meistens luftgekühlt betrieben, in größeren Räumen sind auch Wasserkühlung oder direkte Rack-Kühlung mit Luft-Wasser-Wärmetauscher im Einsatz. Die ETH Zürich hat zusammen mit IBM sogar ein Modell vorgestellt, bei welchem Mainboards und Prozessoren direkt wassergekühlt werden und die zur Kühlung benötigte Energie damit massiv reduziert werden kann. Zudem wird dort die Abwärme direkt zur Wärmeversorgung anderer Gebäude wieder eingesetzt, was bis zu 75 % der Energie wiederverwendbar macht.

Überhaupt nimmt die Bedeutung der Kühlung heute zu, je größer der zu kühlende Raum ist. Dies hat weniger mit Sicherheit als mit den enormen Energiekosten zu tun. Es gibt daher verschiedenste Ansätze, um Rechenzentren optimal zu kühlen und dabei Energie zu sparen.

6.3 Elektrostatische Entladung

Elektrostatische Entladung (Electrostatic Discharge, ESD) ist ein großes Problem im Umgang mit elektrischen Bauteilen. Die Spannung wird durch Isolation in einem Körper erzeugt, d.h. der Körper baut Spannung auf, kann sie aber nicht ableiten. Diese Spannung kann entsprechend sehr hoch werden, auch wenn sie nur eine geringe Strommenge erzeugt.

Für den Menschen ist die Entladung solch statischer Spannung zwar unter Umständen unangenehm, aber ungefährlich. Die statische Aufladung am Menschen kommt vor allem durch synthetische Teppiche, Kleidung und Schuhe zustande (z. B. Nylon, Polyesterfasern). Einen großen Einfluss spielen zudem Faktoren wie Luftfeuchtigkeit und Wärme. Am heikelsten sind dabei warme, trockene Umgebungen mit geringer Luftfeuchtigkeit, sprich z. B. Büros ...

Sobald jetzt der »geladene« Mensch mit leitfähigen Materialien in Kontakt kommt, entlädt er sich »schlagartig« wieder.

Nehmen wir auf der anderen Seite jetzt elektrischen Komponenten zur Hand, sehen wir, dass diese aus feinen, leitfähigen Materialien bestehen oder damit beschichtet sind. Das können Chips aus Silizium oder Leiterbahnen aus Metalloxiden wie Kupfer sein.

Die statische Aufladung eines solchen Bauteils durch den Menschen führt zu einer kurzzeitigen heftigen Erhitzung und damit zu einem Kurzschluss der betroffenen Teile. Je nach Intensität des Kurzschlusses führt dies zum sofortigen Ausfall oder auch zu einem schleichenden Ausfall, weil die Beschädigung erst mit der Zeit wirksam wird.

Besonders anfällig für statische Aufladung sind Chipsets, Mainboards, Prozessoren, Speichermodule – aber auch andere Bauteile wie Festplatten oder Laufwerke verfügen über Platinen und schätzen die statische Aufladung nicht wirklich!

Das heißt: Bevor Sie an einem Computer arbeiten, schützen Sie sich vor statischer Aufladung. Sie können dies tun, indem Sie entweder ein antistatisches Band mit Erdung tragen (ESD-Strip) und/oder auf einer antistatischen Matte arbeiten.

Manche der Erdungsbänder verfügen auch über eine Krokodilklemme, damit man sich am metallischen Gehäuse des Rechners erden kann. Der Einsatz von Erdungssteckern ist aber sicherer.

6.4 Stromversorgung

Die Energieversorgung ist eine der wichtigsten Komponenten in der EDV: ohne Strom keine elektronische Datenverarbeitung! Oftmals wird dies jedoch vernachlässigt, man ist daran gewöhnt, dass Strom einfach immer und in guter Qualität verfügbar ist.

Im Zusammenhang mit der Energieversorgung sind verschiedene Situationen zu betrachten:

- Spannungsschwankungen im Stromnetz
- Kurzzeitige Stromunterbrechungen
- Längerfristige Stromunterbrechungen

Dadurch können verschiedene Probleme verursacht werden:

- Direkte Verhinderung der Erbringung der IT-Dienstleistungen während der Stromunterbrechung
- Unkontrolliertes Herunterfahren oder Neustarten der Serversysteme und damit verbundene Probleme wie:
  - Defekte Betriebssysteme
  - Datenverlust auf Festplatten
  - Defekte Hardwarekomponenten

Server und Netzwerkkomponenten können gegen solche Störungen geschützt werden. Die erste Maßnahme dabei ist immer eine unterbrechungsfreie Stromversorgung, welche unter Umständen durch ein Notstromaggregat ergänzt wird.

6.4.1 USV

In der Regel besteht eine unterbruchsfreie Stromversorgung (USV, eng. Uninterruptible Power Supply, UPS) aus einer leistungsstarken, wieder aufladbaren Batterie, vielfach aus einem Bleiakkumulator, wie er ähnlich in Fahrzeugen verwendet wird.

Solange die normale Energieversorgung funktioniert, wird die Batterie geladen. Sobald die Energieversorgung ausfällt oder es zu einer kurzen Unterbrechung in der Versorgung kommt, speist die USV die Server aus der in der Batterie gespeicherten Energie. Die Elektronik der USV hat dabei folgende Aufgaben:

- Ladung und Entladung des Akkumulators zu kontrollieren
- Im Bedarfsfall die Energieversorgung sicherzustellen
- Signalisierung der Energieversorgungssituation

Bedingt durch die beschränkten Energiespeicherkapazitäten der Batterien dient eine klassische USV folgendem Zweck:

- Ausgleichen von Spannungsschwankungen
- Überbrücken von kurzen Versorgungsunterbrechungen
- Sicherstellen der Stromversorgung, während die Systeme kontrolliert heruntergefahren werden
- Sicherstellen der Stromversorgung, bis ein Notstromaggregat angesprungen ist

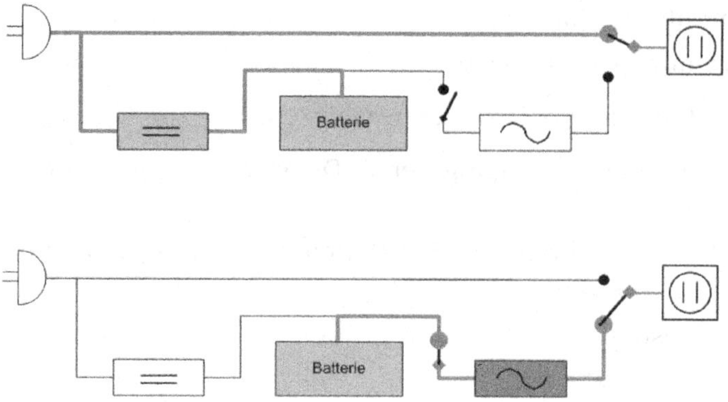

Abb. 6.4: Funktionsweise einer USV

Die Zeit, für welche die USV die Stromversorgung sicherstellen kann, ist von verschiedenen Faktoren abhängig:

- Speicherkapazität der USV
- Alter der Batterie: Wie bei einer Autobatterie nimmt die Kapazität der USV-Batterie mit zunehmendem Alter ab und muss deshalb regelmäßig überprüft werden.

Eine USV muss mit der angeschlossenen IT-Infrastruktur kommunizieren können. Die USV wird an einen Managementserver angeschlossen, welcher Software installiert hat, um die USV zu steuern, Meldungen zu verwalten und entsprechende Aktionen auszulösen. Die Verbindung zur Managementkonsole kann dabei über eine RS-232-Schnittstelle, USB oder TCP/IP erfolgen.

Für die Berechnung der benötigten Leistung der USV muss die benötigte Energie für *alle* angeschlossenen Geräte ermittelt werden: auch Monitore, Netzwerkkomponenten und sogar das Licht im Serverraum.

Dabei ist aber auch der Unterschied zwischen Scheinleistung (S) und Wirkleistung (P) zu berücksichtigen: S [VA] = P [Watt] / cos phi.

Je nach Energieverbraucher kann das Verhältnis zwischen Scheinleistung und Wirkleistung (cos phi) unterschiedlich sein. Für Computersysteme kann normalerweise ein cos phi von 0,7 angenommen werden.

Das bedeutet kurz gefasst und etwas vereinfacht: Für die Dimensionierung von kleineren USV-Anlagen kann folgende Regel verwendet werden:

S [VA] = P [Watt] * 1,4

Beispiel:

Bei einem Server wird eine Leistung von 850 Watt angegeben, das ergibt eine Scheinleistung von 1.190 VA. Die USV müsste also sinnvollerweise mindestens rund 1.200 VA stark sein, um einen geordneten Betrieb zu gewährleisten.

Potenzielle Probleme

- Die USV wurde knapp dimensioniert, und durch die abnehmende Batteriekapazität reicht die Energie im Bedarfsfall nicht mehr aus, um die angeschlossenen Systeme zu versorgen.
- Die ursprüngliche Dimensionierung war korrekt, aber im Laufe der Zeit wurden immer mehr Systeme an die USV-Anlage angeschlossen.
- Netzwerkkomponenten sind nicht an der USV angeschlossen, und darum kann der Steuerungsserver diese nicht kontrolliert herunterfahren.
- Intermittierende große Stromverbraucher (Kopierer, Laserdrucker etc.) können eine USV erheblich stören, da sie kurzzeitig sehr große Energien benötigen. Sie werden daher NICHT an die USV angeschlossen – oder wenn, dann an eine eigene, dafür konzipierte USV-Anlage.

6.4.2 Notstromgruppen

Notstromgruppen oder Notstromaggregate erzeugen den Strom nicht aus gespeicherter elektrochemischer oder kinetischer Energie, sondern aus chemischen Energieträgern wie Benzin oder Diesel. Der Treibstoff treibt einen Verbrennungsmotor an, und die Bewegungsenergie des Motors wird mittels eines Generators in Strom umgewandelt.

Der Vorteil ist, dass solche Aggregate so lange Strom liefern können, wie der Nachschub an Treibstoff sichergestellt ist. Auf der anderen Seite benötigen die Motoren eine gewisse Zeit, bis sie angelaufen sind und die Generatoren eine stabile Spannung liefern können.

Darum wird zum Überbrücken der Zeit, bis die Notstromaggregate eine stabile Stromversorgung sicherstellen, eine USV eingesetzt.

Abb. 6.5: Externe Generatoren zur Versorgung eines Rechenzentrums (Quelle: TDS AG)

6.4.3 Einsatzszenarien

Einzelsysteme

Der Server wird direkt mit der USV verbunden. Bei einem längeren Stromausfall wird der Server durch das Signal der USV kontrolliert heruntergefahren. Der Monitor sollte ebenfalls an der USV angeschlossen sein, damit ggf. in den Prozess eingegriffen werden kann.

Abhängig von der Leitungsaufnahme des Servers reicht hier eine einfache USV mit 750–1.000 VA.

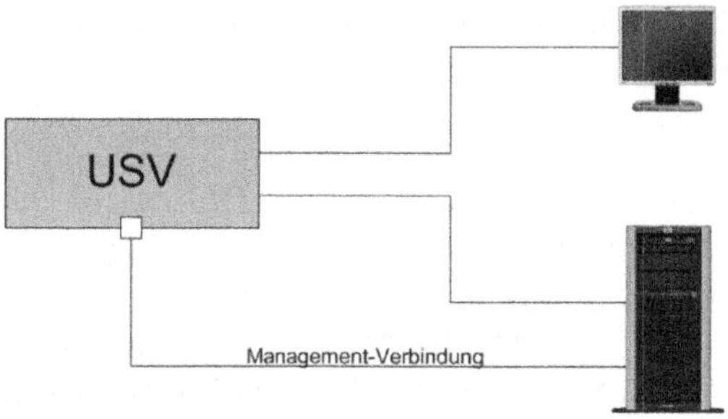

Abb. 6.6: Einzelserver-Szenario

Serverräume

Eine entsprechend leistungsfähigere USV kann mehrere Systeme mit Energie versorgen, die Signalisierung erfolgt aber immer über einen Server, an den die USV angeschlossen wird. Dieser Server kann nun über das Netzwerk die anderen Systeme (Server, Storage-Systeme, Firewalls etc.) kontrolliert herunterfahren. Da die Kommandos zum Herunterfahren der Systeme normalerweise über das TCP/IP Netzwerk erfolgen, müssen die notwendigen Netzwerkkomponenten ebenfalls an die USV angeschlossen werden.

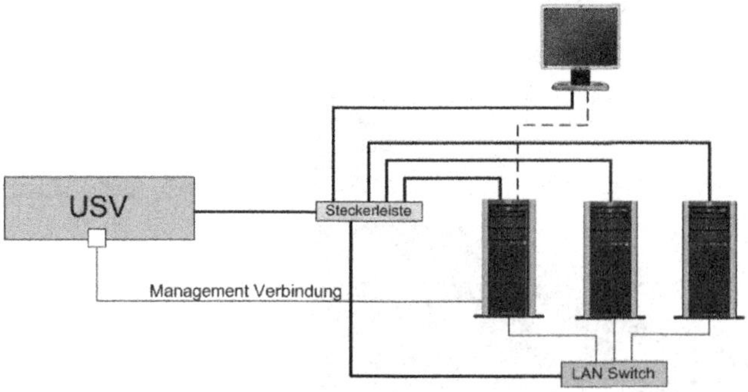

Abb. 6.7: Szenario mit einer USV für einen ganzen Serverraum

Rechenzentren

In Rechenzentren werden normalerweise Notstromaggregate eingesetzt. Die dazu gehörenden USV-Anlagen sind in der Regel zu groß, um in ein Gehäuse hineinzupassen. Es werden verteilte Rack-USVs oder aber Aggregate von Akkumulatoren in speziellen Räumen eingesetzt. Die Kapazität der USVs reicht zumeist nur für die kurze Zeit, bis die Notstromgruppe angesprungen ist.

6.4.4 Rotationsenergiestromversorgungen

Eine Alternative zu den herkömmlichen Batterie-USVs bilden die Rotationsenergiestromversorgungen. Dabei wird die Bewegungsenergie eines sich schnell drehenden Schwungrades zur Energiespeicherung eingesetzt. Solange die externe Energieversorgung funktioniert, wird das Schwungrad in Bewegung gesetzt. Fällt die externe Energieversorgung aus, wird die Rotationsenergie über einen Generator zur Stromversorgung der angeschlossenen Geräte genutzt. Fast gleichzeitig wird ein Verbrennungsmotor gestartet, der das Rad weiter in Schwung hält.

6.4.5 Ein Wort zu EMP

Neben der Versorgung mit Strom benötigt ein Rechenzentrum unter Umständen auch Schutz vor Strom, insbesondere bei elektromagnetischem Puls (EMP). Um Anlagen vor EMP, z.B. durch Blitzeinschlag (Lightning EMP, LEMP) zu schützen, können Räume oder Anlagen in sogenannte faradaysche Käfige eingebaut werden. Die Zuleitungen werden durch Überspannungsableiter geschützt, sodass alle Energie von außen abgeleitet werden kann, ohne die Elektronik zu beschädigen.

6.5 Fragen zu diesem Kapitel

1. Sie haben sich dafür entschieden, Biometrie als ein Teil Ihres Sicherheitssystems einzuführen. Vor dem Kauf eines Schließsystems mit biometrischer Erkennung müssen Sie sich entscheiden, welche Methode Sie einsetzen möchten. Dabei ist es Ihnen wichtig, dass nur biometrische Methoden eingesetzt werden. Welches System erfüllt diese Anforderung?

   A Benutzername und Kennwort

   B Fingerabdrücke, persönliche Geheimzahl, Gesichtserkennung

   C Stimmenmuster, Fingerabdrücke und Iris-Scan

   D Gesichtserkennung, PIN, Stimmmuster

2. Ein Problem mit der Klimatisierung verursacht Temperaturschwankungen im Serverraum. Die Temperatur steigt auf über 35 Grad, wenn die Klimaanlage aussetzt, und kühlt sich rasch auf 23 Grad ab, wenn sie wieder anläuft. Dieses Problem besteht jetzt bereits zwei Tage und wird noch einmal so lange andauern. Was kann daraus für ein neues Problem entstehen?

   A Elektrostatische Entladung

   B Stromausfälle

   C Schlechte Luftqualität

   D Thermische Schäden an Chips und Komponenten

3. Wenn Sicherheitspersonal den Zugang von Personen anhand von Zugangslisten kontrolliert, die Zugangslisten aber nicht selber erstellt oder verwaltet, ist dies ein Beispiel für:

   A Zugangserzwingung

   B Aufgabentrennung

   C Fehlende Berechtigungen

   D Kontoverwaltung

4. Sie müssen einen neuen Feuerlöscher für den Technikraum besorgen. Welche Löschsubstanz werden Sie auswählen um die elektronischen Geräte beim Löschen möglichst nicht zu beschädigen?

   A Löschschaum

   B Wasser

   C CO_2

   D Halon

5. Wie können Sie zwischen zwei Räumen eine Sicherheitszone errichten?

   A Personenschleuse

   B DMZ

   C Drehkreuz

   D Zutrittswiederholsperre

Kapitel 7

Systemsicherheit realisieren

Der Begriff »System« ist sehr weit gefasst und reicht vom mobilen Endgerät über Arbeitsplatzrechner bis hin zum Server oder Netzwerksystem. Was also wollen wir Ihnen an dieser Stelle mit »Systemsicherheit« erläutern? Ähnlich wie im vorangegangenen Kapitel über die physischen Sicherheitsbedrohungen und -maßnahmen geht es auch in diesem Kapitel um grundlegende Risiken und die Maßnahmen, die dagegen ergriffen werden können. Einiges aus dem letzten Kapitel gehört zum Beispiel auch in den Zusammenhang der Systemsicherheit (Zugang zum System), doch in diesem Kapitel richten wir den Blick auf die Angreifbarkeit des einzelnen Systems – bevor wir in den nächsten Kapiteln dann zu weiteren Erkenntnissen für Netzwerke und den Anwender selber kommen werden.

Die Sicherung von Systemen wird oft auch mit dem Begriff »Härten« (Hardening) umschrieben, um auszusagen, dass Systeme gegen Angriffe von innen und außen besser geschützt werden. Wenn wir also in den folgenden Unterkapiteln von Schutzmaßnahmen an Systemen sprechen, können wir auch von System Hardening, OS Hardening und in einem späteren Kapitel von Network Hardening sprechen.

7.1 Welche Systeme sind gemeint?

Als Systeme betrachten wir in diesem Kapitel sowohl mobile wie auch fest installierte Systeme, fokussieren dabei aber auf typische Endgerätekategorien wie Smartphones, Netbooks, Notebooks, Desktops und Server.

Für alle diese Kategorien von Geräten gelten die folgenden Ausführungen mehr oder weniger in ähnlichem Umfang.

Ein besonderes Augenmerk gilt dabei den sogenannten mobilen Geräten vom Smartphone bis zum Notebook. Denn viele Bedrohungen entstehen erst durch diese Mobilität, weil ein Gerät aus einem sicheren Umfeld heraus, sei es zu Hause oder im Unternehmen, in eine unsichere Umgebung wie ein Sitzungszimmer im Hotel, ein Flughafen oder ein Internetcafé gelangt. Dort wird es durch die vorgängig getroffenen Umgebungsmaßnahmen wie Firewalls oder Zugriffsbeschränkungen nicht mehr (so gut) geschützt.

Gelangt ein solches Gerät anschließend wieder in die gewohnte Umgebung, besteht auch für diese Umgebung ein hohes Risiko.

Wenn ein Mitarbeiter also im Unternehmen in einer gut geschützten Umgebung mit Zugriffsregeln, AV-Software und Firewalls arbeitet, dann aber sein Smartphone mit in die Ferien nimmt und sich damit in einem öffentlichen W-LAN ein Virus einfängt, dann kann er diese Schadsoftware ins Unternehmensnetz einschleusen, wenn er das Smartphone über USB wieder in der Firma zur Synchronisation anschließt. Hier gilt es, sowohl die Mitarbeiter für solche Gefahren zu sensibilisieren als auch das Unternehmensnetz speziell gegenüber diesen Gefahren zu schützen, z. B. indem mobile Endgeräte bis zur Überprüfung in eine Quarantäne gestellt werden.

Zu überlegen ist auch, ab welcher Vertraulichkeitsstufe von Unternehmenssystemen externe Schnittstellen zu deaktivieren sind, um den Anschluss von mobilen Geräten oder Wechseldatenspeichern zu verhindern.

Und nicht zu vergessen ist gerade bei mobilen Systemen, dass man sie nicht liegen lässt bzw. die Speicher der Geräte als Ganzes verschlüsselt, sodass sie im Schadensfall nicht genutzt werden können.

7.2 Konfigurationsmanagement

Um ein System gegen mögliche Bedrohungen sinnvoll schützen zu können, muss das System »bekannt« sein. Anhand einer Konfigurationsdokumentation, ob elektronisch oder auf Papier, kann bei einer späteren Analyse bestimmt werden, ob angetroffene Prozesse oder Anwendungen Teil dieser Konfiguration sind oder nicht.

Dazu gehört das Erfassen der Ausgangskonfiguration (Configuration Baseline). In dieser wird festgehalten, wie ein Produkt, ein System oder ein Netzwerk zu einem bestimmten Zeitpunkt eingerichtet ist.

Passend dazu wird auch eine Baseline-Messung durchgeführt, die aufzeigt, wie das System mit dieser Konfiguration in Bezug auf Leistung, Prozessorauslastung, Diskverbrauch und Arbeitsspeicherverbrauch umgeht. Diese Baseline-Messung dient als Referenz für weitere Aktivitäten, sei es bei Fragen der Aufrüstung oder als Ausgangswert für Konfigurationsänderungen, aber auch als Wiederherstellungspunkt bei erfolglosen (oder ungewollten) Veränderungen. Nicht zuletzt wird in der Baseline-Konfiguration auch eine Historie aller Änderungen nachgeführt.

Abweichungen zu dieser Messung, die bei regelmäßigen Überprüfungen festgestellt werden, können anschließend Hinweise auf ein mögliches Eindringen geben.

7.3 Das Arbeiten mit Richtlinien

Anwendungen bieten zahlreiche Möglichkeiten zur Nutzung, nicht alle sollen aber allen Benutzern auch wirklich zur Verfügung stehen. Dies gilt insbesondere im Umgang mit Betriebssystemen und Kernanwendungen des Unternehmens.

Viele Anwendungen ermöglichen es heute einem Administrator, bestimmte Bereiche der Software für einzelne Anwendungsgruppen freizugeben oder zu sperren, Funktionen an Berechtigungen, z. B. der Anmeldegruppen, zu koppeln und so die Funktionsvielfalt von Anwendungen zu steuern.

Die ganze Regelung wird organisatorisch in der Sicherheitsrichtlinie festgehalten und technisch in den jeweiligen Richtlinieneditoren implementiert.

Wer etwa die Active Directory Services (ADS) nutzt, kann auch die Gruppenrichtlinien (GPO) verwenden. Eine solche GPO wird über das Active Directory (AD) angelegt und verwaltet. Gruppenrichtlinien können Einstellungen über

- Softwareverteilung
- Windows-Einstellungen
- administrative Vorlagen

enthalten.

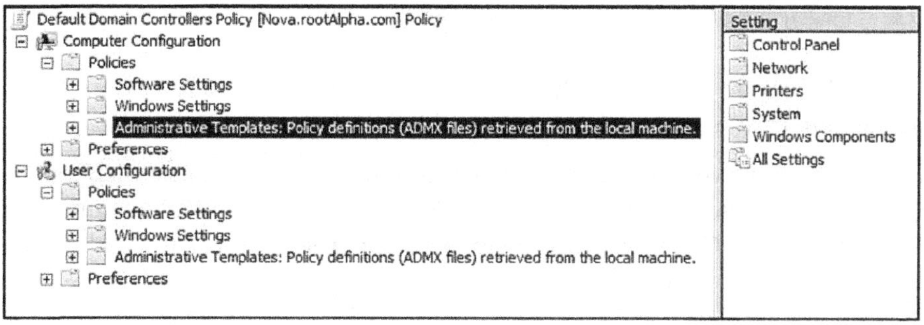

Abb. 7.1: Default Domain-Controller-Gruppenrichtlinie

Die Einstellungen in einer Gruppenrichtlinie werden benutzer- oder computerspezifisch verwaltet. Die computerspezifischen Einstellungen werden während des Startprozesses des Computers abgearbeitet, die benutzerspezifischen dagegen während des Anmeldeprozesses.

Innerhalb des AD können fast beliebig viele GPOs angelegt werden, und diese GPOs können mit beliebigen Organisationseinheiten (OUs) verknüpft werden. In der Standardeinstellung wird eine verknüpfte GPO für alle Objekte (Computer oder Benutzerkonten) in dieser OU wirksam werden.

Die GPOs werden nach der Anmeldung in einer bestimmten Reihenfolge abgearbeitet, die zuletzt abgearbeitete Richtlinie legt dabei jeweils das gültige Merkmal für ein Objekt fest.

1. GPO des lokalen Computers
2. GPO des Standorts

3. GPO der Domäne
4. GPO der Organisationseinheiten

Domänenrichtlinien sind also stärker als lokale Richtlinien und überschreiben diese während der Anmeldung. Damit bleiben sie auch nach der Abmeldung wirksam, damit der Benutzer die Sicherheitsrichtlinie nicht umgehen kann.

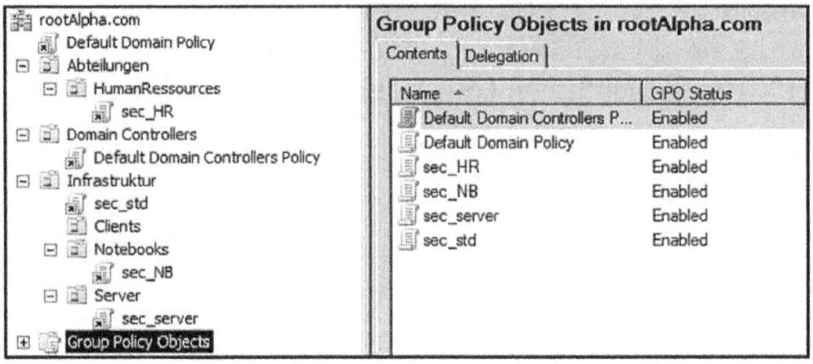

Abb. 7.2: Managementkonsole für die Gruppenrichtlinien

Um wiederkehrende Gruppenrichtlinien zu definieren, die sich nur in Teilen unterscheiden, kann man mit Sicherheitsvorlagen arbeiten.

Bei einer Sicherheitsvorlage handelt es sich um eine Datei, die eine Sicherheitskonfiguration darstellt. Sicherheitsvorlagen können auf einen lokalen Computer angewendet, in ein Gruppenrichtlinienobjekt importiert oder zur Analyse der Sicherheit verwendet werden.

7.4 Grundlagen der Systemhärtung

Um Clientrechner und Server sicherer zu machen, können Sie, neben der Arbeit mit Richtlinien und einem konsistent geführten Konfigurationsmanagement, durch die Pflege der Systeme viel zu deren Sicherheit beitragen. Durch unterschiedliche Maßnahmen können Sie dabei die Sicherheit der Systeme verbessern, was wir, wie schon erwähnt, auch unter dem Begriff Systemhärtung (Hardening) zusammenfassen.

Zu dieser Thematik gibt es mittlerweile eine vielfältige Spezialliteratur und darüber hinaus auch ganze Systeme, die speziell mit solch gehärteten Betriebssystemen verkauft werden, zum Beispiel Firewalls mit gehärteten Linux-Kerneln. Doch bleiben wir an dieser Stelle bei unseren lokalen Systemen und Servern.

Die Härtung der Systeme kann auf verschiedenen Ebenen erfolgen: auf Ebene der Hardware und Firmware, auf Ebene des Betriebssystems und auf der Ebene der Anwendungen.

Dabei sollten Sie sich vor Augen halten, dass in einem Netzwerk meist nur wenige Server in Betrieb sind, aber ungleich viel mehr Arbeitsstationen. Für einen potenziellen Angreifer ist es daher mitunter wesentlich einfacher, eine ungesicherte Arbeitsstation im Netzwerk zu finden und von dort aus weiter vorzudringen. Es lohnt sich also, auch die Arbeitsstationen sorgfältig zu behandeln! Ein besonderes Augenmerk sollten Sie dabei auf mobile Stationen (Netbooks, Notebooks, Smartphones) richten, da diese durch ihren wechselnden Standort zusätzlichen Gefahren ausgesetzt sind.

Das Härten auf Hard- und Firmwareebene kann folgende Aktionen umfassen:

- Abschließen der Rechnergehäuse
- Schutz des BIOS vor Systemzugriffen durch Passwörter
- Harddisk-Verschlüsselung über den Controller (FDE)
- Systemverschlüsselung über ein Hardware-Sicherheitsmodul (HSM)
- Richtlinien für den Umgang mit externen Schnittstellen implementieren, z. B. Deaktivieren von USB-Schnittstellen
- Nicht benötigte Laufwerke (z. B. CD/DVD) entfernen oder deaktivieren

Das zusätzliche Härten des Betriebssystems umfasst zudem:

- Aktuell Halten aller betriebsnotwendigen Dienste und Anwendungen
- Deaktivieren von Standard-Accounts wie »Administrator« oder »Gast« oder Einrichten einer entsprechenden Berechtigungsstufe unter anderen Kontonamen
- Entfernen nicht benötigter Dienste (Services) des Betriebssystems
- Einspielen aktueller Sicherheitsaktualisierungen und Service Packs
- Deinstallation nicht benötigter Betriebssystemfunktionen: Je schlanker, desto weniger Angriffsfläche
- Bei Servern zudem: Deinstallation nicht benötigter Rollen und Features

Das Härten der Arbeitsumgebung kann Folgendes beinhalten:

- Entfernung nicht benötigter Software
- Entfernen oder Deaktivieren von nicht benötigten Funktionalitäten
- Verschlüsselung der Datenverarbeitung mittels Software oder HSM
- Aktuell Halten aller installierten und eingesetzten Anwendungen
- Passwortrichtlinien, Least-Privilege-Zugriffe für Daten und Anwendungen

Über die konsequente Pflege von Betriebssystem und Anwendungen sprechen wir im Abschnitt 7.6, »Softwareaktualisierung ist kein Luxus«. Vorerst wenden wir uns der Systemhärtung auf Hard- und Firmware-Ebene zu.

7.4.1 Schutz von Gehäuse und BIOS

Das Härten von Systemen dient der Vermeidung von Fehlern, aber auch dem Schutz vor Angreifern. Um Letzteres handelt es sich, wenn wir vom Schutz der Rechner selber sprechen.

Das beginnt mit dem Abschließen der Rechnergehäuse und geht damit weiter, dass der entsprechende Schlüssel dazu anschließend nicht an die Rückseite des Systems montiert wird ... Dazu gehören aber auch Vorrichtungen zur Diebstahlsicherung wie Alarmanlagen (siehe Kapitel 6) oder Schlösser an (vorwiegend mobilen) Systemen. Dazu müssen die Systeme mit entsprechenden Gegenstellen ausgerüstet sein, damit die Verankerung auch wirklich funktioniert. Passend zum wichtigsten Hersteller dieser Schlösser lesen Sie dazu in den meisten Spezifikationen den Begriffen »inklusive Kensington Lock«, was anzeigt, dass eine (metallische) Vorrichtung am System fest eingebaut ist, welche den Einsatz eines solches Schlosses erlaubt.

Abb. 7.3: Schloss zur Diebstahlsicherung mobiler Geräte (Quelle: © Kensington Computer)

Jedes Computersystem verfügt zudem über ein BIOS bzw. über dessen Nachfolger, das UEFI. Beim Schutz des BIOS geht es ebenfalls um die Abwehr von Angriffen, wobei hier nicht der Diebstahl, sondern die Manipulation des Systems im Vordergrund steht.

Mögliche Bedrohungen sind zum Beispiel das Verändern der Bootreihenfolge, das Aktivieren externer (deaktivierter) Schnittstellen oder das Zugreifen auf Systeminformationen. Ein solcher Zugriff wird beispielsweise dann interessant, wenn man so den vorgegebenen Boot-Vorgang manipulieren kann, externe Schnittstellen ansprechen und damit das Starten eines externen Betriebssystems ermöglicht, um die Daten auf der lokalen, an sich durch das Betriebssystem passwortgeschützten Festplatte lesbar zu machen.

Es ist daher sinnvoll, das BIOS durch ein starkes Passwort zu sichern, damit kein unbefugter Zugriff möglich ist.

Eine weitere Maßnahme ist die Aktivierung der Chassis Intrusion Detection, einer Überwachung, die sich meldet, wenn das Gehäuse eines Systems geöffnet wird.

Hierbei handelt es sich um einen kleinen Kontaktschalter, der so im Inneren des Gehäuses angebracht ist, dass er mit dem abnehmbaren Gehäusedeckel in Kontakt kommt. Bei geschlossener Abdeckung ist der Schaltkreis des Schalters geschlossen. Beim Öffnen der Abdeckung drückt diese nicht mehr gegen den Schalter, und der Schaltkreis wird dadurch unterbrochen. Das BIOS registriert dieses Ereignis und gibt bei jedem weiteren Start eine Warnung aus oder fährt das System unmittelbar nach dem Start wieder herunter, bis die Warnung zurückgesetzt wird. Die Warnung kann in den BIOS-Einstellungen zurückgesetzt werden.

Bei Servern ist es zudem wichtig, dass sie in abschliessbaren Schränken montiert werden.

7.4.2 Sicherheit durch TPM

Beim Trusted Platform Module (TPM) handelt es sich um einen Chip, der im System verbaut wird und dieses danach um verschiedene Sicherheitsfunktionen erweitert. Der Chip ist Bestandteil der TCG-Spezifikation der Trusted Computing Group (TCG). Wichtig: Dieser Chip ist nicht benutzergebunden, sondern maschinengebunden, d.h. an die konkrete Hardware, in welcher er verbaut wird.

TPM kann nicht nur in PCs und Notebooks, sondern auch in Smartphones oder Tablets integriert werden, ja sogar in Geräten der Unterhaltungselektronik.

Damit das Trusted Computing funktioniert, benötigt es ein TPM-Modul, eine entsprechende Unterstützung im BIOS sowie Software, welche die jeweiligen Richtlinien verwaltet.

Eine auf diese Weise eingerichtete Plattform kann nicht mehr entgegen der Richtlinie des Administrators (bzw. Eigentümers) genutzt werden.

Der Chip selber verhält sich passiv und kann weder den Bootvorgang noch den Betrieb direkt beeinflussen. Er enthält aber einen eindeutigen kryptografischen Schlüssel und kann damit zur Identifikation eines Systems genutzt werden. Das TPM-Modul kann im BIOS aktiviert oder auch gänzlich deaktiviert werden.

Um den Nutzen von TPM zu gewähren, gibt es Anwendungen wie z. B. das Sicherheitscenter bei HP-Systemen oder die Thinkvantage Client Security von IBM/Lenovo, welche ein aktiviertes TPM-Modul voraussetzen. Mit dieser Software kann dann eine Richtlinie eingerichtet werden, welche bestimmt, welche Aktionen am System selber zulässig sind und was geschieht, wenn diese Richtlinie verletzt wird. So ist es zum Beispiel möglich, in Zusammenhang mit TPM die Festplatte zu verschlüsseln.

Wird die Festplatte anschließend (unbefugt) ausgebaut, kann sie an einem anderen Systemboard nicht mehr entschlüsselt werden, weil die Verbindung zum »vertrauenswürdigen« System nicht mehr gewährleistet ist.

Alle namhaften Hersteller unterstützen heute die Implementierung von Trusted Computing nach der Version TPM 1.2. Ausnahme hiervon bilden die Systeme der Firma Apple, welche neuer sind als Baujahr 2006.

7.4.3 Full Disk Encryption

Eine weitere Sicherheitsmaßnahme sind die sogenannten Full Disk Encrypted Disks (FDE). Hierbei handelt es sich um eine rein hardwarebasierte symmetrische Verschlüsselung, welche in der Disk selber angelegt ist und vor allem bei schnellen Solid State Disks (SSDs) zum Einsatz kommt.

Im Unterschied zu softwarebasierten Verschlüsselungsverfahren, bei denen irgendwo die Software selber Platz finden muss – sei es auf einer unverschlüsselten Partition oder einem externen Datenträger, wird bei der hardwarebasierten Verschlüsselung die Verschlüsselung selber direkt durch die Firmware auf dem Diskcontroller übernommen und selbständig verwaltet.

Zudem können weitere Funktionen implementiert werden, wie etwa aktuell die von verschiedenen Herstellern beworbene eingebaute Plattenlöschung, welche bei Bedarf direkt durch deren Integration im UEFI-Bios ausgelöst werden kann und eine sichere Löschung der Platte garantiert.

7.4.4 Hardware-Sicherheitsmodul

Ein Hardware-Sicherheitsmodul (HSM) ist ein internes oder externes Gerät, welche an ein System angeschlossen werden kann und eine sichere Ausführung von kryptografischen Operationen ermöglicht. Alternativ gibt es auch HSM-Systeme, die eigene Systemhardware mitbringen. Ein HSM kommt überall dort zum Einsatz, wo eine besonders sichere Ausführung der Datenverarbeitung erforderlich ist, z.B. beim Erstellen von Personalisierungsdaten für Debit- und Kreditkarten, Personal- und Führerausweisen oder beim Erstellen von personalisierten Schließsystemen.

HSM werden nach internationalen Standards wie FIPS oder den Common Criteria (siehe Kapitel 3) zertifiziert und beinhalten nebst der Hardware ausführliche Managementsoftware zur sicheren Verwaltung von Gerät und Schlüsseln.

7.5 Ein Wort zu mobilen Geräten

Besonderes Augenmerk gilt natürlich der Einrichtung von Sicherheitsmaßnahmen bei mobilen Geräten. Die erste wichtige Maßnahme: Es dürfen nur starke

Passwörter verwendet werden. Zudem sind die Vergabe von zusätzlichen BIOS-Passwörtern, eine TPM-Aktivierung und die Speicherplattenverschlüsselung notwendig, wenn ein Gerät bei Verlust oder Diebstahl nicht eine offene Informationsquelle für dessen Finder bzw. Dieb sein soll.

Bei Smartphones gilt es zudem, einen sicheren PIN-Code für die SIM-Karte zu generieren bzw. die Sicherheitsvorkehrungen für die wiederholte Falscheingabe von PIN-Codes zu aktivieren und auf jeden Fall dafür zu sorgen, dass die Code-Abfrage jedes Mal erfolgt.

Um Ihnen etwas die Problematik zu verdeutlichen: Allein in der Stadt Zürich wurden beispielsweise im letzten Jahr rund 9.000 Handys auf dem Fundbüro abgegeben, und das ist kein Schreibfehler – eine Stadt, neuntausend Handys in einem Jahr – rund 25 % davon werden nie wieder abgeholt. Die Schweizer Bundesbahnen gehen von rund 10.000 gefundenen Mobiltelefonen pro Jahr aus – nicht mitgerechnet diejenigen, die liegengelassen, aber danach gestohlen werden ...

In einem Bericht der Nachrichtensendung »10vor10« vom 21. Juni 2011 wurde ein Experte zitiert, welcher ausrangierte Mobiltelefone untersucht hat. Er erhielt mehrere Hundert Telefone, welche als »nicht mehr benötigt« für den Export freigegeben wurden. Darauf fand er unter anderem Daten eines Flughafensicherheitsverantwortlichen inklusive Zugangsdaten, Daten von Bankangestellten inklusive aller Kontodaten einzelner Kunden, geheime Militärpläne britischer Armeeangehöriger von Operationen im In- und Ausland usw. – vorwiegend in den nicht gelöschten Mailnachrichten, welche bei modernen Smartphones heruntergeladen und nach dem Lesen dort belassen worden sind. Es ist also ein Leichtes, sich legal gebrauchte Mobiltelefone zu beschaffen und die Daten darauf auszuwerten.

Zudem sind mobile Geräte auch gezielt Angriffen ausgesetzt. Gerade Smartphones und die zunehmend aufkommenden Tablets dürften nach Ansicht des BSI verstärkt ins Visier von Online-Kriminellen geraten. Viele Nutzer solcher Geräte seien sich der Gefahren nicht bewusst: So haben laut einer Umfrage im Auftrag des BSI 47 % noch nie ein Sicherheits-Update auf ihr Mobiltelefon aufgespielt. Zwar verlieren Schwachstellen in Betriebssystemen immer mehr an Bedeutung, dafür ist andere Software stärker gefährdet: Java, Adobe Flash oder Adobe Reader oder Mediaplayer sind sehr weit verbreitet und zeigen sich besonders verwundbar. Leicht bedienbare Exploit-Kits und Virenbaukästen zum Infizieren eines Rechners oder Smartphones sind mittlerweile für jeden verfügbar und werden ständig erweitert.

Auch dem Deaktivieren nicht benötigter Schnittstellen, namentlich von Infrarot, USB, Bluetooth und W-LAN-Schnittstellen, gehört eine besondere Achtung geschenkt. Insbesondere Bluetooth und W-LAN gehören bei Nichtgebrauch deaktiviert, um keinen Angriffspunkt zu bieten und das Gerät nicht für Datenspionage zu öffnen.

Wer häufig auswärts mit dem Notebook arbeitet, muss die Bildschirmsperre aktivieren, damit ein unbeaufsichtigtes Gerät nicht unbefugt benutzt werden kann. Er sollte sich zudem überlegen, einen Bildschirmfilter einzusetzen. Dieser verhindert auch während dem Arbeiten am System, dass Personen, die nicht direkt vor dem Gerät sitzen, Inhalte lesen. Auch das ist eine Einschränkung der Angreifbarkeit, z.B. gegen das Shoulder Surfing (dem Ablesen von Informationen, indem man jemandem über die Schulter blickt).

Eine weitere wichtige Sicherheitsmaßnahme ist die Implementierung von Löschmöglichkeiten bei Diebstahl oder Verlust, insbesondere von Smartphones. Diese Funktionalität wird Remote Wipe oder Remote Sanitation genannt.

Sofern das Smartphone die Funktion unterstützt, kann z.B. aus dem MS Exchange Server heraus die Funktion »Remote Wipe« aktiviert werden, und bei der nächsten Kontaktaufnahme des Handys mit einem Telekommunikationsnetz wird das Gerät komplett zurückgesetzt.

Nicht zuletzt sollten Sie dem GPS in mobilen Geräten Beachtung schenken. Durch die Nachverfolgung des GPS-Signals durch so genannte GPS-Tracker sind Sie unter Umständen ein leichtes Ziel für Diebe und Angreifer, da Sie ihnen ein Profil Ihrer Wege und Ihres Aufenthaltsortes liefern. Auf der anderen Seite kann man natürlich das GPS auch einsetzen, um sein Gerät zu lokalisieren, falls es abhandengekommen ist. Auf jeden Fall müssen Sie sich Gedanken dazu machen, ob Sie die GPS-Funktion aktiviert haben wollen und für welchen Zweck Sie es benötigen, ohne dass Sie sich unnötigen Risiken aussetzen.

Das BSI geht im Übrigen soweit zu sagen, dass Geräte wie Smartphones oder Tablets gar nicht mit sensiblen Daten in Berührung kommen sollten – aber erklären Sie das mal Ihren mobiltelefonbegeisterten Mitarbeitern ...

7.6 Softwareaktualisierung ist kein Luxus

Dass Hardware regelmäßig gewartet werden will, ist den meisten Systemadministratoren klar. Dass Software die gleiche Pflege erfordert, dagegen offensichtlich nicht.

Die Thematik der Härtung widmet sich daher größtenteils der Absicherung von Software, angefangen beim Betriebssystem über die einzelne Anwendung bis hin zu Datenbanken.

Aktuelle Anwendungen bestehen aus Tausenden von Zeilen von Code, sie müssen mit anderen Anwendungen zusammenarbeiten. Durch die Vernetzung und die große Anzahl von Anwendungen gibt es immer wieder Aktualisierungs- und Fehlerbehebungsbedarf. Nicht gewartete Software ist daher für das Unternehmen ein Risikofaktor, da sie fehleranfälliger wird und angreifbar ist, wenn Lücken bekannt werden.

Aus diesem Grund muss Software vom Betriebssystem bis zur einzelnen Anwendung regelmäßig gepatcht und bei Bedarf auch auf eine neuere Version aktualisiert werden, wenn der Hersteller die Unterstützung für die bisherige Version einstellt. Dies zeigt sich beispielsweise etwa bei den zahlreichen, sich noch im Betrieb befindlichen Windows Server 2000, dessen Unterstützung durch Microsoft im Sommer 2010 eingestellt worden ist. Selbst die Postfinance (Schweizer Postbank) kam im Frühling 2011 deswegen in Erklärungsnot, wie folgender Artikel zeigt:

> *In die Vergangenheit zurückversetzt kam sich wohl unser Leser-Reporter vor, als er vor wenigen Tagen an einem Geldautomaten in St. Gallen eine beunruhigende Beobachtung machte. Zufällig habe er gesehen, wie auf dem Display der Startbildschirm von Windows 2000 erschienen sei. Der Leser zeigt sich besorgt, zumal dieses Betriebssystem doch stark veraltet sei. «Ist das ein Sicherheitsrisiko?», fragt er sich.*
>
> *In der Schweiz sind heute 900 Postomaten im Einsatz. Betreiberin ist die Post-Tochter Postfinance. Dass Geldautomaten mit Microsoft-Betriebssystemen betrieben werden, ist seit Langem bekannt. Dass es sich immer noch um das vor elf Jahren veröffentlichte Windows 2000 Professional handelt, erstaunt hingegen.*
>
> *Windows 2000 war bekanntlich die letzte reine Firmenkundenversion des NT-Betriebssystems von Microsoft. Das System wurde wegen seiner Stabilität auch von Privatkunden geschätzt. Seit April 2005 wird es offiziell nicht mehr verkauft – bis Juli 2010 lieferte Microsoft aber noch Sicherheits-Updates nach. Seit fast einem Jahr gibt es nun keine Aktualisierungen mehr, um neu entdeckte Lücken zu schließen.*
>
> *Post-Mediensprecher Marc Andrey versucht zu beruhigen: «Die Postomaten sind sicher.» Das bestehende Betriebssystem habe keine verminderte Sicherheit zur Folge. Ob alle Postomat-Dienstleistungen unter dem Windows-System laufen oder nur der Kontoauszugsdrucker, will er hingegen nicht verraten. Dass der Windows-Startbildschirm eingeblendet werde, müsse die Kunden nicht beunruhigen. «Dieses Startbild erscheint beim Neustart des Postomaten, beispielsweise nach einem Technikereinsatz.»*
>
> *(Quelle: 20 Minuten Online, www.20min.ch, Artikel vom 27. Mai 2011)*

Im Folgenden befassen wir uns daher ausführlich mit den unterschiedlichen Anforderungen und Lösungsansätzen zur Aktualisierung und Pflege von Software.

7.6.1 Vom Hotfix zum Upgrade

Je nach Hersteller unterscheiden sich die Begriffe, welche im Unterhalt von Software verwendet werden. Das Prinzip dahinter ist aber immer dasselbe, es werden kritische Fehler, nicht-kritische Fehler und Verbesserungen unterschieden. Als englischen Begriff treffen Sie dafür generalisierend »Software Maintenance« an.

Im Detail können Sie folgende Unterscheidungen antreffen. z. B. bei Microsoft:

- Sicherheitskritische Fehler
- Kritische Fehler
- Nichtkritische Fehler
- Verbesserungen
- Neue Funktionalitäten für bestehende Software

Diese Unterscheidung gilt genauso für Betriebssysteme wie auch für Anwendungssoftware und in der Serverwartung. Nicht nur die Betriebssystemwartung, sondern auch die Anwendungswartung ist sehr wichtig. Die zeigte zum Beispiel das Virus w32.slammer, welches innerhalb kürzester Zeit eine riesige Anzahl von Microsoft SQL-Servern infizierte.

7.6.2 Problemkategorien

Sicherheitskritische Fehler

Ein sicherheitskritischer Fehler in Betriebssystem oder Anwendung bedroht die Vertraulichkeit oder die Integrität der Unternehmensdaten und kann direkt oder indirekt großen Schaden verursachen.

Kritische Fehler

Kritische Fehler können zu Anwendungs- oder Systemversagen führen, ohne dass die Sicherheit oder Integrität der IT Infrastruktur gefährdet wird.

Nichtkritische Fehler

Nichtkritische Fehler stellen zwar ein Ärgernis dar, verursachen aber keinen unmittelbaren Schaden. Dennoch sollten sie nach Möglichkeit behoben werden.

Verbesserungen

Verbesserungen sind kleinere Modifikationen, welche die Funktionalität nicht in großem Stile verändern.

Neue Funktionalitäten

Hierbei handelt es sich um Erweiterungen, z. B. die Einführung einer Firewall-Funktion in ein bestehendes Betriebssystem oder neue Menüs in einer Applikation, die zusätzliche Funktionen beinhalten.

7.6.3 Maintenance-Produkte

Entsprechend werden von den Softwareherstellern auch unterschiedliche Produkte zur Software-Maintenance bereitgestellt.

Patch, Fix

Ein Patch ist ein »Flicken«, der zumeist einen sicherheitskritischen Fehler oder einen kritischen Anwendungsfehler behebt. Sicherheitskritische Patches und Fixes sollten möglichst rasch getestet und installiert werden. Nur so kann die Systemintegrität sichergestellt werden. Etliche Hersteller sind dazu übergegangen, ihre Patches über eine eigene Updateverwaltung zur Verfügung zu stellen (z.B. Microsoft, aber auch Oracle oder Adobe) und den Anwender darauf aufmerksam zu machen, dass ein neuer Patch verfügbar ist.

Hotfix

Ein Hotfix behebt zumeist Anwendungsfehler, der zu wenig kritisch ist, um als Patch verteilt zu werden. Hotfixes werden meistens nur bei Bedarf auf Anforderung bereitgestellt.

Hotfixes werden in der Regel nur dann installiert, wenn ein akutes Problem aufgetreten ist, da sie nicht oder nur wenig außerhalb der direkten Problembehebung getestet worden sind.

Rollups

Patches oder Fixes werden zum Teil als Pakete oder Gruppen bereitgestellt. Rollups sind nach den Empfehlungen der Hersteller und eingehenden Tests zu installieren.

Service Packs

Service Packs sind Sammlungen von Patches, Fixes und Hotfixes, welche in einem Zeitraum aufgelaufen sind und in der Zwischenzeit auch eingehend getestet wurden. Häufig fließen in ein Service Pack auch kleinere Verbesserungen ein.

Da Service Packs neben funktionalen Erweiterungen auch sicherheitskritische Features beinhalten können, sollten diese nach der Verfügbarkeit getestet und flächendeckend verteilt werden. Es ist aber darauf zu achten, dass insbesondere Sicherheitsverbesserungen auch dazu führen können, dass ältere Anwendungsprogramme Probleme bekommen.

Update

Updates umfassen meist punktuelle Verbesserungen in der Funktionalität. Updates sind bei den meisten Herstellern nicht kostenpflichtig.

Updates sollten nur bei Bedarf installiert werden.

Upgrade

Bei Upgrades handelt es sich zumeist um kostenpflichtige neue Punkt- oder auch Hauptversionen. Man spricht auch von *minor versions* (4.3 auf 4.4) oder *major versions* (4.0 auf 5.0).

Upgrades können aufgrund verschiedener Faktoren notwendig sein (Kompatibilität, Support-Lebenszeit etc.). Sie sollten aber in jedem Falle genau geplant und ausgiebig getestet werden. Da meistens auch Funktionalität und Bedienoberfläche betroffen sind, kann dabei auch eine Benutzerschulung notwendig werden. Zudem muss ein besonderes Augenmerk auf vorgängige System- und Integrationstests gelegt werden, da eine nahtlose Integration in eine laufende Umgebung ohne weitere Anpassungen nicht zwingend gegeben ist.

In jedem Fall gilt: egal welcher Art das Maintenance-Produkt ist, der Softwarehersteller kann nie alle möglichen Szenarien testen. Der Server- oder Anwendungsverantwortliche muss in seiner eigenen Umgebung erst testen, ob der Produktionsbetrieb durch die Ausbreitung eines Patches, Service Packs oder Updates gefährdet werden kann.

Am problematischsten sind dabei die die sicherheitsrelevanten Patches. Im Extremfall werden Systeme solange heruntergefahren, bis der Sicherheitspatch getestet und verteilt ist.

7.6.4 Die Bedeutung des Patch- und Updatemanagements

Die Verwaltung von Fehlerbehebung und Aktualisierung, das sogenannte Patch Management, ist für den Administrator aufgrund der zahlreichen unterschiedlichen Anwendungen und Systeme schnell einmal unübersichtlich und aufwendig.

Aus diesem Grund gibt es für diese Angelegenheit wiederum Anwendungen, Patch Management Tools genannt, welche diese Aufgabe übernehmen. In einer solchen Anwendung werden die zu überwachenden Anwendungen eingetragen, und das Patch Tool prüft in festgelegten Abständen, welche Version der geprüften Anwendung aktuell ist.

Windows selber bietet für die Verwaltung seiner Anwendungen den Windows Server Update Service (WSUS) an, welcher Microsoft-Systeme aktualisieren kann.

Doch es gibt auch andere Hersteller wie Bladelogic, BMC, Computer Associates, IBM, Kaseya, Landesk Software, Shavlik oder Symantec, welche Patch Tools anbieten.

Allen diesen Tools ist gemeinsam, dass sie eine Verwaltung von verschiedenen zu definierenden Anwendungen ermöglichen, die sie im Internet auf neue Versionen, Updates und Patches hin überwachen. Die Aktualisierungen werden (automatisch) in einen lokalen Zwischenspeicher auf dem Verwaltungsserver geladen, ein sogenanntes Repository. Von dort aus kann der Administrator die Patches manuell oder automatisiert an die betroffenen Systeme verteilen. Dabei kann man die Systeme in verschiedene Gruppen oder Prioritäten einteilen, sodass die Verteilung sehr genau gesteuert werden kann.

Ein Reporting Tool gibt anschließend genau Auskunft, wann welches System mit welcher Version aktualisiert worden ist oder welche Aktualisierungen nicht funktioniert haben.

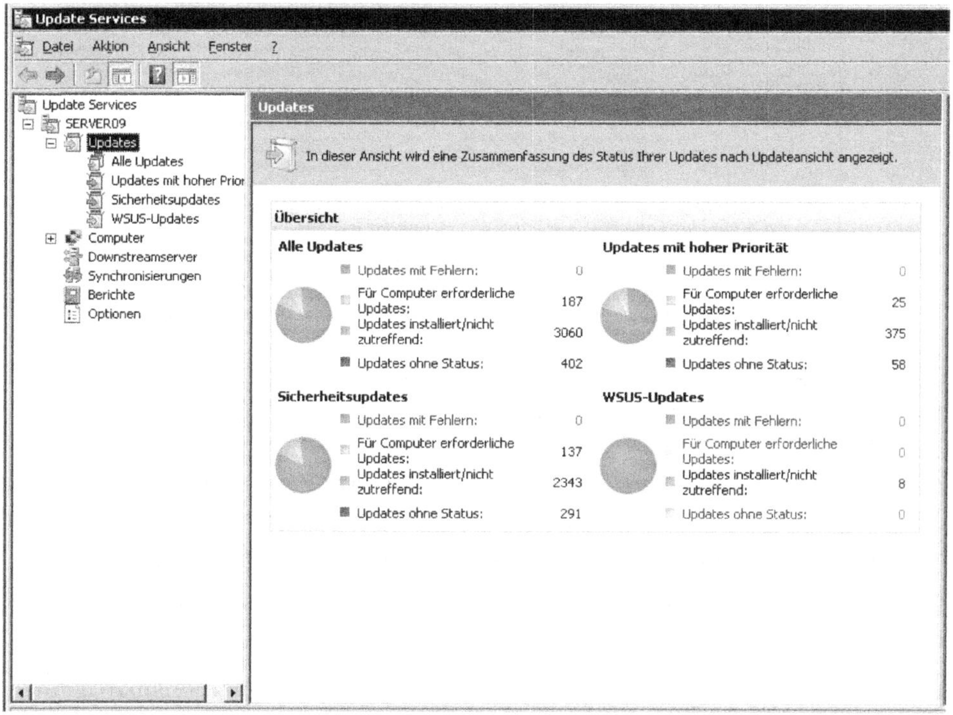

Abb. 7.4: WSUS-Report über Updates

7.6.5 Entfernen Sie, was Sie nicht brauchen

Betriebssysteme enthalten eine Vielzahl von Diensten, welche bei Bedarf eingesetzt werden können. Während bei Servern heutzutage im Auslieferungszustand viele Dienste deaktiviert sind (DHCP, DNS, Dateifreigabe etc.), sind bei Clients die meisten dieser Dienste von Haus aus aktiviert.

Es lohnt sich daher, auf Basis des Konfigurationsmanagements festzulegen, welche Dienste für ein bestimmtes System notwendig sind, und alle übrigen Dienst entsprechend zu deaktivieren.

Sehen Sie sich nur einmal den folgenden Abschnitt aus einem Standard-Windows-System genauer an:

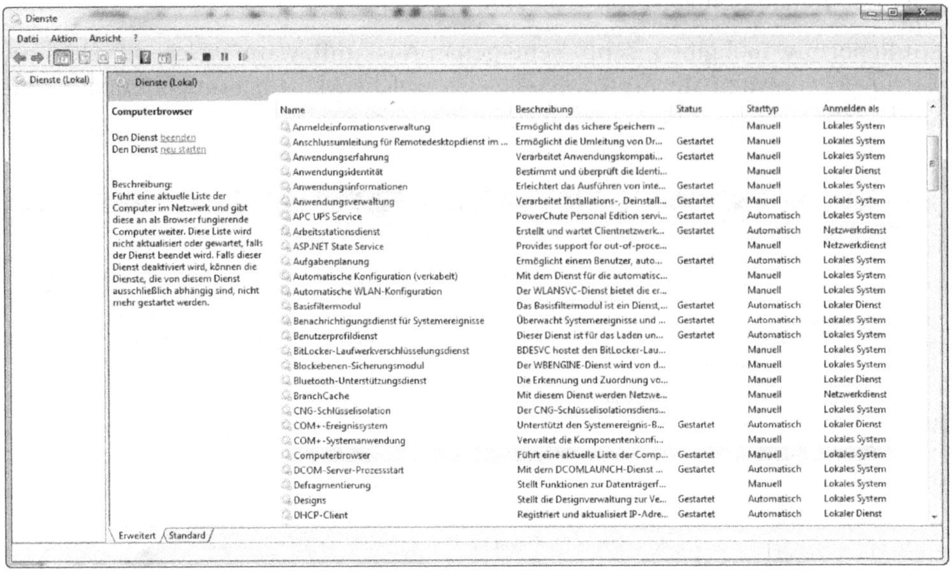

Abb. 7.5: Dienste in einem Windows-System

Allein auf dem obigen System stehen insgesamt 198 Dienste zur Verfügung, z.B. das Betriebssystem selber, aber auch Anwendungen wie das Antivirenprogramm, SQL oder der USV, die jeweils eigene Dienste implementieren.

Hier lohnt es also, sich einen Überblick zu verschaffen und strukturiert diejenigen Dienste abzuschalten, welche nicht benötigt werden.

Dasselbe gilt für Anwendungen. Auch hier dient das Konfigurationsmanagement als Ausgangslage. Anwendungen, welche nicht (mehr) benötigt werden, können anhand von Systemrichtlinien deaktiviert oder über die Softwareverwaltung deinstalliert werden. Das verringert sowohl den Wartungsaufwand wie die Angreifbarkeit der Systeme und erhöht zudem deren Stabilität, weil keine veraltete, da nicht mehr gebrauchte und deswegen oft auch nicht mehr gewartete Anwendungen installiert sind.

7.7 Viren und Trojaner

Es gibt mittlerweile eine ganze Familie von unterschiedlichen Programmen, welche unter dem Begriff Schadsoftware zusammengefasst werden können.

Am harmlosesten ist noch die Adware, also Werbung, die man angezeigt erhält, z. B. wenn man Webseiten besucht, oder Programme, die man kostenlos benutzen kann, die dafür aber Werbung einblenden.

Werbung, die per Mail ungefragt zugestellt wird, nennt man dagegen Spam. Sie macht leider einen Großteil des Mail-Verkehrs aus.

Spyware geht schon einen Schritt weiter. Es handelt sich dabei um Programme, welche Ihre Surfgewohnheiten im Internet aufzeichnen und die Daten ungefragt an Dritte weiterleiten. Ein Grenzfall hierzu ist Google Analytics, ein Programm, das im Hintergrund vieler Webseiten arbeitet, die Aufrufe analysiert und diese Analyse weiterleitet, und zwar ungefragt. Ad- und Spyware wird auch als Grayware bezeichnet; zum Teil treffen Sie Grayware auch als eigene Kategorie für nicht direkt schädigende Software an.

Spyware-Programme funktionieren auf verschiedene Weise. Sie können (Schad)Programme auf Ihrem Rechner ablegen, welche die gesammelten Daten weiterleiten, sobald eine Internet-Verbindung besteht. Sie können aber auch weitergehen und versuchen, Sie auf bestimmte Seiten zu leiten, etwa indem sie die Startseite des Browsers ändern. Der Übergang zum Virus kann letztlich fließend sein, indem fortgeschrittene Spyware auch das System verändert, die Systemsteuerung blockiert oder es Ihnen auf andere Weise unmöglicht macht, wieder die Kontrolle über Ihren Rechner zu erlangen.

Ein weiterer Begriff ist Scareware. Damit ist Software gemeint, die dem Benutzer eine Bedrohung oder einen scheinbar erfolgreichen Virenangriff auf sein System vorgaukelt und ihn damit dazu verleiten will, ein angeblich hilfreiches Programm anzuklicken. Dabei handelt es sich dann in Wahrheit natürlich erst recht um Schadsoftware. Scareware dient also sozusagen als »Einladung«, um Viren, Trojaner und andere schädliche Programme zu installieren.

Viren sind ein Ärgernis für alle Computerbenutzer, da ihre Folgen meist verheerend sind. Angefangen vom Verlust eines Programms über veränderte Dokumente bis hin zur kompletten Neuinstallation des Betriebssystems reicht die Palette der möglichen Schäden. Die Ansicht, dass nur Softwareraubkopierer mit Viren zu kämpfen haben, ist seit der Verbreitung des Internets deutlich überholt. Das Internet mit seinem globalen Austausch von Informationen ist geradezu ein El Dorado für Viren und begünstigt in hohem Maße deren Weiterverbreitung rund um den Globus.

Dabei geht es längst nicht mehr um das Programmieren eines Schädlings an sich. Hinter der Verbreitung von Malware (Überbegriff für Viren und andere Schädlinge) stehen heute handfeste wirtschaftliche Interessen. Einträge wie der folgende in einem entsprechenden Forum für Interessenten zeigen eine Seite des Problems auf:

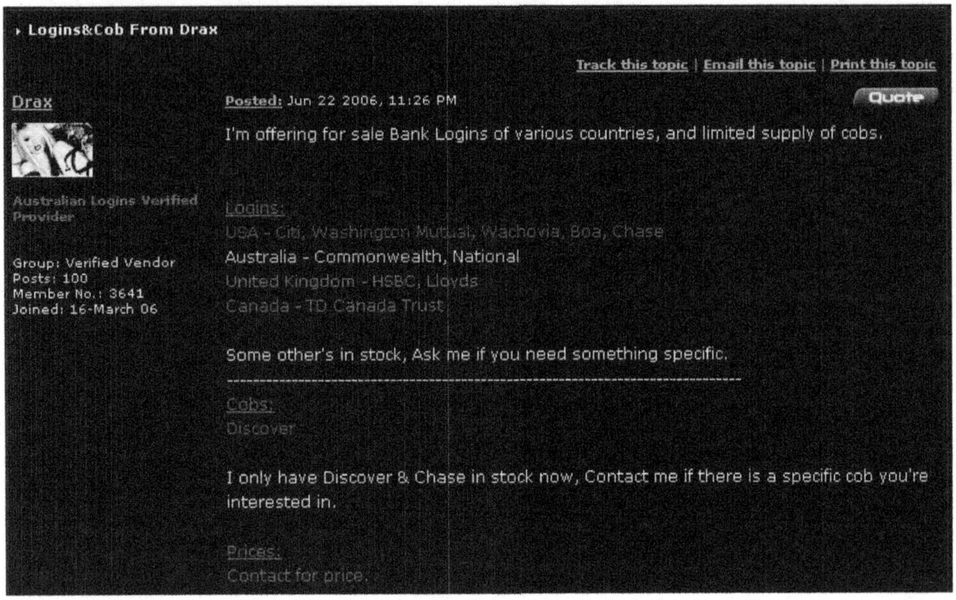

Abb. 7.6: Verkauf von gestohlenen Informationen (Quelle: F-Secure)

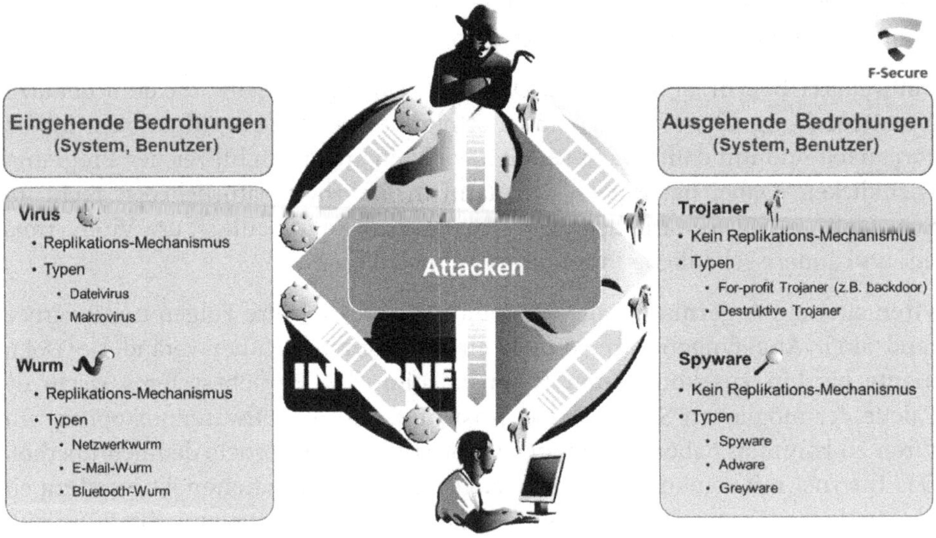

Abb. 7.7: Eingehende und ausgehende Bedrohungen (Quelle: F-Secure)

Auch eine eigenständige Form der Wirtschaftskriminalität spezialisiert sich auf den Umgang mit Malware. So wurden vor der Fußballweltmeisterschaft 2006 in Deutschland mehrere Online-Wettbüros damit erpresst, dass man sie in den

Tagen kurz vor der Fußball-WM mit Denial-of-Service-Attacken auf ihre Webserver (dem permanenten Beschuss von sinnlosen Anfragen) lahm legen und so ihr Geschäft zerstören werde, wenn sie nicht entsprechende Geldsummen zahlen (Quelle: F-Secure Deutschland).

Malware wird in ein- und ausgehende Bedrohungen unterschieden. Diese wiederum werden in verschiedene Klassen unterteilt, wie die folgende Übersicht zeigt:

7.7.1 Die Problematik von Viren

Ein Computervirus ist ein sich selbst verbreitendes Computerprogramm, welches sich in andere Computerprogramme einschleust und sich damit reproduziert. Die Klassifizierung als Virus bezieht sich hierbei auf die Verbreitungs- und Infektionsfunktion.

Wenn diese Verbreitung initiiert wird, kann es vom Anwender nicht kontrollierbare Veränderungen am Status der Hardware (zum Beispiel Netzwerkverbindungen oder sogar Schäden an Hardwarekomponenten), am Betriebssystem oder an der Software vornehmen (Schadfunktion). Computerviren können durch vom Ersteller gewünschte oder nicht gewünschte Funktionen die Computersicherheit beeinträchtigen und zählen zur Malware.

Während früher fast tagtäglich neue Viren oder Würmer in Umlauf gesetzt wurden, hat sich diese Thematik in den letzten Jahren stark verlagert. Heute sind es vor allem Trojaner, welche DDoS- (Distributed Denial of Service) oder Spam-Angriffe initiieren, oder Spyware, welche den Computer oder Tastatureingaben des Benutzers auskundschaften und weitergeben und somit unsere Systeme und deren Daten gefährden.

Ein Virus ist eine Komponente, welche sich im Speicher eines Computersystems oder einer Anwendung einnistet und sich auf diesem System, aber auch auf andere Systeme verbreitet. Wie bei einem biologischen Virus ist dazu ist aber ein Host-Programm, ein »Wirt«, notwendig. Das kann ein Betriebssystem, aber auch eine Anwendung sein. Dabei reproduziert er seinen eigenen Code. Einige Viren befinden sich nicht dauerhaft, sondern nur in der Infektionsphase im Speicher es Computersystems. So kann es durchaus sein, dass diese Viren nicht mehr erkennbar sind, wenn das Host-Programm wieder geschlossen wird. Das Virus kann auf dem System vorhanden sein, aber gar keine Aktivität entwickeln.

Es existieren heute auch Viren, welche sich in der Ausführung verändern können oder plötzlich unterschiedliche Aktivitäten realisieren.

Ein Virus kann über verschiedene Möglichkeiten auf das System gelangen. Das kann via Floppy-Laufwerk, CD-ROM, DVD-ROM, USB-Drive, Mail, die Verwendung oder Installation einer Anwendung oder Surfen im Internet geschehen.

Eine Virusinfektion kann folgende Symptome auslösen:

- Hardware-Probleme
- Fehlermeldungen im Startvorgang des Systems
- Dokumente können nicht geöffnet werden oder sind nicht mehr vorhanden.
- Die Computermaus ist blockiert.
- Der Monitor beginnt zu flimmern.
- Programme ändern plötzlich ihre Dateigröße.
- Nicht identifizierbare Dateien sind plötzlich auf der Festplatte vorhanden.
- Auf Datenträger kann nicht mehr zugegriffen werden.
- Das Computersystem kann nicht mehr gestartet werden.

Arbeitsweise eines Virus

Viren greifen das Zielsystem auf verschiedene Arten an. Die Infektion eines Programms oder Betriebssystems, welche immer ausgelöst wird, also nicht selbständig erfolgt, kann auf verschiedene Arten erfolgen:

- Anhänge in Nachrichten (Mail-Attachments)
- Besuch von Websites
- Flash Cards (z.B. Geburtstagswünsche)
- Auslösung durch den Start einer infizierten Anwendung
- Neustart des Computersystems

Wir unterscheiden dabei zwischen der Infektionsphase und der Angriffsphase.

Am Beispiel einer Infektion mittels Mail bekommt der Benutzer eine E-Mail mit einem Attachment. Solange er das Attachment nicht öffnet, passiert nichts. Sobald er aber das Attachment lesen möchte, wird das Virus ausgelöst und das System infiziert. Dabei kann das Virus beispielsweise weitere Mails an alle Adressaten seines Mailprogramms verschicken und somit Tausende weitere Systeme infizieren.

Unser (hoffentlich bekannter) Tipp: Der beste Schutz gegen eine Virusinfektion ist die Kombination einer Antiviruslösung mit aktuellen Signaturen (Updates) mit einem eigenverantwortlichen Handeln am System.

7.7.2 Verschiedene Unterarten von Viren

Viren können verschiedene Formen und Infektionsmöglichkeiten aufweisen. Nachfolgend erhalten Sie eine Beschreibung verschiedener Viren und eine Übersicht, wie sie funktionieren. Dabei können sich jederzeit neue Unterarten entwickeln oder Sie finden eine andere Art der Zusammenstellung. Viren sind durch

Verwandtschaften charakterisiert, aber nicht durchgängig normiert oder gar standardisiert (was ja auch nicht verwundern kann).

Armored-Virus Dieses Virus enthält unsinnigen und überflüssigen Code, er bewaffnet sich sozusagen mit zusätzlichen Elementen, um eine Erkennung zu erschweren. Durch diese Funktionalität wird er auch von Antivirusprogrammen schwer gefunden.

Boot-Virus Der Bootsektor des Systems ist ein ideales Ziel für einen Virusangriff, da dieser bei jedem Starvorgang des Systems verwendet wird. Das gilt sowohl für den Bootsektor des Systems auf dessen Festplatte als auch für mobile Geräte, von denen gestartet wird, seien es CD-ROMs oder USB-Sticks. Ist das Virus einmal mit dem System gestartet, sitzt er in der Regel im Arbeitsspeicher fest und kann im laufenden Betrieb kaum entfernt werden. Hersteller wie F-Secure oder Symantec, aber auch quelloffene Lösungen wie das bekannte Knoppix helfen hier weiter, da mit diesen Lösungen das System ab einer »sauberen« CD neu gestartet werden und so das Virus entfernt werden kann.

Cavity-Virus Verschiedene Anwendungen bringen Teile mit sich, deren Coderaum sie selber nicht vollständig nutzen. Dieser Platz wird vom Cavity-Virus genutzt, ohne die Funktionalität des Programms einzuschränken. Ein bekanntes Cavity-Virus ist der CIH-Virus.

Companion-Virus Dieses Virus benennt eine bekannte Anwendung um und setzt sich danach unter deren Namen fest. Nehmen wir das Beispiel »mytext.exe«. Das Virus benennt das bekannte Programm um in mytext.exo und benennt sich selber mit mytext.exe. Startet der ahnungslose Nutzer jetzt das Programm mytext.exe, wird zuerst das Virus aktiv, das sich aktiviert und erst nachher die Kontrolle an das eigentliche Programm weitergibt – der Nutzer bemerkt davon nichts, das Virus ist aber aktiv.

Makro-Virus Makro-Viren befallen Dokumente über den Aufruf eines sogenannten Makros, einen automatisierten Ablauf, der z. B. häufig in Office-Dokumenten zur Anwendung kommt. Durch Ausführen des besagten Makros wird auch das entsprechende Virus aktiviert. Mittlerweile verfügen die entsprechenden Programme aber alle über einen sogenannten Makro-Schutz, der es erlaubt, Makros nur dann auszuführen, wenn sie signiert sind und der Herausgeber vertrauenswürdig ist. Alle anderen Makros werden automatisch blockiert. Aber natürlich kann man diesen Schutz auch ausschalten, was sich zwar nicht empfiehlt, aber erklärt, warum diese Virensorte immer noch nicht ausgestorben ist.

Metamorph- und Polymorph-Virus Diese Viren werden so bezeichnet, weil sie ihren Code ständig ändern können, um das Erkennen zu erschweren, da sie kein eindeutiges Muster aufweisen. Um diesen Viren beizukommen, verfügen viele Antivirenprogramme über eine heuristische Suche, das heißt, sie suchen nicht einfach nach bekannten Viren, sondern auch nach auffälligen Mustern. Dadurch können sie auch auf veränderten Code entsprechend reagieren.

Stealth-Virus Dieses Virus versteckt sich vor der Antivirus-Lösung. Computerviren dieser Art ergreifen besondere Maßnahmen, um ihre Existenz zu verschleiern. So werden Systemaufrufe abgefangen, sodass zum Beispiel bei der Abfrage der Größe einer infizierten Datei die Größe vor der Infektion angegeben wird (manche Viren verändern die ursprüngliche Größe auch gar nicht, weil sie sich in unbenutzte Bereiche der Datei kopieren, siehe Companion-Virus) oder beim Lesen der Datei die Daten der ursprünglichen Datei zurückgeben.

7.7.3 Trojanische Pferde

Der Begriff des Trojanischen Pferdes leitet sich aus der gleichnamigen griechischen Legende ab, bei welcher die Griechen den Trojanern nach langem vergeblichem Kampf ein riesiges Holzpferd als Geschenk vor die Stadt gestellt hatten. Als die Trojaner das Geschenk sahen, nahmen sie es mit und stellten es innerhalb der gut befestigten Stadtmauern auf. Nachts öffnete es sich, und heraus kamen griechische Kämpfer, welche die Stadt auf diese Weise einnehmen konnten.

Und mit dieser Erklärung wissen Sie eigentlich auch schon, was ein sogenannter Trojaner auf einem Computersystem versucht. Die Anwendung tarnt sich als nützlich, hat aber die Absicht, Ihrem System zu schaden, indem es das System infiziert und z. B. wichtige Daten heimlich nach außen sendet oder die Fernsteuerung des Systems von außen ermöglicht.

Das Trojanische Pferd kann sich — anders als Viren und Würmer — nicht selbst reproduzieren und verbreiten.

Eine neuere Geschichte, welche mit Trojanern zu tun hat, ist der Einsatz von Botnets. Ein Bot (Kurzform von Robot) ist dabei ein Programm, das sich auf einem Rechner einnistet und diesen manipuliert, ein Botnet folglich ein Netz solcher manipulierter Rechner. Diese Botnets werden vor allem für die schon erwähnten *Distributed Denial of Service*-Attacken eingesetzt.

Der Virenschreiber infiziert mit seinem Trojaner unzählige Rechner (auch Zombie-Rechner genannt). Auf einen bestimmten Zeitpunkt hin werden diese Rechner dann von einem zentralen Punkt aus angesprochen, starten einen gleichzeitigen Angriff und legen so dank der Anzahl gleichzeitiger Anfragen den anvisierten Server lahm. Auf der anderen Seite gilt auch: Wer den zentralen Auslösepunkt findet und deaktiviert oder vom Netz trennt, kann die Attacke beenden.

Da nicht nur Malware-Firmen, sondern auch Sicherheitsfirmen aufgerüstet haben und mit Hochdruck solche Zentralen suchen (und auch finden!), arbeiten neueste

Botnet-Attacken ohne zentrale Rechner nach dem Peer-to-Peer-Prinzip. Hier wird es sehr schwer, diese Attacken nach Auslösung zu beenden.

Die Szene der Malware-Entwickler hat sich stark verändert. Waren es in der Anfangszeit vorwiegend private Interessen, so haben sich der wirtschaftliche Faktor und das profitorientierte Verhalten auch in dieser Szene massiv entwickelt. Es gibt heute eine ganze Anzahl Spezialisten, denen es nicht um die Schlagzeile in irgendeiner Zeitschrift geht, sondern gezielt um einen wirtschaftlichen Gewinn.

Die Zukunft in diesem Gebiet liegt somit weniger in der Entdeckung der zweihunderttausendsten Windows Vista-Sicherheitslücke, sondern:

- Angriffe mit gezielten Attacken
  - Vor allem in der Nutzung von »Zero-Day«-Schwachstellen, d.h. Sicherheitslücken, die noch von keiner Sicherheitssoftware gefunden und gesichert werden konnten.
- Social Engineering via Mobiltelefon
  - SMS/Instant Messaging/MMS-Phishing: Das Ziel all dieser Angriffe ist es, den Benutzer dazu zu verleiten, seine Benutzerdaten und Passwörter vorzugsweise von Bank- und Postkonten auf einer gefälschten Webseite oder SMS-Adresse einzutragen. Dazu werden ihm SMS oder Instant Messages bzw. MMS zugestellt, welche täuschend echt den Nachrichten einer wirklichen Institution gleichen, stattdessen den Benutzer aber auf eine Adresse der Betrüger umleitet.
- Die Entwicklung von Rootkits
  - Das Verstecken von Malware oder Spyware vor dem Benutzer durch die Installation von zusätzlicher Software, welche diese Prozesse vor dem Betriebssystem verbergen, wird allgemein üblich.
- Trojaner im Finanzsektor, hier stehen noch einige Entwicklungen an:
  - Phishing: Hierbei wird der Benutzer durch das Angebot eines Hyperlinks (z.B. via Mail) dazu verleitet, auf diesen Link zu klicken und damit auf eine gefälschte Webseite zu gelangen. Diese sieht beispielsweise der Webseite der eigenen Bank so ähnlich, dass der Benutzer die Täuschung nicht bemerkt und seine Zugangsdaten dort einträgt.
  - Pharming: Hierbei wird die lokale »Hosts«-Datei durch ein Virus oder einen Trojaner so manipuliert, dass sie beim Aufruf bestimmter Webseiten automatisch eine gefälschte Version dieser Seite anzeigt – mit demselben Ziel wie beim Phishing. Beiden Methoden gemeinsam ist das Ziel, an die vertraulichen Daten der Benutzer zu gelangen, um sich damit Zugang zu deren Geld zu verschaffen.
- Peer-to-Peer-Botnets

- Diese werden immer kleiner, schneller und so schwerer zu fassen.

7.7.4 Logische Bomben

Eine logische Bombe ist ein lauffähiges Programm, das seine spezifizierte Funktion so lange korrekt ausführt, bis durch Erfüllen einer vorgegebenen Bedingung ein (vom Programmierer gewolltes) Fehlverhalten entsteht.

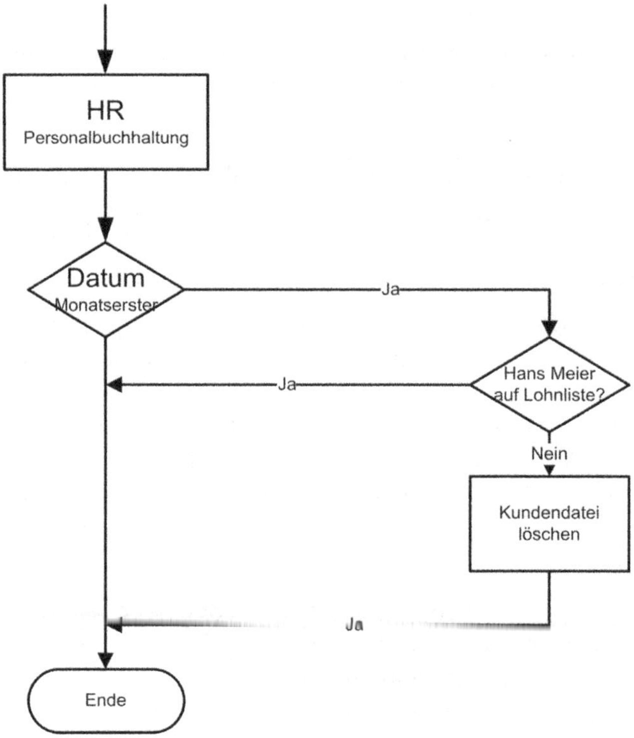

Abb. 7.8: Beispiel einer logischen Bombe

7.7.5 Würmer

Würmer gelten zwar häufig als Untergruppe der Computerviren. So ganz richtig ist das nicht, da Würmer als selbstständige Programme für ihre Verbreitung nicht zwangsläufig einen anderen Wirt benötigen: Sie können selbst aktiv werden, ohne durch Start eines Wirtprogramms aktiviert zu werden. Beim berühmt gewordenen »I love you«-Virus handelt es sich beispielsweise streng genommen um einen Computerwurm. Allerdings verbergen sich Würmer häufig doch in anderen Dateien, etwa in via E-Mail verschickten Attachments, wodurch die Grenze zwischen Virus und Wurm verwischt wird. Mit einem Wurm verseuchte Mails können für ihre Verbreitung bei manch einem E-Mail-Programm die Adressdatenbank nutzen: Sie schicken sich selbst dann via E-Mail an alle eingetragenen Adressaten oder verbreiten sich über Netzwerkfreigaben.

7.7.6 Hoaxes

Ein Hoax ist eine Falschmeldung, vergleichbar mit einer Zeitungsente. Meistens werden Hoaxes wie Kettenbriefe verwendet. Sie bekommen beispielsweise eine E-Mail mit der Information, dass nächste Woche eine Großkontrolle der Polizei in der Nähe Ihres Wohnortes stattfindet und Sie diese Mail möglichst schnell an alle Ihre Kollegen und Freunde weiterleiten sollen. Oder Sie erhalten eine dringende Virenmeldung, die Sie unbedingt weiterleiten müssen.

Das Ziel dieser Hoaxes ist es, Computernetzwerke in kurzer Zeit massiv zu belasten. Es waren aber auch schon gefährliche und fehlerhafte Hoaxmails im Umlauf, welche darauf hingewiesen haben, dass man bestimmte Dateien auf dem Computer infolge Virenverseuchung löschen müsse. Und wer diese Daten dann wirklich gelöscht hatte, hatte anschließend keinen funktionsfähigen Computer mehr.

Wie erkennen Sie denn einen Hoax?

- Der Adressat wird aufgefordert, die »Warnung« an möglichst viele Menschen weiterzuleiten.
- Häufig wird als Quelle eine namhafte Firma oder Organisation genannt, um die Glaubwürdigkeit zu verbessern (auch bekannt als False Authority Syndrome). Bei diesen Firmen finden sich jedoch keine Hinweise auf eine solche Warnung.
- Oft finden sich Aktualitätsangaben wie »gestern« oder »am Freitag«, die keinen Bezug zu einem bestimmten Datum haben können. Wenn ein Kettenbrief schon ein paar Tage, Wochen oder Monate unterwegs ist – wann war dann »gestern«?!

Die TU Berlin bietet eine Website mit Tests und vielen Informationen zum Thema Hoax an:

`http://hoax-info.tubit.tu-berlin.de/hoax/`

Zum Schluss hierzu dies: **Keine der genannten Firmen hat tatsächlich jemals Warnungen dieser Art publiziert. Es werden generell nie echte, offizielle Viruswarnungen als Kettenbriefe in die weite Welt geschickt, das sind alles Hoaxes!**

7.8 Virenbekämpfung

Ein durchdachtes Virenschutzkonzept basiert auf zwei Säulen: zum einen auf einem **funktionierenden Datensicherungs-Wesen**, damit verloren gegangene Informationen wieder restauriert werden können, und zum anderen auf der Basis von

Kontrollen. Das können Kontrollen zur Prävention (Virenvorbeugung) oder Inspektionen sein, welche den aktuellen Datensatz auf Viren überprüfen.

Grundsätzlich gilt ein System so lange als infiziert, bis man sich vom Gegenteil überzeugt hat. Diese Kontrolle ist zwingend periodisch durchzuführen, da selbst die beste Prävention nicht hundertprozentig vor einer Infizierung mit Viren schützen kann. Weiter ist zu beachten, dass fast täglich neue Viren programmiert werden. Dies bedeutet, dass auch die Programme zum Aufspüren von Viren immer dem aktuellen Stand anzupassen sind.

Viren lauern in Programmen, Dokumenten, auf austauschbaren Medien (z.B. USB-Sticks). Vereinfacht könnte man also als erste präventive Maßnahme formulieren: Tausche weder Programme, Dokumente noch Medien mit anderen Personen aus.

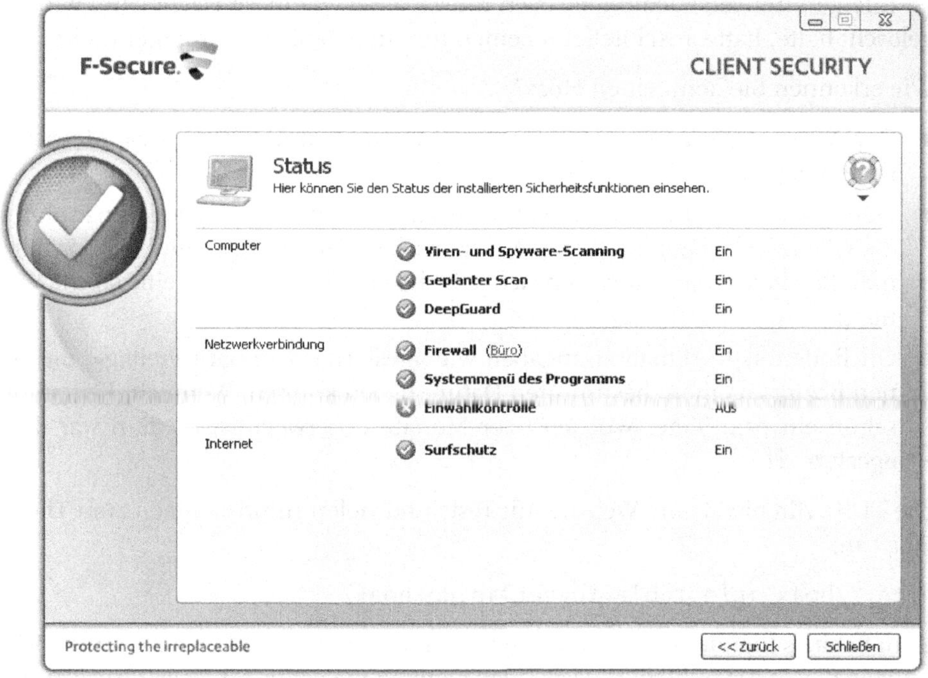

Abb. 7.9: Antivirenprogramm mit aktivierter Echtzeitüberwachung

In der heutigen vernetzten Welt ist eine solche restriktive Forderung nicht mehr denkbar. Aber sie weist den Weg für mögliche Ansätze. Viren können sich erst weiterverbreiten, wenn das Wirtsprogramm gestartet bzw. das Wirtsdokument bearbeitet wird. Es ist also durch organisatorische Maßnahmen dafür zu sorgen, dass jedes fremde Programm, jede unbekannte Diskette und jedes zu bearbeitende Dokument zuerst auf Viren untersucht wird. Die Untersuchung kann automatisch im Hintergrund (Stichwort: Virenwächter) erfolgen. Alle aktuellen Virenschutzwerkzeuge bieten die Installation eines solchen Wächters an.

Moderne Virenprogramme bieten zudem nicht nur einen Schutz für Dateien (Files) an, sondern überwachen auch den Internetverkehr z. B. durch Echtzeitüberwachung von angesteuerten Webseiten auf Schadcode oder durch den Einsatz von Popupblockern, wie z.T. auch die Browser selber anbieten, um unerwünschte Fenster die sich automatisch öffnen wollen zu unterdrücken.

Des Weiteren müssen die Mitarbeiter das Thema Viren betreffend sensibilisiert werden, sodass sie selber den ersten Schritt gegen eine Weiterverbreitung bzw. eine Infektion ausführen können und sich der möglichen Gefahren bewusst sind. Die Mentalität »Mir passiert das schon nicht« muss aus den Köpfen verschwinden, da sie mit der heutigen Realität nichts mehr gemein hat.

Diese Sensibilisierung ist zwingend notwendig, insbesondere dann, wenn keine automatischen Systeme zur Virenprävention eingesetzt werden. Die Mitarbeiter müssen dann manuell den Virenscanner starten, um fremde Programme, Dokumente oder Disketten zu kontrollieren.

Die bisherigen Maßnahmen zur Prävention vor Viren können durch weitere technische Mittel gestärkt werden. Ein solches Mittel ist der Schreibschutz von Dateien und Verzeichnissen. Dieser Schutz lässt sich allerdings relativ einfach wieder abschalten, sodass das Virus die Datei trotzdem infizieren kann.

Um einiges wirksamer ist der Schreibschutz basierend auf den Zugriffsberechtigungen von Benutzern, z. B. mit NTFS bei Windows-Systemen. Entzieht man allen Benutzern das Schreibrecht für die Standardvorlage von Word (»Normal.dot«), so kann sich dort kein Makrovirus mehr einnisten.

7.8.1 Suchen und Entfernen von Viren

Das Entfernen von Viren umfasst zwei Schritte. Zuerst muss das Virus gesucht und dessen Typ bestimmt werden. Sind Standort und Virustyp bekannt, kann das Virus, falls möglich, gelöscht werden. Leider ist es nicht immer möglich, das Virus ohne Zerstören des Wirtsprogramms bzw. Wirtsdokuments zu löschen. Es ist also wichtig, neben den Virenschutzwerkzeugen eine organisierte und funktionierende Datensicherung zu implementieren. Ausfälle aufgrund nicht wiederherstellbarer Dokumente lassen sich so vermeiden. Insbesondere muss hier auf Viren hingewiesen werden, welche die Partitionstabelle modifizieren. Meistens lassen sich diese nur mit einer kompletten Neupartitionierung und Neuformatierung der Festplatte mit anschließender Systeminstallation entfernen. Diejenigen, welche für solche Fälle ein Backup vorbereitet haben, sparen einiges an Zeit und Nerven, weil man das verloren gegangene System relativ einfach wieder einspielen kann.

Besonders hartnäckig sind Bootsektor-Viren und/oder aktive, speicherresistente Viren. Diese lassen sich nur bedingt mit einem Virenscanner entfernen. Meistens ist ein Systemstart von einer »sauberen«, sprich: nicht infizierten Bootdiskette nötig. Nur so lassen sich die ansonsten im Speicher befindlichen Viren eliminieren. Aktuelle Virenscanner liegen zum Teil auf CD-ROM vor und können wie schon erwähnt direkt von dort gestartet werden. Oder sie erlauben bei der Installation das Erstellen einer Rettungsdiskette.

7.8.2 Virenschutzkonzept

Bei der Virenbekämpfung wurde bereits angesprochen, dass neben einem Backup-Wesen vor allem eine permanente Kontrolle vorhanden sein muss. Wie setzt man nun aber so eine Kontrolle konkret um?

Die Umsetzung gliedert sich grob in drei Teile:

1. **Bestimmen eines Verantwortlichen für die Virenbekämpfung.**
   In vielen Firmen besteht bereits die Funktion eines Informatiksicherheitsbeauftragten. Ob er diese zusätzliche Funktion ebenfalls übernimmt oder sie delegiert, ist lediglich eine Frage der Organisation. Aber auf alle Fälle untersteht der Virenverantwortliche dem Tätigkeitsbereich des Informatiksicherheitsverantwortlichen. Der Virenverantwortliche (oder Virenschutzbeauftragte) kümmert sich gezielt um alle Belange rund um Schadsoftware.
2. **Planung und Installation von Kontrollstrukturen**
   Bevor mit der Installation von Virenschutzprogrammen begonnen werden kann, ist ein Konzept zu erstellen. Dieses Konzept beantwortet die Fragen: Was schütze ich (Client und/oder Server) und mit welchem Aufwand?
   Ist dies geklärt, können die geplanten Maßnahmen implementiert werden.
3. **Festlegen eines Arbeitsprozesses bei einem Virenbefall**
   Der dritte Teil besteht darin, was nun eigentlich geschehen soll, falls ein Virus durch die vorangegangenen Schutzmaßnahmen erkannt wurde. Das Formulieren eines Ablaufprozesses im Falle einer Vireninfektion ist oft Teil der Vorarbeiten für eine QS- bzw. ISO-Zertifizierung.

7.8.3 Testen von Installationen

Angenommen, in einer Firma wurde ein Konzept erstellt und anschließend implementiert. Wie soll nun die korrekte Funktionalität getestet werden?

Ein möglicher Weg ist es, einen realen Virus für die Tests im operativen Netzwerk auszusetzen. Dagegen werden sich aber bestimmt alle Systemadministratoren mit Zähnen und Klauen wehren. Und dies zu Recht. Viren in operativen Netzwerken sind selten berechenbar und meist mit großen Risiken verbunden.

Einen viel eleganteren Weg hat 1996 das »**European Institute for Computer Anti-Virus Research**« (kurz EICAR) beschritten. Zusammen mit namhaften Herstellern von Anti-Viren-Programmen hat das EICAR eine Testdatei entwickelt, welche es erlaubt, Anti-Viren-Programme in operativen Netzwerken gefahrlos zu testen. Der Ansatz besteht darin, eine Zeichenkette, welche völlig harmlos ist, als zusätzliches Pseudovirus in die Suchdatenbank der AV-Progamme einzufügen.

```
X5O!P%@AP[4\PZX54(P^)7CC)7}$EICAR-STANDARD-ANTI-VIRUS-TEST-FILE!$H+H*
```

Diese Zeichenkette, abgespeichert und mit der Endung COM versehen generiert ein kleines Programm, welches folgende Bildschirmausgabe erzeugt:

```
EICAR-STANDARD-ANTIVIRUS-TEST-FILE!
```

Natürlich ist dieses Programm kein Virus, aber die Virensuchprogramme sprechen prompt auf das angebliche Virus an. Also genau richtig, um die korrekte Funktionsweise zu testen.

Weitere Informationen zur EICAR-Zeichenkette und die Organisation als solches finden Sie unter `http://www.eicar.com`.

7.9 Fragen zu diesem Kapitel

1. In welchem der folgenden Protokolle wird ein Sicherheitstechniker am ehesten Benutzernamen vorfinden?
   A DNS-Protokolle
   B Anwendungsprotokolle
   C Firewall-Protokolle
   D DHCP-Protokolle
2. Wie lautet ein möglicher Ansatz zur Handhabung von Betriebssystemaktualisierungen?
   A Service-Pack Management
   B Update-Verwaltung
   C Change Management
   D Hotfix Management
3. Sie nehmen 45 neue Arbeitsstationen in Ihr Netzwerk auf. Was müssen Sie so rasch wie möglich erledigen?
   A Die Anwendungen installieren
   B Aktuelle AV-Software installieren
   C Eine Baseline-Konfiguration erstellen
   D Das Betriebssystem aktualisieren

4. Die Endbenutzer beklagen sich über den Empfang zahlreicher E-Mails von Online-Verkäufern und Apotheken. Dies ist ein Beispiel wovon?

   A Trojaner

   B Phishing

   C Pharming

   D Spam

5. Welches der folgenden Risiken würde durch den Einsatz von Bildschirmfiltern reduziert?

   A Replay-Attacken

   B Phishing

   C Man-in-the-Middle-Attacken

   D Shoulder Surfing

6. Was erlaubt es einem Angreifer, die Anwesenheit von bösartigem Code zu verbergen, indem er den Systemprozess und die Registrierungseinträge verändert?

   A Logische Bombe

   B Wurm

   C Rootkit

   D Trojaner

7. Was erlaubt es einer Technikerin, ein spezifisches Problem zu beheben, ohne dass die Lösung vollständig ausgetestet worden ist?

   A Patch

   B Hotfix

   C Update

   D Service Pack

8. Ein Systemadministrator vermutet, dass mehrere Rechner als Zombie infiziert sind. Welches Hilfsmittel kann ihm dabei am ehesten behilflich sein, um dies zu überprüfen?

   A Antivirus-Software

   B Wiederherstellungssoftware

   C Portscanner

   D Spyware

9. Wie wird der Prozess mit dem Fachbegriff bezeichnet, um Daten sicher von einem Datenträger zu entfernen, sodass dieser weiter genutzt werden kann?

   A Formatting

   B Destructing

   C Sanitizing

   D Deleting

Kapitel 8

Der Anwender ist die Schnittstelle

Um zu wichtigen sensitiven Informationen zu kommen, kann der Angreifer die verschiedensten technischen Hilfsmittel verwenden. Das einfachste Hilfsmittel, um sehr schnell vitale Firmeninformationen oder Passwörter zu bekommen, ist aber letztlich immer der Mensch, der diese Hilfsmittel, aber auch alle anderen Kommunikationsmittel entwickelt, administriert oder bedient. Im Vordergrund steht dabei immer eine Informationsbeschaffung, ohne technische Hilfsmittel zu verwenden. Als Social Engineering bezeichnet man es, wenn der Angreifer menschliche Eigenschaften verwendet, um an Informationen zu kommen. Dieser nutzt dabei die guten Eigenschaften der Mitarbeiter wie Hilfsbereitschaft, Kundenfreundlichkeit, Unternehmensstolz, aber auch Eigenschaften wie Respekt vor Autoritäten oder Gutgläubigkeit aus.

8.1 Klassifizierung von Informationen

Bevor wir auf das Thema Social Engineering zu sprechen kommen, wenden wir uns an dieser Stelle den Informationen an sich und im nächsten Abschnitt dem Datenschutz genauer zu.

In einem Unternehmen gibt es Unmengen von Informationen, mündliche und schriftliche, elektronische und solche auf Papier, Briefe und Lohnausweise, Werbung und Strategiepapiere und vieles mehr. Alle diese Informationen, unabhängig von ihrer technischen Beschaffenheit, sind zu klassifizieren, um den richtigen Umgang mit der Information für alle verbindlich festzulegen.

Dabei werden Informationen in folgende Klassen unterteilt und entsprechend bezeichnet:

- öffentlich
- intern
- vertraulich

Öffentliche Informationen müssen nicht besonders geschützt werden. Sie können unter Einhaltung der Sorgfaltspflicht auch veröffentlicht oder an außenstehende Personen abgegeben werden.

Interne Informationen werden durch Zugangs- und Zugriffsbeschränkungen geschützt, beispielsweise indem sie in abschließbaren Schränke abgelegt werden oder indem der Zugang über Berechtigungen wie Benutzernamen und Passwörter geschützt wird. Dies gilt speziell für Personendaten und die meisten Unternehmensdaten wie Buchhaltung oder Korrespondenz.

Vertrauliche Daten werden aufgrund ihres Charakters speziell geschützt, sei es durch entsprechende Schließanlagen und/oder durch Verschlüsselung. Für diese Daten besteht ein erhöhter Schutzbedarf, und sie dürfen nur von einem streng begrenzten Kreis von Personen eingesehen werden. Dies gilt beispielsweise für Persönlichkeitsprofile und besonders schützenswerte Personendaten gemäß Datenschutzgesetzgebung.

Daraus ergeben sich Richtlinien für den Umgang mit geschäftlichen Daten:

- Beachten Sie die geltenden Gesetze und internen Richtlinien.
- Lassen Sie in Gesprächen Diskretion walten.
- Achten Sie darauf, wem Sie welche Informationen versenden.
- Schließen Sie Schränke und Räume ab, wenn sie als Archiv und Aufbewahrungsstellen für interne Dokumente dienen.
- Achten Sie in diesem Zusammenhang auch darauf, welche Informationen, Namen und Adressen Sie im Internet oder Intranet publizieren.
- Informatiksysteme im Unternehmen werden für Firmenaufgaben genutzt, nicht für private Zwecke.
- Schenken Sie der Vernichtung von Akten und Daten besonderes Augenmerk (Disposal). Akten wegwerfen ist nicht dasselbe wie Akten vernichten, und das Löschen von Daten im Papierkorb des PCs ist nicht dasselbe wie ein dauerhaftes Entfernen von Daten vom Datenträger.
- Clean Desk Policy: Es werden keine Informationen liegen gelassen, die Schreibtische müssen geräumt, die Schränke verschlossen sein. Die Clean Desk Policy hat vor allem bei Desksharing eine hohe Bedeutung, damit jedem die ihm zugehörigen Daten und Unterlagen zur Verfügung stehen.

8.2 Der Datenschutz

Nicht nur Informationen haben ein Schutzbedürfnis, sondern in besonderem Maße auch die Personen, über welche Informationen gesammelt werden. Dieser besondere Bereich der Datensammlung, die Personendaten, unterliegen daher auch einem besonderen Schutz.

Datenschutzgesetze gibt es heute in fast jedem Land. Sie schützen dabei in erster Linie die Rechte von Personen, damit deren Daten nicht unrechtmäßig gesammelt und verwertet werden können.

In Deutschland gibt es dazu das Bundesdatenschutzgesetz (BDSG) sowie die Landesdatenschutzgesetze für die Behörden der einzelnen Bundesländer.

In der Schweiz gilt hierfür das eidgenössische Datenschutzgesetz für den Bund und die Privaten (natürliche und juristische Personen) sowie die kantonalen Datenschutzgesetze für die Kantone und Gemeinden.

In Österreich existiert ebenfalls ein nationales Datenschutzgesetz, das die Privatsphäre von Personen entsprechend schützt.

Jedes dieser Gesetze formuliert den Schutzbedarf und den Schutzumfang wieder anders, hat nationale Eigenheiten und kann daher an dieser Stelle nicht im Einzelnen besprochen werden.

Dennoch geht es in allen Gesetzen um eine ähnliche Stoßrichtung: den Schutz der Person vor der ungebremsten Sammlung und Weitergabe ihrer Daten.

Im Wesentlichen behandeln diese Gesetze folgende Themen:

- Welche Daten machen eine Datensammlung aus? Welches sind die identifzierbaren Merkmale (in den USA Personally Identifiable Information, PII, genannt, auch in der Prüfung)?
- Welche Rechte haben Personen gegenüber den Stellen, die ihre Daten bearbeiten (Recht auf Richtigkeit, Rechtmäßigkeit, Bekanntgabe etc.)?
- Unter welchen Voraussetzungen dürfen welche Daten zu einer Person erhoben, gespeichert, verarbeitet weitergegeben werden?
- Welche Daten einer Person sind besonders schützenswert (z. B. politische Gesinnung, Gesundheit, religiöse Ansichten, Daten zur Strafverfolgung)?
- Unter welchen Bedingungen dürfen schützenswerte Daten erhoben werden (was ist ein höheres Interesse)?
- Welche Anforderungen müssen bei der Speicherung, Eingabe, dem Transport und der Weitergabe von Personendaten eingehalten werden, und welche Verschärfungen gelten bei der Bearbeitung von besonders schützenswerten Daten?

Diese Gesetze werden regelmäßig an die aktuellen Entwicklungen der Datenverarbeitung, aber auch an die Schutzbedürfnisse der Betroffenen angepasst.

In den USA gibt es ebenfalls eine Reihe von Gesetzen. Diese können Ihnen nebst der Berufspraxis in internationalen Firmen auch in der englischsprachigen Prüfung zu CompTIA Security+ begegnen (nicht aber in der lokalisierten deutschsprachigen Prüfung).

Das ist z. B. der **Health Insurance Portability and Accountability Act** (HIPAA), welcher unter anderen Regelungen für die Aufbewahrung, Weitergabe und den Schutz von Patientendaten enthält. Auch für den Finanzsektor gibt es eine entsprechende Regelung im **Gramm-Leach-Bliley-Act**, und für den Ausbildungsbereich gibt es einen entsprechenden **Family Educational Rights and Privacy Act**. Die

Inhalte dieser Regelungen sind beispielsweise in der Schweiz im Datenschutzgesetz und der Verordnung zum Datenschutz wesentlich enthalten.

Die USA verfügen zudem über eine Reihe von Gesetzen wie den **Cyberspace Electronic Security Act** oder den **Cyber Security Enhancement Act**. Ersteres erlaubt Regierungsbehörden den Zugriff auf Verschlüsselungen und kryptografische Verfahren. Das zweite Gesetz erlaubt es Regierungsbehörden, Zugriff auf Daten wie Internetverkehr oder E-Mail zu erhalten, z. B. via Zugriff auf den Datenverkehr bei ISPs. Eine ähnliche Debatte haben wir ja auch in Deutschland erlebt, die dann vorläufig im Gesetz zur Vorratsdatenspeicherung endete. Nicht zuletzt enthält in den USA auch der bekannte **Patriot Act** entsprechende Kompetenzen, welche den Regierungsbehörden einen breiten Spielraum einräumen.

Diese »anderen« Datenschutzgesetze führten und führen auch bei uns zu einer ganz anderen Debatte, nämlich der des gläsernen Bürgers bzw. des Überwachungsstaates – wie weit darf der Staat aus Angst vor Bedrohungen Daten über seine Bürger sammeln, ohne dass er damit seine eigenen, bestehenden Datenschutzgesetze zum Schutz der Person wieder aushebelt?

8.3 Vom Umgang mit dem Personal

Wenn unser Kapitel sich schon »Der Anwender ist die Schnittstelle« nennt, dann kommen wir an dieser Stelle auch nicht um einige Betrachtungen rund um die Mitarbeiter herum.

Der Idealfall lautet: Der berechtigte Mitarbeiter greift im Rahmen seiner Autorisierung auf die ihm zustehenden Daten zu.

Davon abweichend gibt es aber folgende Fälle, die zu behandeln sind.

- Der Mitarbeiter greift auf ihm nicht zustehende Daten zu (oder versucht es zumindest).
- Die Autorisierung wird nicht verändert, obwohl Mitarbeiter neue Verantwortlichkeiten übernehmen oder solche abgeben.
- Mitarbeiter treten aus dem Unternehmen aus, aber ihr Konto bleibt aktiv.
- Administratoren haben der Einfachheit wegen Zugriff auf alle Daten.
- Putzpersonal hat einen Schlüssel zu allen Räumen, auch zu den mit sicherheitsrelevanten Systemen.

Diese Liste ist bestimmt nicht vollständig, zeigt aber einige wesentliche Probleme auf, die im Zusammenhang mit Mitarbeitern zu klären sind.

Daher müssen Prozesse definiert werden, welche diese Sachverhalte festhalten. Es braucht z. B. einen Prozess, der festlegt:

- Wer bestimmt, welche Rechte ein neu eintretender Mitarbeiter übernimmt?
- Wer ist verantwortlich, dass personelle Wechsel im System richtig abgebildet werden?
- Wer deaktiviert Konten ausgetretener Mitarbeiter?
- Welche Rechte dürfen die Admins wirklich zugewiesen erhalten?
- Wer hat Zutritt zu welchen Räumen – und wer stellt dies sicher?

Im laufenden Betrieb lassen sich zudem Sicherheitsrisiken minimieren, indem beispielsweise von Zeit zu Zeit durch Aufgabenteilung und Job-Rotation die Zuständigkeiten und damit auch die Einflussnahme einzelner Personen verändert werden. Es gibt sogar den Begriff der »mandatory vacations«, mit Zwangsferien etwas hart übersetzt. Diese gelten beispielsweise bei wichtigen Stellen im Finanz- und Sicherheitswesen.

Der Sinn dahinter ist folgender: Da die zuständige Person in die Ferien **muss**, ist sie verpflichtet, eine Stellvertretung zuzulassen. Dadurch kommt eine andere Person mit denselben Rechten und Aufgaben an die Stelle, was wiederum eine Querprüfung über das Verhalten der eigentlich zuständigen Person erlaubt und helfen soll, möglichen Missbrauch oder Fehlverhalten frühzeitig zu erkennen.

Auch die Trennung von Verantwortlichkeiten bzw. die Funktionstrennung zwischen Mitarbeitern, Segregation of Duties genannt, spielt hier eine wichtige Rolle um die Risiken zu minimieren.

8.4 Social Engineering

Unter Social Engineering verstehen wir keine technische Bedrohung, sondern die Möglichkeit, auf sozialer Ebene, sprich von Mensch zu Mensch, an Daten oder Informationen zu gelangen, welche ein Angreifer, Social Engineer genannt, danach zu seinen Gunsten verwenden kann.

Social Engineering beruht auf den Eigenschaften der meisten Menschen, dass ...

- sie anderen Menschen helfen möchten,
- sie das Bedürfnis haben, anderen Menschen vertrauen zu können,
- sie selber gerne geachtet oder beliebt sein möchten,
- sie Ärger und Konflikten tendenziell ausweichen.

Diese Eigenschaften machen sich Social Engineers zunutze, indem sie beispielsweise an die Hilfsbereitschaft appellieren.

Beispiele dazu: »Ich bin ein Kollege aus der Abteilung in Bern, ich muss nur schnell meine E-Mails abrufen. Darf ich kurz dein System benutzen?«

»Ich bin ein Journalist und mache einen Artikel über kreative Unternehmer. Erzählen Sie mir doch etwas über Ihren Werdegang und die aktuellen Vorhaben.«

»Ich habe ein Problem, nur Sie können mir helfen.«

Ziele der Social Engineers sind:

- Industriespionage: Durch Zugriff ins Unternehmensnetzwerk heikle Informationen über neue oder einzigartige Produkte beschaffen.
- Datendiebstahl: Durch Zugriff auf Unternehmensdatenbanken Adress- oder sogar Kreditkarteninformationen der Kunden erlangen.
- Identitätsdiebstahl: Durch Zugriff auf die Netzwerkanmeldeserver Benutzernamen und Passwörter der Mitarbeiter erlangen.

Das Vorgehen beim Social Engineering folgt dabei immer gewissen Abläufen:

1. Informationen sammeln (Internet, Werbung, Altpapier hinter der Firma ...)
2. Kontakt aufbauen (Telefonanruf, Besuch in der Firma)
3. Vortäuschen einer falschen Identität
4. Informationen erarbeiten/beschaffen
5. Sich rechtzeitig aus dem Staub machen
6. Anwenden der Informationen

Auch hierzu ein konkretes Beispiel:

Eine Gruppe von Angreifern möchte sich gerne die Kreditkartendaten von Kunden einer Firma besorgen, um sich damit anschließend Geld zu beschaffen.

(Schritte entsprechend obiger Nummerierung)

1. Sie sammeln Informationen über die Kundenhotline und den Reklamationsdienst, d.h. die Namen der Verantwortlichen und deren Telefonnummern – im Internet sind solche Informationen heute oft einfach zu erlangen.
2. Es folgt ein erster Telefonanruf bei der Firma: »Guten Tag, ich studiere an der Universität Berlin und mache eine Umfrage über Kreditinstitute – welches Kreditinstitut nutzen Sie?« Antwort des Kundendienstes: »Visa«. Ende des Gesprächs.
3. Zweiter Telefonanruf, an den Kundendienst der Firma: »Guten Tag, ich bin vom Kundendienst von VISA Deutschland und mache zurzeit eine Umfrage über die Zufriedenheit unserer Kunden. Können Sie mir kurz sagen, mit welchen Accounts Sie bei uns Kunde sind, damit ich Sie nicht mit langweiligen Fragen zu Ihren Personalien stören muss? Vielen Dank.« Antwort: »FI33RM21«. Dann folgen einige sehr unverfängliche Fragen zur Zufriedenheit und Ende des Gesprächs.

4. Anruf in der Finanzabteilung der Firma: »Guten Tag, ich betreue Ihren Account und muss diesen aufgrund von Sicherheitsproblemen verifizieren – können Sie mir bitte für Ihren Account FI33RM21 kurz das Passwort nennen?« Antwort: »NI34XA44«. »Alles in Ordnung, vielen Dank.« Ende.
5. Da der Kontakt immer nur telefonisch erfolgte, ist das »sich aus dem Staub machen« relativ einfach. Allerdings ist darauf zu achten, dass man solche Anrufe nicht von zu Hause aus tätigt ...
6. Mit den Informationen über den Account konnte sich die Gruppe in das Konto der Firma einloggen und Geld an verschiedene Konten überweisen lassen.

Theorie? Mitnichten! Allein im Jahre 2002 haben Social Engineers mit dieser Methode die Kontendaten von über 10.000 Kunden der Ford-Bank in den USA erhalten! Oder denken Sie bei einer Umfrage (Schritt 2) bereits an Social Engineering?

Ein weiteres schönes Beispiel für perfektes Social Engineering ist der Film »Catch me if you can« mit Tom Hanks und Leonardo Di Caprio.

Zitat aus den Kursunterlagen zum Certified Ethical Hacker:

Abb. 8.1: Ohne Kommentar ...

Da es sich beim Social Engineering um keine technische Bedrohung handelt, können Sie dagegen auch kein »Gerät« installieren. Sie müssen aber sich und Ihre Mitarbeiter für dieses Problem sensibilisieren:

- Schulung der Mitarbeiter auf heikle Situationen wie Telefonanfragen, Bitten um Adressen oder Telefonnummern usw.
- Klassifizierung von Informationen in verschiedene Sicherheitskategorien
- Sensible Daten nur einem möglichst kleinen Personenkreis zugänglich machen
- Richtlinien für den Umgang mit Personen außerhalb der Firma erlassen
- Aktualisieren der technischen Maßnahmen (Türenschließsysteme, Passwortsysteme auf Rechnern, Berechtigungen auf Daten usw.)

Einer der bekanntesten Vertreter dieses Faches ist ganz bestimmt Kevin Mitnick und sein bekanntestes Buch »Die Kunst der Täuschung« heute schon fast Pflichtlektüre für jeden Sicherheitsinteressierten.

Real World Szenario

Eine Umfrage des Sicherheitsdienstleisters Firebrand Training auf dem Oktoberfest in München hat ergeben: Feierlaune erleichtert Datenspionage.

Von den 1105 Befragten nannten 87 Prozent ihr vollständiges Geburtsdatum, 66 Prozent gaben Auskunft darüber, wo sie beschäftigt sind, und rund 70 Prozent lieferten ihre E-Mail-Adresse dazu. Bei der Frage, wie sie sich ihre Passwörter merken, nahm die Auskunftsfreudigkeit auf 52 Prozent ab. Nur drei Befragte zeigten sich gegenüber den Datenspionen insgesamt standhaft und verweigerten auf alle Fragen die Auskunft.

Detaillierter betrachtet gaben bei der Passwortfrage ein Drittel keine Antwort. 19 Personen machten nur sehr vage Angaben. Der häufigsten Passwortfundus: der oder die Liebste, ein Lieblingsort, das Haustier oder die Kinder.

(Linux Magazin vom 2.10.2008)

8.4.1 Phishing

Phishing beschreibt wie bereits im letzten Kapitel kurz erwähnt den Versuch, über gefälschte Internet-Seiten persönliche Daten eines Internet-Benutzers zu erhalten. Der Begriff ist ein englisches Wortspiel, das sich an *fishing* (angeln, fischen), eventuell in Anlehnung an Phreaking, das Hacken von Telefonen, auch *password fishing*, also bildlich das »Angeln nach Passwörtern mit Ködern« anlehnt.

Normalerweise beginnt eine Phishing-Attacke mit einer persönlich gehaltenen, offiziell anmutenden E-Mail oder einem Massenversand von E-Mails. Der Empfänger wird dann häufig mit »Sehr geehrter Kunde« anstatt mit dem eigentlichen Namen angesprochen. Er soll eine die täuschend echt aussehende Website besuchen und wird unter einem Vorwand zur Eingabe seiner Zugangsdaten aufgefordert. Meistens wird das Opfer zusätzlich in falscher Sicherheit gewiegt, indem im Text das Problem des Datendiebstahls thematisiert wird und die Ausfüllung des Formulars nötig sei, damit ein »neuartiges Sicherheitskonzept« wirksam werden kann. Folgt er dieser Aufforderung, gelangen seine Zugangsdaten in die Hände der Urheber der Phishing-Attacke. Was dann folgt, soll nur noch nachträgliches Misstrauen des Opfers zerstreuen – eine kurze Bestätigung oder eine falsche Fehlermeldung. Noch vor Jahren konnte man solche Mails sehr schnell aufgrund der schlechten deutschen Sprache identifizieren, da sie meistens nur durch einen Übersetzungsroboter erstellt wurden. Mittlerweile hat aber auch die Qualität massiv zugenommen, und eine Erkennung ist zum Teil sogar für Spezialisten nicht sofort möglich.

Natürlich wird auch versucht, via E-Mail nach interessanten Daten wie Passwörtern zu »phishen«. Durch eine genaue Analyse des Mailheaders lassen sich bereits etliche Informationen herauslesen. Zudem ist er leicht einsehbar. Klicken Sie etwa in Microsoft Outlook eine Nachricht an und sehen Sie sich danach die Dateieigenschaften an, so erhalten Sie dort den kompletten Header angezeigt.

Diese Informationen zeigen sich dann wie im folgenden Beispiel:

```
Return-Path: <absender@webdom.de>
Delivered-To: empfänger.nanoweb.de@pop-mbx400.provider.de
Received: from pop-mbx400.provider.de (localhost [127.0.0.1])by
dkgate.mx.provider.de (Postfix) with ESMTP id 0A6AB1D21D0 for
< empfänger.nanoweb.de >; Tue, 1 Jul 2011 21:05:02 +0200 (CEST)
Authentication-Results: pop-mbx400.provider.de;
X-DKIM-Authentication-Results: none
Received: from mxch.mail.provider.de
(pop-mbx400.provider.de [IPv6:2001:1b42::72:145:121:158])
  by pop-mbx400.provider.de (Postfix) with ESMTP id 07CFC1D21C7 for
<empfänger@nanoweb.de>; Tue, 1 Jul 2011 21:05:02 +0200 (CEST)
Received: from mxch.mail.provider.de (localhost [127.0.0.1]) by
mlgate.mx.provider.de (Postfix) with ESMTP id 36FEF792179 for
<empfänger@nanoweb.de>; Tue, 1 Jul 2011 21:05:01 +0200 (CEST)
Received: from MFU (gic-bal-bsd-001.provider.de [72.145.121.158]) by
mxch.mail.provider.de (Postfix) with ESMTPA id C69A079215D for
<empfänger@nanoweb.de>; Tue, 1 Jul 2011 21:05:00 +0200 (CEST)
From: "Absender" <empfänger@nanoweb.de>
Sender: =?utf-8?Q?Mich=C3=A8le_F=C3=BCrst?= <absender@webdom.de>
To: <empfänger@nanoweb.de>
Subject: Wichtige Information
Date: Tue, 1 Jul 2011 21:05:03 +0200
Message-ID: <002701ca2b3f$a1f989e0$e5ec9da0$@local>
X-Mailer: Microsoft Office Outlook 12.0
Thread-Index: AcorP6EEslLKcfdIT4Ox+rGVDIgavQAAAADQ
X-GIC-MailScanner-Outbound: ClamAV using ClamSMTP
X-CTCH-RefID:s tr=0001.0A0B0201.4A9D7EE3.00D6,ss=1,fgs=0
MIME-Version: 1.0
Content-Type: text/calendar; method=REQUEST;
  charset="utf-8"
Content-Transfer-Encoding: 8bit
Content-Language: de
```

In diesem Beispiel ist der Verlauf der Mail sichtbar. Es ist ersichtlich, wer die Mail über welchen Provider geschickt hat.

Eine andere Variante bindet ein Formular direkt innerhalb einer HTML-E-Mail (formatierte E-Mail) ein, welches zur Eingabe der vertraulichen Daten auffordert und diese an die Urheber sendet. Auf eine Phishing-Website wird hierbei verzichtet.

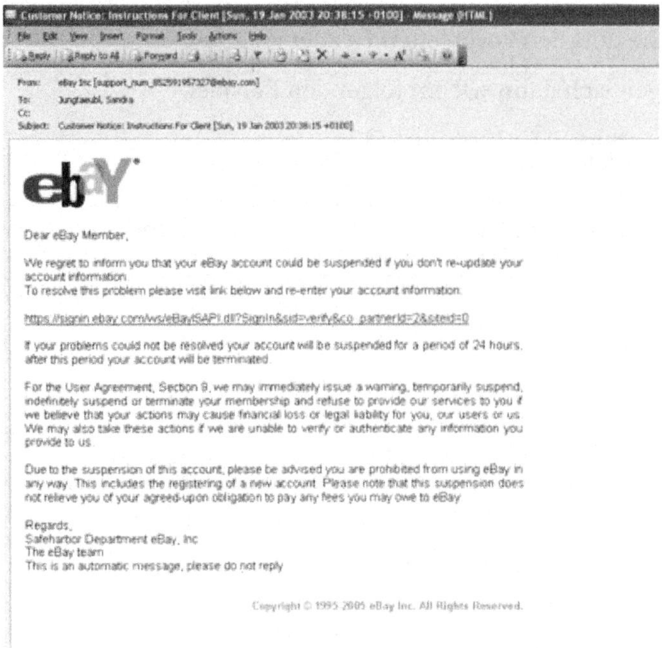

Abb. 8.2: Beispiel einer Phishing-Mail

Dem Opfer wird suggeriert, dass es sich um eine E-Mail des Online-Bezahlsystems der Firma eBay (PayPal) handelt.

Untenstehend werden nun beide eBay-Optionen vorgestellt: oben die »echte« Website, unten die manipulierte »Phishing-Website«.

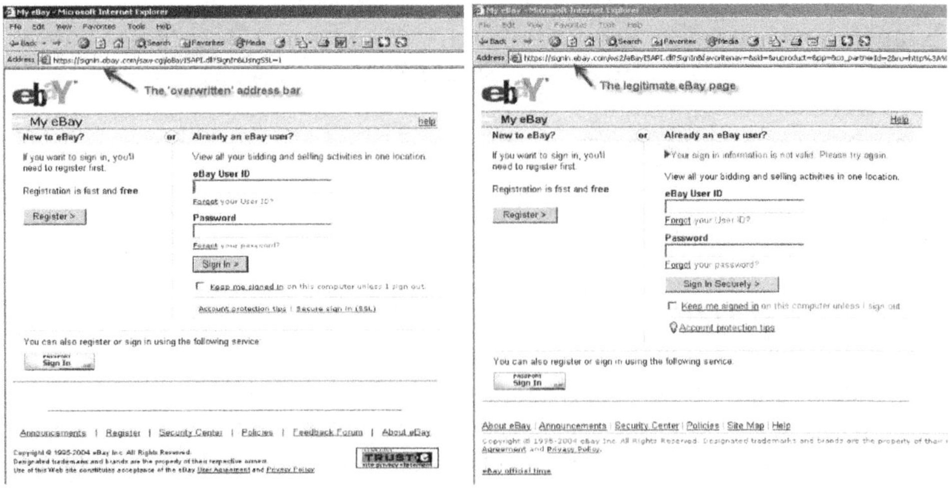

Abb. 8.3: Echte Webseite und Phishing-Webseite

8.4.2 Vishing

Dieser Begriff lehnt sich an die erwähnten Erläuterungen an und beschreibt den Versuch eines Betrugs via Voice Phishing mit Hilfe von Voice over IP (VoIP).

Dabei wird mittels automatisierten Telefonanrufen versucht, den Empfänger der Nachricht zur Herausgabe von persönlichen Daten zu bewegen, welche dann für den effektiven Betrug eingesetzt werden können. Die Betrüger machen sich hierbei die niedrigen Kosten der Internettelefonie zu Nutze und rufen automatisiert unzählige Telefonnummern an.

Um Vishing entgegen zu treten, empfiehlt es sich, Telefonate, bei denen nach persönlichen Daten gefragt wird, umgehend zu beenden. Stattdessen sollte ein Anruf beim betreffenden Unternehmen erfolgen, um sich zu erkundigen, ob tatsächlich eine Anfrage vorliegt (Call Back).

8.4.3 Spear Phishing

Mit »Spear Phishing« ist ein gezielter E-Mail-Angriff gemeint. Normalerweise finden solche Angriffe in Unternehmen statt.

Bei dieser Form des Betrugs versenden die »Phisher« legitim wirkende E-Mail-Nachrichten an alle Angestellten oder Mitarbeiter eines bestimmten Unternehmens bzw. einer bestimmten Behörde, Organisation oder Gruppe.

Die Nachricht sieht so aus, als sei der Absender Ihr Vorgesetzter oder ein Kollege, der gelegentlich Nachrichten an alle Mitarbeiter des Unternehmens sendet, etwa der Personal- oder IT-Chef. In der E-Mail könnten Kennwörter abgefragt werden, oder es könnte schädliche Software wie ein Trojaner oder ein Virus enthalten sein.

Spear Phishing ist als Social-Engineering-Version raffinierter als Phishing, doch die Methoden, mit denen Sie sich schützen können, sind die gleichen.

Und ein weiterer neuerer Begriff gehört ebenfalls in dieses Kapitel, das sogenannte »Whaling«. Damit werden Phishing-Attacken gezielt auf wichtige Personen wie CIOs, CEOs oder Verwaltungsräte und dergleichen bezeichnet.

8.4.4 Pharming

Pharming hat sich als Überbegriff verschiedener Angriffsmethoden zur Manipulation von Nameserver-Einträgen eingebürgert. Pharming kann auch als DNS-Spoofing oder DNS-Poisoning beschrieben werden. Der Begriff selber ist ein Kunstwort aus den englischen Wörtern *password, harvest* und *farming*, was frei übersetzt zu »Passwörter ernten« führt und zudem auf den Umstand hinweist, dass die Betrüger selber große Serverfarmen unterhalten, auf denen die gefälschten Webseiten abgelegt sind.

Pharming kann zum Beispiel durch Manipulation der lokalen hosts-Datei geschehen, in die Einträge mittels Virus oder Trojaner geschrieben werden. Diese führen dazu, dass bestimmte Webseiten automatisch angesteuert werden, unabhängig von der Eingabe des Benutzers.

Eine andere Möglichkeit hierzu ist das DNS-Flooding, bei welchem dem anfragenden Host eine DNS-Auflösung vorgegeben wird, bevor er eine echte Antwort von einem DNS-Server erhalten hat.

8.4.5 Drive-By-Pharming

Diese Version des Pharming bezeichnet einen Angriff auf einen Router mit Webschnittstelle (klassischer Home-Router). Ziel des Angriffs über JavaScript ist es, Zugang auf den Router zu erlangen und die DNS-Server im Router zu verändern, damit der Anwender auf eine gefälschte Seite umgeleitet werden kann, ohne dass er dieses bemerkt. Damit müssen zum Beispiel in einem Netzwerk nicht mehr alle Rechner einzeln manipuliert werden, sondern nur noch die zentrale Schnittstelle ins Internet, der Router.

Voraussetzung für diesen Angriff ist, dass auf dem Router die Standardpasswörter nicht geändert worden sind, da die Angriffe auf diese fokussieren.

8.5 E-Mail-Sicherheit

E-Mails sind aus der heutigen Welt nicht mehr wegzudenken. Ursprünglich wurden Mails verwendet, um Systemmeldungen zwischen Systemoperatoren mittels Bitnet schon lange vor dem Internet auszutauschen. Die heutige hohe Verbreitung des Internets, aber auch der Mailprogramme und die hohe Geschwindigkeit des weltweiten Austausches haben dieser Entwicklung weiteren Vortrieb gegeben. Sie können eine Mail in New York verschicken, und schon wenige Sekunden später wird sie im Posteingang des Empfängers liegen. Mit der Verbreitung haben aber auch die Gefahren begonnen. Einerseits sind sich die Benutzer sehr oft nicht bewusst, dass unverschlüsselte Mails relativ einfach ausgelesen werden können, andererseits besteht heute mit den Spam-Mails auch ein riesiger Markt, sehr viele Empfänger sehr schnell anzugehen. Zusätzlich werden heute sehr viele Mails mit Attachments versehen, welche Gefahren für das eigene System oder das ganze Netzwerk darstellen können.

In der nächsten Grafik sehen Sie, welche Stationen eine Mail durchläuft, bevor sie dem Empfänger zugestellt werden kann.

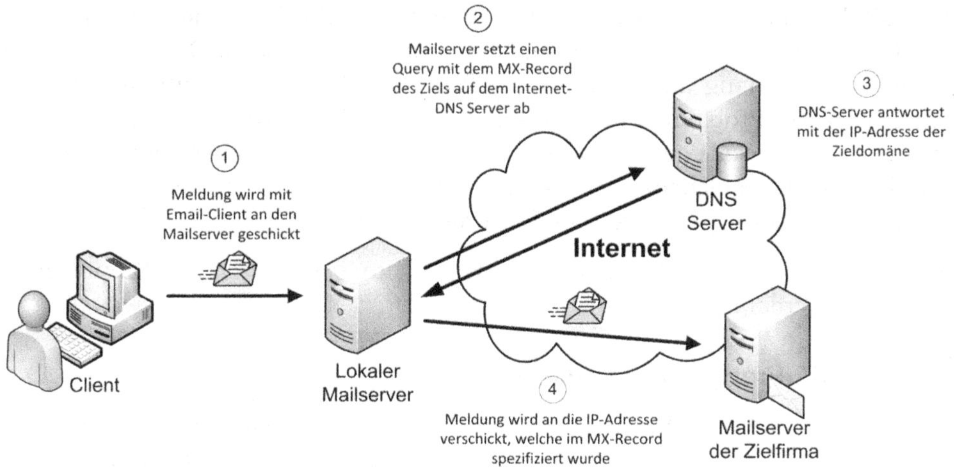

Abb. 8.4: Versenden einer Mailnachricht

In den folgenden Abschnitten werden verschiedene Möglichkeiten aufgezeigt, den Mailverkehr sicher zu gestalten.

8.5.1 Secure Multipurpose Internet Mail Extensions (S/MIME)

S/MIME beschreibt einen Verschlüsselungsstandard für Mailverkehr, dem ein hybrides Verschlüsselungssystem zugrunde liegt. Hierbei werden die Daten selber symmetrisch verschlüsselt, der dazu benötigte symmetrische Schlüssel hingegen wird über ein asymmetrisches Verschlüsselungssystem bereitgestellt.

S/MIME wurde 1995 durch ein Konsortium mehrerer Hersteller entwickelt, verbreitete sich aber erst in der Version 2 bemerkenswert. Die Version 3 wurde im Juli 1999 vom IETF verabschiedet und beruht im Wesentlichen auf den RFC 2630 (Cryptographic Message Syntax, CMS), RFC 2633 (Message Specification), RFC 2632 (Certificate Handling) und RFC 2631 (Diffie-Hellman Key Agreement Method). Gegenwärtig basieren die meisten Produkte jedoch auf Version 2, da die Integration von S/MIME v3 bei etlichen Herstellern noch nicht abgeschlossen ist.

S/MIME legt zwei Content-Typen für MIME fest: das Multipart/Signed-Format zur Signierung einer Mail und das Multipart/Encrypted-Format zu deren Verschlüsselung. S/MIME wird von den meisten modernen Mailclients unterstützt. Es erfordert jedoch X.509-basierte Zertifikate für den Betrieb. Als Alternative kann aber auch OpenPGP mit einer PKI eingesetzt werden. Die beiden Verfahren sind allerdings nicht kompatibel, auch wenn sie teilweise die gleichen Verschlüsselungsverfahren einsetzen, da sie unterschiedliche Datenformate verwenden.

Das S/MIME-Konzept verwendet eine hierarchische Struktur und benötigt zwingend eine vertrauenswürdige Instanz als Certificate Authority. Da im Gegensatz zu PGP von Anfang an mehrere Hersteller S/MIME implementierten, gab es zunächst große Probleme mit der Interoperabilität der einzelnen Produkte. Diese sind aber mittlerweile gelöst. Die Anzahl der Implementierungen nimmt laufend zu, da aktuelle Mailclients wie Windows Mail, Outlook, Outlook Express oder Thunderbird diesen Standard ebenfalls unterstützen.

S/MIME kann mit den Verschlüsslungsalgorithmen DES, 3DES, AES und RC2 verwendet werden.

8.5.2 PGP (Pretty Good Privacy)

Der Begriff PGP steht für »Pretty Good Privacy«. 1991 hat Phil Zimmermann, damals Student am MIT, PGP erfunden. Phil Zimmermann wollte eine einfach bedienbare Software schaffen, welche sich an die Struktur des Internets anlehnt. Da er das Programm als Freeware veröffentlichte und den Quellcode offenlegte, fand PGP schnell eine große Verbreitung. Die mangelhafte Benutzerfreundlichkeit der ersten Kommandozeilen-Programme verbesserte sich von Version zu Version, insbesondere mit der Veröffentlichung einer Windows-basierten Version und den Plugins für bestehende Mail-Clients. Heute kann PGP auch ohne tieferes technisches Know-how eingesetzt werden.

Einige Jahre später gründete Phil Zimmermann dann die PGP Inc. Diese Firma wurde 1997 von Network Associates (NAI) übernommen. Heute liegen der Rechte an PGP bei Symantec. Neben einer kommerziellen Lösung werden außerdem Freeware-Versionen (OpenPGP) angeboten welche einen kleineren Funktions- und Leistungsumfang und nicht die komfortable Bedienung wie die kommerzielle Version haben.

Der große Erfolg von PGP sorgte dafür, dass das zugrunde liegende Protokoll nach und nach in die Internet-Standards, die sogenannten RFCs (Request for Comments) geschrieben wurde. RFC 1991 erschien 1996 und definiert das PGP Message Format. NAI und verschiedene unabhängige Kryptografen begannen dann, den OpenPGP-Standard zu entwickeln. OpenPGP ist rückwärtskompatibel zu den alten PGP-Versionen, bietet aber eine breitere Palette an Algorithmen und Funktionen. Der OpenPGP-Standard wurde im November 1998 als RFC 2440 verabschiedet. Seit der Verabschiedung des OpenPGP-Standards haben verschiedene Hersteller eigene Implementierungen auf den Markt gebracht.

Das »Open« in OpenPGP steht zwar für den »Offenen Standard«, nicht aber für Open Source. GnuPG oder GPG (GNU Privacy Guard) bietet ein freies Kryptografiesystem, welches zum Ver- und Entschlüsseln von Daten sowie zum Erzeugen und Prüfen elektronischer Signaturen verwendet werden kann. Das Programm implementiert den OpenPGP-Standard nach RFC 4880 und wurde als Ersatz für

PGP entwickelt. Versionen ab 2.0 implementieren auch den S/MIME-Standard. GnuPG benutzt standardmäßig nur patentfreie Algorithmen und wird unter der GNU-GPL vertrieben. Es kann unter GNU/Linux, Mac OS X, Microsoft Windows und diversen anderen Systemen betrieben werden.

Die Funktionsweise von PGP

PGP zählt ja, wie Sie schon erfahren haben zu den asymmetrischen Verschlüsselungsverfahren. Das heißt für uns: Zum Verschlüsseln und Entschlüsseln der Daten verwenden Sie jeweils verschiedene Schlüssel. Jeder, der etwas gesichert übertragen will, benötigt also dazu zwei Schlüssel: einen privaten Schlüssel (*private key*) sowie einen öffentlichen Schlüssel (*public key*). Im Gegensatz zum *private key* wird der *public key* gegenüber anderen Personen publiziert. Die eigene Benutzung des *private key* ist zusätzlich mit einem Passwort geschützt. Mit den beiden Schlüsseln können nun zwei Funktionen erfüllt werden. Wie Sie im nachfolgenden Beispiel sehen, ist der Fingerabdruck ein repräsentativer Teil des Schlüssels und gilt als Referenz für den Empfänger, gehört also zum öffentlichen Teil.

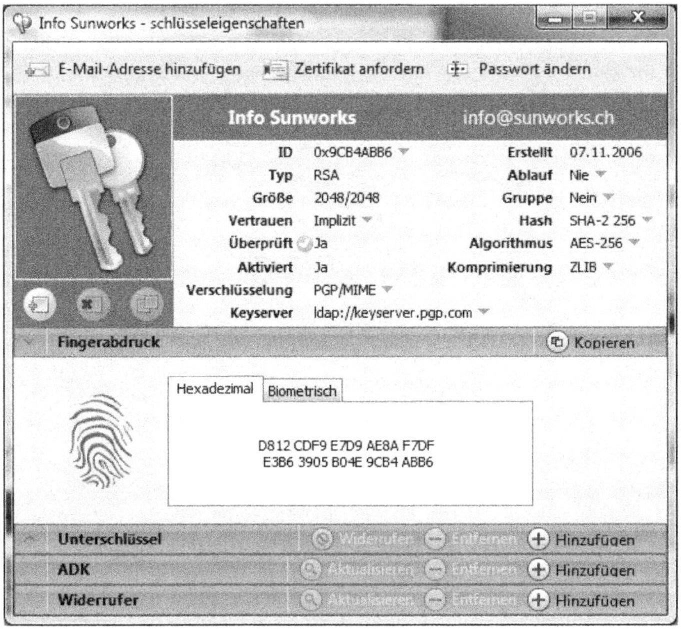

Abb. 8.5: Ein PGP-Schlüssel

Möchte Alice nun eine Nachricht an Ben übermitteln, so kann sich Alice aus einem geeigneten Verzeichnis den öffentlichen Schlüssel von Ben holen und damit die Nachricht verschlüsseln. Nur Ben kann dann mit dem eigenen privaten Schlüssel diese Nachricht in eine lesbare Form zurückverwandeln.

Alice kann ebenfalls eine Nachricht mit ihrem privaten Schlüssel verschlüsseln. Dann weiß jeder, der die Nachricht mit dem öffentlichen Schlüssel von Alice in eine lesbare Form zurückverwandeln kann, dass die Nachricht von Alice ist. Bei der Signierung der Nachricht wiederum wird ein Hash gebildet, der verschlüsselt wird.

Im Bereich der E-Mail wird die Signatur in einer vereinfachten Form verwendet. Nicht die ganze Nachricht wird verschlüsselt, sondern nach Abschluss der Nachricht wird eine Signatur mittels Hash-Wert erzeugt und diese Signatur verschlüsselt. Will sich der Empfänger Ben vergewissern, dass die Information wirklich von Alice stammt und nicht manipuliert ist, so besorgt er sich den öffentlichen Schlüssel von Alice und entschlüsselt die Unterschrift. Da man bei der Korrespondenz mit mehreren Personen auf diese Weise je einen Schlüssel benötigt, spricht man auch von einem Schlüsselring.

Dieser Schlüsselring liegt auf dem lokalen System und muss explizit gesichert werden. Im nachfolgenden Beispiel sehen Sie einen Schlüsselbund, welcher mit mehreren Mailadressen ausgestattet ist.

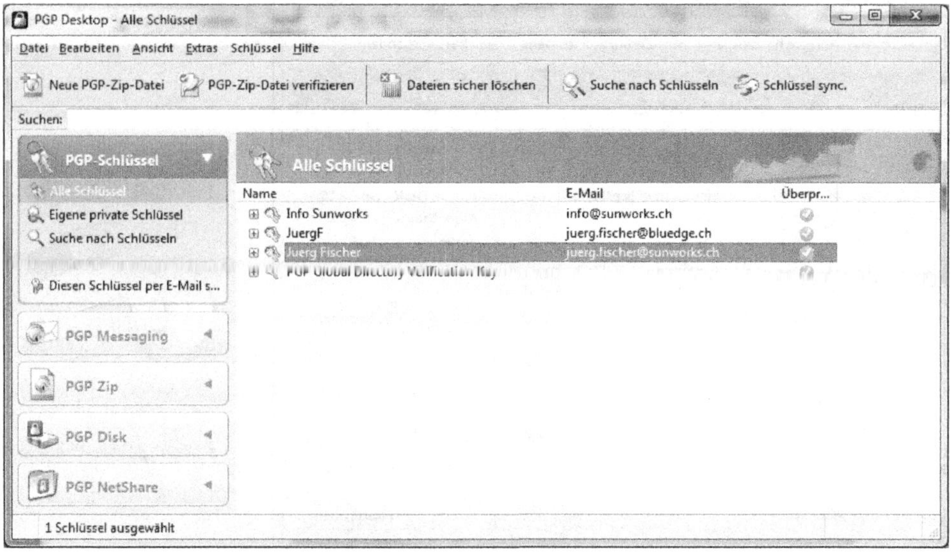

Abb. 8.6: PGP-Schlüsselbund

Wenn nun eine Meldung gesichert übertragen wird, muss der Empfänger nach dem Empfang seinen privaten Schlüssel verwenden, um diese Meldung zu entschlüsseln. Nachfolgend wird ein konkretes Beispiel aufgezeigt.

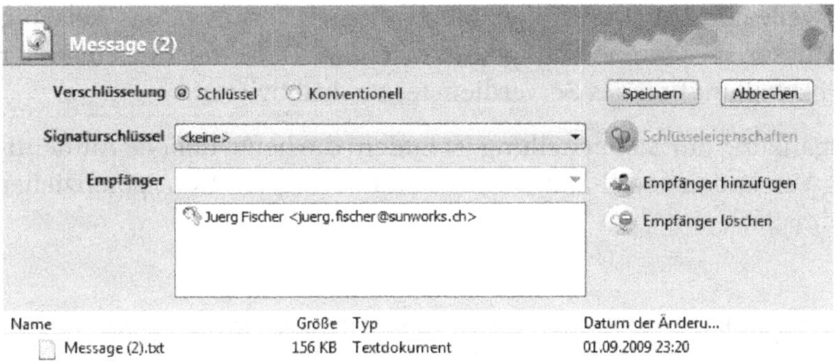

Abb. 8.7: Entschlüsseln einer verschlüsselten Meldung

8.5.3 Schwachstellen

Da E-Mail heute ein sehr populäres Medium ist, Informationen zu versenden, ist es natürlich auch interessant, diese Möglichkeit für Angriffe zu nutzen. Ein großes Problem liegt dabei im Relaying von Mailservern, das heißt der Möglichkeit, Mails über einen »fremden« Mailserver zu verschicken. Zusätzlich liegen aber auch einige Gefahren in den verwendeten Programmen oder Mailclients und letztendlich auch im Umgang der Benutzer mit den jeweiligen Programmen.

SMTP Relay

Der SMTP-Dienst ist Bestandteil jeden Mailservers und notwendig, um Mails anzunehmen und weiterzuleiten, sprich zu versenden.

Dazu ist er in der Lage, Mails zu empfangen und weiterzuleiten, allerdings sollte er dies nur mit Nachrichten tun, welche für ihn bzw. für die angemeldeten Benutzer seiner Domäne bestimmt sind.

Andernfalls kann der SMTP-Dienst dazu missbraucht werden, als Vermittlungsstation (Relay) für andere Domänen zu dienen.

Ein nicht korrekt konfigurierter Mailserver kann daher dazu verwendet werden, um beispielsweise Spammails zu verschicken. Das ist ein sehr kritischer Vorgang für die Firma, welche den Mailserver betreibt. Diese wird dann auf die sogenannte DNS »Black List« (DNSBL) gesetzt, und somit werden alle Mails, die von dieser Domäne über das Internet verschickt werden, von anderen Internetanbietern blockiert. Alle anderen Mailserver, welche diese Liste als Referenz verwenden, werden dann keine Mails von dieser Domäne mehr entgegennehmen und sie als Spam entfernen. Eine Entfernung des Mailservers von einer solchen Liste ist mit erheblichem Aufwand verbunden, da man zuerst nachweisen muss, dass man den Mailserver korrekt konfiguriert hat, und dann die korrekte Funktionsweise auch wieder »verteilt« werden muss. Ein Ausfall des Mailservers für externe Mails von mehreren Tagen ist dabei der Normalfall.

Da heute mittlerweile alle Mailserver über Mechanismen verfügen, das Relaying zu verhindern, müssen diese unbedingt genutzt werden. Dabei reicht es in erster Linie aus, die »Relay«-Funktion des Serverdienstes zu deaktivieren.

Eine einfache Ergänzung zur Sicherstellung ist zudem die heute übliche Authentifizierung für das Versenden von E-Mails. Dies schränkt den Zustrom potenzieller »Relay«-Nutzer drastisch ein.

Mail Spoofing

Mail Spoofing beschreibt den Umstand, dass es möglich ist, Mails im Namen eines anderen Benutzers zu verschicken. Dazu muss ich lediglich einen anderen Absender in meine Nachricht eintragen. Das ist nicht weiter schwierig, da SMTP die Absenderadresse per se nicht überprüft. Mit dieser Methode kann ich versuchen, Benutzer davon zu überzeugen, dass sie den Absender der Mail kennen. Dies verleitet sie dazu, eine Mail eher zu öffnen oder einen Anhang eher anzuklicken, als wenn ihnen der Absender unbekannt vorkommt.

Dem kann man mit der Unterbindung des Relaying ein Stück weit entgegenwirken, da es dem Absender erschwert wird, seine Mails über einen Server zu versenden, der nicht seinem genannten Absender entspricht. Ein zuverlässiger Schutz ist dies allerdings noch nicht. Auch über die korrekte Konfiguration der Nameserver kann ein Teil dieser Problematik abgefangen werden, indem der Domänenname verifiziert wird. In Zukunft wird uns da vermutlich aber die Möglichkeit der DNSSEC-Funktionalität helfen. Domain Name System Security Extensions (kurz DNSSEC) sind Erweiterungen des DNS-Servers, mit denen Authentizität und Datenintegrität von DNS-Transaktionen gewährleistet werden. Ein DNS-Teilnehmer kann damit verifizieren, dass die durch den Server gelieferten Zonendaten auch tatsächlich identisch mit denen sind, die der für die Zone autorisierte und die Zone signierende Server ausliefert.

Spam

Unter Spam versteht man unverlangt zugestellte E-Mails. Die meisten Spams sind kommerziell und werden aufgrund der geringen Kosten für den Versender in großen Massen verschickt.

Vereinfachend sprechen wir heute bei jeglichen unerwünschten Massen- oder Werbe-E-Mails von Spam oder UCE (Unsolicited Commercial E-Mail). Der Name »Spam« ist dem Dosenfleisch SPAM (Spiced Porc and Ham) der Firma Hormel Foods entliehen.

Der ursprüngliche Begriff Spam – als Synonym für eine unnötig häufige Verwendung und Wiederholung – entstammt dem Spam-Sketch der englischen Comedyserie Monty Python's Flying Circus. In einem Café besteht die Speisekarte ausschließlich aus Gerichten mit Spam, die »Spam« teilweise mehrfach hintereinander im Namen enthalten. Im Sketch wird das Wort »Spam« insgesamt 132 Mal erwähnt.

Während der Rationierung im Krieg war Spam eines der wenigen Nahrungsmittel, welches in Amerika praktisch überall erhältlich war. Der hohe Bekanntheitsgrad dieses Fleisches, ähnlich wie die unerwünschter Botschaften (zum Beispiel als E-Mails), förderte die Entwicklung des Begriffs, die, wie oben erwähnt, auch durch Monty Python's Flying Circus geprägt wurde.

Man geht davon aus, dass der Begriff Spam im Bereich der IT seine Herkunft aber in den Multi-User-Dungeons hat. Dort bezeichnete Spam zunächst nicht Werbung, sondern das von manchen Nutzern praktizierte massenhafte Überschwemmen des Text-Interfaces mit eigenen Botschaften.

Wo liegen aber die Problematiken von Spam-Mails?

Spam-Mails verursachen durch die hohen Datenmengen, ihre Bearbeitung und damit verbunden hohen Netzwerkverkehr großen finanziellen Schaden:

- Das Aussortieren und Lesen von Spam kostet Arbeitszeit oder teure automatisierte Lösungen. Anti-Spamlösungen müssen dazu beschafft und unterhalten werden.
- Da Unternehmen und Internetdienstanbieter ihre Leistungen normalerweise nicht nach Zeit, sondern nach übertragener Datenmenge abrechnen, entstehen Kosten für jedes Byte Spam, welches ins Netzwerk übertragen wird.
- Der Mailverkehr wird eingeschränkt. Heute werden bis zu 98 % der zugestellten Mails von einer Maillösung als Spam erkannt und gefiltert.

Schutzmechanismen gegen Spam

Der beste Schutz gegen unerwünschte Werbemitteilung bleibt die Prävention. Wenn Sie einige Grundregeln beachten, können Sie die Menge an Spam deutlich reduzieren.

Hier einige Tipps aus der Gruppe öffentlicher Datenbeauftragter:

- Seien Sie vorsichtig bei der Bekanntgabe Ihrer Kontaktinformationen: Geben Sie Ihre Kontaktinformationen (E-Mail-Adresse, Telefonnummer) nur an Personen oder Institutionen weiter, denen Sie vertrauen.
- Vergewissern Sie sich, dass die weitere Verwendung Ihrer Kontaktinformationen angegeben wird. Geben Sie Ihre Adresse nur weiter, wenn Sie den Angaben vertrauen und Sie mit diesen Verwendungszwecken einverstanden sind.
- Wählen Sie Ihre E-Mail-Adresse so, dass Ihr Name und Vorname nicht darin erscheint (z.B. jf64@domain.de). Dies erschwert die Erfassung der Adresse durch einen Spammer.
- Vermeiden Sie es nach Möglichkeit, Ihre E-Mail-Adresse im Internet zu veröffentlichen. Geben Sie, falls Sie dies doch tun müssen, Ihre Adresse in einer

Form an, die nur Personen – und nicht dafür geschaffene Computerprogramme – lesen können. Sie können beispielsweise ein Bild nehmen oder das »@«-Zeichen durch »AT« ersetzen (z. B. hans.muster »AT« domain.ch).

- Schaffen Sie für Ihre Internetgeschäfte, Ihre Teilnahme an Diskussionsforen und Newsletters eine besondere E-Mail-Adresse. Damit können Sie Ihre persönliche E-Mail-Adresse, die Sie ausschließlich für berufliche oder private Kontakte benutzen, weitgehend von Spam freihalten.
- Filtern Sie Ihre Mails und schützen Sie Ihren Computer: Benutzen Sie die Spamfilter, die Ihr Internetprovider oder Ihr E-Mail-Programm zur Verfügung stellen (falls Sie trotz dieser Filter noch Spam erhalten: Löschen Sie die Nachrichten, ohne sie zu öffnen!).
- Installieren Sie zum Schutz Ihres Computers eine Firewall und ein Antivirenprogramm und halten Sie beide auf dem neuesten Stand. Spam kann mit Viren verseucht sein oder Trojaner enthalten. Falls Sie Ihren Computer nicht schützen, könnte er für den Versand von Spam missbraucht werden.
- Schützen Sie Daten von Drittpersonen.
- Wenn Sie eine E-Mail an mehrere Empfänger versenden, benutzen Sie die Funktion »versteckte Kopie« (englisch: Blind Carbon Copy, BCC) Ihres E-Mail-Programms. Damit schützen Sie die Adressen Ihrer Korrespondenzpartnerinnen und -Partner.
- Geben Sie niemals die Kontaktinformationen von Drittpersonen ohne deren Einwilligung bekannt. Achten Sie insbesondere darauf, vor dem Weiterleiten die Adressen in einer E-Mail zu verbergen.

8.6 Daten sichern

Warum sollten Sie Ihre Daten sichern?

- Untersuchungen zeigen: Ein Unternehmen, welches länger als 15 Arbeitstage ohne funktionierende EDV auskommen muss, hat innerhalb eines Geschäftsjahres noch eine Überlebenschance von 25 %.
- Eine durchschnittliche Firma, die einen Computerausfall erleidet, der länger als 10 Tage dauert, kann sich zu 50 % nie mehr ganz erholen. Die Hälfte dieser Firmen gibt innerhalb von 5 Jahren den Betrieb auf.
- Die Chance, ein Desaster zu überleben, welches das Datenverarbeitungszentrum der Firma betrifft, stehen 7:100. Die Chancen, einen solchen Fall zu erleben, stehen 1:100.

Das sind nur ein paar Ergebnisse unterschiedlicher Studien zum Thema Datenverlust in den letzten Jahren (Quelle: Egbert Wald: »Backup und Disaster Recovery« sowie Computerworld). Und Sie finden leicht mehr solcher seriös erarbeiteten Analysen zu diesem Thema.

Informationen und strukturierte Daten sind mithin das wichtigste Gut von Firmen (das war übrigens auch vor der elektronischen Form schon so!). Daher müssen sie auch entsprechend gegen Manipulation und Verlust geschützt werden. Dabei ist es unerheblich, ob die Daten gelöscht wurden oder ein physischer Schaden wie der Ausfall einer Harddisk vorliegen. Darum benötigt jedes Datennetzwerk ein entsprechendes Datensicherungskonzept.

Die Datensicherungstechnik im PC-Umfeld entwickelte sich erst viel später als die PC-Technik. Lange wurde gesichert, indem man Kopien der Daten angefertigt hatte. Das war zu Zeiten von 3,5«-Disketten auch nicht wahnsinnig aufwendig. Es war die Firma Exabyte, die dann 1987 die erste Sicherung auf Bandkassetten vorstellte. Später kamen Sicherungsautomaten mit mehreren Laufwerken und Kassetten hinzu (Autoloader). Seit den 1990er Jahren entwickelten sich dann Sicherungsmethoden über das Netzwerk oder gar eigene Sicherungsnetze – entsprechend der stetig steigenden Anforderungen an die Mengen von Daten. Heute können Sie beispielsweise mit einer sogenannten Tape-Library auch problemlos mehrere Terabyte an Daten täglich sichern.

Abb. 8.8: LTO-Laufwerke mit mehreren Schächten (Autoloader) (© Fujitsu Computer)

Mehr zur technologischen Seite der Datensicherung erfahren Sie übrigens im Buch »CompTIA Server+« aus derselben Buchreihe im MITP-Verlag.

8.6.1 Datensicherung oder Datenarchivierung?

Bevor wir zur Datensicherung selber kommen, möchten wir kurz auf den Unterschied von Datensicherung und -archivierung zu sprechen kommen.

Als Datensicherung bezeichnet man gemeinhin die Anfertigung von wie auch immer beschaffenen Kopien von verfügbaren Daten. Das heißt, die Daten bleiben auf dem Primärsystem vorhanden und werden zusätzlich gesichert, um im Bedarfsfall auf das betroffene Primärsystem zurückgespielt zu werden.

Als Datensicherungsmedien können Bandlaufwerke, CD/DVD/Blu-Ray oder Festplattensysteme eingesetzt werden.

Als Archivierung bezeichnet man demgegenüber den Vorgang, wenn die Daten vom Primärsystem entfernt und ausschließlich auf dem gesicherten Datenträger gelagert werden. Ein Zurückspielen erfordert demzufolge mehr Zeit, dafür kann auf dem Primärsystem entsprechend Platz eingespart werden.

Als Archivierungsmedien können grundsätzlich dieselben Medien wie bei der Datensicherung eingesetzt werden, sie müssen aber regelmäßig überprüft und bei Bedarf auf neue Medien übertragen werden (z.B. Kopieren von CDs alle 3-4 Jahre). Zusätzlich werden für die Archivierung bevorzugt WORM-Medien (Write Once Read Many) eingesetzt, das sind CD/DVD/Blu-Rays oder Bänder, welche nur einmal beschrieben und danach nicht mehr verändert werden können, aber immer wieder eingelesen werden können. Diese WORM-Medien sind dadurch besonders manipulationssicher und auch speziell auf lange Aufbewahrung ausgelegt. So geht man beispielsweise bei LTO-WORM-Bändern von einer Aufbewahrungssicherheit (bei korrekter Lagerung) von bis zu dreißig Jahren aus.

Auch hier gilt aber: Es nützt nichts, wenn Sie nur die Medien archivieren. Sie müssen auch die dazugehörige Software, Laufwerke und ggf. auch Betriebssystemumgebungen auf Lager haben, um die Medien wieder lesen zu können.

8.6.2 Die gesetzlichen Grundlagen

Die Datenschutzgesetze regeln, wie in diesem Kapitel schon erwähnt, die Pflichten der Bearbeiter von Daten, welche Informationen zu Personen enthalten. Eine direkte Aufforderung zur Datensicherung ist in diesen Gesetzen meist nicht enthalten.

In Verordnungen und ausführenden Kommentaren wird aber häufig die Sorgfaltspflicht mit aufgeführt – und wer seine Daten verliert oder deren Verlust nicht vorbeugen kann, missachtet diese Sorgfaltspflicht. Von daher ist die Pflicht zur Datensicherung auch aus diesem Kontext heraus ableitbar.

Direkter ist der Zusammenhang, wenn es um die Datenarchivierung geht. Jedes Unternehmen ist gesetzlich dazu verpflichtet, seine Daten mindestens 10 Jahre aufzubewahren – und zwar in lesbarer Form, d.h. es reicht nicht, wenn irgendwo ein verstaubtes Sicherungsband in einem Tresor liegt. Zur Aufbewahrungspflicht gehören auch die entsprechenden Programme (Sicherungssoftware) und Laufwerke, damit die Daten bei Bedarf wieder hergestellt werden können.

So steht im schweizerischen Obligationenrecht in Artikel 962 (OR 962)

> C. Dauer der Aufbewahrungspflicht
>
> 1 Die Geschäftsbücher, die Buchungsbelege und die Geschäftskorrespondenz sind während zehn Jahren aufzubewahren.
>
> 2 Die Aufbewahrungsfrist beginnt mit dem Ablauf des Geschäftsjahres, in dem die letzten Eintragungen vorgenommen wurden, die Buchungsbelege entstanden sind und die Geschäftskorrespondenz ein- oder ausgegangen ist.

In Deutschland finden Sie die entsprechenden Vorschriften im Handelsgesetzbuch in Paragraf 257 in Absatz 3, mit einer interessanten Erweiterung zur schweizerischen Notation wie folgt:

> (3) Mit Ausnahme der Eröffnungsbilanzen und Abschlüsse können die in Absatz 1 aufgeführten Unterlagen auch als Wiedergabe auf einem Bildträger oder auf anderen Datenträgern aufbewahrt werden, wenn dies den Grundsätzen ordnungsmäßiger Buchführung entspricht und sichergestellt ist, dass die Wiedergabe oder die Daten
>
> 1. mit den empfangenen Handelsbriefen und den Buchungsbelegen bildlich und mit den anderen Unterlagen inhaltlich übereinstimmen, wenn sie lesbar gemacht werden,
> 2. während der Dauer der Aufbewahrungsfrist verfügbar sind und jederzeit innerhalb angemessener Frist lesbar gemacht werden können.

Sie sehen, es reicht also wirklich nicht, nur einfach »Daten« zu archivieren, sie müssen auch wirklich wiederherstellbar und einsehbar sein.

Da in Deutschland alles etwas komplizierter ist (kann sich der Schweizer Autor nicht verkneifen), gelten in Deutschland zwei unterschiedliche Aufbewahrungsfristen gemäß desselben Paragrafen 257 in Absatz 4 (Klammertext vom Autor):

> (4) Die in Absatz 1 Nr. 1 und 4 aufgeführten Unterlagen (Handelsbücher, Jahresabschlüsse, Buchungsbelege etc.) sind zehn Jahre, die sonstigen in Absatz 1 aufgeführten Unterlagen (Korrespondenzen) sechs Jahre aufzubewahren.

Die entsprechenden Listen, welche Geschäftsdokument genau zu welcher Kategorie gehört, sind entsprechend lang. Im Zweifel sind 10 Jahre aber die sicherere Variante der Aufbewahrung.

Der Vollständigkeit halber: In Österreich gelten wiederum andere Vorschriften. Hier sind es gemäß Bundesabgabenordnung sieben Jahre Aufbewahrungspflicht für alle geschäftlichen Unterlagen.

Das U.S.-Recht kennt demgegenüber keine allgemeingültige, rechtliche Aufbewahrungspflicht. Es finden sich stattdessen zahlreiche spezialgesetzliche Regelungen auf verschiedenen Bundes- und Staatenebenen. Zu erwähnen wäre zum Beispiel Rule 17a-4 des Securities and Exchange Act, wonach von der Securities and Exchange Commission (SEC, Börsenaufsichtsbehörde) regulierte Unternehmen verpflichtet sind, E-Mails mindestens drei Jahre lang aufzubewahren. Aufbewahrungspflichten ergeben sich aber auch aus Gesetzen wie dem Sarbanes-Oxley-Act (SOX), dem Health Insurance Portability and Accountability Act (HIPAA) und dem Patriot Act, um nur einige Beispiele zu nennen. Die Lage insgesamt ist aber wesentlich komplexer, insbesondere wenn Sie sich mal vorstellen, dass Sie beispielsweise bei einer deutschen Niederlassung eines US-Konzerns arbeiten.

Übrigens: Auch wenn wir hier vorwiegend von Daten sprechen – die Pflichten gelten natürlich (und ursprünglich) auch für alle in Papierform vorhandenen Geschäftsdaten und -bücher.

Wenn Sie sich jetzt noch bewusst werden, dass heute 80 % der Geschäftskorrespondenz per Mail erledigt werden und davon nur rund ein Viertel je in Papierform erscheint, wird Ihnen vermutlich unweigerlich die Frage in den Sinn kommen: »Wie sichern wir unsere Mail-Postfächer und wie lange bewahren wir diese auf?«.

Das ist zweifellos eine gute Frage – suchen Sie die Antwort dazu bald und veranlassen Sie das nötige, falls die Antwort nicht »regelmäßige Sicherung und Archivierung von zehn Jahren« lautet...

Auch das Business Continuity Management (BCM) auf welches wir im Rahmen der Desaster Recovery noch zu sprechen kommen (Kapitel 15, »Die Notfallplanung«) trägt diesen Ansprüchen im Rahmen von Compliance-Vorschriften entsprechend Rechnung.

8.6.3 Das Datensicherungskonzept

Ein Datensicherungskonzept besteht aus weit mehr als nur dem Kaufen eines Laufwerks und dem Wechsel des Mediums. Es gibt wichtige Fragen zu klären, bevor ein Datensicherungskonzept wirkungsvoll umgesetzt werden kann. Dazu gehören die sogenannten sieben W-Fragen:

- WAS Welche Daten und Systeme werden gesichert?
- WANN wird gesichert, tagsüber, nachts, online/offline (Datenbanken)?
- WIE OFT (mehrmals) täglich, wöchentlich, monatlich?
- WIE VIEL wie viele verschiedene Sicherungen werden aufbewahrt?
- WER wer trägt die Verantwortung für Sicherung und Kontrolle?
- WIE welches Medium wird eingesetzt, welche Software?
- WO wo ist die Aufbewahrung der Daten sinnvoll?

Auch der Einsatz einer Sicherungssoftware will gut überlegt sein. Sie können wohl mit einem betriebssystemeigenen Programm von Zeit zu Zeit eine manuelle Sicherung durchführen, aber in einem Netzwerk gibt es wichtige Themen wie:

- Kann die Software zentral eingesetzt und über das ganze Netzwerk genutzt werden? Gibt es eine zentrale Administration?
- Ist diese mit der vorhandenen Rechtestruktur vereinbar?
- Welche Betriebssysteme werden unterstützt? NetWare, Windows, Linux sind in einem größeren Netzwerk schnell einmal das notwendige Minimum. Können Sie dafür dieselbe Software einsetzen oder müssen Sie unterschiedliche Programme einsetzen – und natürlich auch supporten?

Wichtig ist auch die Frage nach dem Grad der Automatisierung:

- Können tägliche Abläufe zeitgenau gesteuert werden? Können mehrere Generationen von Sicherungen geplant werden?
- Wie reagiert das System bei Fehlern? Erstellt es Warnungen oder gibt es Meldesysteme bei Fehlern?

Und nicht zuletzt ist ein Stichwort immer häufiger im Umlauf: Disaster Recovery. Damit sprechen wir einen immer wichtigeren Punkt an: Das System wird als Ganzes gesehen. Eine vollständige Windows Server-Installation mit Mail- und Forefront Security-Server ist aufwendig zu installieren. Es ist im Schadensfall nicht damit getan, dass auf einer Bandkassette die Daten vom Mailserver vorhanden sind – denn leider benötigen Sie zuerst drei Tage, bis das System soweit installiert ist, dass es die Daten wieder verarbeiten kann ... Hier setzt die Disaster Recovery ein. Sie ermöglicht es, neben den Daten auch ganze Systeme wiederherzustellen.

Hier gerät die Bandsicherung etwas ins Hintertreffen. Zwar ist es möglich, Systeme mit CD und Bandlaufwerk zu starten, aber moderne Recovery-Systeme sind in der Lage, ein ganzes System auf ein zweites Plattensystem zu kopieren und so den Wiederanlauf entscheidend zu verkürzen.

Das bringt auch eine neue Generation Software mit sich, die lange ihr Dasein als sogenannte »Image«-Software vorwiegend im Heimbereich gepflegt hat. Heute wird sie zunehmend für jede Art von Sicherungen eingesetzt. Durch verschiedene Methoden ist es möglich, schnell und zuverlässig Abbilder von Systemen zu erzeugen, selbst wenn darauf SQL- oder Maildatenbanken laufen. Damit kann gerade bei Servern die Wiederanlaufzeit bedeutend verkürzt werden.

8.6.4 Methoden der Datensicherung

Damit man nicht immer stundenlang auf eine Sicherung warten muss, gibt es klassisch drei Verfahren der Sicherung:

Vollbackup
: Bei der normalen Sicherung werden alle ausgewählten Dateien kopiert und als gesichert markiert (das Archiv-Attribut wird gelöscht). Im Sicherungsverfahren *Vollbackup* benötigen Sie lediglich die aktuellste Kopie der Sicherungsdatei oder des Bandes, um sämtliche Dateien wiederherzustellen. Dieses Sicherungsverfahren führen Sie normalerweise aus, wenn Sie das erste Mal einen Sicherungssatz erstellen.

Differenziell
: Bei der differenziellen Sicherung werden Dateien kopiert, die seit der letzten Sicherung des Typs Normal oder Inkrementell erstellt bzw. geändert wurden. Dateien werden nicht als gesichert gekennzeichnet (d.h. das Archiv-Attribut wird nicht gelöscht). Wenn Sie

eine Kombination aus normaler und differenzieller Sicherung durchführen, ist es zum Wiederherstellen von Dateien und Ordnern erforderlich, dass Ihnen die letzte normale sowie die letzte differenzielle Sicherung zur Verfügung stehen.

Inkrementell — Bei einer inkrementellen Sicherung werden nur die Dateien gesichert, die seit der letzten Sicherung des Typs Normal oder Inkrementell erstellt bzw. geändert wurden. Dabei werden die gesicherten Dateien als solche markiert (d.h. das Archiv-Attribut wird deaktiviert). Wenn Sie eine Kombination aus normalen und inkrementellen Sicherungen verwenden, benötigen Sie zum Wiederherstellen Ihrer Daten den letzten normalen Sicherungssatz und alle inkrementellen Sicherungssätze

Die Sicherung der Daten in der Kombination von normalen und inkrementellen Sicherungen belegt den wenigsten Speicherplatz und stellt daher auch die schnellste Sicherungsmethode dar. Die Wiederherstellung der Dateien nimmt jedoch mehr Zeit in Anspruch, da der vollständige Sicherungssatz auf mehrere Datenträger verteilt ist.

Zudem wird durch eine Datendeduplizierung aktiv Speicherplatz eingespart, indem diese Technik in der Lage ist, aus den Daten gleichartige Muster zu erkennen und diese durch Deduplikation nur einmal zu speichern.

Wie schon angesprochen, gehört auch die Frage nach der Aufbewahrung der Sicherungen zum Konzept. Was nützt Ihnen eine tägliche Datensicherung, wenn Ihre Mitarbeiterin die Daten am Montag löscht und es erst am Donnerstag bemerkt, Sie aber nur eine Generation als Sicherung haben – also die vom Mittwoch?

Es gibt vor allem ein Konzept, das in dieser Hinsicht oft eingesetzt wird: das Generationenprinzip, auch Großvater-Vater-Sohn-Prinzip (GVS) genannt. Mit ihm lassen sich über eine beliebige Zeit die Daten auf mehreren Generationen von Bändern sichern.

Ein einfaches Generationenprinzip kann wie folgt aussehen:

Mo	Di	Mi	Do	Fr
Tag1	Tag2	Tag3	Tag4	Woche1
Tag1	Tag2	Tag3	Tag4	Woche2
Tag1	Tag2	Tag3	Tag4	Woche3
Tag1	Tag2	Tag3	Tag4	**Monat1**
...				Woche1
...				Woche2

Tabelle 8.1: Tabelle mit einem GVS-Rotationsschema

Beim abgebildeten Beispiel verwenden Sie einen Satz Bänder für Montag bis Donnerstag und sichern entweder differenziell oder inkrementell. Am Freitag verwenden Sie ein Wochenband und erstellen eine Vollsicherung. Da jetzt die Daten inklusive Veränderungen der Woche auf dem Freitagsband vorhanden sind, können Sie die Tagesbänder in der nächsten Woche wieder einsetzen. Dasselbe gilt für die Wochenbänder nach vier Wochen. Am Ende des Jahres haben Sie letztlich zwölf Monatsbänder, die Sie dann aufbewahren können oder durch ein »Jahr1«-Jahresband ersetzen und ebenfalls wieder einsetzen können.

Falls Sie sogar auf jeden einzelnen Tagesstand zurückgreifen möchten, müssen Sie von Montag bis Donnerstag inkrementell auf ein Band mit »Daten anhängen« sichern und auch dieses Band zusammen mit dem Freitagsband aufbewahren.

Einfacher lässt sich dies natürlich bewerkstelligen, wenn Sie entweder mit Autoloadern oder aber mit Plattensystemen arbeiten. Der Nachteil der Plattensysteme besteht allerdings darin, dass sie weniger mobil sind als Bänder und die entfernte Lagerung daher aufwendiger zu realisieren ist.

Gerade die entfernte Lagerung ist aber ein wichtiger Baustein einer sicheren Sicherungsstrategie, damit auch bei größeren Ereignissen (Brand, Wassereinbruch etc.) auf die gesicherten Daten zurückgegriffen werden kann.

Aus diesem Grund ist eine kombinierte Sicherungskonzeption mit Platten- und Bandsicherungen allenfalls vorzuziehen. Die Platten gewährleisten eine schnelle und mehrstufige Sicherung auf einem Medium, die Bänder sichern anschließend die Plattensicherung (oder zusätzliche Wochensicherungen) und werden auswärts in einem Bankschließfach sicher aufbewahrt.

8.6.5 Online-Backup

Eine weitere Möglichkeit ergibt sich im Zuge der immer schnelleren Internetanbindungen von Unternehmen: das Online-Backup. Hierbei werden die Daten oder Systeme (je nach Anbieter) mit einer vom Hersteller zur Verfügung gestellten Software über eine (verschlüsselte) Datenleitung an einen entfernten Ort kopiert und dort gespeichert.

Der Vorteil dieser Technologie ist der hohe Sicherheitsstandard bei der Sicherung bzw. Archivierung der Daten, da diese Anbieter über gut ausgerüstete Rechenzentren verfügen. Zudem ist durch die räumliche Distanz auch bei größeren lokalen Ereignissen eine hohe Datensicherheit gegeben. Nicht zuletzt entfällt bei einer reinen Online-Lösung der Aufwand für eine eigene Sicherungs- und/oder Archivierungsinfrastruktur, da die Software im Preis inbegriffen und keine eigene Hardware notwendig ist.

Der Nachteil ist die Beschränkung der Datenmengen, welche in der Regel über eine solche Datenleitung gesichert oder archiviert werden können (angeboten wird beides: Sicherungen und/oder Archivierungen). Ein weiterer möglicher

Nachteil kann die Abhängigkeit sein, da man auf den externen Anbieter angewiesen ist, um die Daten wiederherstellen zu können.

Aufgrund der Datenmengenbeschränkung bzw. der langen Zeit, die für eine erste Vollsicherung über eine Datenleitung notwendig wäre, findet die sogenannte Initialsicherung bei vielen Anbietern über eine Copy-To-Disk-Sicherung statt. Diese Festplatte wird anschließend ins Rechenzentrum übersandt und dort auf das Benutzerkonto eingespielt. Die weiteren Sicherungen oder Archivierungen erfolgen anschließend online und inkrementell. Beispiele dieser Technologie sind DataTrust, Acronis oder MountTen.

Abb. 8.9: Online-Datenarchivierung nach gesetzlichen Vorgaben (© Datatrust AG, Schweiz)

Im Falle einer reinen Online-Datensicherung werden die Daten in einem Rechenzentrum gesichert und dort je nach Vertragsvorgabe über Monate oder Jahre aufbewahrt und für eine Wiederherstellung gelagert.

Im Falle einer Online-Archivierung ist es zudem notwendig, dass die Daten nach den bereits erwähnten gesetzlichen Vorgaben gelagert werden. Im obigen Beispiel heißt das konkret, dass die Daten auf den Servern gespeichert, von dort auf WORM-Medien ausgelagert und diese wiederum in zwei örtlich unterschiedlichen Bankhäusern eingelagert werden. Die Datenträger selber werden jährlich von dort entnommen, überprüft und bei Bedarf umkopiert, damit sie garantiert 10 Jahre lang lesbar sind.

Die Wiederherstellung der Daten erfolgt je nach Menge entweder ebenfalls online, per Datenversand oder bei der Wiederherstellung ganzer Systeme ebenfalls wieder über eine Copy-to-Disk-Wiederherstellung und die Rücksendung des Datenträgers an den Kunden.

Achten Sie beim Vergleich dieser Angebote auf die stark unterschiedlichen Leistungen, sowohl was Datenmengen und Kosten, aber auch die Aufbewahrungssicherheit anbelangt. Hier gibt es große Differenzen.

8.7 Data Loss Prevention

Ein relativ neues Stichwort im Zusammenhang mit der Vertraulichkeit von Daten, welche uns in diesem Kapitel beschäftigt hat, ist die Vorsorge vor dem Verlust von Daten: die Data Loss Prevention.

Dabei handelt es sich um Software oder kombinierte Hard-/Software-Systeme, welche es erlauben sollen, den Fluss von Daten im und aus dem lokalen System oder Netzwerk zu steuern.

Im Wesentlichen geht es dabei darum, dass nicht autorisierte Zugriffe unterbunden werden können. Beispielsweise lassen sich durch DLP-Funktionen Mails mit bestimmten Inhalten oder Anhängen nicht mehr versenden oder USB-Sticks werden als Datenträger an heiklen Systemen nicht mehr akzeptiert.

Durch die Regeln in der Software wird festgelegt, welche Daten mit welcher Anwendung und/oder durch welche Benutzer/Gruppen/Rollen benutzt, gelesen oder transportiert werden dürfen. Dazu werden auf den Systemen sogenannte DLP-Agenten installiert, welche auf jedem System die Richtlinieneinhaltung sicherstellen und versuchte Verletzungen zentral rapportieren.

Dabei greift ein DLP auf bekannte Sicherheitsfunktionen und -merkmale wie Rollenmanagement, Verschlüsselung, Netzwerküberwachung oder Identitätsverwaltung zurück und ist daher ein übergeordnetes System, das sorgfältiger Planung bedarf.

8.8 Fragen zu diesem Kapitel

1. Wie sollte ein Unternehmen die Integrität seiner gesicherten Daten testen?
   - A Indem sie ein zusätzliches Backup durchführt.
   - B Indem sie mit einer Anwendung versucht, gelöschte Daten wiederherzustellen.
   - C Indem sie Teile der Datensicherung wiederherstellt.
   - D Indem sie den Sicherungsplan einem Review unterzieht.
2. Eine Administratorin stellt fest, dass ein PC unregelmäßig große Mengen von E-Mails verschickt. Was sollte sie als Erstes überprüfen?
   - A Ob ein S/MIME-Pufferüberlauf vorliegt.
   - B Ob eine POP3-Ausnahme vorliegt.
   - C DNS-Poisoning
   - D Ob der SMTP-Relay-Dienst offen ist.

3. Der Versuch, als jemand zu erscheinen, der Sie nicht sind, um Zugang zu einem System zu gewinnen, nennt sich:

   A Manipulation

   B DDoS

   C Wiederholungsangriff

   D Schnüffeln

4. Was muss eine für die Sicherung von Daten zuständige Administratorin bei der Datensicherung berücksichtigen?

   A Ob die Daten wichtig genug sind.

   B Ob die Datensicherung dem Stand der Technik entspricht.

   C Wer die Rechte zum Lesen der Daten hat.

   D Ob die gesicherten Daten auch wieder lesbar sind.

5. Eine Administratorin hat soeben einen neuen SMTP-Dienst installiert. Eine öffentliche IP-Adresse wird dabei auf einen internen SMTP-Server weitergeleitet. Die Administratorin muss erkennen, dass auf dem Server zahlreiche Sitzungen offen sind, und kurze Zeit später taucht die öffentliche IP ihres Servers auf einer Spam-Blocklist auf. Was ist hier falsch gelaufen?

   A Der Relay-Dienst auf dem SMTP-Dienst ist aktiviert.

   B Der Server verfügt über einen Spam-Filter.

   C Die Anzahl Sitzungen auf dem Server muss limitiert werden.

   D Die öffentliche IP-Adresse wurde falsch vergeben.

6. Sie können Sicherungsbänder überall aufbewahren *außer*:

   A In der Nähe eines Fiber-Switches

   B In der Nähe eines LCD-Monitors

   C In der Nähe einer Stromquelle

   D In der Nähe eines Servers

## Kapitel 9

Sicherheit für Netzwerke

In diesem Kapitel befassen wir uns mit dem Zugriff auf Netzwerkressourcen. Auch hier spielt die Authentifizierung eine entscheidende Rolle. Die einfachste Möglichkeit einer Anmeldung besteht über einen anonymen Benutzer-Account wie »Anonymous«. Dieser wird beispielsweise als »Default« im Zugriff auf die meisten Webanwendung verwendet. Sollen Zugriffe abhängig vom Benutzer eingeschränkt werden, muss ein definiertes Modell für die Steuerung von Zugriffen verwendet werden.

9.1 Zugriffssteuerungsmodelle

Eine Zugriffssteuerung wird implementiert, um Regeln einer Sicherheitspolitik anzuwenden und durchzusetzen. Sie verhindert dabei einen unberechtigten Zugriff auf Objekte und bezieht sich auf die Schutzmechanismen *Vertraulichkeit* und *Integrität*. Sie legt auch fest, in welcher Form der Zugriff auf die Objekte kontrolliert wird.

9.1.1 Mandatory Access Control (MAC)

Die MAC-Methode ist ein statisches Modell, welches nicht allein die Identität des Benutzers verwendet, sondern zusätzliche Komponenten und Regeln wie Schlüsselwörter oder Kategorisierungen. Daten und Benutzer werden dabei anhand verschiedener Sicherheitsstufen klassifiziert. MAC schützt nicht nur die Vertraulichkeit von Daten, sondern auch deren Integrität.

MAC ist ein geschlossenes System, bei dem ein Benutzer keinerlei Möglichkeiten hat, Rechte zu vergeben. Jedes Objekt, auf das zugegriffen werden kann, trägt ein Label, mit dem seine Sicherheitseinstufung festgelegt wird. Diese Einstufung enthält einen Sicherheitslevel, der den Sicherheitsbedarf des Objekts beschreibt. Zusätzlich wird im Sicherheitslabel festgehalten, wer dieses Objekt für seine Arbeit benötigt. Verfügt ein Benutzer über einen Sicherheitslevel, der gleich oder höher ist als der Level des Objekts und benötigt er das Objekt für seine Arbeit, darf er zugreifen. Die Vergabe von Sicherheitslabels und die Einstufung von Benutzern obliegt der Administration.

Eine geläufige Form von MAC sind MLS-Systeme (Multi Level Security). Diese Systeme werden primär im militärischen Bereich eingesetzt. In MLS-Systemen werden die Daten aufgrund ihrer Geheimhaltungsstufe kategorisiert, z.B. in »öffentlich«, »intern«, »vertraulich« und »geheim«.

Analog dazu werden Benutzer klassifiziert. Benutzer sind ermächtigt, alle Dokumente auf ihrer Stufe oder einer darunterliegenden Stufe zu sehen. Dadurch wird verhindert, dass sie Information sehen, welche nicht ihrem Sicherheitslevel entsprechen. Schreibzugriffe sind allerdings nur auf der eigenen Stufe erlaubt. Das heißt, ein Benutzer, der mit »geheim« klassifizierte Dokumente sehen darf, kann (während einer Session) ausschließlich Dokumente auf dem Level »geheim« erzeugen. Dadurch wird verhindert, dass der Benutzer (unabsichtlich) »geheime« Daten in einen öffentlichen Ordner kopiert. Diese Varietät von MLS wird auch als Bell La Padula bezeichnet und schützt die Vertraulichkeit von Daten.

MLS-Systeme existieren noch in zwei anderen »Spielarten«:

- Biba arbeitet umgekehrt zu Bell La Padula und schützt die Integrität von Daten. Dabei ist es einer als höher eingestuften Person nicht möglich, Daten einer niedrigeren Integritätsebene zu lesen. Die Daten könnten ja fehlerhaft oder manipuliert sein. Außerdem ist es einer Person einer niedrigen Ebene nicht gestattet, in höhere Ebenen zu schreiben. Der Person der niedrigen Ebene wird nicht zugetraut, Daten mit genügender Integrität zu erzeugen.
- LoMAC (Low Watermark MAC) wurde aus Biba entwickelt und erlaubt das Lesen von Daten durch Personen einer höheren Integritätsebene. Zum Schutz wird dann anschließend die Person auf einer niedrigeren Ebene eingestuft und so verhindert, dass sie in eine höhere Integritätsebene schreiben kann.

Neben diesen MLS-Varianten gibt es auch sogenannte Multilaterale Sicherheitsmodelle, die ebenfalls die Grundidee von MAC umsetzen. Anstelle der übereinander liegenden Sicherheitsebenen von MLS gibt es hier flexiblere Zuordnungen von Zugriffsrechten. Wegen der dazu nötigen Regeln werden diese Systeme auch »regelbasierte Sicherheitssysteme« genannt.

Zwei Modelle haben hier eine praktische Bedeutung erhalten:

- Aus Bell La Padula wurde das Compartment- oder Lattice-Modell entwickelt. Die Hierarchie der Sicherheitsstufen wird um frei definierbare Sachgebiete ergänzt. Es reicht für eine Person nicht aus, die passende Sicherheitsstufe zu haben, sie muss auch für das betreffende Sachgebiet zugelassen sein.
- Das Modell Chinese Wall, auch Brewer-Nash genannt, arbeitet mit mehr oder weniger frei definierbaren Regeln, die mittels Zugriffsgraph oder Matrix formuliert werden. Zugriffe werden protokolliert und aufgrund dieser Protokolle neue Regeln generiert. Findet beispielsweise ein Zugriff auf Dokument A statt, wird ab sofort der Zugriff auf Dokument B verboten.

9.1.2 Discretionary Access Control (DAC)

Bei der Discretionary Access Control (DAC) wird für jeden Benutzer festgelegt, auf welche Objekte er wie zugreifen kann. DAC ist ein offenes System und sehr flexibel, hat aber den Nachteil einer meist aufwendigen Benutzerverwaltung. Gängige Betriebssysteme wie Windows, Linux oder Mac OS nutzen DAC zur Verwaltung von Zugriffsrechten.

Bei DAC gibt es keine Sicherheitslabels für Objekte. Stattdessen werden Access Control Lists (ACLs) definiert, die für jeden Benutzer oder Gruppen von Benutzern Zugriffsrechte auf Ressourcen festlegen. Dabei ist es durchaus an der Tagesordnung, dass der Besitzer eines Objekts selbst entscheidet, wer sonst noch darauf zugreifen darf. Solche frei definierbaren Freigaben sind natürlich der Alptraum jedes Administrators, sodass Peer-to-Peer-Freigaben und andere Freiheiten von Benutzern durch strenge Policies beschnitten werden.

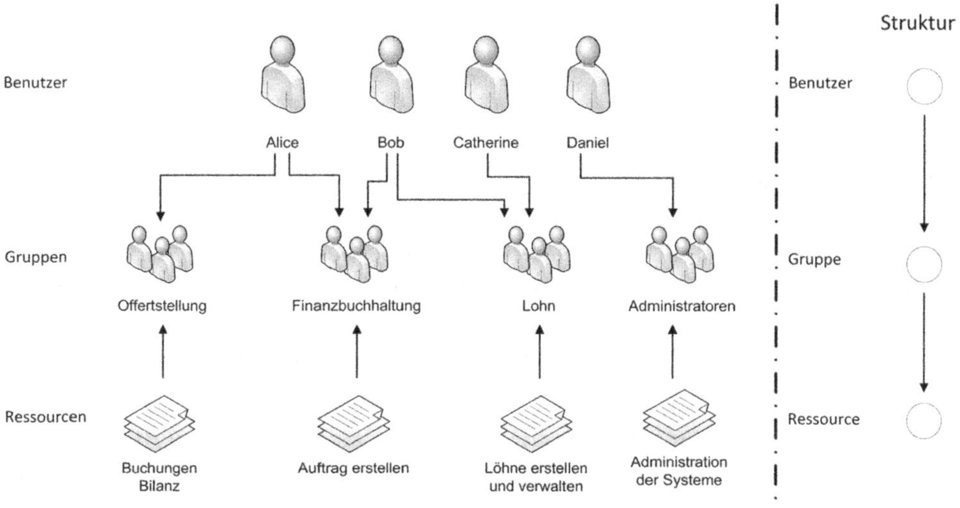

Abb. 9.1: Benutzerzugriff über DAC

9.1.3 Role Based Access Control (RBAC)

Die rollenbasierte Zugriffskontrolle ist eine weit verbreitete Form der Zugriffskontrolle, die vor allem bei Datenbanken und Web-Services angewandt wird. Auch Betriebssysteme wie etwa Windows Server 2008 bieten heute zumindest teilweise Unterstützung für RBAC.

Man kann RBAC als Weiterentwicklung von DAC sehen. Die Rechte werden nicht mehr direkt den Benutzern zugewiesen, sondern ihren definierten Rollen. Im Beispiel der folgenden Abbildung können der Rolle »Lohn« Leserechte auf die Objekte »Löhne erstellen« gegeben werden. Der Rolle »Finanzbuchhaltung« werden Leserechte auf die Objekte »Alice« und »Bob« und Schreibrechte auf »Auftrag erstellen« gegeben. Die eben genannten Rollen werden auch Task-Rollen genannt, weil sie einzelne Tätigkeiten beschreiben und festlegen, welche Rechte für diese Tätigkeiten notwendig sind.

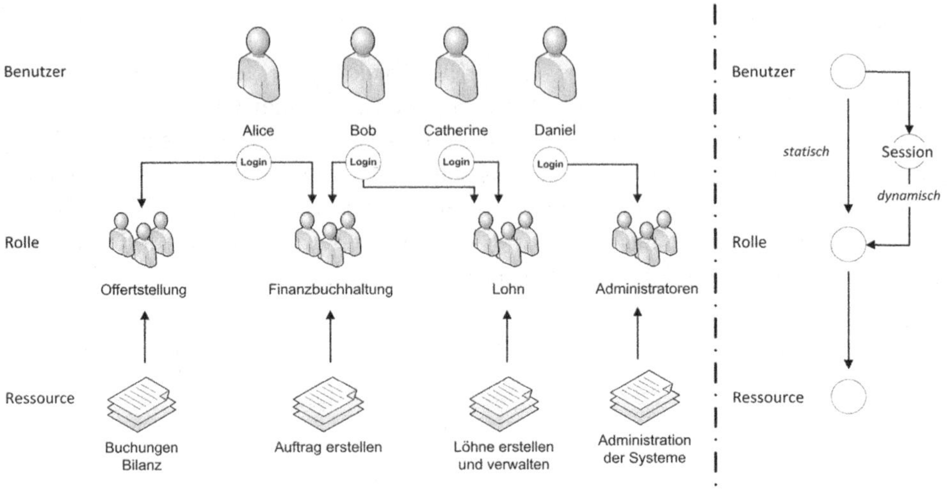

Abb. 9.2: Rollenbasierter Benutzerzugriff

RBAC erlaubt es auch, Rollen anderen Rollen zuzuweisen und so einen hierarchischen Berechtigungsbaum aufzubauen. Meist werden die Task-Rollen kombiniert, um Benutzerrollen zu bilden. Zum Beispiel könnte die Rolle »Finanzbuchhaltung« die Task-Rollen, »Auftrag erstellen«, »Rechnung erstellen« und »Löhne erstellen« umfassen.

Bei einer Mischung von RBAC und DAC liegt der Hauptvorteil von RBAC bei der Übersichtlichkeit der Berechtigungsvergabe. Änderungen sind leicht durchzuführen. Arbeitet Alice beispielsweise nur noch in der Finanzbuchhaltung, wird ihr die Rolle »Offertenteam« entzogen. Wären die einzelnen Zugriffsrechte auf Objekte direkt an Alice vergeben, müsste der Administrator genau wissen, welche Rechte jeder Benutzer hat. Würde er nämlich Alice alle Objektrechte der Finanzbuchhaltung wegnehmen, wären sicherlich auch einige dabei, die sie für die Offertenerstellung weiterhin benötigt.

In den meisten RBAC-Systemen ist es zusätzlich zur Rollenvergabe erlaubt, Rechte direkt einzelnen Benutzern zu gewähren. Dieser Mechanismus ist beispielsweise bei Datenbanken aus Kompatibilitätsgründen vorhanden. Außerdem ist eine direkte Vergabe von Rechten bei sehr kleinen Benutzergruppen (z. B. drei Benutzer), die sich selten ändern, weniger aufwendig.

Sobald jedoch mehr als eine Handvoll Benutzer an einem System arbeiten, sollten nie direkte Zugriffsrechte vergeben werden. Die entstehende Komplexität führt zwangsweise zu falschen Berechtigungen und kann Sicherheitslücken aufreißen. In den meisten Fällen sind nämlich nicht zu schwache Sicherheitsmechanismen an Sicherheitsverletzungen schuld, sondern falsche Administration.

Prüfungstipp

RBAC hat zwei verschiedene Definitionen innerhalb der Security+-Prüfung. Einerseits als Role-Based Access Control wie im vorhergehenden Kapitel beschrieben. Andererseits wird aber auch die Definition Rule-Based Access Control für die die Zugriffskontrolle auf Netzwerkgeräte verwendet.

9.1.4 Principle of Least Privileges

Das Prinzip der »Least Privileges« (minimale Privilegien) ist ein wichtiges Konzept, Berechtigungen klar und restriktiv zu verwalten. Dabei geht es darum, dem Benutzer nur die Rechte zuzugestehen, die er auch wirklich braucht, um seine Arbeit zu erledigen.

Um diese Rechte zu definieren, muss man zuerst festlegen, welchen Job der Benutzer genau hat. Ebenfalls relevant ist, dass zusätzlich auch Prozesse, Maschinen und Computer nur die notwendigen Rechte zugewiesen bekommen. Spezielles Augenmerk gilt aber auch Sicherheitssystemen wie Firewalls.

9.2 Trennung von IT-Systemen

IT-Systeme müssen nicht nur durch die Steuerung von Zugriffen, sondern auch auf Netzwerkebene geschützt werden. Das kann auf der Ebene von sicheren Protokollen geschehen, aber auch nach dem Prinzip »Ein System, das ich nicht erreichen kann, kann ich auch nicht angreifen«.

Die in einem noch folgenden Kapitel, 13.5, genauer beschriebenen Firewalls sind ein weit verbreiteter Ansatz, IT-Systeme voneinander zu trennen. Systeme mit gleichem Sicherheitsbedarf befinden sich im gleichen Netz, die verschiedenen Netzwerke mit unterschiedlichem Sicherheitsbedarf werden durch Firewalls getrennt.

Neben Firewalls gibt es noch andere Techniken, um Systeme zum »Verschwinden« zu bringen und so aus dem Blick von Angreifern zu nehmen. Und diese sind Thema in diesem Kapitel. Die weitere Behandlung von Firewalls lesen Sie dann wie gesagt im Kapitel 13.5 über Firewalls.

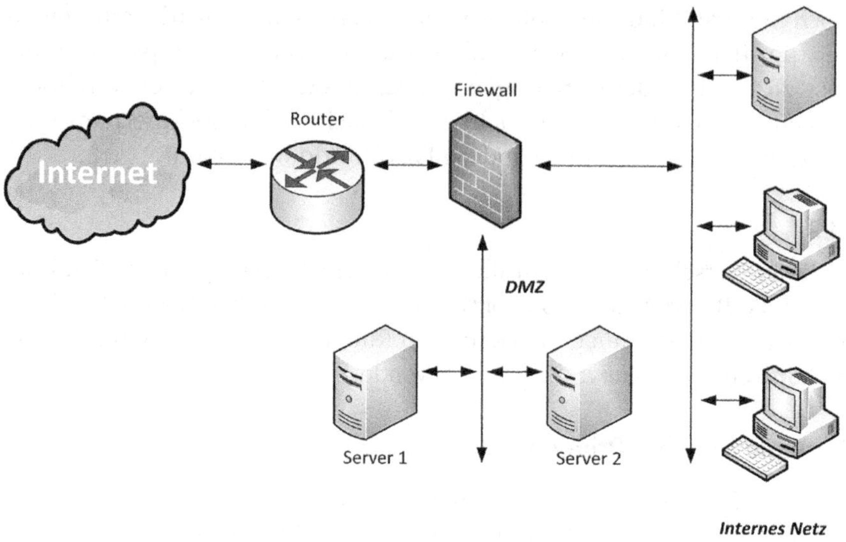

Abb. 9.3: Trennung von Systemen durch eine Firewall

Auch die Virtualisierung von Geräten und Netzwerkkomponenten kann für die Netzwerktrennung eingesetzt werden, da sie ohne zusätzliche Hardware eine stärkere Segmentierung auf logischer Ebene ermöglicht.

9.2.1 Subnettierung von Netzen

Bei einer Subnetzmaske (sogenanntes Subnet Masking) handelt es sich um 32-Bit-Werte, mit denen bei IP-Paketen die Netzwerk-ID von der Host-ID unterschieden werden kann. Bei der Erstellung der Subnetzmaske wird dem Teil, der die Netzwerk-ID repräsentiert, der Wert 1 zugewiesen, und dem die Host-ID repräsentierenden Teil der Wert 0. Dieser 32-Bit-Wert wird anschließend in eine Dezimaldarstellung mit Punkten als Trennzeichen umgewandelt.

Da sich die Adressklasse eines Hosts seit der Einführung des Classless Internet Domain Routing (CIDR) nicht einfach mehr aufgrund der Klassierung der Netze an sich feststellen lässt, ist die Angabe der Subnetzmaske seither zwingend.

Allerdings werden Subnetzmasken auch für die weitere Aufteilung einer zugewiesenen Netzwerk-ID auf mehrere lokale Netzwerke verwendet. Manchmal reicht schon die Aufteilung von Teilen eines Oktetts aus, sodass nur wenige Bits verwendet werden, um Subnet-IDs anzugeben. So können bestehende Netzwerke weiter unterteilt werden, was zum Beispiel zu weniger Datenverkehr in den einzelnen Netzen führt oder zu einer besseren Abgrenzung und dem Schutz von Teilnetzen.

Es gibt verschiedene Gründe für eine Subnettierung:

- Um die Bandbreitennutzung zu verbessern
- Um den Rundsendeverkehr zu minimieren
- Zum Eingrenzen von Fehlern
- Zur Verbesserung der Sicherheit
- Zum Verbinden unterschiedlicher Medientypen

Wir sehen uns das an einem Beispiel einmal genauer an. Normalerweise lautet die Subnetzmaske für ein »ehemaliges« C-Klassennetz 255.255.255.0. Dies bedeutet, wir haben 256 Adressen, und abzüglich der Spezialfälle »0« (für Netzwerk) und »255« (Broadcast) verbleiben uns somit 254 nutzbare Adressen.

Wenn ich aber nur 60 oder 70 Adressen benötige, kann ich das Netz weiter unterteilen. Dazu muss ich die Subnetzmaske um 1 Bit ausdehnen (siehe nachfolgende Tabelle) und erhalte damit dezimal die Zahl 255.255.255.128. Nun habe ich eigentlich zwei Mal 128 Adressen, allerdings wiederholt sich auch die Problematik von Netz und Broadcast, es kommen also zwei zusätzliche »verlorene« Adressen hinzu und mir verbleiben netto je 126 Adressen pro Subnetz, nämlich von z.B. 192.168.1.1 bis 192.168.1.126 (0 für Netz und 127 für Broadcast) und von 192.168.1.129 bis 192.168.1.254 (128 für Netz und 255 für Broadcast).

Diese Unterteilung, eben Subnet Masking genannt, kann ich nun beliebig weiter führen, wie die folgende Tabelle aufzeigt:

Dezimale Darstellung				Binäre Darstellung				Suffix	Anzahl gültige Adressen
255.	255.	255.	0	11111111	11111111	11111111	00000000	/24	254
255.	255.	255.	128	11111111	11111111	11111111	10000000	/25	126
255.	255.	255.	192	11111111	11111111	11111111	11000000	/26	62
255.	255.	255.	224	11111111	11111111	11111111	11100000	/27	30
255.	255.	255.	240	11111111	11111111	11111111	11110000	/28	14
255.	255.	255.	248	11111111	11111111	11111111	11111000	/29	6
255.	255.	255.	252	11111111	11111111	11111111	11111100	/30	2
255.	255.	255.	254	11111111	11111111	11111111	11111110	/31	0
255.	255.	255.	255	11111111	11111111	11111111	11111111	/32	0

Tabelle 9.1: Subnettierungsreferenz

Natürlich lässt sich dieselbe Subnettierung auch bei höheren Klassen durchführen, nehmen Sie nur einmal ein privates B-Klassennetz mit »172.16.0.0«. Auch hier können Sie die Subnetzmaske bitweise verschieben und so kleinere Netzwerke bilden.

Übrigens gibt es auch den umgekehrten Weg, in dem man mehrere C-Klassen-Netze durch Supernetting zu einem grösseren Netz zusammenfassen kann.

Und ja, auch bei IPv6 können Sie, wenn auch nicht mehr in einer so kurzen Tabelle wie oben, Subnetze bilden. Denn IPv6-Netze werden auch in CIDR-Notation aufgeschrieben. Das heisst, eine Adresse lautet dann zum Beispiel 2001:4d3c:3e33::/48.

9.2.2 NAT

NAT (Network Address Translation) ist ein Trennungsmechanismus, der häufig im Zusammenhang mit Routern oder Firewalls eingesetzt wird. Dabei treten mehrere Rechner, die sich hinter einer Firewall oder einem Router befinden, nach außen mit derselben IP-Adresse auf. Die Verwaltung, welche ankommenden Netzwerkpakete zu welchem Gerät hinter Router oder Firewall geschickt werden, übernimmt das NAT-Gerät durch entsprechende Tabellen. In diesen wird der Zustand jeder Netzwerkverbindung festgehalten.

NAT hat mehrere Vorteile. Zum einen spart es IP-Adressen, da nur wenige Adressen nach außen hin verwendet werden müssen und im Netzinneren beispielsweise private IP-Adressbereiche zum Einsatz kommen. Aber auch aus Gründen der Sicherheit ist NAT interessant. Da alle Rechner scheinbar dieselbe IP-Adresse haben, werden das Sammeln von Informationen und ein Ausspähung von Sicherheitslücken erschwert.

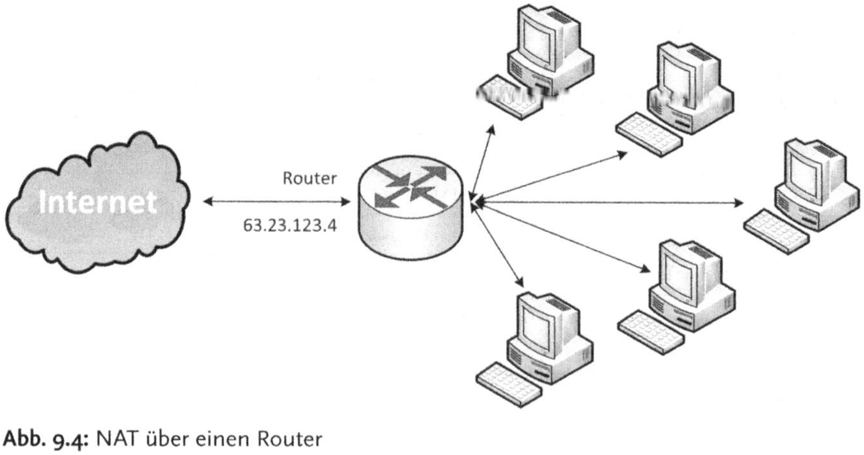

Abb. 9.4: NAT über einen Router

9.2.3 VLAN

Als Virtual Local Area Network (VLAN) wird ein logisches Netzwerk bezeichnet, das auf einer unteren Ebene des Netzwerk-Stacks realisiert wird. Mehrere VLANs können Pakete über dieselbe physikalische Netzwerkleitung senden, ohne dass sie sich auf der Ebene von Hardware-Adressen (beispielweise Ethernet) sehen oder beeinflussen. Mit dieser Technik ist es möglich, dass selbst Broadcasts innerhalb eines VLANs verbleiben und keine unerwünschten Nebeneffekte erzeugen.

Zum Aufbau von VLANs sind Switches erforderlich, die VLAN unterstützen. Dabei gibt es verschiedene Varianten und Begriffe:

- Bei einem portbasierten VLAN werden die einzelnen Anschlüsse eines Switchs (Ports) bestimmten VLANs zu geteilt.
- Bei einem Tagged VLAN erhalten die Ethernet-Pakete eine zusätzliche Markierung, die angibt, zu welchem VLAN sie gehören.
- Ein statisches VLAN (Port- oder Tag-basiert) wird über eine Konfiguration fest eingestellt.
- Bei einem dynamischen VLAN wird anhand von Merkmalen der Pakete entschieden, zu welchem VLAN diese gehören.

Unter Sicherheitsaspekten sind VLANs ambivalent zu sehen. Einerseits werden mit VLANs Computer und Netzwerke wirksam voneinander abgeschottet. Auf der anderen Seite gehen Pakete verschiedener VLANs über dieselbe Leitung, werden also alle mit einem Netzwerk-Sniffer gelesen.

Insbesondere dynamische VLANs sind gefährlich, da die Merkmale der Pakete verändert werden können und dann ein Zugang in ein anderes VLAN möglich ist.

9.2.4 Network Access Control

Eine weitere Möglichkeit zur Trennung von IT-Systemen ist ein Ansatz, der sich Network Access Control (NAC) nennt. Jeder Computer, der an ein Netzwerk angeschlossen wird, landet zunächst in einem Quarantänebereich mit äußerst eingeschränkten Zugriffsmöglichkeiten. Als erstes wird ein System daraufhin untersucht, ob es einen aktuellen Patchlevel, einen funktionierenden Virenschutz und andere Sicherheitsfunktionen aufweist. Diese NAC-Abfragen werden über einen speziellen NAC-Client beantwortet, der sich auf dem System des Benutzers befindet.

Entsprechen die Untersuchungsergebnisse der von der Firma oder Behörde vorgegebenen Policy darf das System in das »richtige« Netzwerk eintreten, d.h. eine Firewall gibt den Zugang zum LAN frei. Ist noch nicht alles in Ordnung, kann dem Benutzer vom NAC-Server angeboten werden, sein System auf den aktuellen Stand der Sicherheit zu bringen.

9.3 TCP/IP-Kernprotokolle

Als Kernprotokolle werden diejenigen Protokolle bezeichnet, die in jedem TCP/IP-Stack vorhanden sein müssen, damit TCP/IP richtig funktioniert.

In diesem Buch werden grundlegende Kenntnisse über Netzwerkprotokolle vorausgesetzt. Es wird deshalb nur auf sicherheitsrelevante Fragestellungen eingegangen.

9.3.1 Internet Protocol

Das IP-Protokoll ist die Grundlage der TCP/IP-Architektur. Alle Rechner im Internet verstehen IP. Die Adressierung und das Fragmentieren von Paketen gehört zu den Hauptaufgaben des IP.

Leider dachte man bei der Definition von IP noch nicht an Angriffe, sodass im Protokoll praktisch keinerlei Sicherheitsfunktionen enthalten sind. Im Gegenteil: IP lässt eine Fülle von Angriffen zu. Einige Beispiele:

- IP-Adressen können gefälscht werden (IP-Spoofing).
- IP-Fragmente können so dimensioniert werden, dass sie beim Zusammenbau ineinander liegen oder sich überlappen. Das kann einen Denial-of-Service-Angriff beim Empfänger auslösen.
- IP-Fragmente können zusammengebaut eine Paketlänge ergeben, die die bei IP maximal zulässige Paketlänge überschreitet.

9.3.2 Internet Control Message Protocol

In jedem Netzwerk oder Knoten treten ab und zu Fehler auf, welche an die Verursacher oder an die Betroffenen weitergemeldet werden müssen. Bei der Definition von IP wurde aus Effizienzgründen auf die Implementierung dieser Mechanismen verzichtet. Diese Aufgabe wird vom ICMP-Protokoll wahrgenommen. Das Protokoll kann dafür verschiedene Nachrichtentypen:

Unter anderem werden folgende Meldungen unterschieden:

	ICMP-Type-Fehlermeldungen
0	Destination network unreachable (Zielnetz nicht erreichbar)
3	Destination unreachable (Zielrechner nicht erreichbar)
4	Source quench (Buffer Resource verbraucht)
5	Redirect (Pfadumleitung)
7	Destination unknown (Zielrechner unbekannt)
11	Time exceeded (Zeit abgelaufen)
12	Parameter problem (Parameter Problem)

Tabelle 9.2: ICMP-Type-Fehlermeldungen

Bei ICMP gibt es im engeren Sinne keine wirksamen Sicherheitsfunktionen, weshalb Angriffe möglich sind. Je nach Einsatzszenario können aber am Sicherheitsgateway bestimmte ICMP-Nachrichtentypen nur selektiv zugelassen beziehungsweise blockiert werden.

Beispiele für Angriffsmöglichkeiten sind:

- Mit ICMP-Paketen können interne Informationen wie Uhrzeiten oder Netzwerkmasken abgefragt werden.
- Andere ICMP-Pakete können Routen von IP-Paketen ändern, sodass diese mitgelesen werden können.

9.3.3 Transmission Control Protocol

Das TCP-Protokoll liegt oberhalb des IP-Protokolls und greift auf die Übertragungs- und Adressierungsdienste von IP zu. TCP kümmert sich im Gegensatz zur IP-Ebene um die Sicherstellung der Datenübertragung, sodass verloren gegangene Pakete erneut gesendet werden.

Bei TCP werden Verbindungen auf- und abgebaut. Dazu werden Flaggen im TCP-Header genutzt. Ein TCP-Verbindungsaufbau geschieht so:

- Der Client sendet an den Server ein Paket, bei dem die SYN-Flagge gesetzt ist. Damit zeigt er an, dass er eine Verbindung aufbauen möchte.
- Nimmt der Server die Verbindung an, sendet er ein TCP-Paket zurück, bei dem neben der SYN-Flagge auch die Quittungsflagge (ACK) gesetzt ist.
- Der Client sendet ein ACK-Paket zurück.
- Anschließend werden in weiteren Paketen die Nutzdaten übertragen.

TCP verwendet Sequenz- und Quittungsnummern, um eine vollständige Übertragung in der richtigen Reihenfolge zu ermöglichen. Sequenznummern kann man sich als Nummerierung der übertragenen Bytes vorstellen. Sie werden in einer Verbindung folgendermaßen verwendet:

- Der Empfänger kennt die Sequenznummer, welche als Nächstes ankommen sollte. Diese Nummer wird auch als Quittungsnummer bezeichnet.
- Wird eine Nachricht mit zu niedriger Sequenznummer empfangen, so wird diese verworfen (denn sie wurde schon einmal empfangen).
- Wird eine Nachricht mit zu hoher Sequenznummer empfangen, so werden diese und alle folgenden Nachrichten in einem Zwischenspeicher abgelegt. Erst wenn die »richtige« Nachricht angekommen ist, werden die Nachrichten aus dem Zwischenspeicher weiter verarbeitet.
- Kommt innerhalb einer gewissen Zeit keine Nachricht mit der gewünschten Sequenznummer an, so wird der Sender gebeten, diese Nachricht noch einmal zu schicken.
- Kommt nach einer gewissen Anzahl von Rückfragen die gewünschte Nachricht noch immer nicht an, so bricht die Kommunikation mit einer Fehlermeldung ab.

Das Verfahren der Sequenznummern sichert nur die Übertragung. Es hat ansonsten keine Sicherheitsfunktion. Aus diesem Grund sind auch auf TCP-Ebene zahlreiche Angriffe möglich. Einige Beispiele:

- Ein Angreifer protokolliert die ausgetauschten Sequenz- und Quittungsnummern. Im geeigneten Moment steigt er mit den gerade aktuellen Werten in die Verbindung ein und übernimmt diese (TCP-Hijacking).
- Anstelle der Übernahme kann der Angreifer die Verbindung auch stören, indem er beispielsweise an beide Partner TCP-Paket mit gesetzter Reset-Flagge (RST-Flag) sendet. Diese Flagge leitet einen Fehlerabbruch der Verbindung ein. Anstelle von RST kann für diesen Denial-of-Service-Angriff auch die FIN-Flagge genutzt werden, mit der eine Verbindung »ordnungsgemäß« abgebaut wird.
- Beim SYN-Flooding werden vom Angreifer große Mengen an SYN-Paketen gesendet, die den Server überlasten.

9.3.4 User Datagram Protocol

Das UDP-Protokoll greift wie TCP auf die IP-Ebene zu, verzichtet aber auf eine Verbindungskontrolle, ist darum einfach zu implementieren und arbeitet effizient.

Nachteilig ist aber, dass die Kontrolle, ob Pakete verloren gegangen sind, ganz oben im Netzwerk-Stack bei der Applikation selbst stattfindet. Denial-of-Service-Angriffe, bei denen beispielsweise sinnlose UDP-Pakete in großen Mengen verschickt werden, benötigen beim Opfer besonders viel CPU-Zeit.

9.4 Weitere Transport- und Netzwerkprotokolle

9.4.1 Address Resolution Protocol

ARP stellt die Verbindung zwischen IP und den Protokollen der Sicherungsschicht (OSI Layer 2) dar. Die Hauptfunktion von ARP ist das Ermitteln und Verwalten der zu einer IP-Adresse gehörenden Layer-2-Adressierung, also beispielsweise die Ethernet-Adresse.

Für alle IEEE 802-Protokolle gilt als Layer-2-Adresse die MAC-Adresse (Media Access Control). In lokalen Netzwerken ordnet ARP einer IP- eine MAC-Adresse zu.

Zur Ermittlung der MAC-Adresse werden Layer-2-Broadcasts verwendet. Die ermittelten Adressen werden temporär in einer Tabelle (ARP-Cache) zwischengespeichert, damit sie nicht für jedes IP-Paket neu ermittelt werden müssen.

Da es keine Sicherheitsfunktionen gibt, können beim ARP-Spoofing die Inhalte von ARP-Caches nachträglich geändert werden. Dazu muss nur eine ARP-Antwort mit der neuen Kombination IP-Adresse/MAC-Adresse an das Opfer gesendet werden. Dieses aktualisiert seinen Cache, auch wenn es zuvor gar keine ARP-Anfrage gestellt hat. ARP-Spoofing lenkt Pakete um und ist Vorbereitung für eine ganze Reihe von Angriffsszenarien.

9.4.2 Internet Group Management Protocol

Wie beim ICMP handelt es sich auch bei IGMP um ein Hilfsprotokoll zu IP. Mittels IGMP werden Informationen über Multicast-Adressen zwischen Routern ausgetauscht. IGMP-Pakete können leicht gefälscht und so zu Angriffen genutzt werden.

9.4.3 SLIP und PPP

Beim Serial Line Interface Protocol (SLIP) sowie dem Point to Point Protocol (PPP) handelt es sich um Protokolle, mit denen synchrone IP-Datagramme über asynchrone Übertragungsleitungen wie Modemleitungen übertragen werden. Heute wird fast ausschließlich das modernere PPP eingesetzt.

Über PPP stehen verschiedene Verwaltungs- und Authentisierungsprotokolle zur Verfügung:

- Bandwidth Allocation Protocol (BAP)
- Challenge Handshake Authentication Protocol (CHAP)
- Layer 2 Tunneling Protocol (L2TP)
- Password Authentication Protocol (PAP)
- Point to Point Tunneling Protocol (PPTP)

9.4.4 IP Version 6

IPv4 bietet einen Adressraum von nur gut vier Milliarden IP-Adressen, was bei der heutigen Verbreitung von IP-Systemen zu wenig ist. Das liegt aber nicht nur an der absoluten Zahl von IT-Systemen, sondern auch daran, dass sich einzelne Organisationen oder Unternehmen Unmengen von Adressen gesichert haben, ohne diese wirklich zu benötigen. Dazu kommen noch die oben beschriebenen Sicherheitsprobleme mit IPv4 und den darauf aufsetzenden höheren Schichten. Der Druck ist mittlerweile also hoch, auf den schon Mitte der 1990er-Jahre geschaffenen Standard IPv6 umzustellen.

IPv6 erweitert den Adressraum der verfügbaren Adressen, da hier für die Adresse nicht nur 32 Bit (wie bei IPv4), sondern 128 Bit vorgesehen sind. Außerdem wurde der Sicherheitsstandard IPsec, der bei IPv4 nur optional ist, als fester Bestandteil in IPv6 eingebaut. IPsec kommt unter IPv4 meist beim Aufbau von VPN-Strecken zum Einsatz und umfasst Mechanismen zur Authentifizierung und Verschlüsselung auf Paketebene. Damit werden die meisten der oben beschriebenen Angriffe verhindert.

Im Kapitel über Remote-Zugriffe finden sich weiter gehende Erläuterungen zu IPsec.

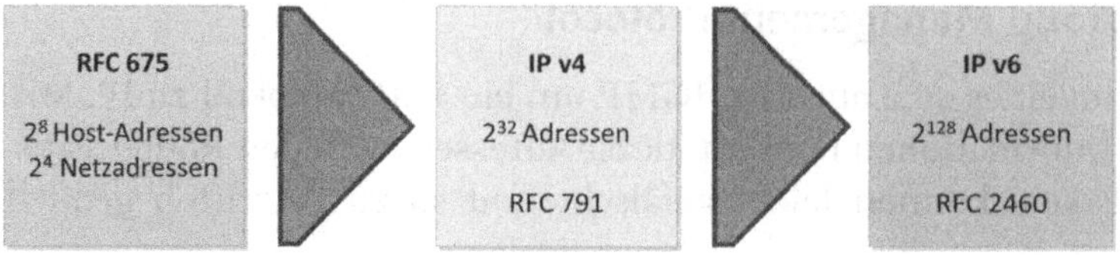

Abb. 9.5: Adressentwicklung von IP-Adressen

9.5 Anwendungen

Die bisher beschriebenen Protokolle bilden eigentlich nur die Grundlage für die darauf implementierten Anwendungen. Diese Anwendungen benötigen aber wiederum spezifische Anwendungsprotokolle. Die wichtigsten dieser Anwendungsprotokolle werden in diesem Kapitel erläutert.

Protokolle wie SSL/TLS/HTTPS, SSH oder das in einem späteren Kapitel (Kapitel 11.3.5) vorgestellte IPsec verschlüsseln den Netzwerkverkehr und werden deshalb auch als Protokolle zur Transportverschlüsselung bezeichnet.

9.5.1 Portnummern

Um Netzwerkpakete, die für eine Anwendung bestimmt sind, auch zustellen zu können, wird jeder Anwendung eine sogenannten Portnummer zugeordnet. Diese Kennzahl wird in jedem TCP- oder UDP-Paket mitgeschickt. Der Netzwerk-Stack kann anhand dieser Nummer entscheiden, wohin er die Daten liefern soll.

Eine Client-Server-Kommunikation auf Anwendungsebene enthält also insgesamt vier Charakteristika: die beiden IP-Adressen der Geräte und die beiden Portnummern von Client und Serverprozess.

Damit ein Client einen Server auch findet, wartet dieser an einem standardisierten Port, einem sogenannten »well known port«. So wartet etwa ein Webserver in der Regel an Port 80 und ein Mailserver an Port 25. Anhand der offenen Ports, an denen Serverprozesse warten, können mit einem Portscanner Dienste identifiziert werden.

Ein Clientprozess erhält vom Betriebssystem einen mehr oder weniger zufällig ausgesuchten Port zugeteilt, der in der Regel oberhalb von 1023 liegt.

9.5.2 Telnet

Telnet (TCP-Port 23) wird verwendet, um Terminalverbindungen zu einem Host herzustellen. Da die Übertragung einschließlich der Anmeldung mit Benutzername und Passwort im Klartext erfolgt, stellt Telnet ein hohes Sicherheitsrisiko dar und sollte nicht genutzt werden.

9.5.3 SSH

SSH (Secure Shell) gilt als Nachfolger von Telnet. Hier wird über TCP-Port 22 ebenfalls eine Terminalverbindung aufgebaut, die aber verschlüsselt ist. Da sich über SSH beliebige andere Protokolle ohne großen Aufwand einbetten (»tunneln«) lassen, hat das SSH-Protokoll eine große Bedeutung erlangt.

9.5.4 FTP

Bei FTP (File Transfer Protocol) handelt es sich um ein Protokoll, welches zur Übertragung von Dateien definiert wurde. Ein FTP-Client kann über eine mehr oder weniger einfach gestaltete Schnittstelle auf die von einem FTP-Server zur Verfügung gestellten Dateien zugreifen und diese herunterkopieren (GET) oder hochladen (PUT). FTP nutzt zwei Ports. Für Kommandos wird TCP-Port 21 angesprochen, die Datenübertragung findet über den TCP-Port 20 statt.

Aktuelle Browser unterstützen FTP ebenfalls als Client.

Leider arbeitet FTP völlig unverschlüsselt, sodass das Protokoll nur bei unkritischen Daten eingesetzt werden kann.

9.5.5 SCP, SFTP und FTPS

Zur Ablösung von FTP wurden verschiedene Protokolle definiert, die auf SSH aufsetzen und eine verschlüsselte Übertragung von Paketen erlauben. Bekannt sind SCP (Secure Copy) und SFTP (SSH FTP, RFC 4253)), wobei SCP nur die Kommandos, nicht aber die Daten verschlüsselt. SFTP wiederum ist ein eigenständiges Protokoll, kein »sicheres FTP«, sondern SSH File Transfer Protocol.

SCP und SFTP kommunizieren beide wie SSH über den TCP-Port 22.

Auch die Tunnelung von FTP in das später noch beschriebene Verschlüsselungsprotokoll SSL ist möglich. Diese Protokollvariante, Secure FTP genannt, wird als FTPS bezeichnet und ist klassisches FTP, aber eben verschlüsselt. Dabei wird im Unterschied zu SFTP kein SSH-Client benötigt.

9.5.6 TFTP

Ein ganz unsicheres Protokoll, das leider immer noch vielfach eingesetzt wird, ist TFTP (Trivial FTP). Es arbeitet nicht nur unverschlüsselt, sondern sogar ohne jegliche Authentifizierung. Es dient meist dazu, automatisch Konfigurationsdateien oder Betriebssystem-Images aus dem Netzwerk auf einen Computer zu laden.

Ein TFTP-Server wartet am UDP-Port 69 auf ankommende Anfragen.

9.5.7 DNS

DNS (Domain Name Service) ist ein Dienst, der im Verborgenen arbeitet. Er löst Hostnamen (wie etwa www.firma.de) in die dazugehörige IP-Adresse auf. Damit diese Auflösung funktioniert, wurde eine weltweite Hierarchie von DNS-Servern aufgebaut, die für bestimmte Bereiche (beispielsweise .de oder ein Unternehmen .firma.de) zuständig sind.

Ein DNS-Client beginnt bei seiner Anfrage auf einer Hierarchieebene, die ihm bekannt ist. Um ungünstigsten Fall ist das einer der Root-Server, die dem Client sagen können, welcher DNS-Server beispielsweise für die .de-Domäne zuständig ist. Eine Anfrage bei diesem Rechner ermittelt dann der Server, der für .firma.de zuständig ist usw. Der Client tastet sich so von einem DNS-Server zum nächsten, bis er endlich die angefragte IP-Adresse enthält.

Leider enthält das DNS-Protokoll nur eine einzige Sicherungsmaßnahme, nämlich eine 16 Bit lange Transaktionsnummer. Diese wird vom Client mehr oder weniger zufällig generiert und vom Server in seiner Antwort zurückgeschickt. Nur wenn diese Nummer korrekt ist, trägt der Client die IP-Adresse in seinen DNS-Cache ein. Gängige Angriffe versuchen, die Transaktionsnummer zu erraten oder mit einer großen Zahl von gefälschten Antwortpaketen zu treffen.

Stimmt die Nummer, trägt der Client eine falsche IP-Adresse in seinen Cache ein und wendet sich bei kommenden Anfragen an ein System des Angreifers. Dieser Angriff wird als Cache-Poisoning bezeichnet. Andere Angriffe wenden sich gegen DNS-Server, um deren interne Auflösungstabellen zu manipulieren. Oft werden dabei Sicherheitslücken in anderen Diensten ausgenutzt.

Zurzeit werden verbesserte Protokolle wie SDNS (Secure DNS) oder DNSSEC eingeführt, bei denen durch Authentifizierung und Verschlüsselung Angriffe verhindert werden.

DNS-Server warten auf Client-Anfragen am UDP-Port 53. DNS-Server tauschen untereinander ihre Tabellen (Zone Transfer) über den TCP-Port 53 aus.

9.5.8 SNMP

Neben DNS gibt es noch weitere Protokolle, die eher im Hintergrund arbeiten. Eines davon ist SNMP (Simple Network Management Protocol), über das Netzwerkkomponenten wie Router, Switches oder auch Server verwaltet werden können. Für jedes Gerät wird eine spezielle Datenstruktur eingerichtet, die als MIB (Management Information Base) bezeichnet wird. In dieser MIB finden sich Konfigurations- und Betriebsdaten des Geräts, die über SNMP ausgelesen und auch verändert werden können. Über sogenannte Traps können die Geräte bei bestimmten Ereignissen sogar Meldungen verschicken.

SNMP arbeitet über den UDP-Port 161. Die beiden ersten Versionen des Protokolls (SNMPv1 und SNMPv2) sind von ihrer Sicherheit her absolut unzureichend, denn Daten werden ohne wirkliche Authentifizierung im Klartext übertragen. Erst mit SNMPv3 wurde ein großer Teil der Probleme gelöst. Leider ist SNMPv3 komplex und schwierig zu verwalten. Aus diesem Grund wird häufig immer noch SNMPv2 eingesetzt.

9.5.9 E-Mail-Protokolle

Bei der Übertragung von E-Mail werden verschiedene Protokolle benutzt:

- Das Senden von Mails geschieht über das unverschlüsselte SMTP (Simple Mail Transfer Protocol, Port 25). Eine Authentifizierung gibt es nicht, was die große Flut von Spam-Mails mit echten oder falschen Absenderadressen erklärt.
- Um Mails von einem Mailserver abzuholen, wird entweder POP (Post Office Protocol, Port 110) oder IMAP (Internet Message Access Protocol, Port 143) genutzt. Die Übertragung erfolgt unverschlüsselt, was die Anmeldung mit Benutzername und Passwort einschließt.

Um die Übertragung von Mails sicherer zu gestalten, bauen moderne Mailsysteme die beschriebenen Protokolle in verschlüsselte SSL-Verbindungen ein (siehe 9.5.11). Aus SMTP wird dann SMTPS TCP-Port 465), aus POP wird POPS (TCP-Port 995) und aus IMAP wird IMAPS (TCP-Port 993).

9.5.10 HTTP

HTTP (Hypertext Transfer Protocol) ist das wohl bekannteste Netzwerkprotokoll auf Anwendungsebene. Es erschließt das Word Wide Web (WWW), das bequemen Zugriff auf Informationen in Form von Hypertext- und Media-Links ermöglicht.

Webserver warten meist am TCP-Port 80 auf Anfragen von Clients. HTTP überträgt Daten unverschlüsselt. Immerhin wurden einige Möglichkeiten zur Authentifizierung implementiert:

- Bei der Basic-Authentication werden Benutzername und Passwort in Base64 umkodiert und ansonsten unverschlüsselt übertragen. Angreifer, die die Anmeldung mitlesen, können Name und Passwort später wiederverwenden (»Replay-Angriff«).
- Die Digest-Authentication arbeitet nach dem Challenge-Response-Verfahren. Der Server sendet dem Client eine zufällige Zeichenfolge, die dieser mit Benutzername, Passwort, Challenge und einigen anderen Daten kombiniert und mit MD5 hasht. Der Hash wird an den Server geschickt und von diesem vor dem Senden der angeforderten Daten überprüft.
- Alternativ kann auch das bereits besprochene Windows-Authentifizierungsverfahren NTLM eingesetzt werden. Aus Sicherheitsgründen sollte das aber nur im Intranet, niemals im Internet geschehen.

9.5.11 SSL und TLS

SSL (Secure Socket Layer) bzw. TLS (Transport Layer Security) sind verschiedene Versionen eines verbindungsorientierten Protokolls, welches auf der Basis des TCP-Protokolls über den Serverport 443 arbeitet. Während die ersten Versionen des Protokolls als SSL bezeichnet wurden, ist der offizielle Name heute TLS. Dennoch wird der Begriff SSL als Synonym auch für TLS genommen. Das soll in diesem Buche ebenso geschehen. Wo immer von SSL die Rede ist, sind SSL und TLS gemeint.

SSL wird unabhängig von der verwendeten Anwendung betrieben, deshalb hat sich SSL in den letzten Jahren auch immer mehr durchgesetzt. Primär wird SSL heute unterhalb des Protokolls HTTP eingesetzt, es kann aber auch für FTP, Telnet oder POP und viele weitere Protokolle verwendet werden.

SSL basiert nicht auf einem bestimmten Verschlüsselungsverfahren, sondern Client und Server einigen sich mittels Verhandlung auf das verwendete Protokoll. Dabei bietet der Client die von ihm unterstützten Algorithmen an, der Server sucht sich dann ein Verfahren aus. Dabei können beispielsweise die Verfahren RC2, RC4, DES, Triple-DES, IDEA und AES eingesetzt werden.

Für den Schlüsselaustausch unterstützt SSL RSA und Diffie-Hellman, als Signatur kann aber auch RSA oder DSA eingesetzt werden.

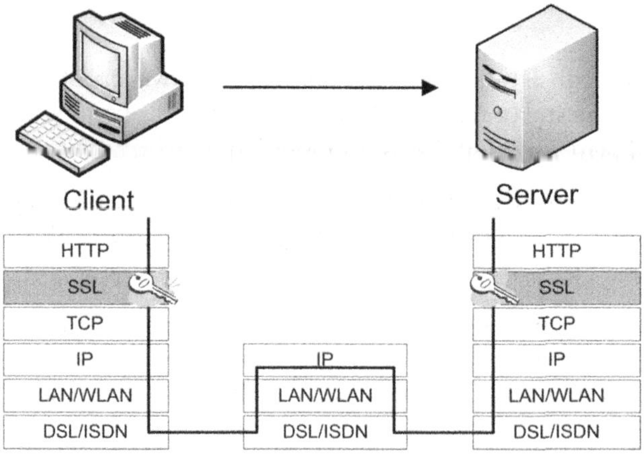

Abb. 9.6: SSL setzt zwischen TCP und dem Anwendungsprotokoll an. Protokoll und Anwendungssoftware bleiben somit unangetastet.

Über ein SSL-Zertifikat, das vom Client kontrolliert wird, weist der Server seine Identität nach. Es ist ebenfalls möglich, die Clients mit Zertifikaten auszustatten, womit auf Ebene des SSL-Protokolls eine beiderseitige Authentifizierung möglich ist. Aus Kostengründen wird diese Variante meist nicht gewählt, und nur der Server verfügt über ein Zertifikat. Der Client authentifiziert sich dann über Benutzername und Passwort, die über die SSL-verschlüsselte Netzwerkverbindung gesendet werden. Allerdings ist eine solche gegenseitige Authentifizierung, die auf unterschiedlichen Ebenen im Netzwerk-Stack stattfindet, weniger sicher als eine gleichzeitige, gegenseitige Authentifizierung auf derselben Ebene. Über mögliche Angriffe gegen SSL finden sich Erläuterungen an anderer Stelle in diesem Buch, in Kapitel 10.5.6, »SSL-Downgrading«.

Wird das Web-Protokoll HTTP über SSL getunnelt, wird das auch als HTTPS bezeichnet.

9.5.12 NetBIOS und CIFS

Dateifreigaben sind notwendig, um Daten oder Informationen mit anderen Personen zu teilen. Das kann eine Arbeitsstation in einer Peer-to-Peer-Verbindung, aber auch ein Datenserver sein. Bei Freigaben von Verzeichnissen hat Microsoft mit seinem NetBIOS-Protokoll bzw. der Weiterentwicklung CIFS (Common Internet File System) einen Standard geschaffen, der das ältere, von Unix stammende Protokoll NFS (Network File System) in seiner Verbreitung weit hinter sich lässt.

Während NetBIOS in seinen ersten Versionen über einen eigenen Protokoll-Stack arbeitete (NetBEUI), wird heute selbstverständlich TCP/IP genutzt. Frühere Implementierungen kommunizierten dabei über TCP und UDP an den Ports 137 bis 139, aktuell wird Port 445 genutzt.

NetBIOS bzw. CIFS nutzen für die Authentifizierung die üblichen Windows-Mechanismen. Die Übertragung von Daten erfolgt unverschlüsselt. Bei höherem Sicherheitsbedarf muss deshalb verschlüsselt werden, was unter Windows mit dem dort bereits implementierten IPsec problemlos möglich ist.

9.5.13 Lightweight Directory Access

LDAP ist das Protocol für einen Verzeichnisdienst (Directory). Es arbeitet unverschlüsselt über den TCP-Port 389. Als sichere, verschlüsselte Alternative bietet sich LDAP über SSL an, das dann LDAPS genannt wird und über den TCP-Port 636 arbeitet.

Der von Microsoft implementierte Windows-Verzeichnisdienst Active Directory hat seine Ursprünge in LDAP, wurde aber von Microsoft an die Belange von Windows angepasst und stark verändert.

LDAP stellt einen Verzeichnisdienst zur Verfügung, welcher zur Speicherung und zum Wiederabruf von Informationen über einzelne Personen (z.B. Mitarbeiter) einer Organisation genutzt werden kann. Die Bandbreite der Informationen, die auf diese Weise verfügbar gemacht werden können, ist recht groß: traditionelle Telefon- oder andere institutionelle Verzeichnisse (Lage von Büros, Telefonnummern usw.), Daten von Benutzer-Accounts oder persönliche Daten wie private Telefonnummern und Fotografien.

9.6 Fragen zu diesem Kapitel

1. Alle folgenden bieten Schutz der Vertraulichkeit als Teil des zugrunde liegenden Protokolls, außer:
   A SSL
   B L2TP
   C IPsec
   D SSH
2. Wie beschreiben Sie ARP am genauesten?
   A Ausgehend von der MAC-Adresse eines Gerätes wird dessen IP-Adresse gesucht.
   B Ausgehend von der IP-Adresse eines Gerätes wird dessen MAC-Adresse gesucht.
   C Ausgehend von der IP-Adresse eines Gerätes wird dessen DNS-Name gesucht.
   D Ausgehend vom DNS-Namen eines Gerätes wird dessen IP-Adresse gesucht.
3. Ein Administrator möchte sicheres LDAP im Netzwerk implementieren. Welche Portnummer muss er dafür in der Firewall offen halten?
   A 53
   B 389
   C 443
   D 636
4. Was sollte implementiert werden, um alle Arbeitsstationen und Server in ihren eigenen Broadcast-Domänen zu isolieren?
   A VLANs
   B NAT
   C ACL
   D Ein Intranet
5. Das Zuweisen korrekter Sicherheitsberechtigungen zu Dateien und Verzeichnissen ist die primäre Methode, um welches der folgenden Risiken zu lindern?
   A Hijacking
   B Richtlinienunterwanderung
   C Trojaner
   D Distributed Denial of Service (DDoS)

6. Welche der folgenden Zugriffskontrollmethoden beinhaltet den Wechsel von Arbeitszuteilungen in festgelegten Intervallen?
   A Zwangsferien
   B Job Rotation
   C Aufgabentrennung
   D Beschränkung der Zugriffsrechte
7. Welche der folgenden Zugriffskontrollmethoden erteilt die Berechtigungen aufgrund der Position eines Benutzers im Unternehmen?
   A Mandatory Access Control (MAC)
   B Rule-Based Access Control (RBAC)
   C Discretionary Access Control (DAC)
   D Role-Based Access Control (RBAC)
8. Was wird während der Implementierung von LDAP typischerweise in den Anwendungen des Unternehmens verändert?
   A IP-Adressen
   B Authentifikations-Credentials
   C Non-Repudiation-Richtlinie
   D Zugriffsrichtlinien

Schwachstellen und Attacken

Angriffe auf IT-Systeme, Applikationen, aber auch auf uns als Benutzer oder Administratoren finden laufend statt – mit steigender Tendenz. Es gibt mittlerweile eine so große Anzahl von unterschiedlichen Schwachstellen und Angriffen, dass man alleine über dieses Thema ein ganzes Buch schreiben könnte.

Für die Betrachtung unterschiedlicher Risiken stellt sich eine Frage grundsätzlicher Art: Wie wahrscheinlich ist der Eintritt dieses Risikos? Dabei gibt es einige einfache Grundregeln, die zu Berechnung dienen können:

- Je einfacher ein Angriff ist, desto wahrscheinlicher tritt er ein.
- Je wertvoller eine geschützte Ressource ist, desto wahrscheinlicher wird sie angegriffen.
- Je mehr Geld sich mit einem Angriff verdienen lässt, desto wahrscheinlicher wird ein Angriff versucht.

Die Eintrittswahrscheinlichkeit wird anschließend in Relation zum zu erwartenden Schaden gesetzt. Daraus ergibt sich ein Handlungsspielraum für vorbeugende Maßnahmen. Ein Restrisiko bleibt immer, denn 100 % Sicherheit kann niemand bezahlen.

Um das verbliebene Restrisiko kümmert sich die IT-Abteilung mit ihren Sicherheitsspezialisten. In größeren Unternehmen verfügt man dazu über eigene Abteilungen und unter anderem auch über ein Team, das die Amerikaner CERT nennen: Computer Emergency Response Team.

Vor einer detaillierten Betrachtung von Schwachstellen und Attacken ist es sinnvoll, ein paar grundlegende Kategorien von Angriffen zu betrachten:

- **Aktive Attacke** Aktive Attacken zeichnen sich durch aktive Zugriffe von Angreifern auf Daten oder IT-Systeme der Opfer aus. Damit sind sie prinzipiell durch das Opfer erkennbar. In diese Rubrik fallen Angriffe wie Denial of Service, Pufferüberläufe (Buffer Overflows), Man-in-the-Middle-Angriffe, Social Engineering und viele andere.
- **Passive Attacke** Diese Attacken umfassen das Abhören des Netzwerks (»Sniffing«) und ähnliche Abhöraktionen. Ein passiver Angriff ist schwierig bis überhaupt nicht feststellbar, da ein Angreifer lediglich Pakete aus dem Netzwerk ausliest oder Informationen abhört, nicht aber aktiv tätig wird.

- **Exploit** Ein Exploit ist ein Programm oder eine Sequenz von Befehlen, mit denen Schwächen oder Fehlfunktionen eines anderen Computerprogramms ausgenutzt werden.
- **Privilege-Escalation** Ein Angreifer erhöht mit seiner Attacke seine Rechte auf dem angegriffenen System. Ein solcher Angriff kann auch mehrstufig erfolgen, d.h. Schritt für Schritt vergrößert ein Angreifer seine Rechte.
- **Spoofing** Ein Angreifer täuscht eine falsche Identität vor, indem er Netzwerkpakete manipuliert.
- **Code-Injection** Ein Angreifer schleust ausführbaren Programmcode in ein IT-System ein und bringt diesen zur Ausführung.
- **Angriffe über Sonderzeichen** Ein Angreifer schleust Sonderzeichen (Meta Characters) in Anwendungen ein in der Hoffnung, dass diese schädliche Nebeneffekte auslösen.
- **Man in the Middle** Ein Angreifer klinkt sich in eine Netzwerkverbindung ein und kontrolliert oder manipuliert diese.
- **Zero-Day-Exploit** Ein Angriff nutzt eine bisher noch nicht bekannte Sicherheitslücke aus. Ein Patch zum Schließen der Lücke existiert deshalb noch nicht. Virenscanner und Intrusion-Detection-Systeme erkennen die Gefahr in der Regel nicht, sodass die Folgen eines solchen Angriffs meist verheerend sind (wie etwa beim Stuxnet-Angriff auf iranische Atomanlagen).

Um einen Angriff erfolgreich durchzuführen, wird immer eine Schwachstelle ausgenutzt. Diese kann etwa ein ungenügender Patchlevel von IT-Systemen sein, eine unzureichend konfigurierte Firewall oder eine Antiviruslösung mit veralteten Signaturen. Manchmal ist aber die Schwachstelle Mensch die einfachste Möglichkeit, an sensible Informationen zu kommen. Das kann beispielsweise via Social Engineering geschehen, wobei der Angreifer vorgibt, eine andere Person zu sein, und sicherheitsrelevante Daten abfragt.

10.1 Angriffe gegen IT-Systeme

Die meisten Angriffe in der IT richten sich gegen einzelne Systeme. Dabei kann es dem Angreifer darum gehen, ein System schlicht »abzuschießen«, d.h. es unbrauchbar zu machen, sich einen Zugang zum System zu verschaffen oder dort eigenen Programmcode zu laden und zu starten.

Im Folgenden werden die wichtigsten Angriffe gegen IT-Systeme zusammengestellt.

10.1.1 Denial of Service

Beim Denial of Service geht es darum, dass ein angegriffenes System seinen Dienst einstellt. Das kann geschehen, indem das gesamte System oder einzelne

Prozesse überlastet und zum Absturz gebracht werden oder indem die Festplatte des Systems vollgeschrieben wird. Auch Mailbomber, die millionenfach E-Mails mit riesigen Anhängen versenden, gehören in diese Kategorie.

Der Phantasie von Angreifern bei der Entwicklung immer neuer Denial-of-Service-Angriffe sind kaum Grenzen gesetzt. Ein besonders nettes Beispiel ist die Datei 42.zip, die mit einer Größe von 41,3 KB leicht per E-Mail verschickt werden kann. Wenn sich der Virenscanner dann auf die Suche nach in dieser Datei eventuell vorhandener Malware macht, erlebt er beim Auspacken eine unangenehme Überraschung. Die Datei enthält 16 Dateien, die ebenfalls komprimiert sind.

42.zip - ZIP Archiv, ungepackte Größe 558.432 Bytes

Name	Größe	Gep...	Typ	Geändert am
..			Folder	
lib 0.zip	34.902	2.553	WinRAR-ZIP-Archiv	28.03.2000 21:40
lib 1.zip	34.902	2.553	WinRAR-ZIP-Archiv	28.03.2000 21:40
lib 2.zip	34.902	2.553	WinRAR-ZIP-Archiv	28.03.2000 21:40
lib 3.zip	34.902	2.553	WinRAR-ZIP-Archiv	28.03.2000 21:40
lib 4.zip	34.902	2.553	WinRAR-ZIP-Archiv	28.03.2000 21:40
lib 5.zip	34.902	2.553	WinRAR-ZIP-Archiv	28.03.2000 21:40
lib 6.zip	34.902	2.553	WinRAR-ZIP-Archiv	28.03.2000 21:40
lib 7.zip	34.902	2.553	WinRAR-ZIP-Archiv	28.03.2000 21:40
lib 8.zip	34.902	2.553	WinRAR-ZIP-Archiv	28.03.2000 21:40
lib 9.zip	34.902	2.553	WinRAR-ZIP-Archiv	28.03.2000 21:40
lib a.zip	34.902	2.553	WinRAR-ZIP-Archiv	28.03.2000 21:40
lib b.zip	34.902	2.553	WinRAR-ZIP-Archiv	28.03.2000 21:40
lib c.zip	34.902	2.553	WinRAR-ZIP-Archiv	28.03.2000 21:40
lib d.zip	34.902	2.553	WinRAR-ZIP-Archiv	28.03.2000 21:40
lib e.zip	34.902	2.553	WinRAR-ZIP-Archiv	28.03.2000 21:40
lib f.zip	34.902	2.553	WinRAR-ZIP-Archiv	28.03.2000 21:40

Abb. 10.1: Inhalt der Datei 42.zip

Jede dieser Dateien enthält 16 neue Dateien im ZIP-Format.

Name	Größe	Gepa...	Typ	Geändert am
..			Folder	
book 0.zip	29.446	2.084	WinRAR-ZIP-Archiv	28.03.2000 21:38
book 1.zip	29.446	2.084	WinRAR-ZIP-Archiv	28.03.2000 21:38
book 2.zip	29.446	2.084	WinRAR-ZIP-Archiv	28.03.2000 21:38
book 3.zip	29.446	2.084	WinRAR-ZIP-Archiv	28.03.2000 21:38
book 4.zip	29.446	2.084	WinRAR-ZIP-Archiv	28.03.2000 21:38
book 5.zip	29.446	2.084	WinRAR-ZIP-Archiv	28.03.2000 21:38
book 6.zip	29.446	2.084	WinRAR-ZIP-Archiv	28.03.2000 21:38
book 7.zip	29.446	2.084	WinRAR-ZIP-Archiv	28.03.2000 21:38
book 8.zip	29.446	2.084	WinRAR-ZIP-Archiv	28.03.2000 21:38
book 9.zip	29.446	2.084	WinRAR-ZIP-Archiv	28.03.2000 21:38
book a.zip	29.446	2.084	WinRAR-ZIP-Archiv	28.03.2000 21:38
book b.zip	29.446	2.084	WinRAR-ZIP-Archiv	28.03.2000 21:38
book c.zip	29.446	2.084	WinRAR-ZIP-Archiv	28.03.2000 21:38
book d.zip	29.446	2.084	WinRAR-ZIP-Archiv	28.03.2000 21:38
book e.zip	29.446	2.084	WinRAR-ZIP-Archiv	28.03.2000 21:38
book f.zip	29.446	2.084	WinRAR-ZIP-Archiv	28.03.2000 21:38

Abb. 10.2: Inhalt einer der ZIP-Dateien von 42.zip

Jede dieser Dateien enthält wieder 16 neue Dateien. Dieses Spiel setzt sich weiter fort, sodass beim Auspacken aller ZIP-Dateien auch sehr große Festplatten voll werden und das System in eine Fehlersituation läuft.

10.1.2 Pufferüberlauf

Ein Pufferüberlauf (Buffer Overflow) ist ein Angriff, der auf einem Programmierfehler beruht. Viele Anwendungen nehmen Eingaben vom Benutzer oder einer anderen externen Quelle entgegen. Wird die Eingabe ohne weitere Kontrollen in einen vom Programmierer reservierten Puffer verschoben, kann es passieren, dass bei einer zu langen Eingabe der Puffer überschritten wird. Die Daten überschreiben dann andere Bereiche des Programms.

In den meisten Fällen wird dabei lediglich ein Denial-of-Service ausgelöst, der betroffene Serverprozess stürzt ab. Ziel eines gut programmierten Pufferüberlaufs ist es aber, Schadcode auf das System zu übertragen und diesen auszuführen.

Es gibt viele Spielarten von Pufferüberläufen. Die am einfachsten zu verstehende Variante ist der Pufferüberlauf auf dem Stack, der im Folgenden näher erläutert werden soll.

Der Stack ist ein Bereich im Speicher eines Computers, in dem temporäre Daten gespeichert werden. Das können beispielsweise lokale Variablen sein oder die Returnadresse, zu der der Prozessor springen soll, wenn ein Unterprogramm beendet wurde. Ein gut programmierter Pufferüberlauf überschreibt die Returnadresse mit einem Wert, der den Prozessor zu einem Sprung in den Puffer selbst veranlasst. Dieser Puffer wurde aber vom Angreifer geschickt und zuvor sorgfältig präpariert. Der im Puffer mitgeschickte Schadcode wird ausgeführt, und zwar mit den Rechten des gerade ausgeführten Prozesses. Wenn diese Rechte etwa Root Rechte sind, sind die Folgen unabsehbar.

Ein prominentes Beispiel ist der Safari-Browser in Apples iPhone, der mit Root-Rechten läuft und über einen Pufferüberlauf bei der Interpretation von PDF-Dateien manipuliert werden konnte. Diese scheunentorgroße Sicherheitslücke konnte unter anderem für einen Jailbreak genutzt werden, mit dem das Sicherheitskonzept des Telefons komplett ausgehebelt wurde.

10.1.3 Race-Condition

Eine Race-Condition ist ein Angriff, bei der zwei parallel laufende Prozesse sich um eine Ressource auf dem Rechner streiten, und der bösartige Prozess gewinnt. Begünstigt wird ein solcher Angriff durch eine schlampige Programmierung, wenn eine geöffnete Ressource (etwa eine Datei) nicht vor dem Zugriff anderer Prozesse geschützt wird.

Oft funktionieren Race-Conditions, wenn ein Prozess eine temporäre Datei anlegt, diese Datei aber nicht vor dem Zugriff anderer Prozesse schützt. Ein Beispiel aus der Vergangenheit ist Windows NT Server. Bei der Erstellung einer Rettungsdiskette wurden alle benötigten Daten aus dem System gesammelt und in einen temporären Ordner kopiert. Anschließend wurde die Diskette erstellt und die temporären Daten wieder gelöscht. Da die temporären Daten aber von Jedermann lesbar waren, konnten sich Unbefugte etwa die mit einem Hash verschlüsselten Windows-Passwörter besorgen und diese in aller Ruhe einem Passwort-Cracker vorwerfen.

10.1.4 Password Guessing und Cracking

Um Passwörter fremder Systeme zu erhalten, gibt es zwei prinzipielle Möglichkeiten. Die erste Möglichkeit ist ein sich ständig wiederholender Anmeldevorgang mit wechselnden Passwörtern, der natürlich automatisch von einem entsprechenden Programm ausgeführt wird. Falls es keine Beschränkungen bei der Zahl erlaubter Anmeldeversuche gibt, können Passwort-Rateprogramme wie etwa das Programm Hydra sehr erfolgreich sein.

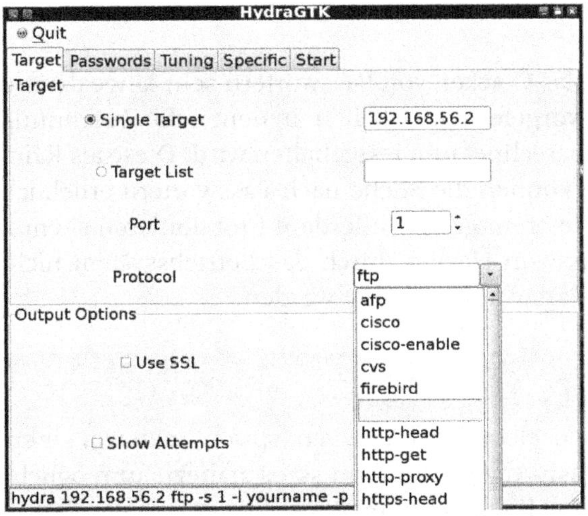

Abb. 10.3: Passwort-Guesser Hydra

Ein anderer Angriff auf Passwörter ist Password Cracking. Dazu ist es nötig, zuvor die mit einem Hash verschlüsselte Passwörter zu erhalten. Das kann etwa durch Sniffen des Netzwerkverkehrs oder das Auslesen des Windows-Caches für Credentials geschehen.

Da die bei verschiedenen Systemen genutzten Hash-Verfahren bekannt sind, werden nun Begriffe aus Wörterbüchern oder auch systematisch variierte Kombinationen von Buchstaben, Ziffern und Sonderzeichen (»Brute Force«) mit diesem

Verfahren verschlüsselt, und zwar solange, bis das Ergebnis dem bereits bekannten Hash entspricht. Damit gewinnt man entweder das korrekte Passwort oder ein anderes Passwort, das denselben Hash besitzt und deshalb bei einer Anmeldung ebenfalls funktioniert.

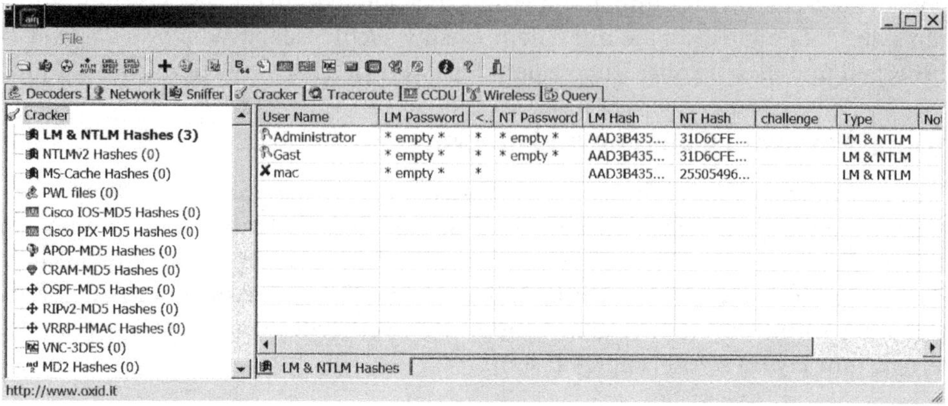

Abb. 10.4: Passwort-Cracker Cain

Da je nach Länge des Hash-Werts das Cracken von Passwörtern sehr lange dauert, gibt es für alle Hash-Algorithmen vorgefertigte Tabellen, in denen die Zuordnung von Passwörtern zu Hash-Werten berechnet und festgehalten wird. Diese als Rainbow-Tables bezeichneten Tabellen können die Suche nach Passwörtern erheblich beschleunigen. Sie sind allerdings extrem groß. Außerdem funktionieren sie nur, wenn bei der Berechnung der Passwort-Hashes durch das Betriebssystem nicht noch Zufallswerte (»Salt«) an das Passwort angehängt werden.

Hinweis

Wenn zwei verschiedene Werte denselben Hash ergeben, spricht man von einer »Kollision«. Bei einem guten Hash-Algorithmus muss es nahezu unmöglich sein, zu einem bekannten Hash eine Kollision zu erzeugen.

10.2 Input Validation

Eine gut programmierte Anwendung hat ein Modul zur Prüfung von Eingabedaten (»Input Validation«), das fehlerhafte oder gefährliche Eingaben erkennt und herausfiltert. Unterbleibt die Input Validation, sind Probleme vorprogrammiert. Ein einfache Anwendung dieses Prinzips zeigen beispielsweise Webformulare, welche man für eine Anfrage ausfüllen muss und welche die Eingaben überprüfen, beispielsweise ob eine gültige Mailadresse eingegeben wurde. Dasselbe Prinzip wird auch bei anderen Anwendungen, namentlich Datenbankapplikationen, eingesetzt um keine ungültigen oder unbrauchbaren Informationen zu erhalten. Zudem wird durch die Input Validation der Einsatz von zufälligen Angriffsmustern erschwert.

10.3 Angriffe gegen Anwendungen

Die folgenden Angriffe richten sich gegen Anwendungen. Oft handelt es sich dabei um Webapplikationen. Möglich werden sie durch schlampige Programmierung der Anwendung, bei der ein Programmierer sich um Sicherheit nicht kümmert und gefährliche Zeichenketten zulässt, statt sie herauszufiltern und unschädlich zu machen.

10.3.1 Directory-Traversal

Als Directory-Traversal wird ein Angriffstyp bezeichnet. der über die Eingabe der Sonderzeichen ../ oder ..\ funktioniert. Meist werden diese in eine URL eingebaut und zu einem Webserver geschickt. Kümmert sich der Webserver nicht um diese Zeichen und baut sie in Funktionsaufrufe ein, die angeforderte Seiten von der Festplatte laden und zum Client senden, kann es passieren, dass das Betriebssystem die Zeichen als Wechsel in ein im Verzeichnisbaum höher liegendes Verzeichnis interpretiert. Im Worst Case wird dann eine Datei zum Angreifer geschickt, die außerhalb des Verzeichnisses mit den Webinhalten liegt.

Beispiel:

```
https://www.webapp.de/../../../../../../boot.ini
```

Einen besonders unrühmlichen Umgang mit Angriffen nach diesem Muster zeigte Microsoft bei den Versionen 4 und 5 seines Webservers IIS. Bei diesen war eine besonders gefährliche Variante von Directory-Traversal möglich, bei der die Kommando-Shell cmd.exe mit Parametern versehen und ausgeführt wurde:

```
http://www.target.com/scripts/../../winnt/system32/cmd.exe?/c+dir+c:\
```

Damit konnte im Endeffekt Programmcode auf den Webserver kopiert und anschließend gestartet werden. Schnell brachte Microsoft einen Hotfix für den IIS heraus. Dieser filterte allerdings nur die Zeichenfolgen ../ und ..\ aus dem Datenstrom heraus.

Findige Hacker griffen sogleich mit Varianten des ursprünglichen Angriffs an, bei denen beispielsweise das Zeichen / durch seine Unicode-Darstellung %c0%af ersetzt wurde:

```
http://www.target.com/scripts/..%c0%af../winnt/system32/cmd.exe?/c+dir+c:\
```

Ein neuer Hotfix filterte auch die Unicode-Darstellungen der Zeichenfolgen heraus. Leider hatten die Microsoft-Entwickler nicht berücksichtigt, dass Unicode ein rekursiver Zeichensatz ist, bei dem sich einzelne Zeichen einer Unicode-Darstellung wieder in Unicode übersetzen lassen. Neue erfolgreiche Angriffe waren die Folge – ein Debakel für Microsoft.

Mittlerweile gibt es bei Webservern im Internet nur noch ganz selten Angriffsmöglichkeiten über Directory-Traversal. Allerdings finden sich in Routern, Kameras oder anderen Geräten oft noch Webserver, die für diesen Angriff empfindlich sind.

10.3.2 Cross Site Scripting

Cross Site Scripting ist ebenfalls ein Sonderzeichenangriff, der sich gegen Webapplikationen richtet. Gibt ein Benutzer in seinem Browser in einem Web-Formular oder einer URL etwa die Zeichenfolge

```
<script> alert('Hallo') </script>
```

ein, entspricht das einem JavaScript-Programm, das ein Popup-Fenster mit dem Text »Hallo« erzeugt. Ein sauber programmierter Webserver würde ein solches Script als Benutzereingabe nicht akzeptieren. Akzeptiert der Server das Script und sendet es später zu einem anderen Benutzer, so wird das Script auf dessen Rechner ausgeführt.

Bei einem Popup-Fenster hält sich der Schaden in Grenzen, doch können mittels Cross Site Scripting sicherheitsrelevante Daten wie etwa Session-Cookies gestohlen werden. Auch wurden schon komplette Portscanner in JavaScript programmiert und per Cross Site Scripting auf andere Systeme geschickt.

10.3.3 SQL-Injection

SQL-Injection arbeitet ebenfalls über Sonderzeichen. Allerdings richtet sich dieser Angriff nicht direkt gegen einen Webserver, sondern gegen die dahinter liegende Datenbank. Dazu werden an den Webserver Datenbankkommandos gesendet in der Hoffnung, dass der Webserver diese nicht als Angriff erkennt und an die Datenbank weiterleitet.

Funktioniert dieser Angriff, kann sich der Hacker nach und nach in die Struktur der Datenbank einarbeiten, Passwörter auslesen und im Endeffekt die Datenbank übernehmen und manipulieren.

Ein Test, ob SQL-Injection möglich ist, kann etwa durch Eingabe von

```
'OR 1=1 --
```

erfolgen. Kommt jetzt keine Fehlermeldung vom Server zurück, sondern eine von der Datenbank, so lohnt sich eine weitere Beschäftigung mit diesem System.

10.3.4 LDAP-Injection

Eng verwandt mit SQL-Injection ist ein anderer Injection-Angriff, die LDAP-Injection. Hier werden LDAP-Kommandos in den Datenstrom eingeschleust in der Hoffnung, dass die Anwendung diese nicht herausfiltert und an einen LDAP-Verzeichnisdienst übergibt.

Dieser führt die eingebauten LDAP-Kommandos aus und ändert beispielsweise seine Datenbank. Spätere Anfragen werden dann mit gefälschten Werten beantwortet. LDAP-Injection kann als Vorstufe für eine der zahlreichen Spoofing-Varianten (siehe weiter unten) genutzt werden.

10.3.5 XML-Injection

Ein weiterer Injection-Angriff ist die XML-Injection. Dabei wird versucht, XML-Daten so in den Datenstrom einzuschleusen, dass diese später vom Server ausgewertet und zum Nutzen des Angreifers interpretiert werden.

XML-Injection wird beispielsweise gerne eingesetzt, um Anmeldevorgänge mit Benutzername und Passwort auszuhebeln. Die Vorgehensweise ist sehr ähnlich wie bei der SQL-Injection.

10.3.6 Command-Injection

Command-Injection arbeitet ebenfalls ähnlich wie SQL-Injection. Es werden allerdings keine Scripts, sondern Systemkommandos mitgeschickt. Werden diese auf dem Webserver nicht erkannt und herausgefiltert, gelangen sie auf dem System zur Ausführung.

Der oben angegebene Unicode-Angriff über Directory-Traversal enthält eine Command-Injection, um die Shell cmd.exe zu starten.

10.3.7 Parameter-Manipulation

Während die beschriebenen Injection-Angriffe mit Nutzdaten arbeiten, die innerhalb der Webapplikation oder nachgelagerten Diensten Nebeneffekte auslösen, können natürlich auch die vom Client an den Server geendeten Webparameter manipuliert werden. Solche Angriffe sind immer dann Erfolg versprechend, wenn der Programmierer der Anwendung sich auf die Korrektheit von Daten verlässt, die vom Client stammen. Diese Sicherheit ist aber niemals gegeben, da die vom Client gesendeten Daten zuvor mit entsprechenden Programmen verändert werden können. Einige Angriffsvarianten dieses Typs verändern Header von HTML-Daten.

Typische Angriffe sind:

Cookie-Manipulation Ein vom Client an den Server zurückgesendeten Cookie enthält wichtige Informationen, etwa ob eine Anmeldung am Server bereits erfolgt ist. Mit einem veränderten Cookie kann sich ein Angreifer ohne eine Anmeldung den Zugang verschaffen.

HTTP-Header Hier werden beispielsweise Daten wie etwa der Referrer oder die Content-Length verändert.

FORM-Field In manchen Fällen synchronisieren sich Browser und Webserver über versteckte Felder in Formularen. Ist in einem solchen Hidden Field etwa der Preis eines Produkts »versteckt«, kann das Formular vor dem Rücksenden an den Server entsprechend angepasst werden.

URL-Manipulation Manche Webapplikationen bauen sicherheitsrelevante Daten in URLs ein (beispielsweise Kundennummern). Eine Änderung der URL kann hier Zugriff zu fremden Daten erlauben.

10.3.8 Transitive Zugriffe

Die diversen hier erwähnten Injection-Angriffe können zu Ausprägungen eines allgemeinen Angriffstyps werden, der als »Problem transitiver Zugriffe« bezeichnet wird. Bei einem transitiven Zugriff greift eine Anwendung A auf einen Dienst B zu, der zur Erfüllung der Anfrage von A wiederum auf einen Dienst C zugreift.

Dabei kann sich das Problem ergeben, dass A auf B mit bestimmten Rechten zugreift, B auf C aber mit anderen Rechten. Das kann sich ein Angreifer zunutze machen, indem er über A auf C zugreift.

Das soll anhand von Command-Injection erläutert werden. Eine URL nach folgendem Muster

```
http://www.server.de/index.php?showitem=1234;ls
```

übermittelt ein ls-Kommando an den Webserver in der Hoffnung, dass dieses Kommando vom System ausgeführt wird. Wir nehmen an, dass diese Injection funktioniert und dass der Server zusätzlich mit Root-Rechten läuft. In diesem Fall würde die URL

```
http://www.server.de/index.php?showitem=1234;shutdown
```

den Server herunterfahren, obwohl einem normalen Benutzer der Webapplikation ein solches Recht nicht zugestanden wird.

10.3.9 Phishing

Als letzte Variante von Angriffen gegen Webapplikationen soll noch einmal kurz das allgegenwärtige Phishing erwähnt werden. Dabei werden fehlerhaft programmierte Webseiten missbraucht, indem Benutzern über entsprechende Links fremde Inhalte vorgegaukelt werden.

Beispiel: Die Seite einer Bank ist so programmiert, dass ein fester Rahmen mit wechselnden Inhalten gefüllt wird:

```
http://www.bank.de/index.php?url=/login-fenster
```

Sendet ein Angreifer einem Kunden der Bank per E-Mail folgende URL zu und klickt der Kunde diese an, wird ihm ein Login-Fenster angezeigt, das auf einem Server des Angreifers liegt:

```
http://www.bank.de/index.php?url=http://www.hacker.com/bank.de/login-fenster
```

Gibt der Kunde seine Login-Daten in diesem Fenster ein, gelangen sie in den Besitz des Angreifers.

Mit dem Begriff »Spear Phising« wird eine Form von Phishing bezeichnet, die sich gezielt gegen einzelne Unternehmen oder Institutionen richtet. Ein solch zielgerichteter Angriff ist viel effektiver als allgemeine Phishing-Attacken. Wenn beispielsweise alle Angestellten der Lohnbuchhaltung eine scheinbar von ihrem Chef kommende Mail erhalten mit der Bitte, doch auf einen Link in der Mail zu klicken, werden das vermutlich viele Nutzer tun.

Eine als »Pharming« bezeichnete Variante des Phishings lenkt das Opfer direkt auf das System eines Angreifers. Dazu wird zuvor auf dem Opfersystem die Hosts-Tabelle mit DNS-Zuordnungen so manipuliert, dass anstelle des korrekten Systems das System des Angreifers angesprochen wird.

10.4 Angriffe gegen Clients

Vor einigen Jahren richteten sich die meisten Angriffe gegen Server. Auf Servern befinden sich in der Regel wertvolle Daten, die für Angreifer interessant sind. Allerdings werden die meisten Server von IT-Fachleuten betreut, die sich einige Gedanken um Sicherheit machen. Das hat dazu geführt, dass Serversysteme immer sicherer wurden. Deshalb richten sich viele aktuelle Angriffe gegen ein schwaches Glied in der IT-Kette, nämlich gegen Client-Systeme.

Im ersten Moment scheint es, als seien diese Client-seitigen Angriffe (»Client Site Attacks«) wenig sinnvoll, da sich auf Clients in der Regel keine wertvollen Daten befinden. Allerdings kann ein Client, der zuvor unter Kontrolle eines Angreifers gebracht wurde, auf Server zugreifen und so einen indirekten Zugriff auf Serverdaten ermöglichen. Zudem kann ein auf dem Client installierter Keylogger wertvolle Daten wie etwa Accounts, Passwörter oder PINs und TANs für Banktransaktionen liefern.

10.4.1 Attachments

Nach wie vor ist das große Einfallstor für Malware die E-Mail. Als Anhänge verschickte Dateien enthalten einen Exploit, der beim Öffnen des Anhangs ausgeführt wird. Besonders gefährdet sind Dateitypen, bei denen die Ausführung von Makros möglich ist (etwa Office-Dokumente oder PDFs). Es wurden allerdings auch schon Angriffe über Bilder ausgeführt, bei denen beispielsweise ein überlanger Kommentar im Bild einen Pufferüberlauf ausgelöst hat.

10.4.2 Drive-By-Attack

Bei einem Drive-By-Angriff reicht es aus, eine entsprechend manipulierte Webseite zu besuchen. Über eine Sicherheitslücke im Browser installiert sich auf dem Client eine Schadsoftware, die den Client beispielsweise zu einem Mitglied eines Botnets macht.

10.4.3 Böswillige Add-ons

In die Rubrik »Trojanische Pferde« fallen böswillig programmierte Add-ons, die ein Benutzer sich zur Erweiterung der Funktionen seines Browsers installiert. Add-ons können sämtliche Spielarten von Malware enthalten, vom Keyloggern über Adware bis hin zu Backdoors und Botnet-Clients.

10.4.4 Spam, Spim und Spit

Die als Spam bezeichneten allgegenwärtigen Werbe-Mails, oft angereichert mit verseuchten Anhängen, sind jedem Nutzen von E-Mail wohlvertraut.

Das Prinzip von Spam, nämlich die unerwünschte Aussendung von Nachrichten über das Medium E-Mail, ist längst von anderen Medien übernommen werden. So ist Spim eine Abkürzung für »Spam over Instant Messaging«, wohingegen Spit für »Spam over Internet Telephony« steht.

10.5 Netzwerkangriffe

Angriffe gegen Netzwerke richten sich entweder gegen das Netzwerk als Ganzes oder den Netzwerk-Stack eines einzelnen IT-Systems. Ziel ist es, die Kommunikation über das Netzwerk zu stören oder zu manipulieren.

10.5.1 Denial of Service (DoS)

Es gibt eine Unzahl Varianten bei Störangriffen auf Netzwerke. Im einfachsten Fall werden extrem viele Pakete an ein Netzwerk oder IT-System gesendet, sodass dieses überlastet wird und nicht mehr benutzbar ist. Aber es gibt auch raffiniertere Varianten, die zum Teil mit erschreckend wenig Aufwand auskommen:

- **SYN-Flooding** Beim SYN-Flooding werden in rascher Folge SYN-Pakete an das Opfer gesendet. Ein SYN-Paket ist das erste Paket eines TCP-Handshakes, mit dem eine TCP-Verbindung aufgebaut wird. SYN-Pakete sind Aufforderungen an einen Serverprozess, Ressourcen für eine neue Verbindung zu reservieren. SYN-Flooding überlastet den Netzwerk-Stack des Opfers.
- **Ping of Death** Ein Ping of Death ist ein Ping-Paket, das länger ist als die maximal erlaubte Länge eines IP-Pakets (64 KBytes). Ein solch überlanges Paket kann auf natürliche Weise niemals entstehen. Mit entsprechenden Programmen lassen sich aber IP-Fragmente erzeugen, die auf dem Opfer zusammengebaut werden und den Angriff erzeugen. Hat der Programmierer des Netzwerk-Stack nicht an solch lange Pakete gedacht, wird ein Pufferüberlauf ausgelöst.
- **IP-Fragmente** Mit IP-Fragmenten lassen sich gefährliche IP-Pakete erzeugen, bei denen beim Zusammenbau auf dem Opfer Pakete überlappen oder sogar ineinander liegen.
- **Reset-Pakete** Bestehende Verbindungen werden mit RST-Paketen gestört. Ein RST-Paket ist innerhalb von TCP/IP das Zeichen, dass ein Fehler aufgetreten ist und eine Verbindung abgebrochen werden muss. RST-Pakete werden aber nur dann akzeptiert, wenn diese zu der Netzwerkverbindung »passen« (z. B. eine TCP-Sequenznummer haben, die von den Opfern akzeptiert wird).
- **Smurf** Beim Smurf-Angriff werden Broadcast-Pakete an ein Opfer gesendet, die dessen Adresse auch als Absenderadresse enthalten. Je nach Netzwerk-Stack können sich Rückkopplungen ergeben, bei denen sich das Opfer eine immer größer werdende Zahl von Netzwerkpaketen selbst zusendet.
- **Xmas-Attack** Bei diesem eher harmlosen Angriff wird ein Portscan durchgeführt, bei dem alle (oder ein großer Teil) der TCP-Flaggen gesetzt sind, also beispielsweise SYN, ACK, RST und FIN. Moderne Systeme lassen sich von diesen sinnlosen Paketen nicht bluffen und ignorieren sie. Ältere Router sollen aber spürbar langsamer geworden sein. Als Erklärung für den Namen des Angriffs kursieren zwei Versionen: Zum einen wird berichtet, dass die Anzeigen bestimmter Router bei einem solchen Portscan wie bei einem Weihnachtsbaum blinkten. Laut einer andern Version kommt der Name von den TCP-Paketen, bei denen die Flaggen wie Kerzen an einem Weihnachtsbaum aktiviert wurden.

10.5.2 Distributed Denial of Service (DDoS)

Dieser Angriff funktioniert wie eine DoS-Attacke durch massenhafte Netzwerkpakete, wird aber über ein skaliertes Netzwerk koordiniert. Dabei wird das Zielsystem indirekt mit einem Verbund von infizierten Systemen (Zombies) angegriffen. Wenn man dabei die Bandbreite von Internetanbindungen und die Größe des angreifenden Netzwerks (»Botnet«) mit oft mehr als einer 1 Million Zombies berücksichtigt, kann man sich sehr gut vorstellen, wie intensiv ein entsprechender Angriff sein kann.

Das nachfolgende Beispiel verdeutlicht einen DDoS. Der Angreifer infiziert mehrere Systeme. Das kann mittels Surfen auf einer verseuchten Website, mittels Link in einer E-Mail oder über einen USB-Stick stattfinden. Die Zombies setzen sich mit Mastern in Verbindung, meist über das IRC-Protokoll oder verschlüsselte Varianten. Der Angreifer gibt über die Master das Opfersystem vor und beginnt mit dem Angriff.

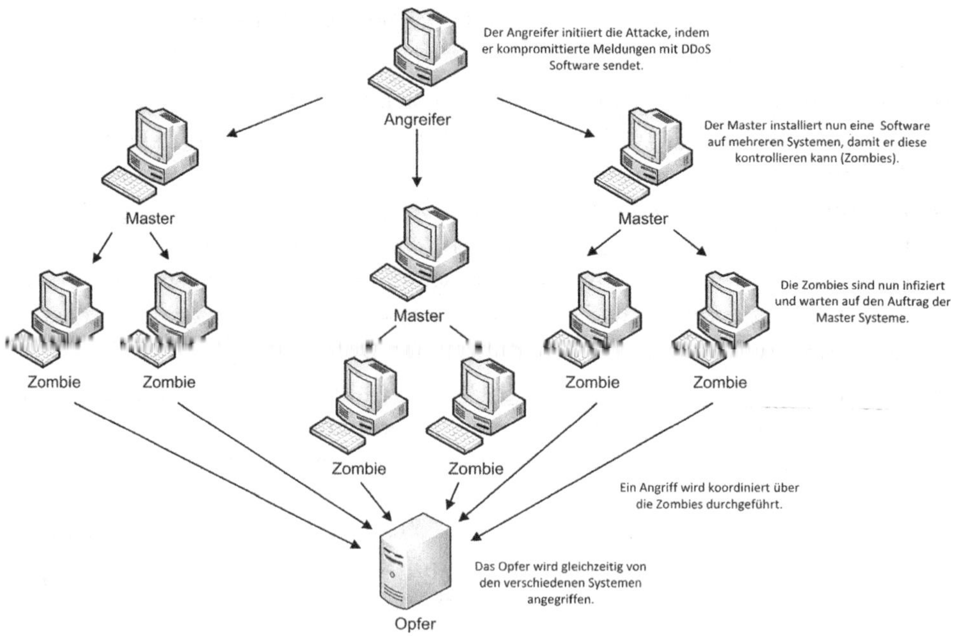

Abb. 10.5: Aufbau einer DDoS-Attacke

10.5.3 Spoofing

Spoofing ist ein Angriff, bei dem über Netzwerkpakete eine falsche Identität vorgetäuscht wird. Das kann auf allen Ebenen des Netzwerk-Stacks geschehen. Ziel von Spoofing-Angriffen kann es sein, einen Angreifer unkenntlich zu machen oder falsche Webseiten als echt vorzutäuschen.

Die verschiedenen Spoofing-Attacken in Einzelnen:

- **ARP-Spoofing** Mit gefälschten ARP-Paketen (Zuordnung von IP-Adresse zu MAC-Adresse) wird der ARP-Cache des Opfers manipuliert. In der Folge sendet er seine Pakete an ein anderes System, was als Vorbereitung zu Man-in-the-Middle-Angriffen genutzt werden kann. Die Manipulation von ARP-Caches wird auch als ARP-Poisoning bezeichnet.
- **IP-Spoofing** Ein Angreifer sendet IP-Pakete mit einer falschen Absenderadresse ab. Damit verschleiert er seine Identität. Eventuelle Antwortpakete werden allerdings an die falsche (»gespoofte«) Adresse gesendet, sodass sie beim Angreifer nicht ankommen. IP-Spoofing wird deshalb meist nur bei DoS-Angriffen eingesetzt.
- **DNS-Spoofing** Durch die Manipulation eines DNS-Servers (»Cache-Poisoning«) oder das Senden falscher DNS-Antworten wird die Zuordnung eines Rechnernamens zur IP-Adresse gefälscht. Damit wendet sich der Client bei kommenden Anfragen an ein falsches System, das sich im Besitz des Angreifers befindet.
- **Web-Spoofing** Beim Web-Spoofing wird eine falsche oder in Teilen falsche Webseite als echt vorgetäuscht. Das kann über DNS-Spoofing oder auch über Phishing-Angriffe geschehen.

Aber auch andere Spoofing-Varianten sind denkbar, etwa ein Identitätsdiebstahl durch Anmeldung mit einem falschen Account.

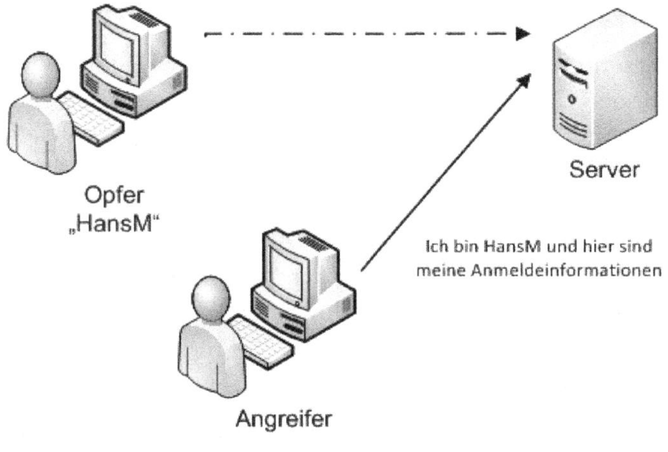

Abb. 10.6: So funktioniert Spoofing

10.5.4 Man in the Middle

Als Man in the Middle (MitM) wird ein Angreifer bezeichnet, der sich in eine Netzwerkverbindung einklinkt und diese dann lesen und manipulieren kann. Der

Angreifer kann sein Opfer in Ruhe beobachten und im passenden Moment Pakete manipulieren, um die Sitzung zu übernehmen.

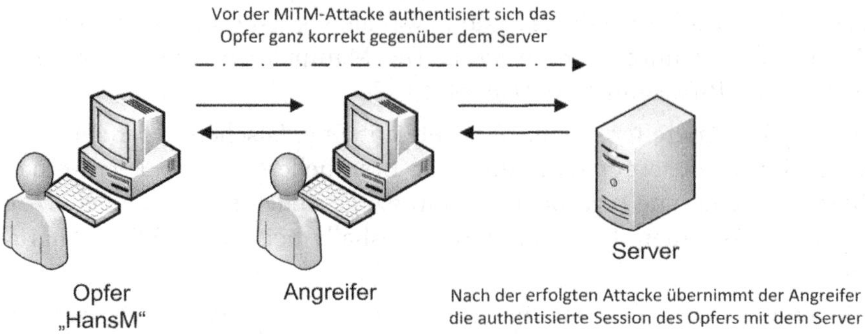

Abb. 10.7: Angriff über die Man-in-the-Middle-Attacke

Es gibt unterschiedliche Methoden, Man in the Middle zu werden:

- **ARP-Spoofing** Ein Angreifer sendet gefälschte ARP-Pakete an die beiden miteinander kommunizierenden Systeme und lenkt alle Pakete auf ein eigenes System um. Da ARP-Spoofing nur auf der MAC-Ebene arbeitet, ist es eine Vorbereitung zu MitM-Angriffen auf höheren Ebenen des Netzwerk-Stacks.
- **Bogus Access Point** In einem WLAN setzt ein Angreifer einen falschen Access Point auf, an dem sich Geräte anmelden. Der Angreifer leitet alle Pakete an den echten Access Point oder direkt ins Internet weiter, kann aber alle Daten lesen und manipulieren.
- **TCP-Hijacking** Ein Angreifer übernimmt eine TCP-Verbindung, indem er zu einer Verbindung passende TCP-Pakete rechtzeitig an eines oder beide der miteinander kommunizierenden Systeme sendet. Der Angriff muss die aktuellen TCP-Sequenz- und Quittungsnummern berücksichtigen. Nach dem Absetzen einiger Befehle versucht der Angreifer, die beiden Systeme wieder miteinander zu synchronisieren, sodass das Opfer nichts von der Attacke bemerkt.
- **Bogus DHCP-Server** Ein Angreifer setzet einen falschen DHCP-Server auf, bei dem als Default-Gateway ins Internet der Rechner des Angreifers konfiguriert ist.
- **DNS-Spoofing** Ein Angreifer lenkt IP-Pakete auf seinen Rechner um.
- **Web-Spoofing** Ein Angreifer schaltet sich wie ein Proxy in eine Web-Verbindung ein. Falls TLS/SSL für die Sicherung der Verbindung benutzt wird, muss er dem Client ein gefälschtes, meist selbst unterschriebenes Zertifikat zusenden. Wird dieses Zertifikat akzeptiert, gibt es zwei verschlüsselte Verbindungen: zwischen Client und Angreifer sowie zwischen Angreifer und dem echten Webserver. Auf dem System des Angreifers sind alle Daten im Klartext lesbar.

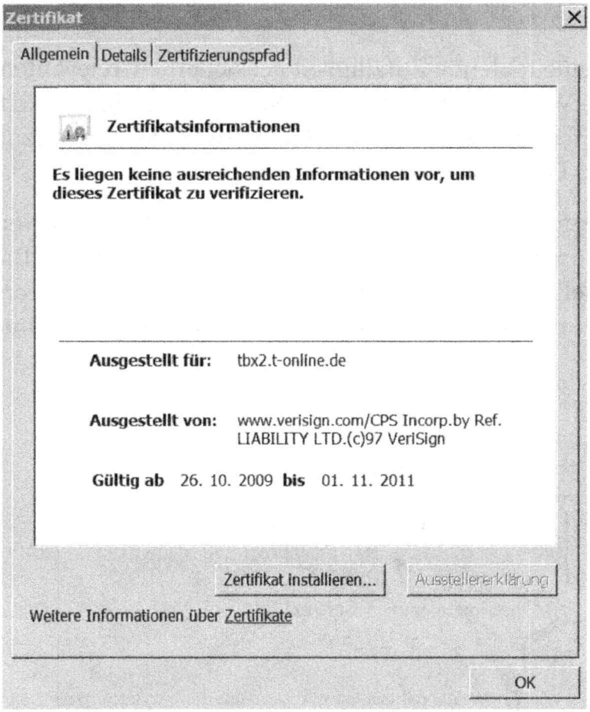

Abb. 10.8: Gefälschtes Zertifikat für Web-Spoofing

Weitere Hilfsmittel, um Man in the Middle zu werden, sind:

- **Switch-Überlastung** Ein Angreifer bombardiert einen Switch mit Netzwerkpaketen unterschiedlicher Absender (auf MAC-Ebene). Die interne Tabelle des Switches mit der Zuordnung von MAC-Adresse und Anschlusspunkt des Switches läuft über. Manche Switches werden dann zum Hub, d.h. alle Pakete werden zu allen Anschlüssen gesendet. Dann kann die Verbindung etwa mittels DNS-Spoofing übernommen werden.
- **Austausch eines Switches durch einen Hub**, der alle Netzwerkpakete zu allen Anschlüssen leitet. Alternativ kann der Monitorausgang eines Switches genutzt werden, der ebenfalls alle Pakete erhält.
- **WLAN-Sniffing** Da ein WLAN sich wie ein Hub und nicht wie ein Switch verhält, sieht der Angreifer ebenfalls alle Pakete und kann im geeigneten Moment zuschlagen.

Wie an den verschiedenen Angriffstypen zu sehen ist, muss der Angreifer vor der eigentlichen Man-in-the-Middle-Attacke den Netzwerkverkehr sniffen und analysieren.

10.5.5 Replay-Angriff

Ein Replay-Angriff macht sich eine fehlende Zufälligkeit bei sicherheitsrelevanten Aktionen zu Nutze. Wenn ein Vorgang immer in derselben Weise abgewickelt wird, reicht es für einen Angreifer aus, diesen mit einem Netzwerk-Sniffer aufzuzeichnen und bei einer späteren Gelegenheit wieder abzuspielen.

Beispiel: Vor einigen Jahren erfolgte eine Anmeldung an einem Novell-Server durch das Senden eines verschlüsselten Passworts in Form seines Hash-Werts. Da aber bei jeder Anmeldung derselbe Hash über die Leitung ging, war es für einen Angreifer nicht nötig, das Klartextpasswort zu kennen. Der Hash reichte für eine unberechtigte Anmeldung aus.

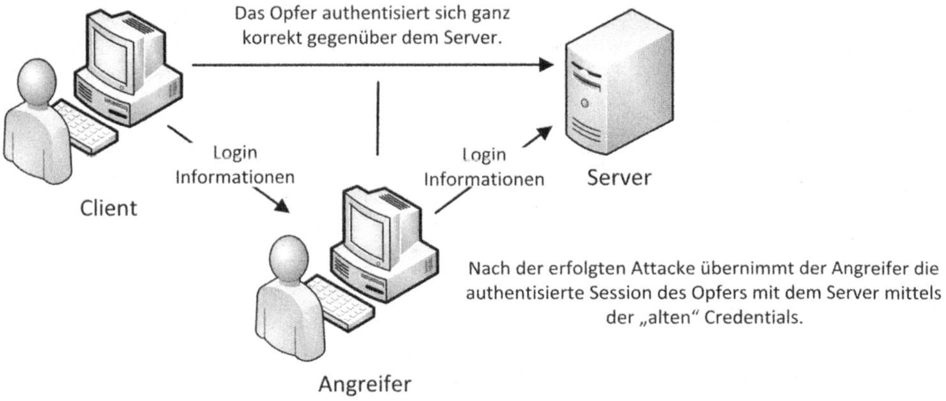

Abb. 10.9: Replay-Angriff

10.5.6 SSL-Downgrading

Bei TLS/SSL-Verbindungen handeln Server und Client den für die Verschlüsselung genutzten Algorithmus sowie die Schlüssellänge aus. Dabei sendet der Client ein Paket, in dem die von ihm unterstützten Verfahren aufgelistet sind. Der Server sucht sich das beste von ihm unterstützte Verfahren heraus und teilt dem Client seine Wahl mit.

In dieser frühen Phase von TLS/SSL ist die Kommunikation noch unverschlüsselt. Gelingt es einem Angreifer, rechtzeitig ein gefälschtes Paket zum Server zu senden, kann er diesen dazu veranlassen, einen alten und unsicheren Algorithmus zu nutzen oder die Verschlüsselung ganz zu deaktivieren. Damit steigen die Chancen, die Verbindung anzugreifen.

```
⊟ Cipher Suites (36 suites)
    Cipher Suite: Unknown (0x00ff)
    Cipher Suite: TLS_ECDHE_ECDSA_WITH_AES_256_CBC_SHA (0xc00a)
    Cipher Suite: TLS_ECDHE_RSA_WITH_AES_256_CBC_SHA (0xc014)
    Cipher Suite: TLS_DHE_RSA_WITH_CAMELLIA_256_CBC_SHA (0x0088)
    Cipher Suite: TLS_DHE_DSS_WITH_CAMELLIA_256_CBC_SHA (0x0087)
    Cipher Suite: TLS_DHE_DSS_WITH_AES_256_CBC_SHA (0x0038)
    Cipher Suite: TLS_ECDH_RSA_WITH_AES_256_CBC_SHA (0xc00f)
    Cipher Suite: TLS_ECDH_ECDSA_WITH_AES_256_CBC_SHA (0xc005)
    Cipher Suite: TLS_RSA_WITH_CAMELLIA_256_CBC_SHA (0x0084)
    Cipher Suite: TLS_RSA_WITH_AES_256_CBC_SHA (0x0035)
    Cipher Suite: TLS_DHE_RSA_WITH_AES_256_CBC_SHA (0x0039)
    Cipher Suite: TLS_ECDHE_ECDSA_WITH_RC4_128_SHA (0xc007)
    Cipher Suite: TLS_ECDHE_ECDSA_WITH_AES_128_CBC_SHA (0xc009)
    Cipher Suite: TLS_ECDHE_RSA_WITH_RC4_128_SHA (0xc011)
    Cipher Suite: TLS_ECDHE_RSA_WITH_AES_128_CBC_SHA (0xc013)
    Cipher Suite: TLS_DHE_RSA_WITH_CAMELLIA_128_CBC_SHA (0x0045)
    Cipher Suite: TLS_DHE_DSS_WITH_CAMELLIA_128_CBC_SHA (0x0044)
    Cipher Suite: TLS_DHE_RSA_WITH_AES_128_CBC_SHA (0x0033)
    Cipher Suite: TLS_DHE_DSS_WITH_AES_128_CBC_SHA (0x0032)
    Cipher Suite: TLS_ECDH_RSA_WITH_RC4_128_SHA (0xc00c)
    Cipher Suite: TLS_ECDH_RSA_WITH_AES_128_CBC_SHA (0xc00e)
    Cipher Suite: TLS_ECDH_ECDSA_WITH_RC4_128_SHA (0xc002)
    Cipher Suite: TLS_ECDH_ECDSA_WITH_AES_128_CBC_SHA (0xc004)
    Cipher Suite: TLS_RSA_WITH_SEED_CBC_SHA (0x0096)
    Cipher Suite: TLS_RSA_WITH_CAMELLIA_128_CBC_SHA (0x0041)
    Cipher Suite: TLS_RSA_WITH_RC4_128_MD5 (0x0004)
    Cipher Suite: TLS_RSA_WITH_RC4_128_SHA (0x0005)
    Cipher Suite: TLS_RSA_WITH_AES_128_CBC_SHA (0x002f)
    Cipher Suite: TLS_ECDHE_ECDSA_WITH_3DES_EDE_CBC_SHA (0xc008)
    Cipher Suite: TLS_ECDHE_RSA_WITH_3DES_EDE_CBC_SHA (0xc012)
    Cipher Suite: TLS_DHE_RSA_WITH_3DES_EDE_CBC_SHA (0x0016)
    Cipher Suite: TLS_DHE_DSS_WITH_3DES_EDE_CBC_SHA (0x0013)
    Cipher Suite: TLS_ECDH_RSA_WITH_3DES_EDE_CBC_SHA (0xc00d)
    Cipher Suite: TLS_ECDH_ECDSA_WITH_3DES_EDE_CBC_SHA (0xc003)
    Cipher Suite: SSL_RSA_FIPS_WITH_3DES_EDE_CBC_SHA (0xfeff)
    Cipher Suite: TLS_RSA_WITH_3DES_EDE_CBC_SHA (0x000a)
```

Abb. 10.10: Mitgesnifftes Angebot von TLS/SSL-Verfahren

10.5.7 Session-Hijacking

Beim Session-Hijacking wird die Sitzung eines anderen Benutzers übernommen, d.h. ein Angreifer arbeitet anstelle des Benutzers weiter, ohne dass der Server diese Änderung bemerkt.

Beim Session-Hijacking gibt es mehrere Varianten:

- **TCP-Hijacking** Ein Angreifer wird Man in the Middle und übernimmt dann, wie weiter oben beschrieben, die TCP/IP-Verbindung zwischen Benutzer und Server.
- **Cookie-Diebstahl** Falls die Kommunikation zwischen Client und Server über Session-Cookies abgesichert wird, können Angreifer versuchen, ein fremdes Session-Cookie zu erhalten. Session-Cookies sind kurzlebige Cookies, die meist sehr lang sind und einen durch Zufallsgenerator ermittelten Bestandteil haben. Sie sind deshalb schwierig zu raten, können aber beispielsweise über Cross Site Scripting gestohlen oder mit einem Sniffer gelesen werden.

Das folgende Beispiel zeigt ein Session-Cookie, wie es bei amazon.de benutzt wird. Gerät es zusammen mit der Session-ID in die Hände eines Angreifers, kann dieser die Sitzung des wirklichen Benutzers übernehmen:

```
Host: www.amazon.de
...
Cookie: session-id-time=20827548011;
```

```
session-id=279-9008514-1957750;
session-token= isPdD90eyu0WHgZq/gOhbr/PzKNfKO+RMMYSZP5HZ/
5XxCuTEgO8hh4MtrIysSiryJ8Oa5ERdWwOxzU1jk5VuSGc0VbxgvF+oNL5mQPNqUWGJ6V7rV
QNp+A0AJtjP3n8ZJJGLavI/LxXbGrsPCzM+dBBzSNXdhGW35CwPzVh3B/
uzgvYEYf7WH+MpB7zbG7k9VsANNCo097w8rnCy5ceJzkhlrpE5DYNKcknWX4ap78=
```

10.5.8 Brechen von Schlüsseln

Im Netzwerk werden Schlüssel fast nie im Klartext transportiert, sondern durch einen Hash oder eine andere Form von Verschlüsselung gesichert.

Das ist natürlich keine Garantie, dass die übertragenen Schlüssel nicht missbraucht werden. Mit einem Sniffer können übertragene Passwort-Hashes aufgefangen und mit einem Passwort-Cracker gecrackt werden. Das schon erwähnte Programm »Cain« enthält beispielsweise einen Sniffer und einen Cracker auch für Netzwerkpasswörter. Schwache Schlüssel (»Weak Keys«) werden dann oft schon nach wenigen Minuten gefunden.

10.5.9 Backdoor

Als eine Backdoor (Hintertür) wird ein versteckt laufendes Programm bezeichnet, das einem Angreifer über das Netzwerk Zugang zu einem System gibt. Oft handelt es sich dabei um SSH-Server, die im Hintergrund laufen und über ein Rootkit vor Entdeckung geschützt werden. Aber es sind auch ganz andere Varianten möglich.

Um ein Backdoor-Programm auf einem Opfersystem zu installieren, ist ein vorhergehender erfolgreicher Angriff erforderlich. Nach Installation der Backdoor kann sich der Angreifer jederzeit wieder am System anmelden.

Zur perfekten Tarnung einer Backdoor reicht der Schutz durch ein Rootkit allerdings nicht aus. Ein normales Rootkit macht die Backdoor zwar auf dem Opfersystem unsichtbar, bei einem Portscan wird jedoch der Netzwerkport, an dem die Backdoor wartet, gefunden. Raffiniert programmierte Backdoor-Rootkits arbeiten deshalb nach der Methode des »Port-Knockings«: Die Backdoor verhält sich völlig ruhig, bis eine bestimmte Kombination von Netzwerkpaketen an den Rechner gesendet wird. Erst danach ist die Backdoor bereit, eine Verbindung anzunehmen (oder auch aktiv aufzubauen!).

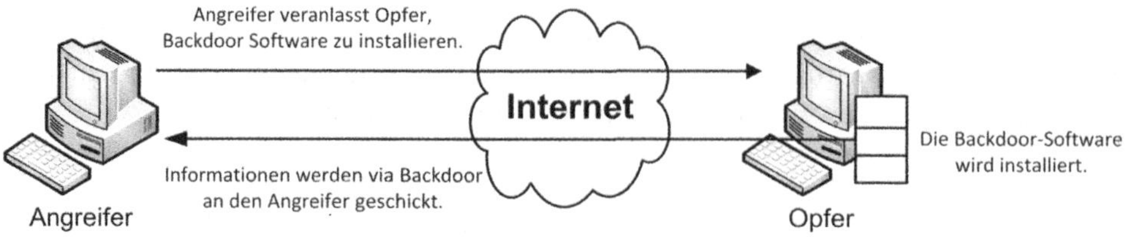

Abb. 10.11: Backdoor-Angriff

10.6 Angriffe gegen die Cloud

Cloud-Computing ist in aller Munde, doch die Auslagerung von Daten und Anwendungen ins Internet birgt viele Risiken. Deshalb ist es fraglich, inwieweit sich Cloud-Computing letztlich durchsetzen kann. Bevor Fragen von Sicherheit und Datenschutz nicht gelöst sind, ist eine flächendeckende Auslagerung in die Cloud schwierig. Schließlich bergen alle Auslagerungen an Dritte Risiken, die abgefangen werden müssen.

Bei den verschiedenen Cloud-Lösungen

- SaaS (Software as a Service), bei der der Cloud-Provider nur Anwendungen zur Verfügung stellt, auf die man beispielsweise mit einem Browser zugreifen kann
- PaaS (Platform as a Service), bei der der Provider eine Plattform anbietet, auf der Anwendungen entwickelt und ausgeführt werden können,
- IaaS (Infrastructure as a Service), bei der eine komplette (virtuelle) Infrastruktur zur Verfügung gestellt wird,

sind in erster Linie Angriffe gegen die beim Provider liegenden Daten und Anwendungen, aber auch gegen die Kommunikationsstrecken möglich. Hier besteht ein vergleichsweise großes Risikopotential, da sich die bisher geschilderten Angriffe gegen IT-Systeme, Anwendungen und Netzwerke kombinieren lassen.

10.7 Steganografie

Steganografie ist kein Angriff in dem Sinne, dass fremde Ressourcen missbraucht werden sollen. Steganografie ist vielmehr eine Maßnahme, um Daten zu verstecken (z. B. vor Ermittlungsbehörden). Dazu wird die Nutzinformation in eine andere Datei eingepackt, und zwar so, dass die andere Datei (»Carrier«) unverändert wirkt.

Meist wird als Carrier ein Bild genommen. Die niederwertigsten Bits des Bildes werden durch die Nutzdaten »moduliert«, d.h. so verändert, dass die Nutzdaten später wieder extrahiert werden können.

Einem Betrachter des Bildes wird kein Unterschied zwischen dem Original und dem Bild mit eingebauten Nutzdaten auffallen. Die niederwertigsten Bits ändern das Bild nur geringfügig, sodass die Manipulation mit bloßem Auge nicht erkennbar ist.

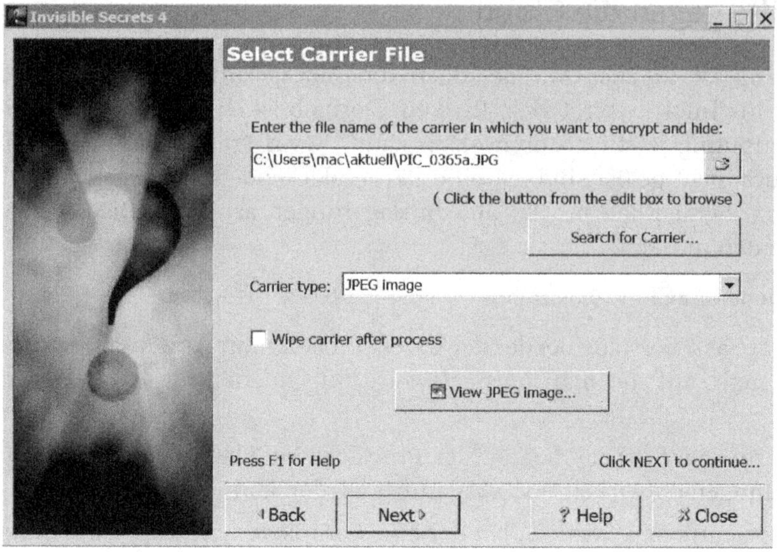

Abb. 10.12: Steganografie mit »Invisible Secrets«

10.8 Von Hüten und Angreifern

Zu guter Letzt ist es interessant, auch einen Blick auf die Angreifer zu werfen. Hier gibt es einen eindeutigen Trend weg von Hacker alter Prägung, der sich aus Spaß an der Freude im Netzwerk tummelte hin zu gut organisierten Kriminellen, die Cybercrime als lukrative Einnahmequelle entdeckt haben.

Hacker werden nach einer Typologie klassifiziert, die aus dem amerikanischen Western-Film kommt. In vielen dieser Filme tragen die »Guten« einen weißen Hut, die Schurken hingegen einen schwarzen Hut.

So werden die »guten« Hacker als »White Hats« bezeichnet. Findet ein White Hat eine Sicherheitslücke, so setzt er sich zunächst mit dem Hersteller des Systems in Verbindung und veröffentlich seine Erkenntnisse erst, wenn die Sicherheitslücke geschlossen ist.

Hacker mit schwarzen Hüten (»Black Hats«) gehen da anders vor. Sie veröffentlichen ihre neu gewonnen Erkenntnisse direkt in einschlägigen Foren im Internet der greifen gleich selbst an. Das ist für den Hersteller ein Debakel, und er muss mit Hochdruck an einer Lösung des Problems arbeiten.

Eine Hutfarbe, die es im Western nicht gibt, ist die graue Farbe. »Grey Hats« sind Hacker, die sich zwischen Gut und Böse bewegen. Sie informieren beispielsweise den Hersteller einer Software und setzen ihm zwei Wochen Frist, um das Problem zu lösen. Nach Anlauf dieser Frist veröffentlichen sie die Lücke, egal ob es mittlerweile einen Patch gibt oder nicht.

10.9 Fragen zu diesem Kapitel

1. Welche Attacke ermöglicht es einem Angreifer, HTTP-Requests zu übernehmen und eine gefälschte Antwortseite zurückzusenden?

   A TCP/IP-Hijacking

   B Pharming

   C Drive-by-Attacke

   D Phishing

2. Welche Attacke erlaubt es einem Angreifer, in Dateien durch die Manipulation der niederwertigsten Bits geheime Daten einzubetten?

   A Wurm

   B Kryptografie

   C Trojaner

   D Steganografie

3. Was wird typischerweise für eine DDoS-Attacke benötigt?

   A Spam

   B Adware

   C Trojaner

   D Botnet

4. Für welche Attacke ist es für den Angreifer notwendig, das Netzwerk abzuhören?

   A Man in the Middle

   B DDoS

   C DNS-Poisoning

   D SYN-Flooding

5. Wenn ein Anwender versucht auf eine bestimmte Webseite zu gelangen, und bemerkt, dass die URL sich ändert, erlebt er vermutlich welchen Angriff?

   A DLL-Injection

   B DNS-Injection

   C ARP-Poisoning

   D DNS-Poisoning

Kapitel 11

Remotezugriff

Das Ziel einer Remote-Access-Lösung ist es, entfernten oder mobilen Clients Zugriff auf das Firmennetzwerk und damit auf dessen Ressourcen zu ermöglichen. Dazu gehören die Aufgaben, Zugriffe über Wireless-Netzwerk oder Anbindungen für Home-Arbeitsplätze ebenso sicher zu gestalten wie einen Zugriff innerhalb des physikalischen Firmenperimeters. Mit Remote-Zugriff ist daher der entfernte Zugriff auf lokale Netzwerke gemeint.

Wichtig

Speziell berücksichtigen müssen Sie für die Prüfung die Akronyme für alle entsprechenden Komponenten im Security-Bereich. Dazu erwarten Sie einige Fragen mit einer Vielzahl sehr ähnlicher Begriffe.

11.1 Virtual Private Network

Während früher vor allem Verbindungen mittels Modem von einem PC auf ein definiertes Modem in der Firma initiiert wurden, werden diese Verbindungen heute durch das Internet hindurch geführt. Das hat Vor- und Nachteile. Ein Vorteil ist sicher, dass die teuren Verbindungen von früher heute sehr kostengünstig realisiert werden können. Ein Nachteil ist aber dabei die Gefahr, dass sensible Daten durch ein unsicheres Netzwerk (Internet) geführt werden, welches man selbst nicht beeinflussen kann.

Ein virtuelles privates Netzwerk (Virtual Private Network, VPN) verbindet Komponenten eines Netzwerkes über ein anderes Netzwerk wie das Internet oder ein anderes öffentliches oder drahtloses Netzwerk. Zu diesem Zweck ermöglicht das VPN einem Benutzer, einen sicheren Tunnel herzustellen.

> *»Ein VPN ist ein Netzwerk, das andere öffentliche Netzwerke benutzt, um private Daten zu transportieren.«*
>
> *(Manfred Lipp: VPN, Addison-Wesley, 2006)*

Dabei gelten dieselben Sicherheits- und Leistungsmerkmale wie starke Authentifizierung und Verschlüsselung, die früher nur in geschlossenen, privaten Netzwerken genutzt werden konnten. Somit kann man das VPN als eine Erweiterung von privaten Netzwerken bezeichnen.

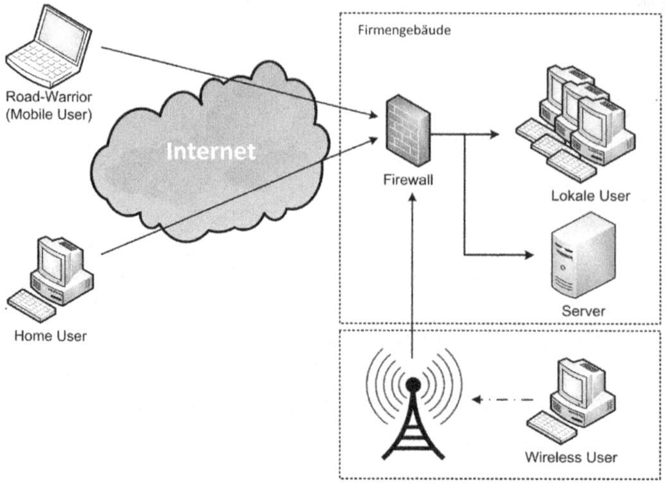

Abb. 11.1: Fernzugriff verschiedener User über Virtual Private Network (VPN)

VPNs ermöglichen es Benutzern, die zu Hause oder unterwegs arbeiten, eine sichere Verbindung mit einem Unternehmensserver unter Verwendung der Routing-Infrastruktur eines öffentlichen Netzwerks herzustellen. Aus der Sicht eines Benutzers ist das VPN eine Punkt-zu-Punkt-Verbindung zwischen seinem Computer und einem Unternehmensserver. Die Natur des zwischengeschalteten Netzwerkes ist für den Benutzer irrelevant; aus seiner Sicht werden die Daten wie über eine Standleitung übertragen. Mithilfe der VPN-Technik kann ein Unternehmen darüber hinaus Verbindungen mit Zweigstellen oder anderen Unternehmen über ein öffentliches Netzwerk unter Wahrung einer sicheren Kommunikation herstellen.

Eine VPN-Verbindung über das Internet arbeitet logisch wie eine WAN-Verbindung zwischen zwei Standorten. In beiden Fällen stellt sich die sichere Verbindung über das Netzwerk dem Benutzer wie eine Kommunikation über ein privates Netzwerk dar – obwohl die Kommunikation real über ein öffentliches Netzwerk stattfindet. Daher kommt die Bezeichnung virtuelles privates Netzwerk.

Der Tunnel, welcher dabei aufgebaut wird, hat die Funktionalität, Datenpakete sicher in andere Datenpakete einzupacken und so über öffentliche Leitungen zu transportieren. Dazu sind folgende drei Protokolle notwendig:

- **Träger-Protokoll (carrier protocol):** Protokoll, das zum Transport über die öffentliche Leitung eingesetzt wird.
- **Tunnel-Protokoll (encapsulating protocol):** Protokoll, das die Originaldaten kapselt (d.h. dieses Protokoll realisiert über dem Träger den Tunnel); Beispiele sind IPsec oder L2TP.
- **Passagier-Protokoll (passenger protocol):** Protokoll, das für die Originalpakete mit den Nutzdaten steht, die über den Tunnel zu transportieren sind; Beispiel: TCP/IP.

Hinweis

Beachten Sie, dass diese drei Protokolle Bestandteil der Security+-Prüfung sind. Um sich das besser zu merken, können Sie das Beispiel eines Briefes verwenden. Der Postbote ist das Träger-Protokoll, der Umschlag das Tunnel-Protokoll und das Passagier-Protokoll wäre der Brief, der die Nutzdaten enthält.

11.1.1 Site-to-Site-VPN

Site-to-Site-VPNs werden normalerweise zwischen verschiedenen Geschäftsstandorten eingerichtet. Dabei werden die Verbindungen auf einer Firewall oder einem VPN-Gateway terminiert. Der Vorteil für die Benutzer liegt darin, dass sie keine zusätzliche Software auf ihren Clients brauchen, um Ressourcen auf der anderen Seite der VPN-Verbindung zu nutzen.

Hinweis

Als kritischer Faktor ist die Gefahr von Malware oder Viren zu beachten, welche von der einen Seite des VPN-Tunnels sehr einfach auf die andere Seite gelangen können. Deshalb muss in einem Verbund von Netzwerken überall dieselbe Sicherheit herrschen.

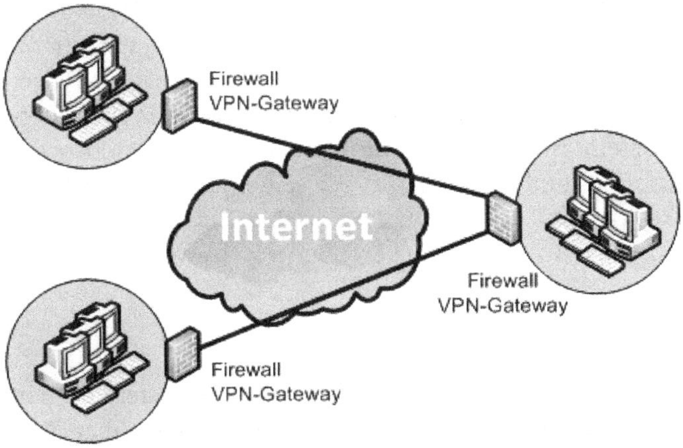

Abb. 11.2: Site-to-Site-VPN

11.1.2 Remote-Access-VPN

Bei einer Remote-Access-VPN-Lösung wird meistens auf dem Client eine Software installiert, welche den Zugriff auf das Firmennetzwerk ermöglicht. Somit muss auf der Firewall am Heimarbeitsplatz nichts Zusätzliches konfiguriert werden.

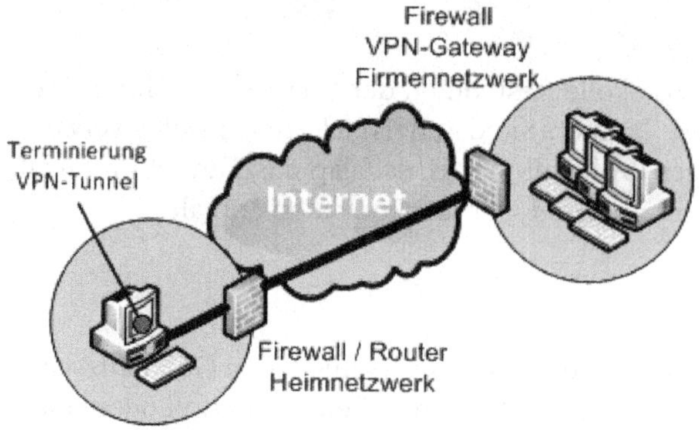

Abb. 11.3: Remote Access VPN

Bei diesem Ansatz kommt auf Seite des Firmennetzwerks häufig ein VPN-Konzentrator zum Einsatz, der in der Lage ist, hunderte VPN-Tunnel zu verwalten und zu sichern. Ein solcher Konzentrator bietet sowohl proaktiven Netzwerkschutz, hohe Durchsatzraten für alle VPN-Tunnels wie auch ein Bandbreitenmanagement und allenfalls Loadbalancing und Content Filtering-Möglichkeiten an. Allerdings ist die Bandbreite dieser Produkte sehr gross, so dass Sie genau prüfen müssen, welche Funktionalitäten für Ihre Netzwerktopologie erforderlich sind.

Wichtig

Es ist jedoch gerade bei dieser Anbindung zu berücksichtigen, dass ein Client, welcher direkt mittels VPN-Lösung an das Firmennetzwerk angeschlossen wird, genau gleich viel Sicherheit (Firewall, Antivirus, Mailsicherheit und Sicherheitsupdates für Betriebssystem und Applikationen) wie die Clients im Firmennetzwerk enthalten muss. Zumindest sollte er vor einem Zugriff auf die Ressourcen des Netzwerks nach der Anmeldung zuerst in einem Quarantänen-Netzwerk (Sandbox) auf allfällige Sicherheitslücken überprüft werden.

11.1.3 Soft- und Hardwarelösungen

VPNs können rein über Software oder auch mittels Hardware realisiert werden. Softwarelösungen können in standortübergreifenden Verbindungen über Windows-VPNs mit einem Windows-Server und einem Forefront Threat Management Gateway (Firewall) implementiert werden. In Linux-Distributionen steht beispielsweise OpenVPN zur Verfügung.

Bei den Hardwarevarianten kämpfen Anbieter wie Checkpoint oder Cisco (PIX und ASA) um Marktanteile. Der Vorteil von Softwarelösungen war lange Zeit die des einfacheren Managements, da sie oft integraler Bestandteil einer Software mit einem einfachen Benutzerinterface sind. Hardwarelösungen sind jedoch mittlerweile auch sehr einfach zu konfigurieren. Zudem sind sie durch ihre eingebauten VPN-Chips auch bei Verschlüsselungen mit großer Schlüssellänge noch sehr leistungsstark.

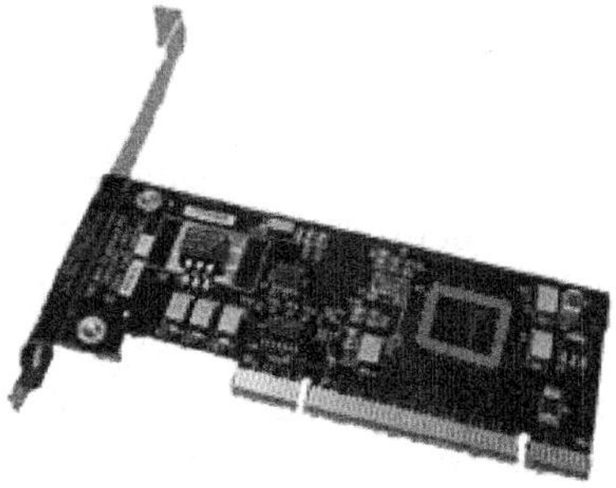

Abb. 11.4: Karte mit Safexcel-Chip

Ein weiterer Nachteil von Softwarelösung ist es, dass Schwachstellen im Betriebssystem oder bei zusätzlich laufenden Diensten für Angriffe ausgenutzt werden können. Allerdings haben auch Hardwarelösungen ein Betriebssystem. Oft handelt es sich dabei um ein Linux-Derivat. Dieses ist aber besonders gehärtet und bietet wenig Angriffsfläche.

11.2 Remote Access Server

RAS-Systeme (Remote Access Service) gehören eigentlich der Vergangenheit an, doch ist nicht auszuschließen, dass man sie noch als Backup für Remote-Zugänge in Netzwerke antrifft. RAS-Systeme hatten ihre große Zeit, als Internet-Zugänge noch teurer waren als direkte Kommunikationsstrecken beispielsweise über ISDN.

Ein RAS-System besteht aus einem Server und einem Gateway mit mehreren Kommunikationsschnittstellen, etwa mehreren ISDN-Karten (Modems). Zur Verbindungsaufnahme kontaktiert der Client über eine Zugangssoftware das Gateway und wird von da an den RAS-Server weitergeroutet. Nach erfolgreicher Authentifizierung werden eine 1:1-Verbindung zwischen Client und RAS-Server hergestellt und die Pakete des Clients ins lokale Netz gesendet.

Von der Logik her ist ein RAS-Zugang nichts anderen als ein Remote-Access-VPN, nur dass hier kein Zugang über ein drittes Netzwerk, sondern direkt über eine Telefonleitung erfolgt.

Viele der im folgenden Teil dieses Kapitels geschilderten Protokolle kommen ursprünglich aus der RAS-Technologie, konnten sich aber auch in der Welt der VPNs etablieren.

11.3 Protokolle für den entfernten Zugriff

11.3.1 802.1x

Die IEEE 802.1x-Spezifikation definiert einen Standard für eine erhöhte Netzwerksicherheit und steht über lokale Netzwerke, aber auch über Wireless-Netzwerke zur Verfügung.

In der Wireless-Implementierung des Protokolls 802.1x wendet sich der Client zunächst an den Access Point. Dieser sperrt den Client und erlaubt lediglich Pakete, die der Authentifizierung dienen. Anschließend erfolgt die Authentifizierung des Teilnehmers durch den Authenticator auf dem Zugangspunkt, der mittels eines Authentifizierungsservers (RADIUS-Server) die durch den Teilnehmer (Supplicant) übermittelten Authentifizierungsinformationen prüft und gegebenenfalls den Zugriff auf die durch den Authenticator angebotenen Dienste (LAN, VLAN oder WLAN) zulässt oder abweist.

In der Praxis geschieht die Authentifizierung beim Aufbau einer Wireless-Verbindung folgendermaßen:

1. Der Authenticator stellt einen Benutzer im nicht-autorisierten Status fest.
2. Der Authenticator schickt einen Request für die Benutzer-Credentials.
3. Der Benutzer antwortet mit Benutzername und Passwort.
4. Der Authenticator leitet die Credentials weiter zum Authentifizierungsserver.
5. Der Authentifizierungsserver verifiziert die Credentials und erlaubt dem Benutzer den Zugriff auf das WLAN.

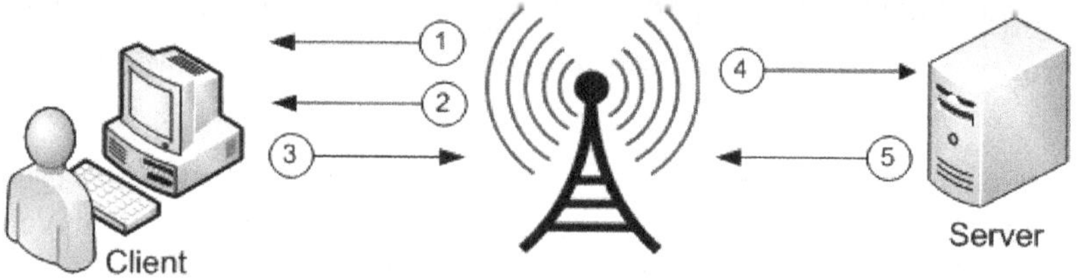

Abb. 11.5: 802.1x-Authentifizierung

Durch die Nutzung eines Authentifizierungsservers kann auch lokal unbekannten Teilnehmern ein Netzzugang ermöglicht werden. Verschiedene Anbieter von Wireless-Hotspot-Lösungen setzen zur Authentifizierung von Clients dieses Protokoll ein.

Da innerhalb von 802.1x keine eigenen Authentifizierungsprotokolle definiert werden, empfiehlt der Standard zur Authentifizierung das Extensible Authentication Protocol (EAP) oder eine seiner Erweiterungen. Hier einige Beispiele:

- **EAP-TLS** Durch den Authentifizierungsserver wird eine SSL-Sitzung mit dem Supplicant eingerichtet. Der Server sendet ein digitales Zertifikat an den Supplicant, das von diesem überprüft wird. Anschließend sendet der Supplicant ein eigenes digitales Zertifikat an den Authentifizierungsserver, das von diesem überprüft wird. Client und Netzwerk haben sich nun gegenseitig authentifiziert. Die Authentifizierung ist erfolgreich, solange von jeder Seite das Zertifikat der jeweils anderen akzeptiert wird und die Zertifikate gültig sind.
- **PEAP** PEAP (Protected EAP, geschütztes EAP) beginnt wie EAP, d.h. durch den Authentifizierungsserver wird eine SSL-Sitzung mit dem Supplicant eingerichtet und anschließend ein digitales Zertifikat zur Überprüfung an den Supplicant gesendet. Wenn das Zertifikat vom Supplicant akzeptiert wird, kann er eine von mehreren Methoden verwenden, um sich beim Server zu authentifizieren.
- **PEAP-EAP-MSCHAPv2** stellt die Benutzerauthentifizierung über kennwortbasierte Anmeldeinformationen her. Es stellt gegenüber einem reinen MS-CHAPv2 verbesserte Sicherheit durch die Verwendung der gegenseitigen Authentifizierung dar. Dadurch wird verhindert, dass ein nicht autorisierter Server die Authentifizierungsmethode mit der geringsten Sicherheit aushandelt. Es ist einfacher zu implementieren als:
- **PEAP-EAP-TLS** Bei PEAP-EAP-TLS handelt es sich um eine konfigurierbare Zusatzoption. Dabei wird eine zweite, separate SSL-Sitzung innerhalb der ersten eingerichtet, was eine Verlangsamung gegenüber einem reinen EAP-TLS bedeutet. Für die Verwendung von PEAP-EAP-TLS müssen Sie eine Infrastruktur öffentlicher Schlüssel (Public Key Infrastructure, PKI) bereitstellen.

11.3.2 RADIUS

Wie schon in der Authentifizierung mit 802.1x verwenden verschiedene Verfahren eine zentrale Authentifizierung. Eine Lösung für diese Thematik ist der Einsatz eines RADIUS-Servers (Remote Authentication Dial-In User Service). Ein RADIUS-Server ist ein zentraler Authentifizierungsserver. An diesen wenden sich Dienste für die Authentisierung von Clients in einem physischen oder virtuellen Netzwerk (VPN), beispielsweise die Remote Access Services (RAS) von Windows-Clients, je nach Konfiguration auch über einen RADIUS-Proxy-Server.

Der RADIUS-Server übernimmt dabei die Authentifizierung, das heißt die Überprüfung von Benutzername und Kennwort. Zusätzlich werden Parameter für die Verbindung zum Client bereitgestellt. Die dabei verwendeten Daten enthält der RADIUS-Server aus einer eigenen Konfigurationsdatenbank oder ermittelt diese durch Anfragen an weitere Datenbanken oder Verzeichnisdienste, in denen Zugangsdaten wie Benutzername und Kennwort gespeichert sind. Dadurch lassen sich Einstellungen von Benutzern unabhängig von der Netzwerkinfrastruktur zentral verwalten. Der Vorteil dieses Verfahrens liegt in den einmalig registrierten

Zugangsdaten der Benutzer, die in verteilten Netzwerken überall und jederzeit aktuell verfügbar sind und mit einfachen administrativen Eingriffen an zentraler Stelle registriert und verändert werden können.

Der Authentifizierungsprozess sieht folgendermaßen aus:

- Der Client fragt den Remote-Server an (1), um Benutzername und Passwort zu verifizieren. Der Remote-Server agiert als Client in Bezug auf den RADIUS-Server.
- Der Remote-Server fragt jetzt den RADIUS-Server (2), ob Benutzername und Passwort bekannt sind. Der RADIUS-Server kann dazu an einem anderen Standort oder in einem anderen Netzwerk sein. Die Verbindung zwischen RADIUS-Client und RADIUS-Server kann dabei offen (passwortgeschützt) oder verschlüsselt sein.
- Der RADIUS-Server gibt die Antwort in Form eines Ja/Nein an den Remote-Server zurück (3).
- Dieser antwortet dem Client und regelt dessen Netzwerkzugriff (4).

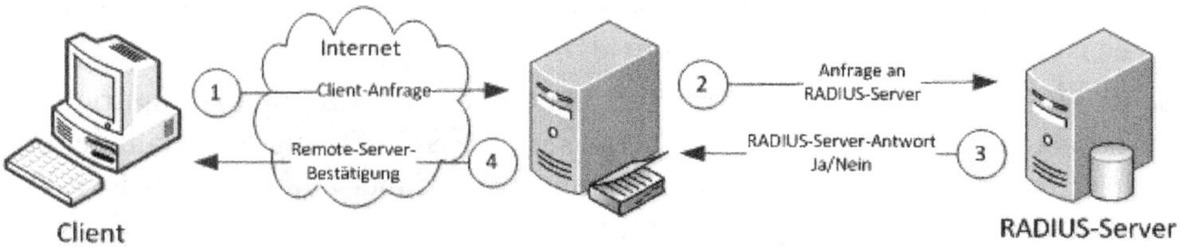

Abb. 11.6: RADIUS-Authentifizierung

11.3.3 TACACS

Das Terminal Access Controller Access Control System (TACACS) ist ebenso wie RADIUS ein sogenanntes AAA-Protokoll. Triple-A-Systeme werden normalerweise bei kabelgebundenen und mobilen Netzwerk- sowie Internetdienstleistungsanbietern eingesetzt. Die drei A (Triple A) stehen dabei für Authentifizierung, Autorisierung und Abrechnung (Authentication, Autorisation, Accounting) der Netzwerkzugänge von Kunden.

Das TACACS-Protokoll wird primär für die Client-Server-Kommunikation zwischen AAA-Servern und einem NAS (Network Access Server) eingesetzt. Dabei stellen die TACACS-Server eine zentrale Authentifizierungsinstanz für entfernte Benutzer zur Verfügung, welche eine IP-Verbindung mit einem NAS herstellen möchten.

Später wurde TACACS durch das Protokoll XTACACS (eXtended TACACS) abgelöst. Beide Versionen wurden jedoch durch TACACS+ und RADIUS ersetzt. TACACS+ ist ein auf TACACS basierendes Authentifizierungsprotokoll, welches von Cisco Systems erweitert wurde. Es ist nicht kompatibel mit TACACS oder XTACACS, konnte sich aber gegenüber den beiden anderen Protokollen durchsetzen.

Die Erweiterungen von TACACS+ enthalten eine breitere Auswahl an Authentifizierungsmethoden, die Möglichkeit, Autorisierungsschemata für Benutzer einzuführen, sowie erweiterte Protokollierungsmöglichkeiten.

Im Gegensatz zum UDP-basierten RADIUS-Protokoll (meist Ports 1812 und 1813) verwendet TACACS+ das verbindungsorientierte TCP auf Port 49. Eine weitere Abgrenzung zu RADIUS besteht in der Tatsache, dass die gesamte TACACS-Kommunikation verschlüsselt ist. Außerdem sind in TACACS+ zusätzliche Mechanismen zum Auditing integriert.

TACACS+ wird vor allem in Netzwerkumgebungen (Routern, Switches) für das zentrale Benutzermanagement und für Netzwerkadministratoren und -operatoren verwendet. Diese verbinden sich dann beispielsweise über SSH mit den Netzwerkgeräten, um diese zu konfigurieren.

Hinweis

Für die Prüfung müssen Sie vor allem die Unterschiede zwischen TACACS und TACACS+ kennen. Während TACACS das UDP-Protokoll als Transportprotokoll verwendet, setzt TACACS+ auf das TCP-Protokoll. TACACS+ ist eine proprietäre Variante, welche in Cisco-Produkten eingesetzt wird.

11.3.4 L2TP und PPTP

Das Point-to-Point Tunneling Protocol (PPTP) wurde ursprünglich von verschiedenen Herstellern wie Microsoft, 3Com und anderen zum Aufbau von VPNs entwickelt. Es ermöglicht das Tunneling von PPP durch ein IP-Netzwerk. PPTP wurde schon mit Windows NT in Windows-Betriebssysteme integriert und ist trotz einiger kritischer Sicherheitslücken immer noch sehr verbreitet. In einer Sicherheitsüberprüfung hat 1998 Bruce Schneier diverse Lücken in diesem Protokoll gefunden, welche dann aber von Microsoft behoben wurden. Die Daten, die mittels PPTP übertragen werden, verschlüsseln die Hersteller normalerweise durch höhere Protokolle. Von Microsoft wurde jedoch auch eine Verschlüsselung auf PPTP-Ebene entwickelt.

In einigen Ländern wird das PPTP-Protokoll oberhalb von PPP over ATM für DSL-Verbindungen genutzt. In Deutschland und der Schweiz wird hingegen meist PPP over Ethernet oder L2TP genutzt.

L2TP (Layer 2 Tunneling Protocol) wurde auf Basis von L2F (Layer 2 Forwarding, eine Cisco-Implementierung) und PPP entwickelt und hat PPTP weitestgehend abgelöst. Bei L2TP werden Frames von Protokollen der Sicherungsschicht (Schicht 2) des OSI-Modells zwischen zwei Netzwerken über das Internet getunnelt. Hierzu werden in einem lokalen Netzwerk Frames von einem L2TP Access Concentrator (LAC) in eine L2TP-Datennachricht verpackt und über das Internet an einen L2TP Network Server (LNS) des Kooperationsnetzes gesendet. Dieser entpackt die Nachricht und sendet den Inhalt ins dortige Netz.

L2TP ist eine Tunnel-Lösung, die die Vorteile von PPTP und L2F vereint. Mithilfe einer Tunnel-ID im L2TP-Header sind ebenso mehrere Tunnel nebeneinander möglich wie die Nutzung von NAT (Network Address Translation).

Als Authentifizierungsverfahren bietet L2TP die Verfahren CHAP (Challenge Handshake Authentication Protocol) und PAP (Password Authentication Protocol) an. Eine Verschlüsselung ist in L2TP direkt nicht enthalten. Dies muss von Protokollen anderer Schichten übernommen werden. L2TP wird deshalb oft in Kombination mit dem noch beschriebenen IPsec verwendet.

Hinweis

Für die Prüfung ist es wichtig, die Unterscheide zwischen PPTP und L2TP zu kennen. Während PPTP den TCP-Port 1723 verwendet, nutzt L2TP den UDP-Port 1701. PPTP findet eine breitere Unterstützung für ältere Betriebssysteme als L2TP. PPTP bietet aber keine Unterstützungen für IPsec.

11.3.5 IPsec

IPsec (Internet Protocol Security) ist ein Protokoll, das 1992 von der IETF als Framework für offene Standards definiert wurde. Ziel war es, eine sichere Kommunikation für IP-Netzwerke mittels Verschlüsselung zu realisieren. Im Gegensatz zu anderen Methoden ist IPsec aber nicht an eine Architektur oder eine Methode gebunden. Es ist somit ein offener Standard.

Wichtig

IPsec wird auf dem Network-Layer initiiert und ist applikationsunabhängig.

Wenn zwei Computer als Partner IPsec zur Kommunikation nutzen, erstellen sie Sicherheitszuordnungen (Security Associations, SA), die in einer kleinen Datenbank abgelegt werden. Diese Datenbank wird als SAD (Security Association Database) bezeichnet.

Zuerst führen die Partner eine gegenseitige Authentifizierung durch (diese Phase wird Main-Mode oder auch Phase Eins genannt). Damit wird eine gegenseitige Vertrauensstellung zwischen den beiden Computern eingerichtet. Als Zweites handeln die beiden Partner die Einzelheiten der Verbindung aus (diese Phase wird Quick-Mode oder auch Phase Zwei genannt). Hierbei wird festgelegt, wie der Netzwerkverkehr zwischen den Partnern signiert und verschlüsselt wird. Als Ergebnis der Verhandlungen erhält jede Partei in der Regel zwei SAs: je eine für ankommende und eine für abgehende Pakete des Partners.

Die Konfiguration von IPsec wird über IPsec-Richtlinien vorgenommen. Diese liegen in einer Datenbank namens SPD (Security Policy Database). Eine Richtlinie hat eine beliebige Anzahl von Regeln. Jede Regel wiederum hat eine Filterliste und eine Filteraktion. Die Filterliste enthält einen oder mehrere Filter mit Angaben wie

- Quell- und Zieladresse
- Quell- und Ziel-Portnummer
- IPsec-Protokolltypen

Filteraktionen definieren das Verhalten der jeweiligen Regel – also ob Netzwerkverkehr erlaubt oder blockiert wird oder ob erst SAs verhandelt werden sollen. Aktionen, die die Verhandlung von SAs definieren, können unterschiedliche Optionen haben, zum Beispiel

- Verschlüsselungsverfahren,
- Authentifizierungsmethoden,
- wie oft neue Schlüssel generiert werden,
- wie auf unsichere Anfragen reagiert werden soll,
- ob mit Computern kommuniziert werden soll, die IPsec nicht unterstützen.

Bei der Aushandlung von SAs können zwei IPsec-Protokolltypen zur Absicherung des Netzwerkverkehrs einzeln oder in Kombination aktiviert werden:

- **AH (Authentication Header):** AH-Sicherheitszuordnungen sind dann nützlich, wenn nur Datenintegrität, aber keine Vertraulichkeit erforderlich ist. AH führt eine SHA1- oder MD5-Signierung des gesamten Pakets durch (inklusive des IP-Headers mit der Quell- und Zieladresse). Diese Signatur wird dem Paket dann hinzugefügt. Der Empfänger erstellt auf die gleiche Art eine Signatur. Dann vergleicht er die Signatur mit der im Header. Wenn beide Signaturen übereinstimmen, ist das Paket unverändert.
- **ESP (Encapsulated Security Payload):** ESP wird verwendet, wenn die Daten vertraulich bleiben sollen. ESP handelt einen AES- oder 3DES-Sitzungsschlüssel aus. Dieser wird zwischen den Partnern ausgetauscht und zur Verschlüsselung des Netzwerkverkehrs verwendet. Bei ESP können Sie außerdem eine zusätzliche SHA1- oder MD5-Signierung definieren, die aber nicht das gesamte Paket umfasst.

IPsec kann in zwei verschiedenen Betriebsarten genutzt werden:

- **Transport-Modus:** Dieser Modus war früher der meist verwendete. Im Transport-Modus authentifizieren sich zwei Partner gegenseitig (Phase Eins) und richten dann die zur Signierung und Verschlüsselung erforderlichen Parameter ein (Phase Zwei). Der gesamte Netzwerkverkehr zwischen den beiden Partnern, der den in der Filterliste definierten Vorgaben entspricht, wird signiert und/oder verschlüsselt. Der Transport-Modus stellt sicher, dass die Kommunikation zwischen den beiden Computer nicht verändert oder abgehört wird. Er erzeugt keine neuen Pakete, sondern sichert vorhandene Pakete ab. In einem L2TP-VPN mit IPsec wird der Transport-Modus zur Absicherung des Netzwerkverkehrs verwendet.
- **Tunnel-Modus:** Im Tunnel-Modus wird eine Absicherung der Kommunikation zwischen zwei unterschiedlichen Standorten verwendet. Jeder Standort hat dabei einen IPsec-Gateway. Dieser ist so konfiguriert, dass es den Netzwerkverkehr zum anderen Standort routet. Wenn ein Computer an einem Standort mit einem Computer am anderen Standort kommunizieren möchte, wird der Netzwerkverkehr über die IPsec-Gateways geleitet. Am Gateway im eigenen Netz wird der ausgehende Netzwerkverkehr entsprechend der Definition abgesichert und in neue Pakete gekapselt. Die Gateways haben zu diesem Zeitpunkt bereits ihre Phase-Eins-Authentifzierung und die Sicherheitszuordnung der Phase Zwei abgeschlossen.

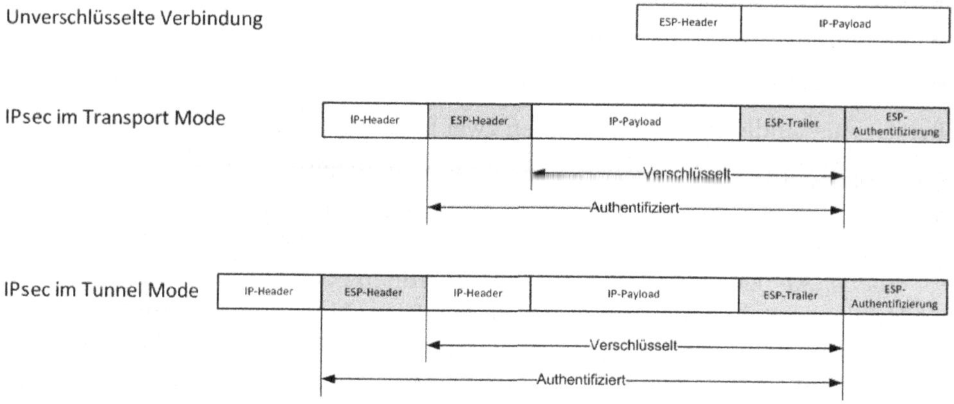

Abb. 11.7: Betriebsarten von IPsec

Es gibt keine Abhängigkeiten zwischen diesen Betriebsarten und den IPsec-Protokolltypen. Sowohl Transport- als auch Tunnel-Modus können AH, ESP oder AH und ESP zusammen nutzen.

Anmerkung: Werden ESP und AH zusammen genutzt, verfügt jede Partei über insgesamt vier SAs, getrennt nach ankommenden und abgehenden Verbindungen und AH bzw. ESP.

Vorsicht

Beachten Sie aber, dass die Verschlüsselung und Signierung bei ESP nur den Datenteil und den TCP/UDP-Header der Pakete umfasst – nicht den IP-Header (im Vergleich zu AH, bei dem das gesamte Paket signiert wird).

Die Schlüssel, welche für IPsec verwendet werden, können beim »Manual Keying« vorab ausgetauscht und auf beiden Endpunkten fest konfiguriert werden. Das ist aber aus Gründen der Sicherheit nicht empfehlenswert. Besser ist die Verwendung von Internet Security Association and Key Management Protocol (ISAKMP), auch als IKE (Internet Key Exchange) bezeichnet. Bei diesem Protokoll wird der Schlüssel für IPsec automatisch erzeugt und in regelmäßigen Abständen geändert. Dabei werden Prozeduren für die Authentifizierung von Kommunikationspartnern, für Erstellung und Management von Security Associations, für Schlüsselerzeugung sowie die Verringerung von Angriffsmöglichkeiten (z.B. Denial-of-Service- oder Replay-Attacken) definiert. Üblicherweise wird bei IPsec IKE für den Schlüsselaustausch benutzt, es sind jedoch auch andere Methoden möglich.

Vor dem Start einer verschlüsselten Verbindung mit IPsec müssen sich beide Seiten gegenseitig authentifizieren und auf die zu verwendenden Algorithmen einigen. Hierfür ist IKE gedacht. Zur Authentisierung wird das Verfahren Pre Shared Keying (PSK) oder Zertifikate eingesetzt.

IKE basiert auf UDP und nutzt standardmäßig den Port 500 als Quell- und Ziel-Port. Normalerweise werden die VPN-Gateways für IPsec in kleineren Umgebungen direkt auf der Firewall und in größeren Umgebungen als eigene Geräte in der DMZ betrieben.

IKE arbeitet in zwei Phasen:

- Aushandlung einer SA (Security Association) für ISAKMP entweder über den Aggressive-Mode (aggressiver Modus) oder Main-Mode (Hauptmodus). Der Aggressive-Mode ist schneller, aber weniger sicher als der Main-Mode und sollte deshalb nicht verwendet werden.
- Erzeugung einer SA für IPsec mittels Quick-Mode (Schnellmodus).

Beim »Main-Mode« in der ersten IKE-Phase handeln der Initiator (derjenige, der die Verbindung aufnehmen will) und der Antwortende (der Responder) miteinander eine ISAKMP-SA aus.

Diese Verhandlung geschieht folgendermaßen:

- Der Initiator sendet einen Vorschlag mit Authentifizierungs- und Verschlüsselungsalgorithmen.

- Der Responder wählt aus den angebotenen und von ihm unterstützten Algorithmen den sichersten aus und sendet das Auswahlergebnis an den Initiator.
- Der Initiator sendet seinen öffentlichen Teil vom Diffie-Hellman-Schlüsselaustausch und einen zufälligen Wert (die Nonce).
- Der Responder sendet ebenfalls seinen öffentlichen Teil vom Diffie-Hellman-Schlüsselaustausch und einen zufälligen Wert.
- Da nun beide (Responder und Initiator) die öffentlichen Teile für den Diffie-Hellman-Schlüsselaustausch kennen, wird dieses Verfahren genutzt, um einen geheimen Schlüssel zu berechnen. Dieser wird dann für die Verschlüsselung bei den folgenden Schritten verwendet. Der (Diffie-Hellman-)Schlüssel wird außerdem für die Erzeugung eines weiteren Schlüssels genutzt, der für die Authentifizierung verwendet wird.

Hinweis

Wenn Sie den Aggressive-Mode für die Phase 1 verwenden, wird der erste Schlüssel für die Authentifizierung in Klartext verschickt. Somit sollte diese Lösung nicht verwendet werden.

Bei der jetzt folgenden Authentifizierung müssen sich beide Beteiligten als zugriffsberechtigt ausweisen. Hierbei kommen zwei Verfahren zum Einsatz:

- **Pre-Shared-Keys (PSK):** Bei diesem Verfahren erfolgt die Authentifizierung aufgrund eines zuvor ausgetauschten Schlüssels. PSK kann angewendet werden, wenn eine überschaubare Teilnehmermenge an das IPsec-VPN angeschlossen ist. Wesentlicher Nachteil: Erhält jemand unberechtigten Zugriff auf diesen Schlüssel, müssen auf allen beteiligten Hosts die Schlüssel ausgetauscht werden.
- **X.509-Zertifikate:** Dieses Verfahren wurde in Kapitel 4 bereits ausführlich beschrieben.

Beim »Quick-Mode« in der zweiten Phase von IKE werden die für IPsec benötigten SAs ausgehandelt. Die ganze Kommunikation erfolgt in dieser Phase bereits verschlüsselt. Wie in der ersten Phase wird zunächst ein Vorschlag (Proposal) gemacht und zusammen mit einem Hash-Wert versendet.

Später werden die Schlüssel neu berechnet, und es fließen keinerlei Informationen aus zuvor generierten SAs ein. Dies stellt sicher, dass niemand von früher generierten Schlüsseln auf neue Schlüssel schließen kann (Perfect Forward Secrecy). Das wird erreicht, indem ein zusätzlicher Diffie-Hellman-Austausch stattfindet. Die Geheimnisse zur Schlüsselbildung werden verworfen, sobald der Austausch abgeschlossen ist. Die PFS-Option kann bei den heute gängigen VPN-

Lösungen ein- oder ausgeschaltet werden und hat lediglich einen kleinen Performance-Nachteil.

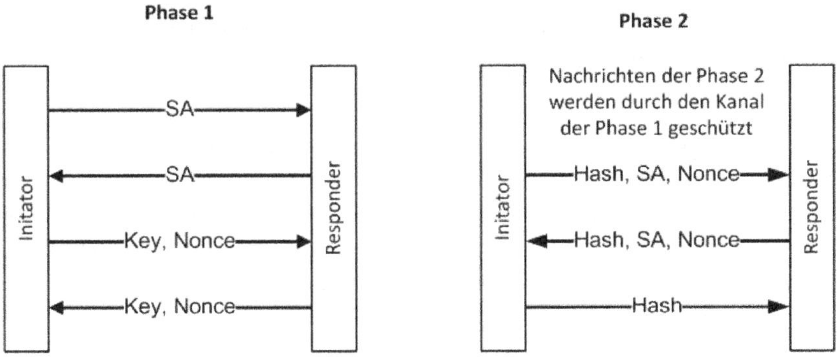

Abb. 11.8: Aufbau der IKE-Verbindung

IKE hat sich in weitem Umfang durchgesetzt, hat aber Schwächen bei Systemen mit dynamischen IP-Adressen (wie etwa DSL-Routern). Der Nachfolger IKEv2 geht diese Probleme an und ist darüber hinaus wesentlich schneller als IKE.

11.3.6 SSL

Eine Alternative zu VPNs auf Basis von IPsec ist SSL. Da SSL ein sehr weit verbreitetes Protokoll ist, haben sich auch VPNs auf Basis von SSL durchgesetzt. Das SSL-Protokoll selbst wurde bereits an anderer Stelle in Kapitel 9.5.11 in diesem Buch beschrieben.

Für den Betrieb eines SSL-VPNs ist es wichtig zu wissen, wie die Authentifizierung erfolgen soll. Meist authentifiziert sich nur der Server, und der Client sendet über die verschlüsselte Verbindung Benutzername und Passwort. Diese Variante ist gegen Man-in-the-Middle-Attacken mit gefälschten SSL-Zertifikaten empfindlich. Sicherer ist eine beiderseitige Authentifizierung auf SSL-Ebene, was aber wegen der dann nötigen Client-Zertifikate einen erhöhten Verwaltungsaufwand bedeutet. Damit ist einer der Vorteile von SSL-VPNs, die einfache Implementierung und Verwaltung von VPNs, zum Teil schon wieder hinfällig.

11.3.7 SSH

SSH (Secure Shell) wurde ursprünglich als Ersatz für die unsicheren Protokolle Telnet, rlogin, RSH und RCP entwickelt. SSH kann aber auch zum Aufbau von VPNs eingesetzt werden, hat aber dabei weniger Bedeutung als IPsec oder SSL erlangt. Wie an anderer Stelle in diesem Buch bereits beschrieben, lassen sich ohne großen Aufwand beliebige andere Protokolle in SSH einpacken (tunneln).

Wichtig

Mittels SSH können verschiedene TCP/IP-Verbindungen in einem Tunnel betrieben werden. Dabei wird jeweils ein einzelner Port von einem entfernten Server auf den Client weitergeleitet oder umgekehrt. Das kann beispielsweise einer VNC-Verbindung helfen, verschlüsselten Netzwerkverkehr zu nutzen.

Ursprünglich waren SSH-Implementierungen nur für das Betriebssystem Unix verfügbar. Mittlerweile stehen sie für viele Plattformen als Client oder Server zur Verfügung. Ein populärer Client ist PuTTY für Microsoft Windows, Unix, Windows Mobile sowie Symbian. Unter Cygwin gibt es auch einen SSH-Server für Windows, der auf OpenSSH basiert. Damit kann man sich per SSH auf einer Windows-Maschine einloggen und bekommt dort eine Shell.

Mit OpenSSH gibt es eine freie Implementierung von SSH, die mittlerweile einen sehr großen Verbreitungsgrad erreicht hat. Weitere freie Ausführungen von SSH sind dropbear oder lsh.

Weiterhin gibt es für Microsoft Windows die kostenlose SSH-Implementierung freeSSHd. Dieser SSH-Server lässt sich unter Windows als Dienst installieren. Die Benutzersteuerung unterstützt die NT-Authentifizierung und ermöglicht eine Anmeldung an der Windows-Domäne.

Wenn ein Client über SSH eine sichere Session mit einem Host aufbauen will, initiiert er die Kommunikation über einen Request. Sobald der Server diesen Request bekommt, sendet er eine Liste mit verfügbaren Protokollen an den Client, von denen dieser sich das sicherste aussucht und dem Server mitteilt. Daraufhin authentifiziert sich der Server mit einem Zertifikat beim Client. Beide handeln über Diffie-Hellman einen Sitzungsschlüssel aus und beginnen mit der verschlüsselten Übertragung.

Der Client authentifiziert sich nun mit einem Passwort oder einem privaten Schlüssel, dessen öffentliches Gegenstück auf dem Server hinterlegt ist.

Abb. 11.9: SSH Kommunikation zwischen Client und Host

11.4 Schwachstellen

Auch bei Remote-Zugriffen sind Schwachstellen bekannt, über die Angriffe ausgeführt werden können. Das ist besonders fatal bei verschlüsselten Verbindungen, da deren Inhalt von Firewalls in der Regel nicht analysiert und geblockt wird. Die folgende Zusammenstellung nennt einige typische Angriffspunkte.

11.4.1 Man in the Middle

Die schon von SSL bekannten Man-in-the-Middle-Angriffe sind auch bei SSH möglich. Ein bekanntes Tool ist hier sshmitm. Ein Man-in-the-Middle kann Verbindungen abhören (Eavesdropping) oder sogar Daten manipulieren

11.4.2 Identitäts-Spoofing

Spoofing ist die Möglichkeit, eine andere Person oder ein anderes System darzustellen. Dabei versucht der Angreifer, die Ursprungsadresse eines Pakets zu manipulieren, um dem Empfänger ein anderes System vorzugaukeln.

11.4.3 Botnets

Systeme, die Remote-Verbindungen ins Internet zulassen, sind anfällig gegen Netzwerk-Malware. Ein typischer Vertreter sind hier die Botnets, bei denen ein Master mit einer oft großen Zahl von Slaves kommuniziert und diese beispielsweise zum Senden von Spam missbraucht. Kommunizieren Master und Slave verschlüsselt, so sind solche Angriffe sehr schwierig zu entdecken.

Tipp

Wichtige Punkte, welche für die Prüfung zu berücksichtigen sind:

- Es existieren zwei Typen von VPNs: Site-to-Site und Fernzugriff (Remote-Access).
- VPN-Tunneling braucht immer ein Trägerprotokoll, ein Encapsulation Protocol und einen Authenticator.
- 802.1x verwendet EAP für die Authentifizierung zwischen den Partnern.
- Die Ports der verschiedenen Lösungen (PPTP, L2TP, SSH und IPsec) müssen bekannt sein.
- SSH ist ein kryptografischer Ersatz für Telnet, rlogin, RSH und RCP.
- Die Schritte für den Aufbau einer sicheren SSH-Verbindung müssen bekannt sein.
- IPsec verwendet IKE oder IKEv2, um die Schlüssel zu verwalten. Eine SA kann manuell oder über ISAKMP realisiert werden.
- Die Schwachstellen einer Remote-Access-Verbindung müssen bekannt sein.

11.5 Fragen zu diesem Kapitel

1. Welche Authentifikationsmethode kann am *ehesten* einen Angreifer daran hindern, erfolgreich eine Replay-Attacke (Angriff durch Wiedereinspielung) auszuführen?

   A TACACS

   B RAS

   C RADIUS

   D Kerberos

2. Was beschreibt am zutreffendsten die Differenz zwischen TACACS und RADIUS?

   A TACACS trennt Authentifizierung, Autorisierung und Auditing-Fähigkeiten.

   B TACACS ist ein Remote-Access-Authentifizierungsdienst.

   C RADIUS trennt Authentifizierung, Autorisierung und Auditing-Fähigkeiten.

   D RADIUS ist ein Remote-Access-Authentifizierungsdienst.

3. Welches wäre die sicherste Wahl für die Implementierung einer Authentifizierung von Remote-Verbindungen?

   A LDAP

   B RAS

   C ACL

   D RADIUS

4. Welche Methode verhilft dem Benutzer dazu, dass er möglichst wenige Konten unterhalten muss?

   A CHAP

   B Kerberos

   C SSO

   D RAS

5. Welches Szenario ist am ehesten dazu geeignet, von einer persönlichen Firewall auf den Notebooks der Mitarbeiter zu profitieren?

   A Remote Access über SSL-VPN

   B Büro-Notebooks am firmeneigenen LAN

   C Remote Access über einen firmeneigenen Einwahlserver

   D Büro-Notebooks die über ein Heimnetzwerk verbunden sind

6. Was beschreibt den Unterschied von RADIUS und TACACS am zutreffendsten?
   - A RADIUS verschlüsselt den Client-Server-Verhandlungsdialog.
   - B RADIUS ist ein Remote-Access-Authentifizierungsdienst.
   - C TACACS verschlüsselt den Client-Server-Verhandlungsdialog.
   - D TACACS ist ein Remote-Access-Authentifizierungsdienst.
7. Eine Administratorin stellt im monatlichen Firewall-Protokoll fest, dass viele interne PCs regelmäßig Datenpakete an einen einzelnen externen PC senden. Was beschreibt am besten, was hier geschieht?
   - A Der Remote-PC hat eine Slave-Spam-Anwendung am Laufen, und die lokalen PCs haben eine Master-Spam-Anwendung am Laufen.
   - B Der Remote-PC hat eine Zombie-Master-Anwendung am Laufen, und die lokalen PCs haben eine Zombie-Slave-Anwendung am Laufen.
   - C Der Remote-PC hat eine Master-Spam-Anwendung am Laufen, und die lokalen PCs haben eine Slave-Spam-Anwendung am Laufen.
   - D Der Remote-PC hat eine Zombie-Slave-Anwendung am Laufen, und die lokalen PCs haben eine Zombie-Master-Anwendung am Laufen.

## Kapitel 12

Drahtlostechnologien und -konzepte

Längst haben die drahtlosen Netzwerke Einzug in Firmeninfrastrukturen gefunden, sei es als Ergänzung zu verdrahteten Netzwerken oder als Ersatz, gerade bei kleineren Infrastrukturen.

Drahtlose Netzwerke haben den unbestreitbaren Vorteil der einfacheren Implementierung, was deren infrastrukturelle Vorgaben anbelangt. Sie müssen keine Löcher bohren, keine veralteten Kabel durch neuere ersetzen und können diese Netzwerke daher in der Regel einfach und schnell aufbauen.

Das kabellose Netzwerk ist andererseits auch anderen Gefahren ausgesetzt als eine verkabelte Infrastruktur, da die Daten nicht gleichermaßen durch eine Leitung geschützt ausgetauscht werden, sondern durch die Luft »frei« übertragen werden.

Dies eröffnet Angreifern neue Möglichkeiten, vor denen ein W-LAN geschützt werden muss. Analoges gilt übrigens auch für W-PAN, die drahtlosen Kleinnetzwerke über Infrarot und (heute häufiger) Bluetooth.

So haben etwa Begriffe wie das War Driving oder War Chalking zweifelhafte Berühmtheit erlangt.

Beim War Driving gehen oder fahren mit drahtlosem Equipment ausgestattete Personen durch die Gegend und suchen W-LANs, in welche sie dann einzudringen versuchen. Das War Chalking wiederum bezeichnet die anschließende Kennzeichnung solcher gefundenen Netzwerke mit Kreide an einer Gebäudewand oder dergleichen.

Aber bevor wir zu den Gefahren und Sicherheitsmaßnahmen im Detail kommen, fangen wir unser Kapitel mit den drahtlosen Standards an, welche seit 1996 vom Arbeitskreis 802.11 der IEEE definiert werden.

12.1 Aller Standard beginnt mit IEEE 802.11

Der Standard 802.11 definiert die physikalische Schicht (PHY) und die MAC-Schicht (WMAC). Die Funkverfahren nach 802.11 arbeiten im Frequenzbereich zwischen 2,4 GHz und 2,483 GHz mit einer maximalen Sendeleistung von 1 Watt. Die Übertragungsraten liegen standardmäßig bei 1 Mbit/s bis 2 Mbit/s. Als MAC-Protokoll setzt 802.11 auf ein sendergestütztes Verfahren mit Kollisionsvermeidung. Dieses Verfahren nennt sich dann CSMA/CA. Im Unterschied zum beim Ethernet beschriebenen Verfahren der Kollisionserkennung wird hier vor dem Versenden der eigentlichen Daten ein RTS-Frame (Request To Send) versandt, das der Empfänger mit einem CTS-Frame (Clear To Send) beantwortet. Stationen in der Nähe nehmen dies zur Kenntnis und wissen, dass sie solange nicht senden können, wie die Datenübertragung nach diesem Signalaustausch andauert.

1999 wurde entsprechend der fortschreitenden technischen Möglichkeiten der Standard 802.11b verabschiedet. Dieser brachte neben höheren Geschwindigkeiten von bis zu 11 Mbit/s auch erste Sicherheitsmerkmale wie die WEP-Verschlüsselung mit sich, was verhindern soll, dass andere Stationen die Signale abhören und entschlüsseln können.

In den USA wurde darüber hinaus der Standard 802.11a mit Übertragungsraten von bis zu 54 Mbit/s entwickelt. Da dieser aber im (in Europa von der öffentlichen Hand verwalteten) 5-GHz-Band arbeitet, wurde er in Europa vorerst verboten und erst nach Einrichtung eines zweiten ISM-Bandes im Frequenzbereich von 5,15 GHz bis 5,725 GHz im Jahre 2003 durch den Standard 802.11h zur Nutzung freigegeben.

Parallel dazu erarbeiteten die Europäer einen zu 802.11b kompatiblen, aber schnelleren Standard, der sich letztlich 802.11g nannte und bis Ende 2009 den aktuellen Standard für drahtlose Netzwerke bildete.

IEEE 802.11h ist die »Harmonisierung« des Standards 802.11a für europäische W-LAN-Anwendungen. Im Gegensatz zu 802.11a setzt dieser Standard die Fähigkeiten DFS (Dynamic Frequency Selection, Dynamisches Frequenzwahlverfahren) und TPC (Transmission Power Control, Übertragungssendeleistungssteuerung) voraus, um andere in Europa tätige Dienste im 5 GHz Band wie militärische Radarsysteme sowie Satelliten- und Ortungsfunk nicht zu stören.

Die gesetzlich (!) zulässige effektive Strahlungsleistung beträgt in Deutschland für 802.11 b/g/n-Netzwerke 100 mW (2,4 GHz-Bereich) bzw. bei 802.11a/n-Netzwerken 500 mW (5 GHz-Bereich). Dies lässt eine durchschnittliche Reichweite von 30 bis 100 Meter Reichweite auf freier Fläche erwarten. Einige W-LAN-Geräte erlauben den Anschluss einer externen Antenne. Mit externen Rundstrahlantennen lassen sich bei Sichtkontakt bis zu 300 Meter im Freien überbrücken. Im Vergleich dazu: Ein Mobiltelefon hat eine Strahlungsleistung von 1.000 bis 2.000 mW.

Der aktuellste Standard für W-LAN nennt sich 802.11n. Dieser Standard nutzt zur Datenübertragung eine neue Technik, welche Multiple Input Multiple Output (MIMO) genannt wird. Diese Technik setzt zwei bis maximal vier Antennen zur Übertragung ein. Dies ermöglicht es, einen Funkkanal im selben Frequenzbereich räumlich mehrfach zu nutzen und somit eine parallele Datenübertragung zu garantieren. Dadurch sollen in bestehenden Netzen die bisherigen Datenraten über größere Distanzen erreicht oder aber auf gleicher Distanz eine höhere Datenrate als bisher ermöglicht werden. Das Netzwerk kann dabei entweder in gemischtem Modus (802.11a/b/g + n) oder im reinen 802.11n-Modus betrieben werden (sogenannter Greenfield-Modus). Zudem können 802.11n-Netzwerke neben den bisherigen 20-MHz-Datenkanälen auch 40-MHz breite Datenkanäle nutzen. Durch die Kombination mittels MIMO können maximal 4 solcher Kanäle die 600 Mbit/s erbringen – wie gesagt als Bruttoleistung, nicht als Datenübertragungsrate.

Zudem sind W-LANs nach 802.11n zu den Netzen 802.11b und 802.11g kompatibel.

Hier eine Übersicht der wichtigsten Eckwerte für drahtlose Standards:

Standard	Frequenzen	Übertragungsrate	Kanäle
802.11a	5,15–5,825 GHz (nicht durchgehend!)	54 Mbit/s	In den USA 19, alle überlappungsfrei nutzbar
802.11b	2,4–2,484 GHz	11 Mbit/s	13 (Europa) oder 11 (USA); es sind maximal 3 Kanäle überlappungsfrei nutzbar.
802.11g	2,4–2,484 GHz	54 Mbit/s	13 (Europa) oder 11 (USA); maximal 3 Kanäle überlappungsfrei nutzbar.
802.11h	5,15–5,825 GHz nicht durchgehend!	54 Mbit/s	19 (Europa) oder 24 (USA); überlappungsfrei
802.11n	2,4–2,484 GHz 5,15–5,825 GHz nicht durchgehend	bis zu 600 Mbit/s	13 (Europa) oder 11 (USA); maximal 4 Kanäle überlappungsfrei nutzbar.

Tabelle 12.1: W-LAN Standards im Vergleich

Mit »überlappungsfrei« wird der Umstand bezeichnet, dass Kanäle parallel betrieben werden können, ohne dass sie sich stören. Theoretisch kann auf jedem Kanal, der freigegeben ist, ein W-LAN betrieben werden. Da jeder Kanal für sich aber 20 MHz beansprucht (oder auch 40 MHz siehe oben), sind nur drei Kanäle gleichzeitig in diesem Frequenzband ohne Störung nutzbar. In den USA sind das die Kanäle 1, 6 und 11, in Europa und Japan die Kanäle 1, 7 und 13.

Zudem ist bei der Einrichtung zu berücksichtigen, dass die W-LAN-Kanäle 9 und 10 nahezu die gleiche Frequenz wie die gängigen Mikrowellenherde (2,455 GHz) aufweisen und dadurch zeitweilig ein vollständiger Verbindungszusammenbruch möglich ist. Auch Bluetooth sendet in diesem Bereich, nicht aber DECT-Telefone, welche im Frequenzbereich von 1,8–1,9 GHz senden.

Wichtig zu wissen: Obwohl die Standards international sind, gelten für etliche Bereiche wie beispielsweise die präzisen Frequenzbänder oder die zur Verfügung stehende Kanäle in Europa, Asien und den USA unterschiedliche Werte, die zum

Teil sogar national gesetzlich geregelt werden. In Deutschland ist dafür die Bundesnetzagentur zuständig. Auf der Internetseite www.bundesnetzagentur.de können Sie die national zulässigen Werte nachlesen!

Weitere Entwicklungen in diesem 802.11-Standard sind etwa 802.11p, W.A.V.E genannt (Wireless Access in Vehicular Environments) im 5,9-GHz-Band. Diese Entwicklung dient der Datenkommunikation zwischen Fahrzeugen bis 200 km/h und auf Distanzen bis 1.000 Meter. Es zeichnet sich durch eine extrem kurze Zugriffszeit (4-50ms) aus, aber auch dadurch, dass nur kleine Datenmengen übertragen werden können. Der Standard ist noch nicht verabschiedet.

Eine weitere interessante Entwicklung ist 802.11s. Hierbei handelt es sich um ein drahtloses Maschennetzwerk (Wireless Mesh Network). Das Ziel ist eine sich selber konfigurierende Multi-Hop-Technologie mit W-LAN-fähigen Geräten als Relaisstationen (Hops) bis zum nächsten Access Point.

12.2 Der Netzaufbau

Der Standard IEEE 802.11b sieht drei Verbindungsarten vor: die Punkt-zu-Punkt-Verbindung mittels Richtfunk, die Punkt-zu-Multipunkt-Verbindung über Access Points und einen unstrukturierten Access-Modus. Das ist bis heute so geblieben.

12.2.1 Das Ad-hoc-Netzwerk

In einem Ad-hoc-Netzwerk kommunizieren einzelne Endknoten wie z.B. Notebooks direkt miteinander. Die verbundenen Geräte bilden eine eigene Funkzelle mittels direkter Punkt-zu-Punkt-Verbindungen. Ein einzelner Endknoten kann mehrere dieser Verbindungen aufrechterhalten, und es können jederzeit neue Endknoten zur Funkzelle hinzukommen. Dazu benötigt aber jede der beteiligten Stationen die Identifikation des Ad-hoc-Netzwerkes, die als Service Set Identifier (SSID) bezeichnet wird.

Die Reichweite eines Ad-hoc-Netzwerks ist aufgrund der kleineren Sendeleistung nicht sehr groß, da keine dedizierte Sendestation verwendet wird. Der größte Nachteil des Ad-hoc-Netzwerks besteht aber darin, dass es in sich geschlossen ist und daher nicht mit anderen bestehenden lokalen Netzwerken verbunden werden kann.

12.2.2 Das Infrastrukturnetzwerk

Um bestehende lokale Netzwerke durch ein drahtloses Netz zu erweitern oder um größere drahtlose Netze zu bauen, nutzt man die sogenannte Infrastrukturmethode. Hier vermittelt eine Basisstation (Access Point) zwischen den Endgeräten und dient als Sende- und Empfangsstation. Die Reichweite des Netzwerks wird dadurch bedeutend größer, weil ein Endgerät nur noch den Access Point erreichen muss, um mit anderen Endgeräten in Verbindung zu treten. Jede Funkzelle benötigt mindestens einen Access Point. Um sich an diesem anzumelden, benötigt das Endgerät den Namen des Netzwerks, also die bereits erwähnte SSID. Diese wird standardmäßig zusammen mit der MAC-Adresse als Management-Frame vom Access Point unverschlüsselt ausgesandt. Das Frame wird auch Beacon-Frame genannt (frei übersetzt Signalfeuer).

Der Access Point kann für einen gültigen Verbindungsaufbau zusätzliche Sicherheitsmerkmale wie eine Verschlüsselung oder Authentifizierung vom sich anmeldenden Client anfordern. Dadurch sind Infrastruktur-gestützte Netzwerke sicherer als Ad-hoc-Netzwerke. Durch das Verwenden mehrerer Access Points kann zudem die Reichweite beträchtlich vergrößert werden.

12.2.3 Aufbau einer drahtlosen Verbindung

Wie wir gesehen haben, benötigen wir unabhängig vom Aufbau des Netzwerks zumindest einen eindeutigen Namen, welcher das Netzwerk identifiziert. Diese Identifikation nennt sich Service Set Identifier (SSID).

Ein nur so definiertes Netzwerk ist allerdings ungeschützt, was sich die bereits angesprochenen War Driver dann gerne zu Nutze machen. Durch die Haftung des Netzwerkbesitzers ist dies zudem nicht unproblematisch, da bei Rechtsverstößen auch der Besitzer des drahtlosen Netzwerks haftet; er kann sich nicht mit der Bemerkung »Das war War Driving« aus der Verantwortung stehlen.

Darum sind weitere Identifikationsmerkmale wie die Verschlüsselung oder Authentifizierung von wichtiger Bedeutung. Gesteuert werden diese Möglichkeiten von den Fähigkeiten der installierten Hardware, sei es vom Access Point oder durch die installierte drahtlose Netzwerkkarte. Damit eine Kommunikation über diese Merkmale hinweg auch wirklich funktioniert, müssen zudem Access Point und Netzwerkkarte im Endgerät beide dieselben Möglichkeiten und Standards unterstützen.

Dies ist auch eine Erklärung dafür, warum man in Europa mit dem Standard 802.11g einen abwärts kompatiblen Standard entwickelt hat, sodass 802.11b und 802.g nebeneinander existieren und miteinander kommunizieren können.

Welche Werte müssen Sie nun kennen, damit Ihr drahtloses Netzwerk funktioniert?

Name: Die SSID kann in der Regel durch Scannen mit der Verbindungssoftware der drahtlosen Netzwerkkarte gesehen werden. Zahlreiche Access Points bieten aber die Option, die Übermittlung der SSID zu unterdrücken. Das Beacon-Frame wird dadurch um einen Teil seiner Information beschnitten, und der Client muss die SSID selber kennen (Wissen statt Suchen).

Methode: Ad-hoc oder Infrastruktur. Bei Ad-hoc muss zudem eingestellt werden, auf welchem der 13 möglichen Kanäle die Übertragung stattfinden soll. Bei Infrastruktur wird diese Einstellung am Access Point vorgenommen, der diese Information an die Endgeräte weitergibt.

Verschlüsselung: Die verwendete Verschlüsselung muss bei Sender und Empfänger gleich eingestellt sein, nur dann kann eine gültige Kommunikation hergestellt werden.

MAC-Filter: Viele Access Points erlauben die Einschränkung des Zugriffs für bestimmte Endgeräte. Dies wird in der Regel über die Identifikation der MAC-Adresse vorgenommen. Ist eine solche Einschränkung aktiv, muss die MAC-Adresse des Endgerätes in die Liste aufgenommen werden, um Zugang zum Netzwerk zu erhalten.

Und so kann dies dann in der konkreten Konfiguration aussehen:

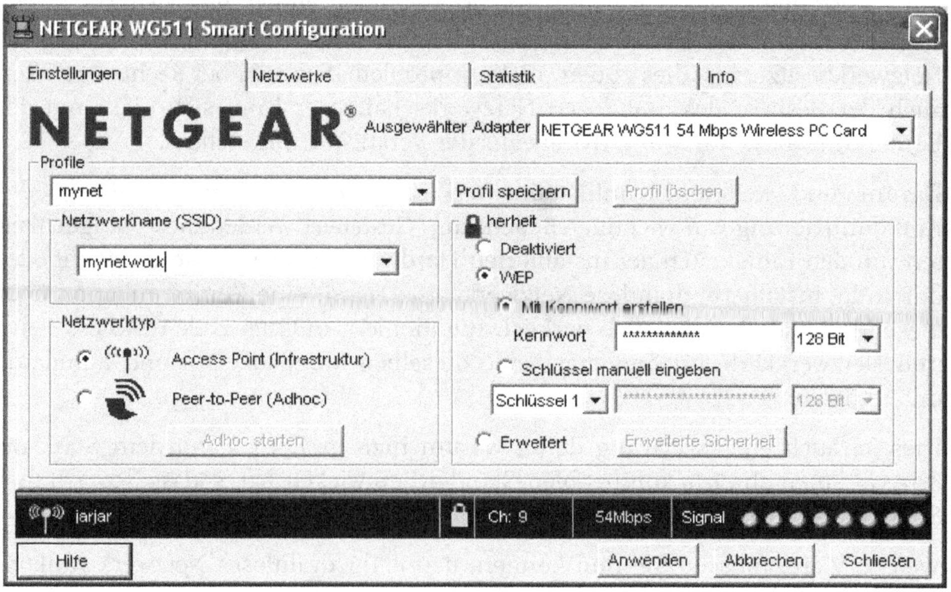

Abb. 12.1: Konfiguration einer drahtlosen Netzwerkkarte

Seitens des Access Points wird dies wie folgt konfiguriert (hier als Beispiel mit WPA-PSK anstelle von WEP):

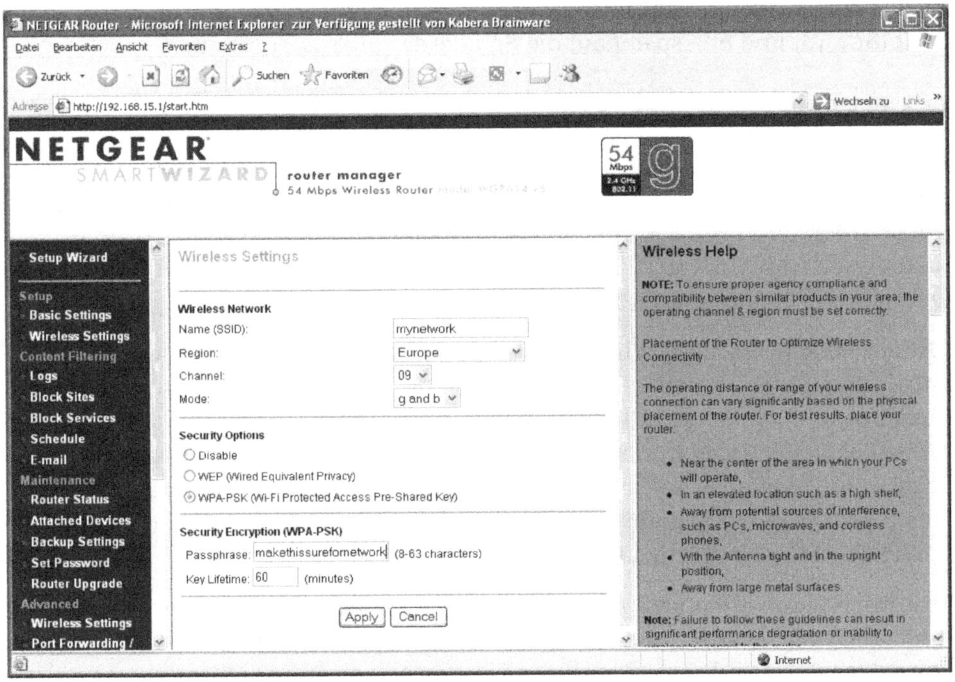

Abb. 12.2: W-LAN-Einstellungen im Router

12.3 Sicherheit in drahtlosen Verbindungen

Das IEEE-Komitee hat bei der Entwicklung der WLAN-Sicherheitsstandards nicht geplant, ein 'perfektes' Verschlüsselungsverfahren zu entwerfen. Man nahm an, dass die Verschlüsselung auf Anwendungsebene (z. B. elektronischer Zahlungsverkehr) realisiert würde und es drüber hinaus nicht notwendig ist, weitere Verschlüsselungen zu definieren. Mit dem WEP-Standard (Wired Equivalent Privacy) kam daher lediglich ein – aus heutiger Sicht – unsicherer Sicherheitsmechanismus zum Tragen.

Erst nach lauter Kritik an diesem Verfahren wurden mit (privat entwickeltem) WPA und dem darauf folgenden Standard WPA2 Verschlüsselungen entwickelt – WPA2 hält bei geeigneter Umsetzung auch heutigen Anforderungen stand.

Um den Zugang zu öffentlichen Netzwerken zu kontrollieren, wurde zudem der Standard 802.1x entwickelt. Eine mögliche Lösung für eine solche Verbindung sollte kostengünstig und einfach zu implementieren sein. Dabei sollten die bestehende Netzwerkinfrastruktur verwendet und standardisierte Netzwerkprotokolle eingesetzt werden. Das Konzept für 802.1x wurde gemeinsam von den Firmen 3Com, HP, und Microsoft entwickelt und im Juni 2001 durch die IEEE als Standard verabschiedet. Das Modell wurde übrigens ursprünglich für Switches entwickelt (802.1d) und erst später auf die Standards von 802.11 erweitert.

12.3.1 Wired Equivalent Privacy

Da sich Funkwellen im Gegensatz zu kabelgebundenen Verbindungen in alle Richtungen ausbreiten, bestehen verschiedene Sicherheitsrisiken. Das beginnt mit dem Mithören von Nachrichten, dem Abfangen von Passwörtern oder Authentifizierungen und erstreckt sich bis zur Man-in-the-Middle-Attacke, welche eine Übernahme der ganzen Session zulässt.

Mit der Verschlüsselung Wired Equivalent Privacy (WEP) hat man eine Methode entwickelt, Daten verschlüsselt zu transportieren. Die Daten werden dabei mit einem 64-Bit-Schlüssel chiffriert. Da jedoch die ersten 24 Bit als Initial-Vektor für protokolleigene Angelegenheiten benötigt werden, stehen für die effektive Verschlüsselung lediglich 40 Bit zur Verfügung. Später ist dazu eine aktualisierte Version erschienen, die nominell von einer 128-Bit-Codierung spricht, de facto handelt es sich aber um 104 Bit.

Technisch gesehen handelt es sich bei WEP um eine symmetrische Verschlüsselung, und zwar um eine einfache XOR-Verknüpfung des Bitstroms der Nutzdaten mit einem aus dem RC4-Algorithmus generierten, zufälligen Bitstrom.

Dabei kommen zwei unterschiedliche Verfahren zum Tragen:

Die Open System Authentification: Hierbei dient der WEP-Schlüssel des Clients, der auch auf dem Access Point (AP) eingetragen ist, zugleich zur Authentifizierung wie zur anschließenden Verschlüsselung. Ist der WEP-Schlüssel des Clients identisch mit dem auf dem AP eingetragenen Schlüssel, kommt eine Kommunikation zustande, und eine verschlüsselte Übertragung kann stattfinden.

Die Shared Key Authentification: Hierbei wird zuerst ein geheimer Schlüssel ausgetauscht und erst anschließend die verschlüsselte Kommunikation aufgebaut. Da der geheime Schlüssel aber auch auf WEP basiert, wird dieser in der Kommunikation des Datenpakets offengelegt und ist daher höchst unsicher.

Innerhalb von WEP ist daher die Open System Authentication vorzuziehen.

Schwachstellen von WEP sind:

- WEP-Schlüssel sind zu kurz. Eine 40-Bit-Schlüssellänge bietet keinen ausreichenden Schutz vor Brute-Force-Angriffen. Angreifer können durch das Aufzeichnen eines einzigen verschlüsselten Datenpaketes und das systematische Durchprobieren möglicher Schlüssel in kurzer Zeit den richtigen WEP-Schlüssel finden. Ein 104 Bit langer Schlüssel, welcher erst mit dem Standard IEEE-802.11i implementiert wurde, ist durch einen solchen Brute-Force-Angriff jedoch in der Praxis doch sehr aufwendig zu knacken (aber möglich).

- Bei WEP ist kein Schlüsselmanagement vorhanden. Die statischen WEP-Schlüssel müssen manuell bei allen Clients und Access Points im Netzwerk implementiert und aktualisiert werden. Da dadurch aber der Verwaltungsaufwand sehr hoch wird, werden die Schlüssel in der Regel selten oder gar nicht aktualisiert. Das gefährdet aber die Sicherheit sehr stark. Denn der Schlüsselstrom ist bei einem statischen, sich nie ändernden WEP-Schlüssel nur vom Initialisierungsvektor (IV) abhängig. Da zusätzlich alle Teilnehmer denselben WEP-Schlüssel verwenden, besteht eine erhebliche Gefahr, dass ein Angreifer diesen Schlüssel ermitteln kann. Je größer die Anzahl Teilnehmer in einem Netzwerk ist, desto mehr steigt diese Gefahr an.
- Zu kurze oder schwache Initialisierungsvektoren. Mit einer Länge von 24 Bit gibt es nur eine Gesamtmenge von 2^24 möglichen IVs. Das führt zu einer häufigen Wiederverwendung. Somit entstehen aus den wiederholten IVs und dem WEP-Schlüssel auch Schlüsselströme, die bereits verwendet wurden. Ein Angreifer kann durch den unverschlüsselt übertragenen IV solche IV-Kollisionen erkennen und eine sogenannte Known-Plaintext-Attacke durchführen.
- IV-Attacke: Sammelt man IVs und die dann folgenden ersten verschlüsselten Pakete, sind Rückschlüsse auf den WEP-Schlüssel möglich. Die ersten Daten werden über den IV verschlüsselt, der bekannt ist. Ist auch der Klartext einigermaßen bekannt oder kann erraten werden (z.B. Ping-Pakete), ist es nur eine Frage der Zeit, bis die Verschlüsselung geknackt ist. Hacker-Programme liegen ganz automatisch auf der Lauer und warten, bis sie genug Material zusammen haben oder provozieren durch eigene Pakete das Senden immer neuer IVs.
- Schwache Initialisierungsvektoren: Einige IVs ermöglichen Rückschlüsse auf den WEP-Schlüssel. Die mit ihnen erzeugten Schlüsselströme korrelieren stärker mit dem WEP-Schlüssel als vorgesehen. Kann ein Angreifer genug Chiffretext aufzeichnen, der mit solchen schwachen IVs erzeugt wurde, so kann er daraus den eigentlichen WEP-Schlüssel ermitteln. Ein solcher Angriff wird als Weak-Attack bzw. FMS-Angriff bezeichnet, und der Aufwand ist linear zur Schlüssellänge.
- Mangelhafte Integritätsprüfung: Der zur Integritätsprüfung mitgesendete ICV (Integrity Check Value) ist keine kryptografische Prüfsumme, sondern lediglich ein 32 Bit langer CRC-Wert. Er bietet Schutz gegen zufällige Übertragungsfehler, jedoch nicht gegen gezielte Manipulationen eines Angreifers. Ein solcher könnte durch gleichzeitige Manipulation der Nutzdaten und des CRC ein weiterhin gültiges Paket erzeugen. Somit ist das Verfahren wirkungslos, denn weder Sender noch Empfänger können den manipulierten Nachrichteninhalt erkennen. Eine solche Nachrichtenmodifikation wird als Injection-Attacke bezeichnet.
- Fälschbare Authentisierung: Ein Angreifer kann die Authentisierung eines anderen Clients beobachten und dabei den IV sowie den Challenge-Text sowohl

im Klartext als auch verschlüsselt aufzeichnen. Daraus kann er anschließend den Schlüsselstrom berechnen. Diesen kann er für seine eigene Authentisierung nutzen. Ein solcher Angriff wird als Authentication-Spoofing bezeichnet und gehört zur Klasse der Message-Injection-Angriffe. Auf diese Weise ermittelte Schlüsselströme kann der Angreifer außerdem dazu verwenden, andere verschlüsselte Daten mit entsprechendem IV zu entschlüsseln. Die Shared-Key-Authentication ist somit in zweierlei Hinsicht ein Sicherheitsrisiko.

- Fehlende Access Point-Authentifizierung: Die Access Points authentisieren sich gegenüber den Clients nicht. Somit ist ein Man-in-the-Middle-Angriff möglich, bei dem sich der Angreifer als Access Point ausgibt. Dies ermöglicht ihm, die Daten des Clients zu analysieren und ggf. zu manipulieren und anschließend an den richtigen Access Point weiterzuleiten.
- Keine Benutzerauthentifizierung: Die Authentifizierung überprüft die Authentizität des Benutzers nicht. Es werden lediglich die WLAN-Adapter authentifiziert. Dazu ist der WEP-Schlüssel auf dem jeweiligen Gerät z.T. sogar im Klartext abgelegt. So kann ein verloren gegangenes Notebook zum Eindringen in das WLAN verwendet werden.

Die im WEP-Standard vorgesehenen Verfahren haben sich in der Praxis als unzureichend erwiesen. Dieser Mangel führte zum einen zu einer Reihe von proprietären Erweiterungen des Standards wie 'CKIP' von Cisco oder 'KeyGuard' von Symbol Technologies. Zum anderen entstanden Lösungen, die auf höheren Protokollschichten mit Mitteln wie PPTP oder IPsec die benötigte Sicherheit bieten. All diese Verfahren funktionieren zwar prinzipiell, bringen auf der anderen Seite jedoch Einschränkungen z.B. bezüglich der Interoperabilität oder des Datendurchsatzes.

Mit Tools wie WEPCrack oder AirSnort ist man heute in der Lage, WEP-Schlüssel in weniger als fünf Minuten zu brechen. Voraussetzung für einen Angriff ist aber in der Regel, dass Clients angemeldet sind und ein Netzwerkverkehr besteht, den man abhören oder in den man eindringen kann.

12.3.2 WPA und 802.11i

Die IEEE entwickelte unter dem Standard 802.11i einen besseren Sicherheitsstandard. Da dies aber zu viel Zeit in Anspruch nahm, hatten die Hersteller zwischenzeitlich den Pseudo-Standard Wi-Fi Protected Access (WPA) entwickelt. Nach Abschluss der Standardisierung wurde WPA dann entsprechend erweitert, und es wurde WPA2 als Standard publiziert.

Mit dem Standard 802.11i von 2004, der mittlerweile im Standard 802.11-2007 aufgegangen ist, wurde das WEP-Verfahren durch neue Verfahren zur Erhöhung der Sicherheit abgelöst. Die wesentlichen Neuerungen von WPA sowie dem später folgenden Standard 802.11i waren:

- WPA: WPA mit Temporal Key Integrity Protocol (TKIP) als Ersatz für WEP (allerdings immer noch auf der Verschlüsselung RC4 basierend).
- 802.11i: CCMP (Counter Mode with Cipher Block Chaining Message Authentication Code Protocol) zur Behebung der Schwächen von TKIP. Daher auch die Bezeichnung WPA2. CCMP basiert im Unterschied zu TKIP auf der AES-Verschlüsselung.
- Ein standardisiertes Handshake-Verfahren zwischen Client und Access Point zur Ermittlung/Übertragung der Sitzungsschlüssel.
- Ein vereinfachtes Verfahren zur Ermittlung des Master Secrets, das ohne einen RADIUS-Server auskommt.
- Aushandlung des Verschlüsselungsverfahrens zwischen Access Point und Client.

Das WPA-Protokoll ersetzt die statischen Codes von WEP durch dynamische Schlüssel, die schwerer zu manipulieren sind. Je länger der benutzte Schlüssel ist und je häufiger er in kurzen Abständen gewechselt wird, desto zuverlässiger der Schutz. Hier kommt allerdings nach wie vor eine symmetrische Verschlüsselung zum Einsatz.

Zwischen WPA und WPA2 ergibt sich durch die Verwendung von CCMP anstelle von TKIP immer noch ein großer Unterschied in der Sicherheit zugunsten von WPA2.

Die Verschlüsselungsmethode wird von der Software der WLAN-Karte vorgegeben, und alle neueren Karten unterstützen heute dieses Verfahren.

Der wie gesagt erst nach WPA verabschiedete Standard 802.11i wurde danach in WPA2 implementiert. Damit kann die Wireless-Sicherheit in zwei verschiedenen Funktionsmodi betrieben werden.

- **WPA Personal:** Der Modus »WPA Personal« ermöglicht die Einrichtung einer gesicherten Infrastruktur basierend auf WPA, allerdings ohne die Einrichtung eines Authentifizierungsservers. WPA Personal beruht auf der Verwendung eines gemeinsamen Schlüssels namens **PSK** für *Pre-Shared Key*, der im Access Point und den Clientstationen eingegeben wird. Im Gegensatz zu WEP ist es nicht notwendig, einen Schlüssel mit einer vordefinierten Länge zu verwenden. WPA erlaubt die Verwendung einer *passphrase* (Geheimphrase), die durch einen Hash-Algorithmus in einen *PSK* übersetzt wird. Je länger diese ist, umso sicherer ist der generierte Schlüssel.
- **WPA Enterprise:** Der Enterprise-Modus verlangt die Verwendung einer 802.1x-Authentifizierungsinfrastruktur, die auf der Verwendung eines Authentifizierungsservers basiert, normalerweise ein RADIUS-Server und ein Netzwerk-Controller (der Access Point).

Auch WPA/WPA2 ist nicht frei von Schwachstellen: Die Verschlüsselung von WPA2 wurde aber bisher noch nicht geknackt.

Es gibt aber auch eine Ausnahme: Wenn ein zu einfacher Pre-Shared Key verwendet wird, kann auch WPA2 gehackt werden. Hier liegt die Verantwortung daher primär beim Administrator, der diese Schlüssel einrichtet. PSKs sollten nicht unter 28 Zeichen lang sein. Da dieses Passwort nur während der Einrichtung des WLANs und beim Hinzufügen weiterer Clients eingegeben werden muss, nicht aber bei jedem Anmelden eines Gerätes, spielt diese Länge für den administrativen Aufwand nur eine untergeordnete Rolle, für die Sicherheit gegenüber Angriffen aber eine große.

12.3.3 Die Implementierung von 802.1x

Der IEEE-802.1x-Standard stellt eine wichtige Weiterentwicklung im Sicherheitskonzept für Netzwerke dar und bietet eine Möglichkeit, schon am Netzwerkzugangsport eine Benutzeridentifizierung vorzunehmen. Damit werden folgende Funktionen realisiert:

- Zugangskontrolle (benutzerorientiertes Regelsystem)
- Abrechnung (Billing & Accounting)
- Bandbreitenzuweisung (QoS pro User)
- Anlegen von Benutzerprofilen (User Personalized Network, UPN)

Mit »Single-Sign-On-Optionen« können sich die Benutzer dabei mit einer Authentifizierung an verschiedenen Systemen und Anwendungen gleichzeitig anmelden, z.B. bei Einwahlservern, Firewalls, VPN's oder Wireless LANs. Dabei erfolgt die Authentifizierung des Benutzers einmalig an einem zentralen sogenannten RADIUS-Server.

Wo liegt die Aufgabe eines RADIUS-Servers?

Provider möchten die kontrollierte Einwahl in ein Netzwerk ermöglichen. Sie bieten dazu einer Vielzahl von Benutzern an verschiedenen Orten Zugang zum Internet, ein typisches Beispiel ist dabei der DSL-Zugang. Somit muss bei der Einwahl genau überprüft werden, wer Zugang zum Netzwerk bekommt, um einen Missbrauch der Serverdienste auszuschließen. Zusätzlich benötigen die Provider Mechanismen, die ihnen eine Erfassung und Berechnung der Onlinezeiten für die Benutzer ermöglichen.

Deshalb muss ein leistungsfähiges System die folgenden Aufgaben zentral übernehmen:

- Authentisierung
- Autorisierung
- Accounting

Für diese Thematik wurde der Remote Authentication Dial-In User Service, kurz RADIUS entwikkelt. RADIUS ist im RFC 2865 spezifiziert und kommuniziert über den UDP-Port 1812. Ein Network Access Server (NAS) fungiert als Client des RADIUS-Servers. Der RADIUS-Server kann aber auch als Proxy für andere RADIUS-Server oder andere Arten von Authentifizierungsservern dienen. Die Kommunikation zwischen RADIUS-Client und -Server wird so gesichert, dass sich beide Kommunikationspartner gegenseitig durch ein »Shared Secret« authentifizieren und den Datentransfer verschlüsseln. RADIUS unterstützt eine Vielzahl von Authentifizierungsmöglichkeiten wie zum Beispiel PAP, CHAP, EAP oder UNIX-Login. RADIUS kann viele erweiterbare Attribute eines Benutzers verarbeiten und übermitteln.

12.3.4 Das Extensible Authentication Protocol (EAP)

EAP wurde ursprünglich für PPP-Verbindungen entwickelt und ist in den RFCs 2284 und 2716 spezifiziert. Mithilfe von EAP können zwei Kommunikationspartner vor der eigentlichen Authentifizierung aushandeln, welche Authentifizierungsmethode angewandt werden soll. Aufgrund der Ausführung als Application Programming Interface (API) werden auch zukünftig entwickelte Authentisierungsprotokolle auf EAP aufsetzen können. EAP beschreibt in einem einfachen Request-Response-Verfahren den Austausch der Authentifizierungsdaten vom Benutzer zum Authentisierungsserver und dessen Antwort. Dabei können beliebige Authentifizierungsmechanismen wie Kerberos, SecurID oder Zertifikate benutzt werden. EAP wird entweder in Verbindung mit PPP verwendet oder als Protokoll-Framework zum Authentifizierungsdatenaustausch in anderen Protokollen, so etwa auch in IEEE 802.1x. Für die Anwendung von EAP über 802.1x werden die Authentifizierungsdaten mittels EAPoL (Extensible Authentication Protocol over LAN) oder im Fall von Wireless entsprechend EAPoW übertragen.

Wie funktioniert EAP?

Das EAP fordert den Benutzer auf, sich zu authentifizieren. Diese Authentisierungsinformationen werden zunächst an den Port bzw. den Authenticator weitergeleitet. Sobald der Authenticator diese Daten empfangen hat, leitet er sie an einen AAA-Server (Authentication, Authorization and Accounting), im Normalfall einen RADIUS-Server weiter. Anhand der hinterlegten Benutzerprofile authentifiziert der RADIUS-Server den User, d.h. er entscheidet, ob der User Zugriff auf die angefragten Services erhält oder nicht. In einigen Fällen übernimmt der RADIUS-Server die Authentifizierung nicht selbst, sondern leitet die Daten an eine weitere Authentifizierungseinheit weiter, im Normalfall an einen Verzeichnisdienst (LDAP-Server, Directory Server). Im Falle einer nicht erfolgreichen Authentifizierung erhält der Authenticator eine entsprechende Information, die dafür sorgt, dass der Port nicht aktiviert wird (d.h. den Modus Authentication on/Port off einnimmt) bzw. das Standardsystemverhalten beibehält (Authentication on/Port on with default policy). In beiden Fällen erhält der Benutzer keinen Zugriff auf die angefragten Services. Wenn die Authentifizierung erfolgreich verläuft, wird die Erfolgsmeldung, die der RADIUS-Server an den Switch zurücksendet, mit der Funktionsbezeichnung »RADIUS/EAP Success« versehen. Der Authenticator schaltet danach sofort den entsprechenden Port für den uneingeschränkten Datentransport frei.

12.3.5 WAP (Wireless Application Protocol)

WAP ist ein Standard, welcher die Übertragung von Daten und die Darstellung auf mobilen Endgeräten regelt. Das WAP-Forum wurde 1997 von Nokia, Ericsson, Motorola und Phone.com gegründet, und 1998 wurde die Version 1.0 von WAP publiziert. Eine Zeit lang dachte man, dass dies eine wichtige Zukunftsform der Kommunikation werde, mittlerweile hat sich diese Begeisterung aber deutlich gelegt. Die Welle der Smartphones hat dabei sicherlich einen großen Einfluss auf die Entwicklung genommen.

Grundsätzlich existieren zwei Möglichkeiten, WAP einzusetzen: Entweder das Mobilfunktelefon kommuniziert mit einem WAP-Server – einem Server, der ebenfalls die WAP-Protokollschichten implementiert – im Internet oder es kommuniziert mit einem gewöhnlichen HTTP-Server. Wird mit einem HTTP-Server kommuniziert, so muss ein Gateway zwischen Funknetz und Internet das sogenannte »Content-Management« übernehmen, d.h. die Codierung der WML-Dokumente, Compilierung von WML-Skripts und unter Umständen auch Konvertierung von HTML-Seiten nach WML.

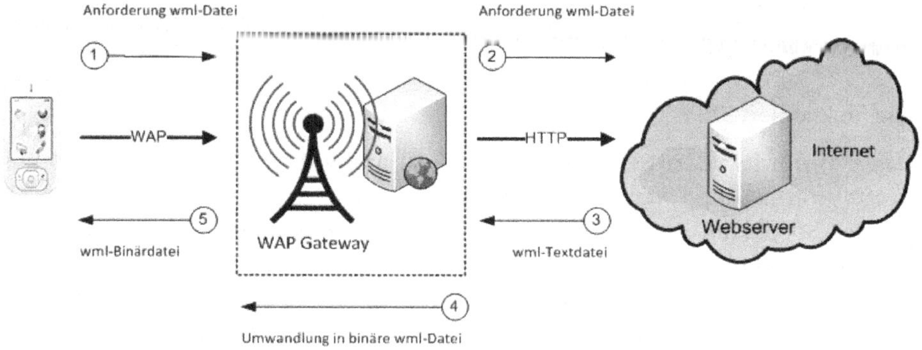

Abb. 12.3: WAP-Connect

Die Wireless Transport Layer Security (WTLS) ist für die sichere Datenübertragung verantwortlich. WTLS beinhaltet die Überprüfung der Datenintegrität, Abhörsicherheit, Schutz vor Denial-of-Service-Attacken und Benutzerauthentifizierung.

WTLS ist eine Komponente von WAP und wird von vielen mobilen Geräten wie Mobiltelefonen oder PDAs unterstützt.

12.4 Grundlegende Sicherheitsmaßnahmen

Der Betrieb eines drahtlosen Netzwerks kann durch verschiedene Maßnahmen optimiert werden.

Die erste ergibt sich naheliegenderweise aus den bisherigen Betrachtungen zu der zu wählenden Verschlüsselung. Daneben gilt es aber auch, sich über die Konfiguration des Access Points entsprechende Gedanken zu machen.

Maßnahmen im Umfeld der Verschlüsselung:

- Es gibt keine unverschlüsselten Netzwerke (außer öffentliche Hotspots).
- Wo immer möglich, WPA2 anstelle von WEP oder WPA einsetzen
- Bei WPA/WPA2 einen langen PSK verwenden (>28 Zeichen)
- Wählen Sie einen kleineren Wert für die Zeitspanne der Schlüsselerneuerung. Damit erschweren Sie einen Angriff zusätzlich.

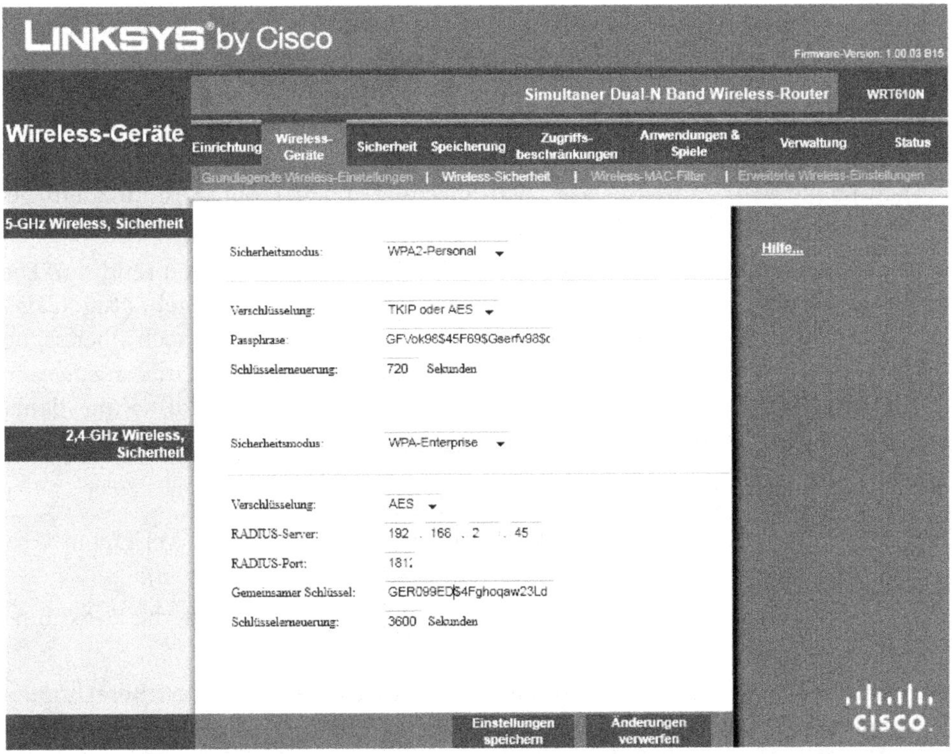

Abb. 12.4: Mögliche Sicherheitseinstellungen zur Verschlüsselung mit WPA2

Maßnahmen bei der Konfiguration des Access Points:

- Zuallererst: Ersetzen Sie das Standardpasswort für den Zugriff auf das Gerät durch ein starkes Passwort (»password, »admin«, »letmein« und »1234« gehören nicht zu den starken Passwörtern!).
- Aktualisieren Sie die Firmware auf dem Access Point. Tun Sie dies regelmäßig, um das Gerät immer auf dem aktuellen sicherheitstechnischen Stand zu halten. Aktualisieren Sie das Gerät ausschließlich mit Firmware, welche Sie direkt vom Hersteller des Access Points beziehen, und nie von irgendwelchen Drittquellen.
- Deaktivieren Sie nach Möglichkeit den Konfigurationszugriff via W-LAN und, sofern vorhanden, auf der WAN-Schnittstelle bzw. über Remote-Zugriff. Erlauben Sie stattdessen die Konfiguration nur über Ethernet.
- Wählen Sie eine SSID, welche keine Rückschlüsse auf den Besitzer oder den Standort des Access Points zulässt. **5433-DFA-3842** ist eindeutig besser geeignet als **cisco-educomp-hochparterre.**

Zwei weitere Maßnahmen können Sie ebenfalls ergreifen, sie sind aber nur bedingt hilfreich bzw. sogar umstritten:

- Führen einer Zugriffskontrollliste. Hierbei können Sie auf Basis von MAC-Adressen eine Access Control List (ACL) führen, die festlegt, welche W-LAN-Clients Zugriff auf die Kommunikation via Access Point erhalten sollen. Dies hilft aber nur gegen mehr oder weniger zufälliges unberechtigtes Einbuchen auf dem Access Point, da sich MAC-Adressen in jeder Datenkommunikation finden und auslesen lassen, auch beim Abhören von »wer ist im Netz«. Eine gefundene MAC-Adresse lässt sich anschließend per Software auf dem gewünschten Client einstellen (MAC Spoofing).
- Nur bedingt nützlich ist die Möglichkeit, die SSID zu verbergen (Hiding). Die SSID wird zwar bei Abschalten des Broadcasts nicht mehr regelmäßig ausgesandt, doch bei einer Anmeldung eines Clients wird sie dennoch übertragen und kann, da sie unverschlüsselt übermittelt wird, mitgehört und ausgelesen werden. Gegen einen professionellen Angriff nützt diese Maßnahme daher nichts, wohl aber gegen »zufällige« Angriffe.

Weitere Maßnahmen zur Sicherung des Netzwerks:

- Die Reichweite auf den benötigten Radius einschränken durch gerichtete oder teilabgeschirmte Antennen (z. B. Einsatz von Richtantennen).
- Access Points bei Nichtbenutzung (z. B. nachts) abschalten bzw. die Funktionalität deaktivieren.
- Wenn Sie in einem Unternehmen mit regelmäßig wechselnden Berechtigten arbeiten: Setzen Sie RADIUS ein, um jederzeit die aktuelle Kontrolle über zugelassene Benutzer zu haben.

- Überprüfen Sie regelmäßig, ob sich in Ihrem Unternehmen private oder unerlaubte Access Points befinden, mit denen sich Personen unerlaubt in Ihre Infrastruktur einzubuchen versuchen.

Als direkte Angriffe auf Netzwerke kommen nebst dem War Driving dabei zwei Verfahren zum Einsatz:

- Rogue Access Point: ein unerlaubter Access Point, der versucht, sich in Ihr Netzwerk hinein zu verbinden.
- Evil Twin: Ein Access Point versucht, sich als »bekannt« auszugeben (als böser Zwilling), z. B. durch Übernahme einer bekannten SSID, und so den Netzwerkverkehr des W-LAN über sich umzuleiten.

Sie sehen, es bleibt Ihnen also genügend Spielraum, um ein drahtloses Netzwerk in ein sicheres drahtloses Netzwerk zu verwandeln.

12.5 Bluetooth – Risiken und Maßnahmen

Im Bereich Smartphones und Kommunikation zwischen Smartphones und Notebooks hat sich Bluetooth etabliert. Auch hierbei handelt es sich um eine Funktechnologie im 2,4 GHz-Frequenzband, welche im kleinräumigen Bereich bis rund 10 Meter sendet und empfängt. Der neueste Standard »Bluetooth 4.0« (2009) erreicht sogar Reichweiten von bis zu 100 Metern.

Auch der Einsatz von Bluetooth ist aufgrund der Technologie und ihrer Implementierung mit gewissen Risiken behaftet. Bluetooth kann in drei unterschiedlichen Sicherheitsmodi betrieben werden:

- Modus 1: Non-Secure Mode
  Hierbei werden außer einem regelmäßigen Wechsel der Sendefrequenz keine Sicherheitsmechanismen aktiviert.
- Modus 2: Service Level Enforced Security
  Eine Authentifizierung kann durch eine Anwendung angefordert werden, der Verbindungsaufbau selber wird aber nicht authentifiziert. Eine Verschlüsselung der Kommunikation ist optional.
- Modus 3: Link Level Enforces Security
  Die Authentifizierung ist für den Verbindungsaufbau erforderlich (z. B. durch einen PIN-Code). Eine Verschlüsselung bleibt aber optional.

Da Geräte mit Bluetooth von sich aus im Netz »sichtbar« sind, können unter Herstellung einer Verbindung in Modus 1 Daten unkompliziert ausgetauscht werden.

Angreifer machen sich das zunutze, indem sie an solche Geräte Anfragen stellen, welche gerne ungelesen bestätigt werden.

Damit erlaubt man Angreifern unter anderem das Auslesen des Terminkalenders, des Adressbuchs oder gar der gespeicherten SMS-Nachrichten. Man nennt dies auch Bluesnarfing. Mit dem Begriff »Bluejacking« wird ein anderer Angriff benannt, bei welchem unaufgefordert Nachrichten an andere Bluetooth-fähige Geräte gesendet werden, z. B. für Werbung oder auch für Phishing-Aktionen. Weiter können ein unbemerktes Tätigen von Anrufen oder Verschicken von SMS-Nachrichten sowie die Verbreitung von Handy-Würmern stattfinden.

Zudem sind aufgrund der Anordnung im 2,4 GHz-ISM-Band Störungen durch W-LANs oder auch Mikrowellenherde möglich.

Als Sicherheitsmaßnahmen sind daher verschiedene Möglichkeiten von Bedeutung:

- Deaktivieren von Bluetooth bei Nichtbenötigung. Dazu bieten viele Smartphones auch Kurztasten und -befehle an, wie folgendes Beispiel eines Android-Handys zeigt:

Abb. 12.5: Ein- und Ausschalten von Bluetooth auf dem Frontbildschirm

- Gerät nicht auf sichtbar einstellen. Bluetooth-Geräte sind Netzwerkgeräte. Damit sie gefunden werden können, sind viele Geräte standardmäßig auf »sichtbar« eingestellt, was ein erhöhtes Risiko darstellt.
- Wahl des Gerätenamens: Wie bei der SSID gilt auch hier: Es ist sicherer, wenn der Name keine Rückschlüsse auf den Besitzer, den Standort oder das Gerät zulässt.
- Auch hier ein Beispiel aus einer Android-Umgebung:

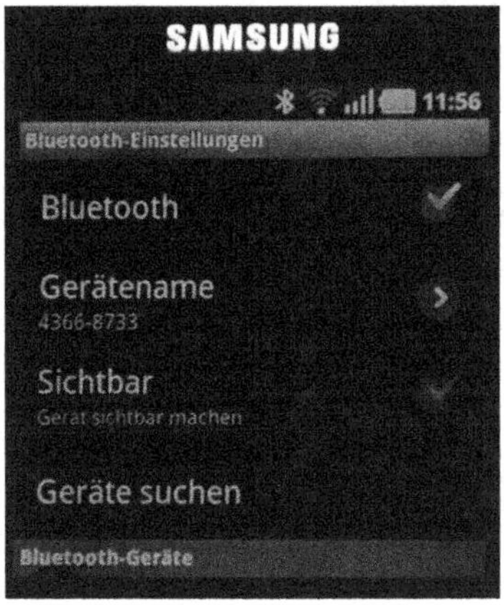

Abb. 12.6: Bluetooth-Einstellung: Gerät nicht sichtbar, Gerätename »neutral«

- Mit der Zeit sammeln sich auf Ihrem Handy die Kopplungen, welche Sie bisher eingerichtet haben, aber möglicherweise nicht mehr benötigen, weil Sie das Headset oder das vorher verbundene Mobiltelefon gar nicht mehr nutzen. Löschen Sie diese nicht mehr benötigten Kopplungen und prüfen Sie regelmäßig in Ihrer Bluetooth-Liste, ob sich unbekannte Geräte darin befinden.

Nicht zuletzt ist es natürlich wichtig, darauf zu achten, ob Anfragen, die von anderen Geräten eintreffen, wirklich angefordert oder gewünscht werden und sie andernfalls sofort abzulehnen. Gerade an öffentlichen Plätzen mit viel Publikum etwa auf Bahnhöfen oder Flughäfen sind solche Versuche eines Verbindungsaufbaus häufig anzutreffen. Seien Sie an diesen Orten misstrauisch.

12.6 Fragen zu diesem Kapitel

1. Aus welchem Grund kann ein Unternehmen sich dazu entschließen, das Aussenden der SSID in ihren drahtlosen Netzen zu unterdrücken?
   A Schwache Verschlüsselung
   B Session Hijacking
   C Unangemeldete Access Points
   D War Driving
2. Welchen Zweck hat eine Standortaufnahme des drahtlosen Netzwerks?
   A Andere drahtlose Netzwerke im Gebiet zu identifizieren
   B Das Ausmaß zu bestimmen, bis zu welchem sich Ihr drahtloses Netzwerk außerhalb des Gebäudes erstreckt
   C In die drahtlosen Netzwerke anderer Unternehmen zu hacken
   D Keinen der obengenannten

3. Der 802.1x-Standard verlangt den Einsatz eines Authentifizierungsservers, um den Zugriff auf das drahtlose LAN zu erlauben. Sie setzen ein drahtloses Netzwerk ein und verwenden EAP-TLS als Authentifizierungsmethode. Welches ist die wahrscheinlichste Verwundbarkeit in Ihrem Netzwerk?
   - A Nichtberechtigte Benutzer, die auf das Netzwerk durch eine Manipulation von EAP-TLS-Nachrichten zugreifen
   - B DDoS-Angriffe treten auf, weil 802.11-Management-Frames nicht authentifiziert sind.
   - C Angreifer, die den chiffrierten Verkehr knacken
   - D Keine der obengenannten.
4. Werkzeuge wie NetStumbler oder inSSIDer entdecken drahtlose Netzwerke in ihrer Umgebung aufgrund welcher Eigenschaft?
   - A SSID
   - B WEP-Schlüssel
   - C MAC-Adressen
   - D CRC-Kontrollsumme
5. Um ein drahtloses Ad-hoc-Netzwerk aufzustellen, müssen welche Elemente durch alle Teilnehmer im Netzwerk abgestimmt werden?
   - A Ob WEP aktiviert ist, WEP-Schlüssel, SSID, verwendete IP-Adressen
   - B Ob WEP aktiviert ist, WEP-Schlüssel, Authentifizierungsmethode, verwendete IP-Adressen
   - C Ob WEP aktiviert ist, WEP-Schlüssel, eingesetzte MAC-Adressen
   - D WEP-Schlüssel, eingesetzte IP-Adressen, welcher Rechner als Access Point dient
6. Ihre Netzwerkadministratorin möchte ein drahtloses Netzwerk aufbauen und offene Authentifizierung einsetzen. Ihr Problem besteht darin, dass sie auch sicherstellen will, dass das Netzwerk nicht für jedermann zugänglich ist. Wie kann sie die Benutzer authentifizieren, ohne einen Pre-Shared Key einzusetzen? Wählen Sie die beste Methode.
   - A Verwenden Sie MAC-Adressfilter, um einzuschränken, welche Netzwerkadapter sich mit dem drahtlosen Netzwerk verbinden können.
   - B Setzen Sie einen RADIUS-Server ein und verlangen Sie den Gebrauch von EAP.
   - C Setzen Sie einen WEP-Schlüssel auf den APs und verwenden Sie ihn als indirekten Authentikator für die Benutzer.
   - D Verwenden Sie IP-Filter, um den Zugang zum drahtlosen Netzwerk zu beschränken.

7. Ihr Teamleiter hat Sie damit beauftragt zu bestimmen, welche 802.11-Authentifizierungsmethode am besten für das neue drahtlose Netzwerk einzusetzen ist. Ausgehend von Ihren Kenntnissen über die 802.11-Standards entscheiden Sie: Welche der folgenden Methoden ist zur Authentifikation am sichersten?

   A. Pre-Shared Key

   B. EAP-TLS

   C. EAP-MD5

   D. Offen

8. Sie stellen fest, dass sich ein nichtautorisierter Access Point in Ihrem Netzwerk befindet. Was sollten Sie als Erstes unternehmen?

   A Das Ethernetkabel vom Access Point abziehen

   B Die MAC-Filterung auf diesen Access Point anwenden

   C Die SSID auf diesem Access Point wechseln

   D Die Adresse des Access Points bestimmen

Kapitel 13

System- und Netzwerküberwachung

Um Netzwerke vor Bedrohung zu schützen, müssen sie nicht nur entsprechend konfiguriert, sondern auch auf mögliche Probleme hin überwacht werden.

Die ISO hat für das Management von Netzwerken das OSI Management Framework (OSI MF) beschrieben, welches das Management in die fünf Bereiche Fault, Configuration, Accounting, Performance und Security einteilt (nach diesen fünf Bereichen auch FCAPS genannt).

Die Ziele dieser fünf Managementbereiche sind unterschiedlich, dienen aber alle der Erhöhung bzw. Erhaltung von Verfügbarkeit und Sicherheit.

Leistungsmanagement:	Die kontinuierliche Überwachung der Leistung und der aktuellen Auslastung. Dies ist die Grundlage für das Erkennen von abfallender Leistung, von Überlastung oder von sich anbahnenden Fehlern. Zudem kann aufgrund der Leistungsauswertung auch die Optimierung der Leistung (Netzwerk-Tuning) vorgenommen werden.
Fehlermanagement:	Erkennen und Beheben von Störungen für einen störungs- und möglichst unterbrechungsfreien Betrieb.
Sicherheitsmanagement:	Kümmert sich um den sicheren Betrieb des Netzwerks, sei es durch das Ergreifen von Sicherheitsmaßnahmen wie Authentifizierung und Verschlüsselung, durch das Schaffen von Berechtigungssystemen im Netzwerk oder auch durch das Überwachen und Erkennen von Sicherheitsbedrohungen und Angriffen auf das Netzwerk.
Konfigurationsmanagement:	Basis für alle anderen Aufgabenbereiche des Netzwerkmanagements, weil hier alle Informationen zusammenlaufen. Jeder Teil des Netzwerks wird dokumentiert, jede Änderung im Konfigurationsmanagement nachgeführt, aktuelle Einstellungen überwacht und Grenzwerte festgelegt.

Abrechnungsmanagement:	Die Leistungen werden den Beziehern zugeordnet, Abrechnungsdaten werden gesammelt für die entsprechenden Netznutzer verrechnet.

Die Objekte des Netzwerkmanagements sind vielfältig: Das können Leitungen sein, Übertragungs- und Vermittlungskomponenten und die verschiedenen Protokolle. In den Bereich des Systemmanagements gehören dagegen die Server und Systeme.

Zudem gibt es unterschiedliche Ansätze zur Überwachung:

- Risiken: Sie etablieren Überwachungsmassnahmen analog zu den möglichen Risiken in Ihrem Netzwerk.
- Bedrohungen: Sie orientieren sich an den möglichen Bedrohungen.
- Schwachstellen: Sie untersuchen Ihr Netzwerk und Ihre Systeme und bauen die Überwachungs- und Sicherheitsmassnahmen nach einem Schwachstellen-Report auf

Wobei Sie in der Praxis oftmals eine Kombination dieser Ansätze treffen werden, um einen optimalen Schutz zu erhalten.

Die Überwachung selber fängt in der Praxis bei der System- und Netzwerküberwachung mit Leistungsmonitoren an, geht über spezifische Anwendungen wie Protokollanalyseprogramme oder Netzwerk-Sniffer bis hin zu dedizierter Hard- und Software wie Firewalls, Intrusion-Detection- sowie Intrusion-Prevention-Systemen. All dies ist Thema dieses Kapitels.

Doch zuerst beginnen wir mit SNMP – dem ältesten und bekanntesten aller Überwachungsprotokolle.

13.1 SNMP-Protokolle

SNMP (Simple Network Management Protocol) und RMON (Remote Monitoring) sowie SMON (Shared Monitoring) sind Managementprotokolle, die zur Überwachung des Netzwerks wie auch von Systemen innerhalb des Netzwerks dienen. Sie werden von verschiedenen Geräten unterstützt und erlauben es, an einer zentralen Stelle die Daten dieser Geräte zu sammeln und auszuwerten.

SNMP ist das Ur-Managementprotokoll für Netzwerke. Es ist für das Monitoring einfacher Shared-Media-Netze (z.B. Ethernet) entwickelt worden. Als Protokoll des IP-Standards stellt SNMP unter Verwendung von UDP (User Datagram Protocol) nur sehr simple Funktionen zur Verfügung, etwa zum Austausch von Managementinformationen zwischen einer LAN-Komponente und einer Managementoberfläche.

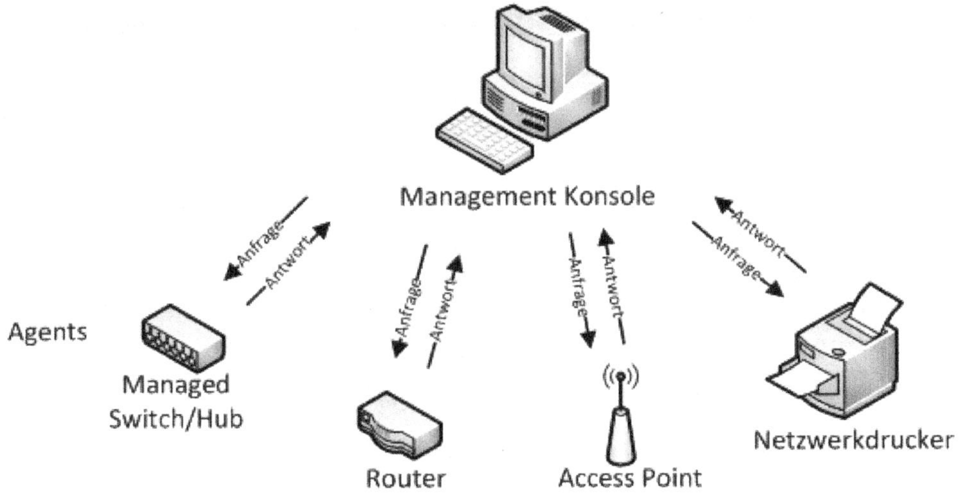

Abb. 13.1: Die Beziehungen im SNMP-Protokollverkehr

SNMP dient dabei als Protokoll für den Austausch von Kommandos und Statistikdaten zwischen Netzwerkkomponenten untereinander oder einer zentralen Administrationssoftware. Unter dem Begriff SNMP-Standard versteht man in der Regel neben dem Protokoll an sich auch verschiedene IETF-Standards. Diese regeln als eine Art Metasprache, wie die über SNMP ausgetauschten Daten zu interpretieren sind, und sorgen so für Kompatibilität aller SNMP-fähigen Netzkomponenten untereinander.

Die eigentlichen Daten der zu überwachenden Geräte sammelt die SMI-Datenbank (Structured Management Information Database) und bildet sie dort als Datenobjekte ab. Über einen Object Identifier (OID) stehen diese Daten in einer Art Baumstruktur in Beziehung zueinander. Die SMI gleicht somit einer Komponentenbeschreibung mit zugeordneten Informationen, die über SNMP verwaltet werden können.

Basierend auf der SMI arbeitet die Standard-MIB-Datenbank (Management Information Base). Sie spezifiziert Standardobjekte zur Steuerung und zum Monitoring für unterschiedliche aktive und passive Netzwerkelemente. Die Standard-MIB konkretisiert die SMI. Sie stellt innerhalb der SMI eine eigene Baumstruktur dar.

Basierend auf SMI und Standard-MIBs lassen sich in einem Shared-Media-LAN alle Netzkomponenten überwachen und ansteuern.

RMON (Remote Monitoring) erweitert die Standard-MIB um Methoden für die Sammlung von statistischen Daten und die Kontrolle des Netzbetriebs.

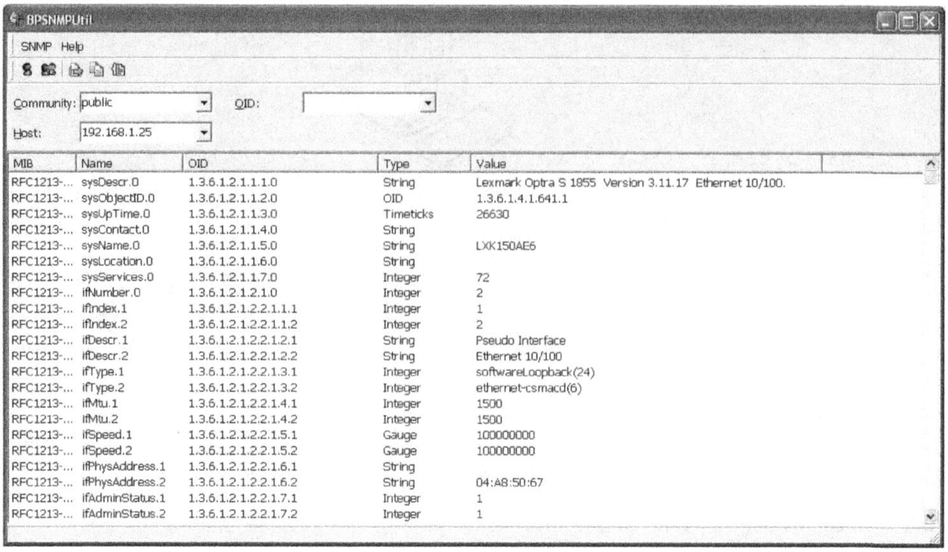

Abb. 13.2: Auszug aus einer Abfrage an einen Netzwerkdrucker

Zur Überwachung werden sogenannte Agenten eingesetzt. Dabei handelt es sich um Programme, die direkt auf den überwachten Geräten laufen müssen. Diese Programme sind in der Lage, den Zustand des Gerätes zu erfassen und zu reagieren, sei es durch Maßnahmen oder durch eine Meldung an den Managementserver. Dazu gibt es verschiedene Datenpakete, die gesendet werden können:

- **GET** zum Anfordern eines Managementdatensatzes
- **SET**, um einen oder mehrere Datensatz/Datensätze eines Netzelements zu verändern
- **RESPONSE** als Antwort auf eines der vorherigen Pakete
- **TRAP**, die unaufgeforderte Nachricht von einem Agenten an den Manager, dass ein Ereignis eingetreten ist

Get-Pakete können vom Manager zu einem Agenten gesendet werden, um Daten über die jeweilige Station anzufordern. Dieser antwortet mit einem Response-Paket, das entweder die angeforderten Daten oder eine Fehlermeldung enthält.

Mit einem Set-Paket kann ein Manager Werte beim Agenten verändern. Damit ist es möglich, Einstellungen vorzunehmen oder Aktionen auszulösen. Der Agent bestätigt die Übernahme der Werte ebenfalls mit einem Response-Paket.

Wenn ein Agent bei der Überwachung des Systems einen Fehler erkennt, kann er diesen mithilfe eines Trap-Pakets unaufgefordert an die Management-Station melden. Diese Pakete werden nicht vom Manager bestätigt. Der Agent kann daher nicht feststellen, ob der Trap beim Manager angekommen ist.

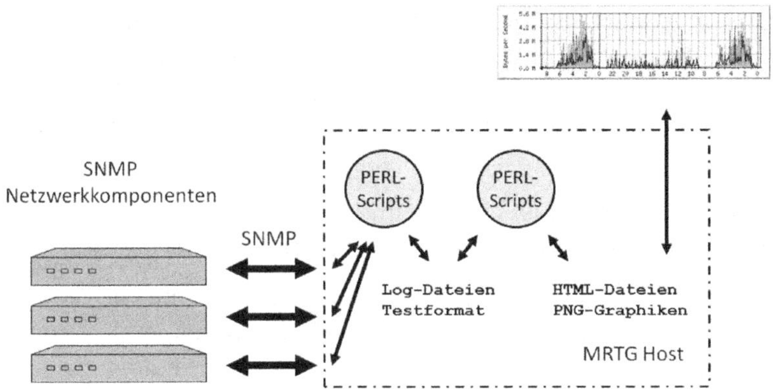

Abb. 13.3: SNMP in Verwendung mit MRTG (Analyseprogramm)

Die Idee hinter dem Begriff »Baselinemanagement« ist, dass ein Lastwert zu einem Zeitpunkt für sich genommen nur eine sehr beschränkte Aussagekraft hat. Erst wenn dieser Lastwert mit anderen in Relation gebracht werden kann, können aussagekräftige Schlüsse gezogen werden.

Deshalb ist es wichtig, dass eine Netzwerkumgebung konstant überwacht wird. In eine Baseline gehören insbesondere, aber nicht ausschließlich folgende Faktoren:

- Festplattenkapazitäten
- Netzwerkauslastungen
- Prozessor- und RAM-Auslastung auf Anwendungsservern
- Anzahl der Benutzer
- Eingesetzte Clientanwendungen

Zur Überwachung stehen komfortable technische Hilfsmittel zur Verfügung. Aber auch einfache Methoden wie das regelmäßige manuelle Aufschreiben des freien Festplattenplatzes gehören zu einer Baseline-Überwachung.

Beim Ermitteln einer technischen Baseline ist darauf zu achten, dass diese entweder zu einem repräsentativen Zeitpunkt (*nicht* während der Sommerferien oder einer Messe) oder aber kontinuierlich ermittelt wird.

Bei sprunghaften Veränderungen der Baseline sollte *sofort* ermittelt werden, warum dies geschehen ist. Gründe dafür können sein:

- Integration einer neuen Clientanwendung
- Eingliederung neuer Mitarbeiter
- Technische Probleme
- Konfigurationsfehler bei den Überwachungswerkzeugen

Das Messen von Baselines ist auch im Hinblick auf die Erweiterung oder den anstehenden Umbau von Hardware von Bedeutung. Kontinuierliche Baseline-Messungen geben Ihnen Auskunft über den steigenden Grad an benutztem Arbeitsspeicher oder steigender Prozessorauslastung und können daher als wichtige, wenn auch nicht allein entscheidende, Indikatoren für notwendige Änderungen dienen.

Aber auch nach der Erweiterung ist die Baseline-Messung wieder wichtig, da sie belegt, ob und wie weit die Erweiterung das gewünschte Ergebnis erzielt hat.

Wenn Ihr Datenbankserver also zu viele Page-Faults anzeigt und Sie daraufhin den Arbeitsspeicher aufrüsten – machen Sie eine erneute Baseline-Messung, um einen aussagekräftigen Vergleich zum vorherigen Zustand zu erhalten.

13.2 Leistungsüberwachung

Bei der Leistungsüberwachung, dem Performance Monitoring, geht es darum, die wichtigsten Leistungsparameter eines Systems wie z.B. eines Servers zu überwachen. Dabei ist es für ein effektives Monitoring wichtig, dass Sie bei Inbetriebnahme oder nach einer Neukonfiguration immer zuerst ein Baseline-Monitoring erstellen damit Sie später aussagekräftige Vergleichswerte zur Verfügung haben.

Zu den zentralen zu überwachenden Leistungsfaktoren gehören:

- Prozessorauslastung
- Festplattenleistung
- Speicherauslastung und Speicherperformance
- Netzwerkleistung

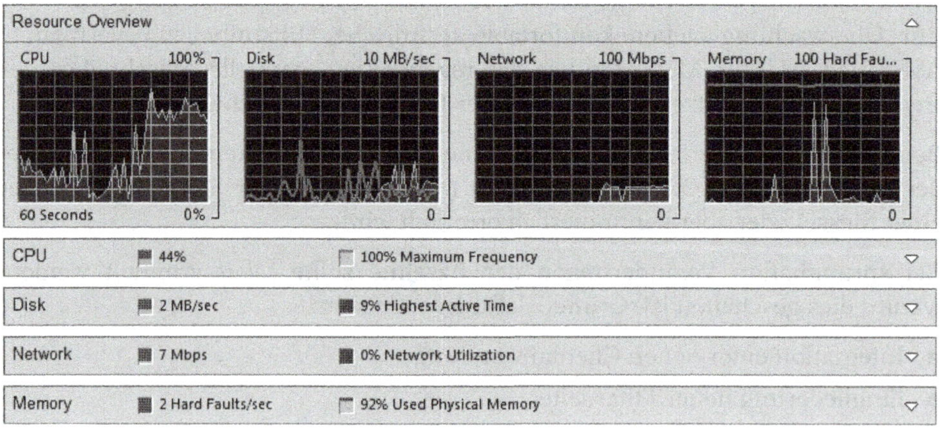

Abb. 13.4: Ressourcenübersicht in Windows Server 2008

Mit dem Microsoft Performancemonitor (Systemmonitor) lassen sich Leistungsparameter für eine große Anzahl von Objekten überwachen. Je nach installierten Komponenten werden neue Objekte verfügbar.

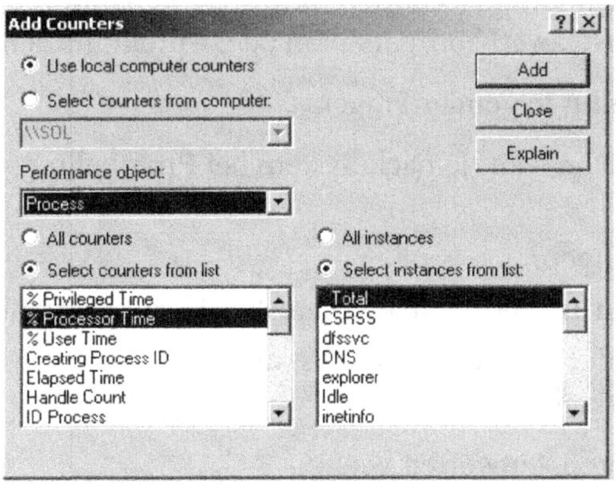

Abb. 13.5: Windows-Systemmonitor: Leistungsindikatoren hinzufügen

Für jedes Objekt stehen Leistungsindikatoren (*counter*) zur Verfügung. Für gewisse Objekte können mehrere Instanzen, zum Beispiel für das Objekt »Prozessor« mehrere Prozessoren zur Verfügung stehen. Zumeist lässt sich aber auch der summarische Wert über alle Instanzen hinweg anzeigen.

13.3 Das Monitoring von Netzwerken

Um Netzwerkproblemen auf die Schliche zu kommen, kann man – naheliegend – den Netzwerkverkehr untersuchen. Wie vorhin schon angesprochen benötigen wir auch für das Netzwerk (wie für die Systeme) eine »normale« Vergleichsmessung (Initial Baseline) in welcher genau konfiguriert wird, was wann wo gemessen wird.

Damit eine Netzwerküberwachung sinnvolle Ergebnisse liefern kann, muss sie regelmäßig bzw. kontinuierlich stattfinden.

Dabei können je nach eingesetztem System unterschiedliche Aspekte im Vordergrund stehen:

- Verkehrs- bzw. Lastüberwachung (Traffic Monitoring)
- Dienstüberwachung bzw. Inhaltsüberwachung des Netzwerkverkehrs (Firewall)
- Eindringungsüberwachung (Intrusion Monitoring)
- Ablenkung von Angreifern (Monitoring mit automatischer Aktion)

Entsprechend stehen für diese Aufgaben auch unterschiedliche Systeme zur Verfügung, vom Protokoll-Analysierer über unterschiedliche Paketanalyse-Tools bis hin zu Firewalls oder Intrusion Detection respektive sogar Intrusion Prevention Systemen.

Damit das Monitoring Sinn macht, müssen zwei zusätzliche Dimensionen mitberücksichtigt werden:

- Das Auswerten der Überwachungsergebnisse
- Die notwendigen Reaktionen bei Handlungsbedarf, z.B. durch Reparaturen, Anpassungen oder Reparaturen an Netzwerkkomponenten oder –programmen

Zur Auswertung gehört die Beantwortung folgender Fragen:

- Wie werden Alarme übermittelt und an wen (Je nach System bei Protokollmessungen, Firewalls, NIDS/NIPS)?
- Wer kümmert sich um Warnmeldungen?
- Welche Maßnahmen werden ergriffen um bei einem Problem Abhilfe zu schaffen?
- Wer wertet die Analyse-Ergebnisse der Überwachung aus, um allfällige Trends und Entwicklungen frühzeitig zu erkennen?

Zu den zu planenden Reaktionen gehören Antworten wie:

- Wie ist das technische und organisatorische Vorgehen bei einem Problemfall geregelt?
- Welche Hilfsmittel stehen zur Reparatur bereit?
- Welche Sofortmaßnahmen sind in einem Problemfall vorgesehen?

13.4 Monitoring-Programme

Zur Überwachung des Netzwerks gibt es unterschiedliche Programme, die wir im Folgenden ansprechen werden, vom einfachen Betriebssystemzusatz bis hin zu ganzen Analyseanlagen. Da die Programme bis auf Paketebene hinunter und sogar auf deren Inhalte eingehen können, nennt man diese Art der Analyse auch »Schnüffeln«, oder im Fachenglisch »Sniffing«. Ein Programm zur Paketanalyse ist demzufolge ein »Packet Sniffer« oder etwas moderater ausgedrückt, ein »Packet Analyzer«, gemäß seiner Arbeit auf Ebene der Netzwerkprotokolle auch »Protocol Analyzer«.

Ein Sniffer wird eingesetzt, um den Netzwerkverkehr zu überwachen – sei es, um Netzwerkprobleme zu analysieren, ein Sicherheitsproblem aufzudecken (Intrusion Detection-Systeme und Intrusion Prevention-Systeme verwenden daher auch Sniffer) oder im umgekehrten (und meist illegalen) Sinne, um das Netzwerk auszuspionieren.

13.4.1 Der Windows-Netzwerkmonitor

Windows-Server-OS liefern selber ein Werkzeug, das die Funktion einer Paketanalyse übernimmt. Eine solche Analyse untersucht den Netzwerkverkehr auf Basis der Datenpakete und wertet diese aus. Mit dieser Art von Werkzeugen haben Sie folgende Möglichkeiten:

- Echtzeituntersuchungen an der Netzwerkauslastung und Bandbreite
- Fehlersuche an Kabelverbindungen, Bandbreiten- oder Protokollproblemen
- Optimierungsuntersuchungen zur besseren Ausnutzung des Netzwerks oder Untersuchung zur Segmentierung

Windows Server liefern seit vielen Versionen einen Netzwerkmonitor, der diese Funktionen in einer eigenen Zusammenstellung übernimmt. Dieser Netzwerkmonitor erlaubt die Durchführung folgender Tests:

- Pakete direkt aus dem Netzwerk sammeln
- Pakete unmittelbar nach der Sammlung anzeigen und filtern
- gespeicherte Daten einer Sammlung analysieren
- Pakete von entfernten Computern sammeln

Aus Sicherheitsgründen können nur Mitglieder der Administratorengruppe den Netzwerkmonitor installieren und ausführen.

Der Netzwerkmonitor sammelt Pakete, die ein Windows-Server aus dem LAN empfängt, und zeigt diese an. Bei der Installation des Netzwerkmonitors wird der Netzwerkmonitortreiber als Netzwerkdienst in den Eigenschaften einer Netzwerkverbindung mit installiert oder kann ansonsten manuell nachinstalliert werden. Er wird anschließend in den Verwaltungswerkzeugen angezeigt.

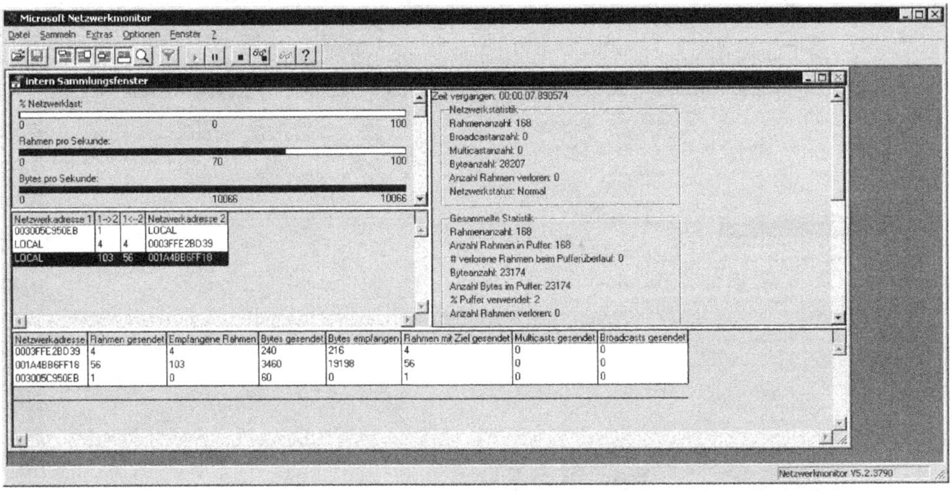

Abb. 13.6: Der Netzwerkmonitor von Windows Server 2003

Das Fenster des Netzwerkmonitors unterteilt sich in mehrere Bereiche. Sie sehen links oben die aktuelle Aktivität grafisch dargestellt und in unterschiedliche Parameter verteilt. Darunter sehen Sie eine Zusammenfassung der Kommunikation zwischen den beteiligten Hosts. Im rechten Bereich wird eine Statistik des Verkehrs angezeigt, der auf dem Netzwerk festgestellt wird.

Die Daten werden gesammelt, indem Sie den Monitor im Menü SAMMELN mit dem Befehl *start* dazu auffordern. Die Statistiken werden in allen vier Bereichen gleichzeitig angezeigt.

Sie können die Daten zur späteren Analyse mit der Dateikennung .CAP abspeichern. Dazu klikken Sie im Menü DATEI auf SPEICHERN UNTER ... .

Sie können einen Filter für das Sammeln von Daten aktivieren. Der Filter beschreibt die zu berücksichtigenden Rahmen. Filter können sich (protokollabhängig) auf bestimmten Netzwerkverkehr oder auf bestimmte Quell- und Zieladressen beziehen. Dies können IP- oder MAC-Adressen sein.

Sie können außerdem Auslöser definieren, die einen bestimmten Vorgang nach sich ziehen. Beispielsweise kann der Netzwerkmonitor ein Programm bei einem bestimmten Ereignis starten.

Der Netzwerkmonitor vereinfacht die Datenanalyse durch die Interpretation der gesammelten Rohdaten in einem Zusammenfassungsfenster.

Sie müssen die Sammlung von Daten beenden, wenn Sie die Zusammenfassung ansehen möchten.

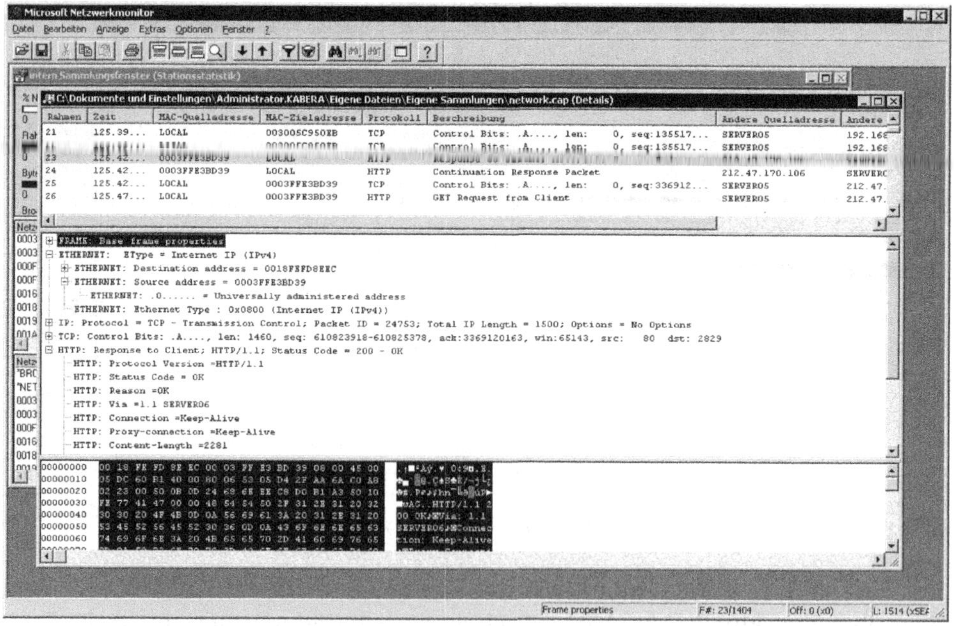

Abb. 13.7: Zusammenfassung der Daten

Die Zusammenfassung zeigt alle gesammelten Rahmen in drei Bereichen: dem Zusammenfassungsbereich, dem Detailbereich und dem hexadezimalen Bereich.

Um nur einen Bereich im Zusammenfassungsfenster anzusehen, klicken Sie an beliebiger Stelle in den Bereich, den Sie sehen möchten, und dann im Menü FENSTER auf BEREICH VERGRÖSSERN.

Der obere Teil des Zusammenfassungsfensters zeigt alle Rahmen, die in der aktuellen Ansicht der gesammelten Daten vorhanden sind. Im mittleren Fenster sehen Sie die einzelnen Layer des Verkehrs und ihre Zusammensetzung und zuunterst die hexadezimale Darstellung der Werte.

13.4.2 Wireshark

Das ehemals als Ethereal bekannte Netzwerkanalyseprogramm heißt mittlerweile Wireshark und läuft sowohl unter Linux, MacOS wie auch unter Windows. Ähnlich wie der vorhin besprochene Netzwerkmonitor überwacht und wertet es den Netzwerkverkehr aus. Dabei kennt Wireshark mittlerweile über 450 verschiedene Protokolle von VLAN über Fibre-Channel bis zu IPv6.

Wireshark liest dabei lokale Schnittstellen aus, d.h. jene auf dem Host, auf dem Sie Wireshark laufen lassen. Für das Auslesen von Remote-Verbindungen muss man tcpdump laufen lassen, unter Windows windump genannt.

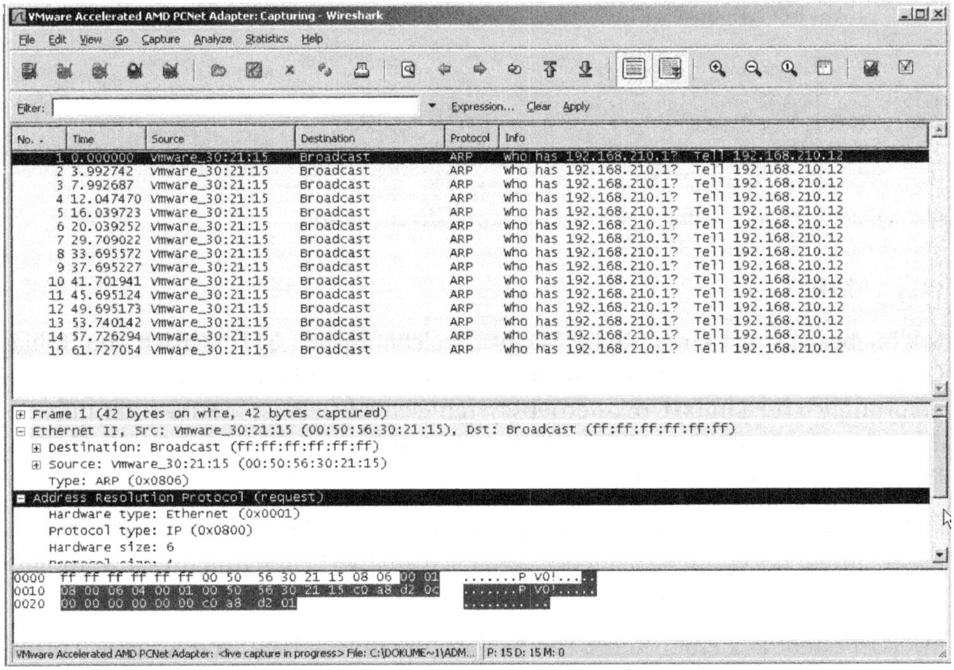

Abb. 13.8: Wireshark: Der Client-Rechner wartet auf die Antwort, wer das Gateway ist

Während der Aufzeichnung protokolliert Wireshark sämtlichen Verkehr, welcher über die ausgewählte Schnittstelle läuft. Der Aufzeichnungsmonitor ist dabei dreigeteilt, zeigt Ihnen im obersten Fenster die Datenpakete an und schlüsselt diese in den unteren beiden Fenstern nach Protokolltyp und deren Inhalt genau auf. Sie können also bis auf Bit-Ebene herunter sehen, was genau in Ihrem Netzwerk über die analysierte Schnittstelle läuft. So sehen Sie im Folgenden die erfolgreiche Abfrage einer Webseite vom protokollierten Client aus:

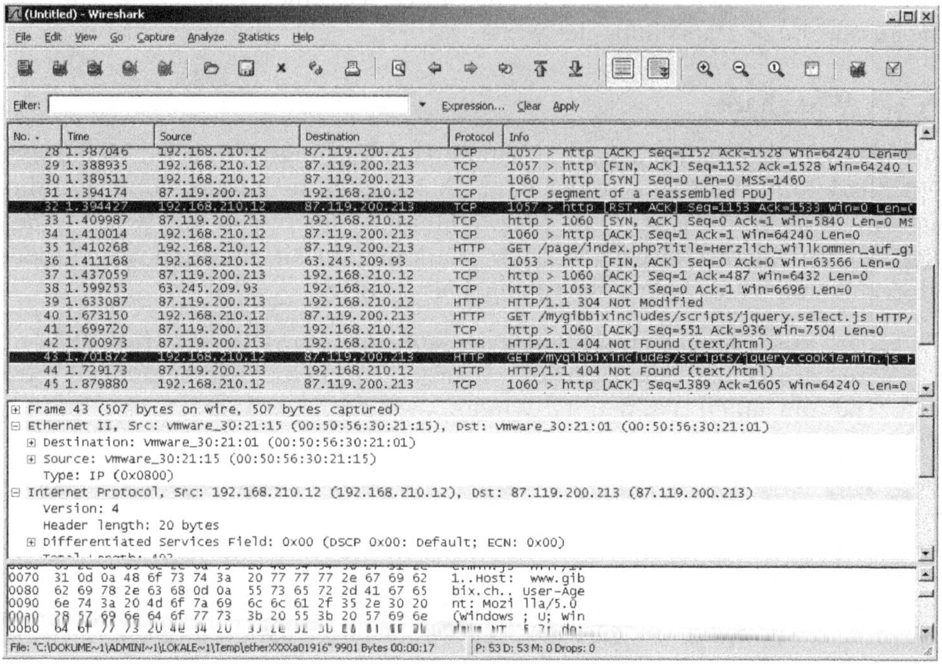

Abb. 13.9: Wireshark – Abfrage einer Webseite und deren Antwort

13.4.3 MRTG

MRTG besteht aus einer Reihe Skripts, welche an der ETH Zürich von Tobias Oetiker entwickelt wurden und die laufend weiterentwickelt werden. Obwohl ursprünglich für Linux/Unix-Betriebssysteme entwickelt, ist MRTG auch auf Windows-Servern lauffähig. MRTG steht unter den Bedingungen der GNU (General Public Licence) frei zur Verfügung.

MRTG wurde dazu entworfen, SNMP-Agenten auf netzwerkfähigen Komponenten abzufragen, zentral zu speichern, grafisch aufzuarbeiten und für die Veröffentlichung auf einem Webserver vorzubereiten.

MRTG besteht aus einer Reihe von Skripts, die unterschiedliche Aufgaben wahrnehmen. Die Initialskripts helfen dabei, die MRTG-Umgebung zu konfigurieren.

Sie erlauben beispielsweise, die Ports der zu überwachenden Komponente abzufragen, und erzeugen daraus direkt eine Konfigurationsdatei.

```
########################################################################
# Created by
# cfgmaker
#
# Modified by
# 03.09.2003 CTR configured for xxx, Server:meora, all connections
### Global Config Options
WorkDir: c:\mrtgweb
########################################################################
# System: pf7sw
# Description: Cisco Internetwork Operating System Software
#          IOS (tm) C3500XL Software (C3500XL-C3H2S-
M), Version 12.0(5.2)XU
#          Compiled Mon 17-Jul-07 18:29 by rca
########################################################################
########################
### Interfaces:
########################
### sw27-03 to SOL:
### Interface 50 >> Descr: .GigabitEthernet0/1. | Name: .Gi0/1 sol. | Ip:
      ..| Eth: .00-04-dd-88-88-31. ###
Target[172.16.8.2_50]: 50:public@172.16.8.2:
SetEnv[172.16.8.2_50]: MRTG_INT_IP="" MRTG_INT_DESCR="GigabitEthernet0/1"
MaxBytes[172.16.8.2_50]: 125000000
Title[172.16.8.2_50]: Traffic Analysis for SOL -- sw27-03
PageTop[172.16.8.2_50]: <H1>Traffic Analysis for SOL -- sw27-03 </H1>
 <TABLE>
   <TR><TD>System:</TD>     <TD> sw27-03 in from SOL</TD></TR>
   <TR><TD>Description:</TD><TD>GigabitEthernet0/1 EUROPA </TD></TR>
   <TR><TD>ifType:</TD>     <TD>ethernetCsmacd (6)</TD></TR>
   <TR><TD>ifName:</TD>     <TD>Gi0/1</TD></TR>
   <TR><TD>Max Speed:</TD>  <TD>125 MByte/s (1 Gbps)</TD></TR>
</TABLE>
```

Listing 13.1: Beispiel einer durch cfgmaker erzeugten Konfigurationsdatei mrtg.cfg

Die Konfigurationsdateien enthalten die Port-Parameter, die Vorlagen für die HTML-Formatierung, aber auch die Skalierung der Darstellung.

Auf dem MRTG-Host wird ein Dienst konfiguriert, welcher die Datensammlungs- und Aufarbeitungsskripts regelmäßig ausführt. Die Datensammlungsskripts lesen über das SNMP-Protokoll die Leistungswerte der Zielsysteme aus und schreiben diese in Protokolldateien. Die Auswerteskripts lesen regelmäßig die Protokolldateien und erzeugen PNG-Grafiken für die Webseiten.

MRTG ist für die Überwachung von Datendurchsatzraten für Netzwerkkomponenten konfiguriert. Da die Abfragen aber über SNMP erfolgen, können die MRTG-Mechanismen fast für beliebige Überwachungsaufgaben konfiguriert werden, Sie müssen lediglich die gewünschte OID (MIB-Identifier) in der Konfigurationsdatei angeben, und schon wird diese entsprechend überwacht.

Hierzu ein Beispiel der Einleitung der mrtg.cfg für die Überwachung der Prozessorauslastung auf einem Router:

```
# Router CPU load %
# Beispiel für die Abfrage der OID-CPU vom Router
Target[cpu.1]:1.3.6.1.4.1.9.2.1.58.0:public@10.10.10.1
 RouterUptime[cpu.1]: public@10.10.10.1
 MaxBytes[cpu.1]: 100
```

13.4.4 Nagios

Nagios ist mehr als ein einfaches Analyseprogramm. Hierbei handelt es sich bereits um eine ganze Reihe von Instrumenten, welche zur Überwachung komplexer IT-Infrastrukturen eingesetzt werden.

Die Software geht zurück bis ins Jahr 1999, damals noch unter der Bezeichnung NetSaint, welche der Autor Ethan Galstad 2002 in Nagios umbenannte. Die Bezeichnung Nagios ist offiziell ein rekursives Akronym, das sich auf den ursprünglichen Namen der Software, NetSaint, bezieht und nach eigenen Angaben soviel heißt wie »Nagios Ain't Gonna Insist On Sainthood«.

2007 wurde die Nagios Enterprises LLC von Ethan Galstad gegründet, welche Consulting und technische Unterstützung rund um das Thema Nagios als kommerzielle Dienstleistung anbietet. Die Software selbst bleibt weiterhin unter einer freien Lizenz. Seit 2009 gibt es auch eine erste kommerzielle Version, die auf Nagios basiert. Zudem wurde Nagios im selben Jahr zu Nagios Core umbenannt.

13.5 Firewalls

Als Firewall wird verallgemeinernd ein System bezeichnet, das den Netzwerkverkehr zwischen zwei Netzwerken mit unterschiedlichen Sicherheitsanforderungen kontrolliert und ein zu schützendes Netz vor Schaden bewahrt.

Dazu analysiert das Firewall-System die Kommunikationsdaten, überprüft Kommunikationsbeziehungen und -partner und reglementiert die Kommunikation nach vorher definierten Regeln. Das kann nach Typ der Firewall auf unterschiedlichen Ebenen erfolgen.

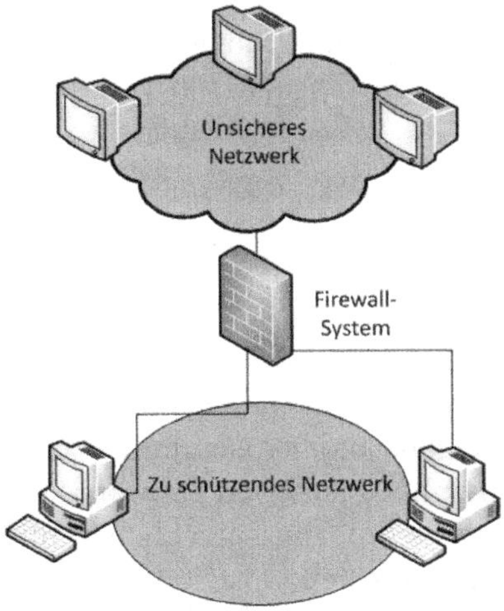

Abb. 13.10: Das Grundkonzept einer Firewall

Durch diese Konzeption der Trennung von unsicherem und sicherem Netzwerk an der Firewall wird diese zum »Common Point of Trust«: Sie bildet den einzigen Weg von »außen« in das zu schützende Netzwerk.

Firewalls können daher eingesetzt werden, um das Internet als klassisches unsicheres Netzwerk von der eigenen Netzwerkinfrastruktur zu trennen, aber auch, um intern verschiedene Sicherheitsbereiche zu schaffen und das Netzwerk besser zu strukturieren.

Dieses Konzept lässt sich zudem um eine weitere Stufe ergänzen: die Demilitarisierte Zone, kurz DMZ genannt.

Eine DMZ ist eine Zone, welche vom unsicheren Netzwerk her mehr oder weniger offen erreichbar ist und vom sicheren Netzwerk aus ebenfalls erreichbar ist. Die Dienste in der DMZ wiederum haben aber einen sehr limitierten Zugang von sich aus in das sichere Netzwerk.

Doch nicht nur das Netzwerk benötigt eine Firewall. Auch die mobilen Mitarbeiter sollten damit ausgestattet werden. Dann spricht man von einer »Personal Firewall«. Dabei handelt es sich meistens um Software, welche direkt auf den Clientrechnern, vorzugsweise mobilen Geräten, installiert wird und die den Rechner auch dann vor Gefahren schützt, wenn das System sich nicht im gut geschützten Netzwerk, sondern unterwegs befindet: im Hotel, in Sitzungszimmern, Flughäfen oder im Heimbüro. Zudem werden auch immer mehr stationäre Geräte mit solchen Personal Firewalls ausgerüstet, um die Sicherheit im Netzwerk zu erhöhen.

Als allgemeine Ziele der Firewall-Systeme noch ohne Berücksichtigung ihrer spezifischen Fähigkeiten können wir daher festhalten:

- Schutz der internen Netzwerkinfrastruktur durch deren Verbergen nach außen
- Zugangskontrolle auf Netzwerkebene, Benutzerebene und Datenebene
- Rechteverwaltung (welche Protokolle und Dienste dürfen zu welcher Zeit eine Kommunikation zum Netzwerk unterhalten?)
- Kontrolle auf Anwendungsebene
- Protokollauswertung bis hin zur Alarmierung

13.5.1 Personal Firewalls und dedizierte Firewalls

Eine Firewall kann als reine Applikation auf bestehenden Systemen installiert oder als dedizierte Firewall eingesetzt werden, d.h. als eigenständiges Gerät mit spezialisierter Software. Man spricht in diesem Zusammenhang auch von Software-Firewalls und Hardware-Firewalls, obwohl dies höchstens umgangssprachlich richtig ist, da die Funktionalität einer Firewall immer softwaregesteuert ist. Treffender ist daher der Vergleich von Personal Firewall und dedizierter Firewall.

Eine Personal Firewall wird dabei auf Rechnern installiert, welche andere Aufgaben erfüllen, seien es Arbeitsrechner oder Notebooks. Die Personal Firewall ist abhängig vom darunterliegenden Betriebssystem und setzt auf den Netzwerkschnittstellen des lokalen Systems auf.

Eine dedizierte oder eben »Hardware«-Firewall ist dagegen ein eigenständiges Gerät mit eigenem Betriebssystem, zusammen auch »Appliance« genannt. Zudem treffen Sie – gerade im SoHo-Umfeld – auch Firewalls an, die mit Routern zusammen im gleichen Gerät untergebracht sind.

Eine Hardware-Firewall wird zwischen das äußere und das interne Netzwerk geschaltet und trennt die Netze physisch. Das heißt, um eine effiziente Sicherung zu erreichen, verfügt eine Firewall immer über mindestens zwei physikalisch getrennte Netzwerkschnittstellen, zwischen denen die Software nach vorgegebenen Richtlinien den Verkehr zulässt, regelt oder untersagt. Wenn eine Firewall mit zwei unabhängigen Netzwerkkarten ausgestattet ist, über welche sie die Kontrolle hat, spricht man von einer dual-homed Firewall. Dies besagt auch, dass die Verbindung zwischen diesen beiden Netzwerkkarten nur durch die Funktionalität der Software gewährleistet ist. Steigt die Software aus, ist die Leitung unterbrochen. Das nennt sich »Fail Safe«-Prinzip, das heisst, bei einem Ausfall ist das lokale Netz durch das Unterbrechen des Zugangs vom äusseren Netzwerk her sicher. Das gegenteilige Prinzip dazu wäre »Fail Open«, bei einem Fehler wäre das zu schützende System oder Netzwerk dann offen. Dies ist ein Risiko, dass z.B. bei vielen Personal Firewalls (Software auf dem Betriebssystem installiert) besteht. Es bedeutet, dass bei einer Kompromittierung der Firewall der Netzwerkverkehr ungefiltert durchgelassen wird. Das »Fail Open«-Prinzip wird zudem auch bei Intrusion Detection Systemen angewendet, wozu wir gleich im nächsten Abschnitt (13.6) kommen werden.

Wenn Sie eine dual-homed Firewall auf einem Server installieren, ist zu beachten, dass Sie dort in den Netzwerkeinstellungen das IP-Forwarding ausschalten, sonst umgehen Sie die eigene Firewall, weil die eine Netzwerkkarte ihre Anfragen direkt an die andere weitergibt! Bei Appliances ist diese Gefahr dagegen nicht vorhanden, weil die Software auf der Firewall eine solche Konfiguration nicht vorsieht.

Abb. 13.11: Netgear ProSafe Firewall

Das »Homed«-Konzept einer Firewall lässt sich um eine DMZ erweitern. Dann verfügt die Firewall über drei Schnittstellen, welche sie kontrolliert, und wird entsprechend »Three-Homed« Firewall genannt. Auch den Begriff der »Multi-Homed« Firewall gibt es, welche vom Prinzip her dann mehr als drei Schnittstellen in unterschiedlicher Konfiguration verwalten kann. Letzterer Begriff wird aber nicht sehr konsequent verwendet.

Unabhängig von obiger Definition ist die eigentliche Funktionalität der Firewall eine Software, die den Netzwerkverkehr nach verschiedenen Gesichtspunkten überprüft.

Es gibt drei Typen von Firewalls, die wir an dieser Stelle hervorheben möchten:

- Paketfilter
- Stateful Packet Inspection
- Application Level Gateway

Sie alle arbeiten mit Regelwerken, mit denen der Datenverkehr gesteuert wird.

Dabei können Sie zwei gegensätzliche Ansätze zur Regelerstellung verwenden:

Positive Exceptions (positive rules)

Hierbei wird die Firewall grundsätzlich nach innen (inbound) und nach außen (outbound) geschlossen. Entsprechend ihres Einsatzlevels lässt sie die Schnittstellen keinen Verkehr passieren. Die Ausnahmen werden in Regeln definiert, sodass nur der Verkehr möglich ist, welcher explizit als Regel definiert wird.

Beispiel: Auf Port 587 hört der Mailserver eingehenden Mailverkehr ab. Dies bedeutet, alle Ports und alle Dienste außer Mail und 587 sind zu, nur gerade diese Regel erlaubt eine Kommunikation.

Dies verlangt einen hohen Aufwand bei der Definition, bis alle Regeln einmal so stehen, dass der benötigte Netzwerkverkehr nicht beeinträchtigt wird. Dafür können keine Sicherheitslücken entstehen, da »Unbekanntes« auf jeden Fall verboten ist.

Negative Exceptions (negative rules)

Dies ist der umgekehrte Ansatz. Alles ist erlaubt, reglementiert wird lediglich das, was verboten ist.

Beispiel: Auf Port 25 hört der Mailserver keinen Mailverkehr ab. Hier bleiben alle anderen Ports und Dienste offen, nur gerade an einer Stelle erfolgt eine Blockade.

Diese Version der Regeldefinition ist weitaus häufiger anzutreffen, insbesondere wenn es um den ausgehenden Verkehr (outbound traffic) geht. Sie erfordert auch weniger Aufwand bei der Definition der Regeln, da nur eingetragen wird, was man explizit untersagen will.

Dieser Ansatz birgt aber das Risiko der Sicherheitslücken, da hier »Unbekanntes« erst einmal zugelassen wird.

Der Ansatz der positiven Regeln ist daher sicherheitstechnisch vorzuziehen.

13.5.2 Paketfilter-Firewall

Eine Firewall, welche auf Paketfilterebene arbeitet, analysiert und überprüft die ein- und ausgehenden Datenpakete auf der Ebene von Netzzugang, Netzwerk- und Transportebene. Durch den Paketfilter werden die Netze physikalisch entkoppelt, er verhält sich zu den Netzen als Bridge.

Dabei ist in der Praxis zu unterscheiden zwischen der Funktion eines Paketfilters, wie er häufig in Routern und SoHo-Geräten anzutreffen ist, und einer eigenständigen Applikation, die als Paketfilter arbeitet. Letztere verfügt über ein wesentlich feineres Analyseprotokoll, und die Analysemöglichkeiten sind dadurch wesentlich detaillierter. Zudem schaffen Sie damit eine klare Trennung zwischen den Kommunikations- und den Sicherheitsanforderungen. Nebst der Analyse sind auch die Auswertungen bei dieser Variante deutlich vielfältiger.

Ein Paketfilter liest bei der Überprüfung den Inhalt der Paketheader und verifiziert, wie diese Angaben (Quelladresse, Zieladresse, Dienst, Port) mit dem Regelwerk der Firewall zu behandeln sind. Der Dateninhalt der Pakete wird dabei nicht weiter untersucht, sondern sozusagen einfach das »Etikett« des Paketes.

Verallgemeinernd überprüft die Paketfilter-Firewall:

- von welcher Seite das Paket empfangen wird (eingehend, ausgehend),
- Quell- und Zieladresse vonseiten des Netzzugangs,
- auf Netzwerkebene je nach Protokoll Verschiedenes: vom verwendeten IP-Protokoll über die Quell- und Zieladresse bis hin zum eingesetzten Transportprotokoll (TCP/UDP) und den Angaben und Optionen im Header,
- auf Transportebene Quell- und Zielports und damit auch die zugelassenen oder verweigerten Dienste (wobei dies nur gilt, wenn Dienste auch den ihnen zugewiesenen Standard-Port verwenden).
- Zudem kann grundsätzlich bei allen Überprüfungen ein Zeitfenster eingerichtet werden, welches die Regel aktiviert bzw. deaktiviert.

Dabei kennen Firewalls entweder die Möglichkeit, den Verkehr zurückzuweisen (Reject) oder das Datenpaket einfach zu verwerfen (Drop oder Deny). Im letzteren Fall wird der Verkehr massiv kleiner gehalten, dafür weiß der anfragende Rechner nicht, ob sein Datenpaket angenommen wurde oder nicht. Daher wird das Reject meistens für Regelverstöße aus dem internen Netz eingesetzt, um die Benutzer zu informieren. Gegenüber dem unsicheren Netzwerk wird dagegen mit Drop/Deny gearbeitet.

Verstöße gegen die Filterregeln werden zudem protokolliert. Dabei ist es von Bedeutung, wie die Firewall mit den Protokollen umgeht. So können Sie einstellen, dass bei vollem Log einfach wieder Platz geschaffen wird und die ältesten Einträge überschrieben werden. Damit reduzieren Sie aber Ihre Kontrolle. Besser ist es, wenn ein volles Log zu einer Blockierung der Firewall führt. So werden Sie rasch informiert, wenn ein Log schnellen Zuwachs erhält. Voraussetzung dafür ist natürlich, dass Sie die Ereignisprotokolle regelmäßig kontrollieren und speichern, damit der Platz wieder freigegeben werden kann.

Der große Nachteil der Paketfilter-Firewall besteht darin, dass sie Inhalte über den untersuchten Layern nicht erkennt, d.h. Informationen, welche über der Transportebene liegen, werden in der Regel nicht analysiert. Ohne Erweiterung in Richtung NAT-Tabelle können Sie überdies die interne Netzwerkstruktur nicht verbergen.

13.5.3 Stateful Packet Firewall

Eine Stateful Packet Inspection-Firewall kontrolliert nicht nur die Datenpakete, sondern auch die ganze Weginformation und den Zustand, welche ein Datenpaket enthält. Sie arbeitet auf den OSI-Layern zwei bis vier (kann u. U. bis Layer 7 gehen) und führt eine entsprechende Header-Analyse durch. So gelingt es dieser Firewall, nach dem Verbindungsaufbau zu erkennen, ob und wie das Quellsystem mit dem Zielsystem kommuniziert, und lässt nur Antwortverkehr des Zielsystems zu, nicht aber unangeforderte Datenpakete des Zielsystems. Damit geht sie deutlich weiter als eine reine Paketfilter-Firewall.

Solche Zustände können etwa der Verbindungsauf- und -abbau sein oder der Transferzustand der Übertragung. Die Firewall kontrolliert also nicht nur das »Etikett«, sondern sozusagen auch den »Lieferschein« des Pakets, um zu sehen, ob die Lieferung der Etikettierung entspricht. Dennoch wird auch hier der eigentliche Inhalt, die Daten an sich, bei den meisten Systemen nicht überprüft. Daher ist diese Version eben nur eine weiterentwickelte Paketfilter-Firewall. Allerdings gibt es Ausnahmen, da die Hersteller ihre Produkte stetig weiterentwickeln.

13.5.4 Application Level Gateway

Das Application Gateway ist in der Lage, die Netzwerke sowohl logisch als auch physisch zu entkoppeln und bietet daher das höchste Maß an Sicherheit bei einer Firewall. Da diese Zugangsstelle von außen meist das einzige System ist, welches mit dem unsicheren Netzwerk verbunden wird, werden diese System auch Bastion oder Bastion Host genannt, um dem Umstand Rechnung zu tragen, dass sie besonders gegen Angriffe von außen geschützt werden müssen.

Entgegen dem Namen »Application« kontrolliert diese Firewall aber nicht die zugelassenen Anwendungen, der Name leitet sich aus dem Begriff des »Application Level« aus dem OSI-Modell ab. Sie kontrolliert den Verkehr vielmehr protokoll- bzw. dienstbasiert. Dazu muss die Firewall für jedes Protokoll einen eigenen Regelsatz enthalten, das heißt, die Konfiguration ist deutlich aufwendiger als bei der Paketfilter-Firewall.

Ein Application Gateway ist als dual-homed Firewall ausgelegt, das heißt die Firewall hat die vollständige Kontrolle über die Schnittstellen ins unsichere Netzwerk wie auch ins geschützte Netzwerk.

Überprüfen die beiden vorher vorgestellten Konzepte lediglich den Versand und die Ankunft der Datenpakete, geht das Application Gateway einen Schritt weiter, indem er die Lieferung sozusagen annimmt, den Inhalt überprüft und den weiteren Transport dann selber übernimmt. Das heißt, die Verbindung vom Quellsystem wird an der Firewall terminiert, die Daten aus den Transportpaketen übernommen und in einer neuen Verbindung an das interne Netzwerk weitergeleitet.

Für die Übertragung der Daten stellt die Firewall für jeden Dienst einen eigenen Stellvertreter zur Verfügung, Proxy genannt (vom lat. proximus). Jeder Dienst wird somit durch einen eigenen Proxy repräsentiert, welcher dienstspezifische unterschiedliche Sicherheitsmerkmale aufweisen kann und mit einem passenden Regelsatz jeweils individuell eingestellt werden muss.

Wird dagegen für die Dienste, für welche kein spezifischer Proxy vorhanden ist, ein genereller Proxy eingesetzt, welcher nicht dienstspezifisch agiert, spricht man von einer Circuit Level-Firewall, auch Port-Relay oder generischer Proxy genannt.

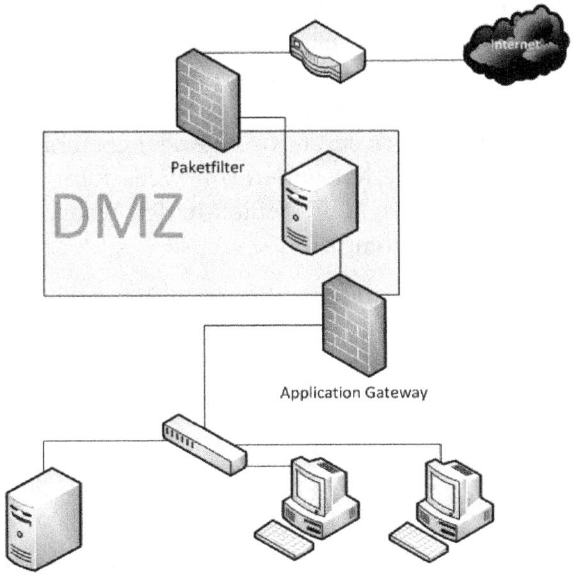

Abb. 13.12: Mögliches Firewallkonzept

Am bekanntesten ist vermutlich der sogenannte HTTP-Proxy. Dabei wird die Verbindung vom Quellsystem über Port 80 aufgebaut. Falls die Firewall so konfiguriert ist, muss der Benutzer sich jetzt am Proxy identifizieren und authentifizieren, worauf sein auf ihn zutreffendes Benutzerprofil (die für ihn zutreffenden Regeln) aktiviert wird. Anschließend baut der Proxy eine zweite Verbindung zum gewünschten Zielsystem auf, und daraufhin kann der Benutzer den HTTP-Dienst entsprechend nutzen.

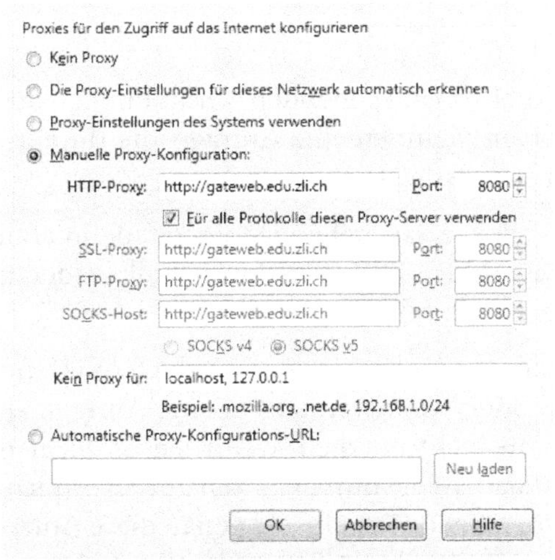

Abb. 13.13: Einstellungen für einen HTTP-Proxy

Der Proxy kann jetzt verschiedene Filter einsetzen, z. B. den Kommandofilter, um erlaubte Befehle zu filtern, oder den Datenfilter, welcher nur bestimmte URLs zulässt. Diese Regelung kann auf ganze URLs oder Teile davon (z. B. *.xxx) eingesetzt werden. Der Contentfilter wiederum untersucht den Inhalt der aufgerufenen Seiten und erlaubt aufgrund von Schlüsselwörtern deren Anzeige oder eben nicht. Mittels eines Appletfilters können zudem ganze Kategorien von Webseiten (z. B. ActiveX) blockiert werden. Zu guter Letzt können Malwarefilter in den Webseiten versteckte Schadsoftware aufspüren und blockieren.

Dabei kann sich der Proxy (was übrigens auch für andere Proxys gilt) dem Benutzer gegenüber auch transparent verhalten, das heißt, er muss keine spezielle Einstellung vornehmen, da die Anfragen über Port 80 automatisch über den Proxy umgeleitet werden.

Dieser Typ von Firewall kann also auf verschiedenen Schichten des Netzwerks aktiv sein: von OSI-Layer 3 (einfacher Paketfilter) über Layer 4 (Stateful Inspection) bis zur Anwendungsschicht (daher Application Level Gateway).

Da das Application Gateway zudem die einzige Verbindung zwischen unsicherem und zu schützendem Netzwerk ist, arbeitet es immer mit einer Network Address Translation-Tabelle (NAT). Dabei wird bei ausgehendem Datenverkehr die interne IP-Adresse des anfragenden Rechners durch die öffentliche IP-Adresse der Firewall ersetzt (auch IP Masquerading genannt). Die öffentliche IP-Adresse ist somit die einzige Adresse, die von außen sichtbar ist. Damit die Antwort auf ausgehenden Datenverkehr an den korrekten internen Rechner zurückgegeben werden kann, führt die NAT-Funktion eine Tabelle mit eindeutigen Zuordnungen jeder vom eingehenden Netz ankommenden Verbindungsanfrage, die einem internen und einem externen Port zugeordnet wird. Damit bleibt das zu schützende Netzwerk nach außen hin verborgen.

13.5.5 Anwendungsbeispiele

Grundsätzlich wird der Verkehr ins Internet von ausgehenden Verbindungen aus geführt. Das heißt, Ihre Rechner und Server beginnen eine Anfrage, die Ihr eigenes Netzwerk verlässt und mit einer Antwort zurückkommt.

Für diesen Fall bedeutet eine Kontrolle, dass Sie »ausgehende« Regeln definieren können, z. B. in dem Sie nur DNS, HTTP und HTTPS zulassen und alle anderen Ports schließen. Das ist sehr effizient, aber auch sehr restriktiv.

Eingehend lautet die Regel dagegen grundsätzlich und immer »verbieten«. Denn diese Verbindungsrichtung wird nur benötigt, wenn von außen eine Anfrage an Sie gerichtet wird. Das »all deny« ist dann nicht nützlich, wenn Sie im lokalen Netzwerk oder in der DMZ Server stehen haben, die durchaus von außen erreichbar sein sollten. Dann benötigen Sie entsprechende Regeln, die genau diese Anfragen zulassen.

Im folgenden Beispiel wurde die Firewall mit Regeln für den Zugriff »nach innen« definiert. Dabei handelt es sich um Server, die in einer DMZ stehen, einer sogenannten Demilitarisierten Zone, d.h. sie stehen zwischen dem Internet und dem eigentlichen lokalen Netzwerk zwischen zwei Firewalls, und die erste Firewall lässt bestimmte Anfragen zu.

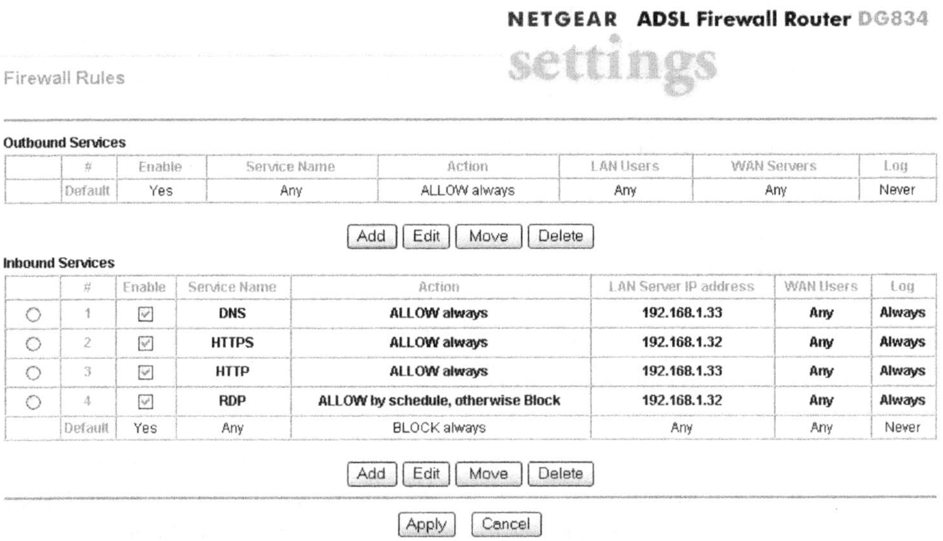

	#	Enable	Service Name	Action	LAN Users	WAN Servers	Log
	Default	Yes	Any	ALLOW always	Any	Any	Never

	#	Enable	Service Name	Action	LAN Server IP address	WAN Users	Log
○	1	☑	DNS	ALLOW always	192.168.1.33	Any	Always
○	2	☑	HTTPS	ALLOW always	192.168.1.32	Any	Always
○	3	☑	HTTP	ALLOW always	192.168.1.33	Any	Always
○	4	☑	RDP	ALLOW by schedule, otherwise Block	192.168.1.32	Any	Always
	Default	Yes	Any	BLOCK always	Any	Any	Never

Abb. 13.14: Konfiguration einer Firewall mit Regeln für den Zugang zur DMZ

Das Wichtigste am obigen Beispiel ist eigentlich die letzte Zeile: Wenn Sie einzelne Verbindungen öffnen, muss am Schluss eine Regel stehen, die alles andere explizit untersagt.

Firewalls können auch um weitere Funktionen erweitert und ergänzt werden. Wenn der ausgehende Verkehr überprüft und gespeichert wird, hat er eine Proxy-Funktion, man kann Spam-Schutz oder auch den Virenschutz integrieren.

Letzteres macht vor allem darum Sinn, weil auch ausgehende Verbindungen auf ihrem Antwortweg unerwünschte Inhalte mitbringen können. So kann eine Firewall zwar (fast) alle Ports außer Port 80 schließen, aber wenn ein Benutzer danach über diese offene Verbindung eine verseuchte Webseite aufruft, bringt er trotzdem einen Virus oder Trojaner mit. Eine Ergänzung der Firewall um weitere Schutzfunktionen kann hier effizient Abhilfe schaffen, indem der Antwortverkehr gescannt und notfalls blockiert wird.

Eine Erweiterung dieses Prinzips ist die Sandbox. Hierbei wird der Datenverkehr zuerst in eine isolierte Umgebung gelassen und kann dort keinen weiteren Schaden anrichten.

Noch spezifischer ist das Prinzip des Honeypot. Wie es der englische Name schon sagt, soll dieser »Honigrechner« die Angriffe von außen auf sich ziehen. Er ist in der Regel von außen sichtbar und verleitet den Angreifer dazu, sich mit diesem System zu befassen, ohne dass er dabei merkt, dass es sich beim Honeypot um eine Sandbox handelt, er also gar keinen Zugriff auf das eigentliche Netzwerk erhält. Der Vorteil für den Angegriffenen liegt darin, dass nicht nur das eigentliche Netzwerk beschützt bleibt, sondern dass er während des Angriffs wichtige Informationen vom Angreifer erhält, die ihm wiederum helfen können, seine Systeme besser zu schützen. Zudem kann ein Honeypot weiter ausgebaut werden bis zu einem Honeynet, sodass der Angreifer sich vermeintlich im Netzwerk befindet. Weitere Informationen dazu finden Sie auf der Webseite des Honeynet-Projekts unter `www.honeynet.org`.

13.6 IDS und IPS

Wenn der Fokus auf der Analyse der eingehenden Datenpakete und -anfragen liegt, sprechen wir nicht mehr nur von einem Proxy- oder Firewall-System sondern von einem »Intrusion«-System, d.h. einem System, das sich auf eindringende Datenpakete fokussiert. Die erste Stufe dieser Systeme war die Einführung der Intrusion Detection Systems (IDS). Ein solches System kann Angriffe sowohl aus dem unsicheren Netzwerk als auch aus dem zu schützenden Netzwerk heraus erkennen und beispielsweise per E-Mail an den Administrator melden.

Einen Schritt weiter geht die nächste Generation dieser Spezies: die Intrusion Prevention Systems (IPS). Sie verhindern die Möglichkeit von Angriffen. Doch wie soll das gehen? Schauen wir uns das genauer an.

Als Intrusion Detection bzw. Prevention wird die aktive Überwachung von Computersystemen bzw. Computernetzen mit dem Ziel der Erkennung bzw. Abwehr von Angriffen und Missbrauch bezeichnet. Man könnte solche Systeme auch als Alarmanlage bezeichnen.

Dabei wird zwischen netzwerkbasierten und hostbasierten Systemen unterschieden. Entsprechend lauten die Bezeichnungen danach HIDS und HIPS für hostbasierte Systeme, NIDS und NIPS für netzwerkbasierte Systeme.

Das NIDS/NIPS kann dabei sowohl vor als auch hinter der Firewall platziert werden. Den optimalen Schutz, aber auch den größten Aufwand erreichen Sie, wenn Sie zwei NIDS/NIPS vor und hinter der Firewall installieren. Dann haben Sie eine optimale Kontrolle über den Netzwerkverkehr. Ein NIDS/NIPS ist dabei ein Gerät, welches in das zu kontrollierende Netzwerksegment zwischengeschaltet wird, sodass aller Netzwerkverkehr dieses Segments durch das NIDS/NIPS läuft und über eine angeschlossene Management-Konsole ausgewertet werden kann.

Ein NIDS/NIPS kann auch an einen Switch angeschlossen werden, sofern dieser über das Port-Spanning-Protokoll verfügt. Dieses kopiert allen Verkehr des zu überwachenden Ports auf den Port, an welchem das NIDS oder NIPS angeschlossen ist.

Ein hostbasiertes IDS oder IPS wird als Anwendung auf einem System installiert. Die Anwendung überwacht die Ereignisprotokolle, Anwendungen und weitere Parameter auf dem System selber, nicht aber den Netzwerkverkehr. Diese Systeme werden vorzugsweise auf kritischen Servern wie Datenbankservern, Verschlüsselungs- oder Zertifikatsservern eingesetzt oder auf Servern, die als Verbindungsserver zu anderen Serversystemen dienen.

Das Ziel von Intrusion Detection besteht darin, aus allen im Überwachungsbereich stattfindenden Ereignissen diejenigen herauszufiltern, die auf Angriffe, Missbrauchsversuche oder Sicherheitsverletzungen hindeuten, um diese danach genauer zu untersuchen. Dabei ist es wichtig, dass die entsprechenden Ereignisse möglichst zeitnah erkannt werden können.

Damit Intrusion Detection wirksam ist, benötigt sie Informationen darüber, welche Komponenten sie überwachen soll und wie ein möglicher Angriff aussehen kann.

Ein IDS besteht dazu aus Netzsensoren, welche den Netzwerkverkehr an bestimmten Punkten überwachen (beispielsweise in eine Firewall integriert), und/oder Hostsensoren, die kritische Systeme direkt überwachen sowie allenfalls Applikationssensoren. Diese Sensoren werden auch als Collector bezeichnet. Zudem benötigen Sie entsprechende Management- und Auswertungsfunktionen, damit die Ereignisse auch zielgerichtet ausgewertet werden können. Der Administrator wiederum ist verantwortlich für die Konfiguration der Sensoren und entsprechenden Messregeln sowie für die Auswertung der entsprechenden Protokolle.

Derzeit werden von fast allen Anbietern kommerzieller IDS Analysemethoden angewendet, die entweder auf der Erkennung von Angriffsmustern (Signature Based Detection) oder auf Protokollanalysen beruhen. So werden typische Angriffe wie etwa ein Pufferüberlauf als Muster im IDS hinterlegt. Erkennt jetzt das IDS eine Aktivität, die aussieht wie das abgelegte Muster, wird ein Alarm ausgelöst.

Die Erkennung von Angriffsmustern geschieht also anhand von Signaturen. Dies können einfache Mustererkennungen sein, aber auch das Verfolgen komplexer Verhaltensmuster. Genauso wie bei Antivirenprogrammen ergibt sich der Nachteil, dass mit dieser Technik nur bekannte Angriffsmuster erkannt werden können. Darum gibt es auch für IDS die Möglichkeit heuristischer Angriffserkennung.

Bedingung für die ordnungsgemäße Funktion eines IDS ist, dass die Datenbanken mit den Angriffsmustern regelmäßig aktualisiert werden. Deshalb wird ein

IDS nicht nur gekauft, sondern auch durch entsprechende Signaturaktualisierungen aktiv unterhalten.

Zusätzlich bieten fast alle IDS die Möglichkeit zur statistischen Anomalieerkennung (Anomaly Detection) auf Basis der vom IDS erzeugten Berichte und Angriffsstatistiken. Hierbei lernt das IDS, was »normal« ist, und bildet aufgrund dieser Erfahrungswerte zunehmend zuverlässige Annahmen über Ausnahmen, eben die Anomalien, die dann wiederum zu einem Alarm führen. Dies ist ein verhaltensbasierter Ansatz. Zudem kommen auch Expertensysteme (Sammlung von technisch hinterlegten Erfahrungen) oder zunehmend auch künstliche Intelligenz zum Einsatz.

Um hier mit der Zeit den nötigen Erfolg zu erzielen, ist neben einem aktiven Training des Systems auch das Erstellen und Unterhalten von Baselines wichtig. Darüber haben wir ja an anderer Stelle schon gesprochen. Diese Baselines dienen als wichtige Indikatoren, wenn etwa der Netzwerkverkehr plötzlich unerwartet ansteigt oder sich in der Zusammensetzung stark verändert.

Ein Intrusion Prevention System (IPS) geht noch einen Schritt weiter. Es ist zwar im Wesentlichen ebenfalls ein IDS, welches aber auf bestimmte Ereignisse (Angriffe) selbständig antworten kann, indem es beispielsweise den Netzwerkzugang verändern oder sogar unterbrechen kann. Im Unterschied zum IDS, das als passives Antwortsystem bezeichnet wird, spricht man hierbei auch von einem aktiven Antwortsystem, weil es auf Angriffe mit konkreten Aktionen reagiert. Das kann zum Beispiel bedeuten, dass die Netzwerkverbindung eingehender Datenpakete unterbrochen wird oder dass TCP-Verbindungen zurückgesetzt werden. All dies kann natürlich auch zeitgesteuert erfolgen. Ein IPS kann also die Firewall anweisen, Port 25 für drei Minuten zu sperren, um danach wieder zu analysieren, ob der mögliche Angriff abgebrochen wurde.

Je mehr Möglichkeiten der Angriffserkennung aber implementiert werden oder je allgemeiner ein Erkennungsmuster formuliert wird, desto größer wird auch die Rate der Fehlalarme, der sogenannten *false positives*. Dies führt zu einem hohen Aufwand für die Betreuung des IDS oder IPS, um alle Meldungen richtig zu analysieren.

13.7 Unified Threat Management

Wenn man nun alle die Entwicklungen dieses Kapitels in einer Lösung zusammenfasst, spricht man von Unified Threat Management (UTM).

UTM vereint auf einer kombinierten Plattform:

- Virenschutz bzw. Malware Inspection
- Content Inspection und Content Filtering

- URL Filtering
- Firewall-Funktionalität
- IDS und IPS-Funktionalität

Für dieses UTM gibt es nebst den Netzwerkherstellern wie Cisco oder 3Com auch spezialisierte Anbieter, welche sich mit Appliances in diesem Bereich platziert haben, etwa Juniper, Fortigate, Astaro oder Watchguard (und andere mehr).

13.8 Fragen zu diesem Kapitel

1. Welcher Netzwerkverkehrsfilter basiert auf Signaturen, um wirksam arbeiten zu können?

   A Proxyserver

   B Firewall

   C NIDS

   D Honeynet

2. Wobei handelt es sich um einen einzelnen Server, der in der DMZ aufgesetzt wird, um mögliche Angreifer abzulenken?

   A Honeynet

   B HIDS

   C Honeypot

   D NIDS

3. Ein Administrator versucht, ein Netzwerk vor Bedrohungen zu sichern, die außerhalb des Netzwerkes entstehen. Welches der folgenden Geräte stellt einen Schutz für die DMZ vor vom Internet aus ergriffenen Offensiven zur Verfügung?

   A Antivirus-Lösung

   B Proxyserver

   C Honeypot

   D Firewall

4. Welche der Folgenden ist eine Liste von diskreten Einträgen, welche als sicher bekannt sind?

   A Whitelist

   B Signaturen

   C Blacklist

   D ACL

5. Ein Administrator vermutet, dass Dateien außerhalb der Bürozeiten zu einem abgelegenen Standort kopiert werden. Der Dateiserver ermöglicht keine Protokollierung. Welches der folgenden Protokolle wäre der *beste* Ort, um nach Information zu suchen?

   A Intrusion Detection-Protokolle

   B Firewall-Protokolle

   C Antivirus-Protokolle

   D DNS-Protokolle

6. Welches System verlangt eine Aktualisierung der Baseline-Messung, nachdem eine neue Anwendung installiert wurde?

   A Signaturbasiertes NIPS

   B Signaturbasiertes NIDS

   C Honeypot

   D Verhaltensbasiertes HIDS

7. Was ist am nützlichsten, um zu bestimmen, warum Datenpakete eines Computers außerhalb des Netzwerks, die an einen Computer innerhalb des Netzwerkes übertragen werden sollten, nicht zugestellt werden?

   A HIDS-Protokoll

   B Sicherheitsprotokoll

   C Firewall-Protokoll

   D Systemprotokoll

## Kapitel 14

Penetration Testing und Forensics

Dieses Kapitel beschäftigt sich mit zwei Themen, die auf den ersten Blick nur wenig miteinander zu tun haben. Penetration Testing ist die Kunst, Sicherheitslücken in IT-Systemen zu finden, und dies durch einen gelungenen Angriff zu demonstrieren. Dahingegen geht es bei der IT-Forensik darum, Beweismittel zu sichern und diese gerichtsverwertbar zu analysieren.

Gemeinsam ist beiden Sachgebieten, dass eine profunde Kenntnis von Anwendungen und Betriebssystemen verlangt wird sowie die Fähigkeit, Analysen bis auf das letzte Bit durchzuführen.

14.1 Penetration Testing

Beim Penetration Testing geht es darum, Sicherheitslücken in einem ICT-System oder Netzwerk zu finden und entsprechend zu demonstrieren. Es geht also darum, möglichst viele Bestandteile eines Systems oder Netzwerks einer gründlichen Überprüfung zu unterziehen, um eventuelle Schwachstellen aufzudecken. Damit liegt der Penetrationstest an sich in einer Linie mit dem Hacker, der ebenfalls Sicherheitslücken zu nutzen versucht. Dennoch gibt es wichtige Unterschiede zwischen Hackern und Penetrationstestern.

Penetrationstester arbeiten übrigens häufig in Teams zusammen, da jeder Tester seine eigenen Spezialgebiete hat und erst die Kombination von mehreren Spezialisten zum Erfolg führt. Ein solches Team wird auch als »Red Team« bezeichnet.

14.1.1 Organisatorische Einbettung

Der größte Unterschied zwischen einem »gewöhnlichen« Hacker und einem Penetrationstester ist die organisatorische Einbettung des Penetrationstests. Während bei einem Hacker der erfolgreiche Einbruch in eine IT-Infrastruktur das Kriterium für den Erfolg ist, kommt es beim Penetrationstest vor allem auf eine saubere, nachvollziehbare Dokumentation der gefundenen Sicherheitslücken und Vorschläge zu deren Beseitigung an.

Daraus ergeben sich Differenzen zwischen der Vorgehensweise eines Hackers und der eines Penetrationstesters:

- Während bei einem Hacker die »Kollateralschäden«, also die während des Angriffs zu Schaden gekommenen IT-Systeme keine Rolle spielen, sind solche Schäden bei einem Penetrationstest möglichst klein zu halten.
- Für einen Hacker ist die Dokumentation eines Angriffs nur insofern von Bedeutung, da er einen ähnlichen Erfolg auch bei anderen Systemen erzielen möchte. Bei einem Penetrationstest ist die Dokumentation ein wesentlicher Bestandteil des Arbeitsauftrags.
- Ein Hackerangriff kann zu jeder Tages- und Nachtzeit erfolgen, so wie es den Wünschen des Angreifers entspricht. Die Zeiten für einen Penetrationstest müssen sorgfältig geplant werden, um die betrieblichen Auswirkungen in kalkulierbaren Grenzen zu halten.
- Ein Hacker setzt bei seinen Angriffen alle ihm verfügbaren Mittel ein. Das gilt für einen Penetrationstester prinzipiell auch, doch kann es hier Grenzen geben, die durch den zuvor festgelegten Umfang der Arbeiten bestimmt werden.
- Bei einem Penetrationstest besteht zwischen dem Tester und der zu testenden Institution eine vertragliche Vereinbarung, sei es durch einen Werkvertrag oder bei internen Tests durch den Arbeitsvertrag.
- Ebenfalls vertraglich geregelt ist bei einem Penetrationstest die Verpflichtung des Testers zur Verschwiegenheit bzw. die Erlaubnis, im Rahmen der Arbeiten auf geschützte Daten zugreifen zu dürfen. Solche Pflichten und Rechte hat ein Hacker nicht.
- Für die sogenannten »Birthday«-Attacken, bei denen zu einer gegebenen Sicherheitslücke bzw. zu einem existierenden Angriffsprogramm die passenden Rechner oder Netzwerke gesucht werden, gibt es beim Penetrationstest keine Entsprechung. Hier geht es um ein konkretes Ziel in einem vorgegebenen Netzwerk.

Aus diesen Überlegungen ergibt sich die Notwendigkeit einer engen Einbindung der durchzuführenden Arbeiten in die eigene Organisation. Penetrationstests nach dem Motto »Macht mal und seht, was ihr herausbekommt« sind möglich, aber in der Praxis eher selten.

14.1.2 Prinzipielle Vorgehensweise

Neben den oben skizzierten Unterschieden gibt es viele Gemeinsamkeiten zwischen Hackern und Penetrationstestern, vor allem bei den technischen Untersuchungen. Sind die vertraglichen und organisatorischen Bedingungen festgelegt, läuft ein Penetrationstest in den meisten Fällen nach folgendem Muster ab:

- Je nach dem Umfang des Vorwissens des Testers bzw. den ihm vorab übergebenen Informationen werden öffentliche Quellen angezapft, um genügend Datenmaterial zur Durchführung der Tests zu erhalten. Dieser Vorgang wird als

»Footprinting« bezeichnet, da er die »Fußstapfen im Schnee«, die jede Organisation im Internet hinterlässt, verfolgt und auswertet.

```
Registrant:
       Bruce Wayne
       Novell, Inc.
       1800 South Novell Place
        Provo UT 84606
       US
       bwayne@novell.com +1.8018612222 Fax: +1.8018612222

   Domain Name: suse.com

       Registrar Name: Markmonitor.com
       Registrar Whois: whois.markmonitor.com
       Registrar Homepage: http://www.markmonitor.com

   Administrative Contact:
       Bruce Wayne
       Novell, Inc.
       1800 South Novell Place
        Provo UT 84606
       US
       bwayne@novell.com +1.8018612222 Fax: +1.8018612222
   Technical Contact, Zone Contact:
       Bruce Wayne
       Novell, Inc.
       1800 South Novell Place
        Provo UT 84606
       US
       bwayne@novell.com +1.8018612222 Fax: +1.8018612222

   Created on..............: 1996-09-23.
   Expires on..............: 2012-09-22.
   Record last updated on..: 2011-02-10.

   Domain servers in listed order:

   ns2.suse.de
   ns.novell.com
   ns.novell.co.uk
   ns1.suse.de
   ns.suse.de
```

Abb. 14.1: Whois-Abfrage von suse.com

- Die für den Penetrationstest ausgewählten Systeme werden einer gründlichen Analyse unterzogen, um möglichst detaillierte Informationen über das installierte Betriebssystem sowie Typ und Version der zusätzlich installierten Anwendungen zu erhalten. Bei Systemen, die über das Netzwerk erreichbar sind, werden solche Untersuchungen mittels Portscanner durchgeführt. Diese Tools versuchen, sich mit Netzwerkapplikationen zu verbinden, und stellen so deren Existenz fest. Außerdem kann anhand der offenen Ports das Betriebssystem identifiziert werden.
- Weitere Tests ziehen aus Feinheiten in der Reaktion auf bestimmte Netzwerkpakete Rückschlüsse auf die Versionen der eingesetzten Betriebssysteme und Anwendungen. Diese Untersuchung weist Analogien zur polizeilichen Ermittlungsarbeit mit Fingerabdruckkarteien auf und wird deshalb auch als »Fingerprinting« bezeichnet.

```
Starting Nmap 5.35DC1 ( http://nmap.org ) at 2011-07-02 15:05 CEST
Nmap scan report for Jupiter.lousberg (192.168.72.163)
Host is up (0.00024s latency).
Not shown: 989 closed ports
PORT      STATE    SERVICE     VERSION
135/tcp   open     msrpc       Microsoft Windows RPC
139/tcp   open     netbios-ssn
445/tcp   open     netbios-ssn
990/tcp   filtered ftps
5357/tcp  open     http        Microsoft HTTPAPI httpd 2.0 (SSDP/UPnP)
|_http-methods: No Allow or Public header in OPTIONS response (status code 503)
|_html-title: Service Unavailable
49152/tcp open     msrpc       Microsoft Windows RPC
49153/tcp open     msrpc       Microsoft Windows RPC
49154/tcp open     msrpc       Microsoft Windows RPC
49157/tcp open     msrpc       Microsoft Windows RPC
49158/tcp open     msrpc       Microsoft Windows RPC
49159/tcp open     msrpc       Microsoft Windows RPC
MAC Address: 00:25:22:67:84:0D (ASRock Incorporation)
Device type: general purpose
Running: Microsoft Windows Vista|2008|7
OS details: Microsoft Windows Vista SP0 - SP2, Server 2008, or Windows 7 Ultimate
Network Distance: 1 hop
Service Info: OS: Windows

Host script results:
|_nbstat: NetBIOS name: JUPITER, NetBIOS user: <unknown>, NetBIOS MAC: 00:25:22:6
7:84:0d (ASRock Incorporation)
|_smbv2-enabled: Server supports SMBv2 protocol
| smb-os-discovery:
|   OS: Windows 7 Ultimate 7601 Service Pack 1 (Windows 7 Ultimate 6.1)
|   Name: FOERSTER\JUPITER
|_  System time: 2011-07-02 15:06:21 UTC+2

TRACEROUTE
HOP RTT     ADDRESS
1   0.24 ms Jupiter.lousberg (192.168.72.163)

OS and Service detection performed. Please report any incorrect results at http:/
/nmap.org/submit/ .
Nmap done: 1 IP address (1 host up) scanned in 74.87 seconds
root@bt:~# 
```

Abb. 14.2: Portscanner und Fingerprinting-Tool nmap

- Aufgrund der vorliegenden Informationen wird nun eine Recherche nach potenziellen Sicherheitslücken vorgenommen.
- Zu jeder dieser Schwachstellen werden Tools zur weiteren Analyse oder direkt Angriffs-Tools (»Exploits«) beschafft, die unter Ausnutzung der jeweiligen Sicherheitslücke einen Zugriff auf die Systeme zulassen. Wegen der Vielzahl der unterschiedlichen IT-Systeme müssen diese Tools meist an die zu prüfende Infrastruktur angepasst werden. Diese Arbeit ist der schwierigste Teil eines Penetrationstest.
- Die Angriffsprogramme werden gezielt eingesetzt, um die Existenz der Sicherheitslücke nachzuweisen.
- Der Erfolg der einzelnen Schritte des Penetrationstests wird sorgfältig dokumentiert, damit alle offenen Sicherheitslücken später geschlossen werden können.

14.1.3 Black Box und White Box

Eine typische Fragestellung bei einem Penetrationstest lautet: »Was kann ein Hacker erreichen, der sich einem Netzwerk über das Internet nähert?« Um ein solches Szenario realistisch abzubilden, sollte sich der Tester in derselben Position wie ein Hacker befinden. Dieser hat außer dem Namen der Internet-Domäne der anzugreifenden Firma oder Behörde zunächst keine weiteren Informationen. Er muss erst die der Domäne zugeordneten IP-Adressen, Rechner und Dienste ermitteln, bevor er mit der Ausarbeitung von Angriffsstrategien beginnt.

Eine solche Testumgebung, bei der im Vorfeld keine oder nur ganz wenige Informationen über die zu prüfende Infrastruktur bekannt sind, wird »Black-Box-Test« genannt.

Im Gegensatz dazu liegen bei »White-Box-Tests« einige für den Test relevante Informationen schon vor Beginn der Arbeiten vor. Die Fragestellung für eine solche Prüfung könnte etwa lauten: »Welche Möglichkeiten bestehen, über den E-Commerce-Server x auf die dahinter liegende Datenbank y zuzugreifen und diese zu manipulieren?« Bei einer solchen Untersuchung wäre ein Black-Box-Test eine Zeitverschwendung. Je genauer die dem Prüfer vorliegenden Informationen sind, desto wirkungsvoller können seine Untersuchungen zur Aufdeckung von Sicherheitslücken sein.

In der Mitte zwischen Black-Box- und White-Box-Tests liegen Grey-Box-Tests. Hier verfügt der Tester über einen Teil der nötigen Informationen, den Rest muss er sich erst erarbeiten.

14.1.4 Security-Scanner

Security-Scanner (auch Verwundbarkeitsscanner genannt) kann man bis zu einem gewissen Grad als »automatische Hacker« bezeichnen. Diese Programme versuchen, selbsttätig Informationen über die zu testenden Systeme zu erhalten und dann eine Liste mit Sicherheitslücken vorzulegen.

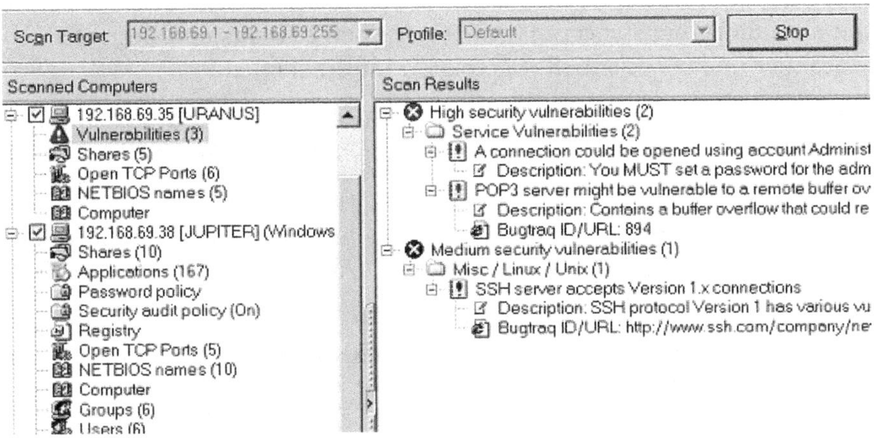

Abb. 14.3: LANguard Security-Scanner

Security-Scanner sind von ihrer Konzeption mehr für den Einsatz in einem Security-Audit ausgelegt als für einen Penetrationstest. Sie sind in der Lage, große Netzwerke in kurzer Zeit nach Sicherheitslücken zu untersuchen. Allerdings können sie keine komplizierten Angriffe ausführen und so versteckte Sicherheitslücken finden. Das ist aber die Zielsetzung bei einem Penetrationstest.

Dazu kommt, dass Security-Scanner sehr vorsichtig operieren. Sie schließen eher von äußeren Symptomen wie etwa Versionsnummern von Programmen auf die sich ergebenden Sicherheitslücken, als dass sie einen wirklichen Test durchführen. Der Grund liegt darin, dass eine Schädigung der geprüften Systeme beim Test vermieden werden soll.

Diese indirekte Verfahrensweise der Prüfungen führt leider nicht selten zu Falschmeldungen. Deshalb müssen die Meldungen eines Scanners immer

- auf Plausibilität in Bezug auf die vorhandenen Systeme und Dienste geprüft sowie
- mit weiteren Tests verifiziert werden.

Trotz dieser Probleme sind Security-Scanner bei einem Penetrationstest unverzichtbare Werkzeuge, besonders bei Black-Box-Tests oder bei der Prüfung großer Netzwerke. Ihr Einsatz in einer frühen Phase des Tests kann Hinweise geben, wo sich die spätere (manuelle) Arbeit lohnt.

Bei den Security-Scannern unterscheidet man zwischen

- General-Purpose-Systemen für allgemeine Tests sowie
- Spezial-Scannern für bestimmte Aufgaben (z. B. Scanner für Webserver).

14.1.5 Datenbanken für Recherchen nach Sicherheitslücken

Sind alle erreichbaren Informationen über Systeme und Dienste ermittelt, beginnt die Suche nach Sicherheitslücken. Hinweise ergeben sich aus den Berichten der Security-Scanner und den manuell abgefragten Informationen.

Die Fragestellung bei diesem Teil des Penetrationstests lautet: »Sind bei den vorgefundenen System und Diensten Sicherheitslücken oder typische Konfigurationsfehler bekannt?«

Ist diese Frage zu bejahen, kann direkt nach Detailinformationen über mögliche Angriffspunkte oder nach bereits existierenden Angriffsprogrammen gesucht werden. Quellen sind hier

- Datenbanken, in denen Sicherheitslücken nachzulesen sind; das sind oft Archive von Mailinglisten zum Thema Sicherheit

- Release-Notes von Nachfolgeversionen, in denen die ausgebesserten Sicherheitslücken beschrieben sind
- Toolkits speziell für Penetrationstests.

14.1.6 Passwort-Guesser und -Cracker

Es gibt viele Möglichkeiten, an Namen von Accounts und die dazugehörigen Passwörter zu gelangen. Falls Verfahren wie Social Engineering, Sniffen im Netzwerk oder das Auslesen aus Klartextdateien nicht zum Erfolg führen, müssen Angriffsprogramme zum Raten oder Knacken der Passwörter eingesetzt werden.

Im ungünstigsten Fall verfügt der Tester weder über Name noch Passwort oder aber über einen gültigen Namen, aber kein Passwort. Dann kommen »Passwort-Guesser« zum Einsatz. Diese Programme versuchen, sich durch Probieren mithilfe von Wörterbüchern am Account anzumelden. Dazu muss die Software in der Lage sein, das zur Anmeldung erforderliche Protokoll abzuwickeln. Für Standardprotokolle wie FTP oder SSH stellt das kein Problem dar, bei anderen Protokollen können individuelle Anpassungen erforderlich sein.

Passwort-Guesser finden ihre Grenzen, wenn Accounts nach einer bestimmten Zahl ungültiger Anmeldeversuche gesperrt werden. Bei vielen Diensten gibt es jedoch keine Einschränkung bei der Zahl der Versuche, sodass Passwort-Guesser akzeptable Chancen haben.

Oft liegen dem Tester Anmeldenamen und verschlüsselte Passwörter vor. Diese können von Netzwerk abgehört oder aus einem System ausgelesen worden sein. In diesem Fall kann die Entschlüsselung des Passworts ohne Zugriff auf das Opfersystem erfolgen.

Ein verschlüsseltes Passwort kann mit einem »Passwort-Cracker« durch Ausprobieren von Begriffen aus Wörterbüchern bzw. Zeichenfolgen ermittelt werden. Dabei muss die Software den jeweils eingesetzten Verschlüsselungsalgorithmus beherrschen. Die ausprobierten Begriffe werden verschlüsselt und mit dem zuvor besorgten verschlüsselten Passwort verglichen. Stimmen beide Werte überein, ist entweder das Passwort gefunden oder aber ein anderes Passwort mit demselben Hash, das ebenso gut zur Anmeldung benutzt werden kann.

Ein besonders schnelles Verfahren zum Knacken von Hash-Werten arbeitet mit sogenannten »Rainbow«-Tabellen. Diese enthalten zu einer beliebigen Anzahl von Passwörtern die jeweiligen Hash-Werte. Der Passwort-Cracker berechnet bei seiner Brute-Force-Attacke die Hash-Werte für alle Zeichenfolgen nicht immer wieder neu, sondern nimmt sie aus der zuvor berechneten Rainbow-Tabelle.

Rainbow-Tabellen benötigen viel Speicherplatz, was aber bei den heutigen Speichermedien kein Hindernis ist. Vorgefertigte Rainbow-Tabellen für die wichtigsten Hash-Verfahren finden sich im Internet.

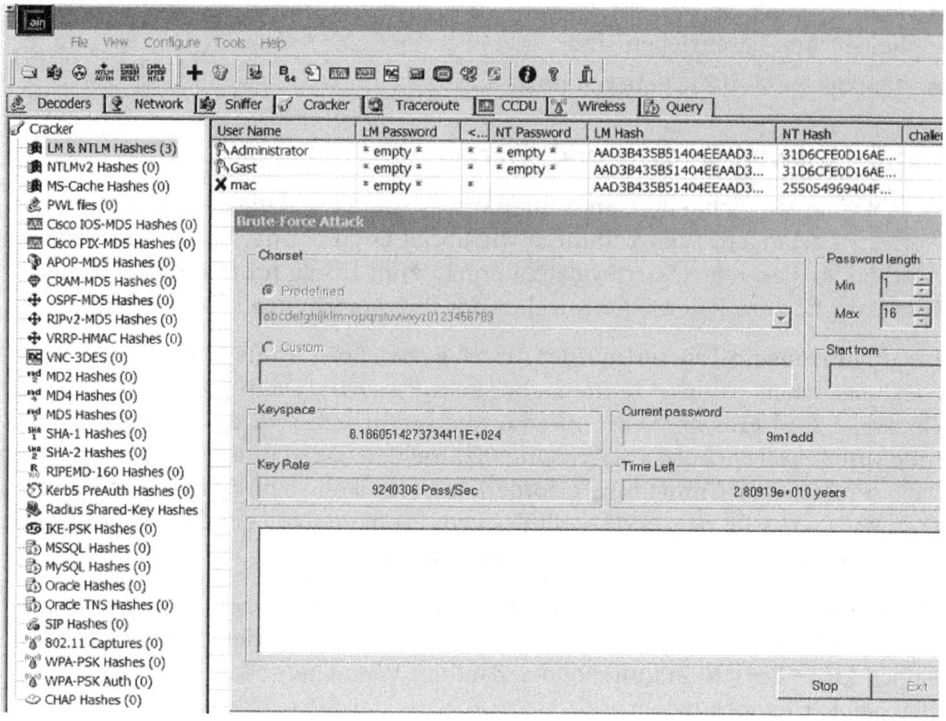

Abb. 14.4: Passwort-Cracker bei der Arbeit

14.1.7 Paketgeneratoren

Während eines Penetrationstests ist es oft erforderlich, Netzwerkpakete mit frei definierbaren Inhalten zu erzeugen und abzusenden:

- Bei Belastungstests von Firewalls oder anderen Systemen müssen bestimmte Pakete in großen Stückzahlen pro Zeiteinheit abgesetzt werden (Flooding-Angriffe).
- Falls die vorhandenen Fingerprinting-Tools das zur Identifikation des Gegenübers benötigte Paket nicht in ihrem Repertoire haben, muss es anderweitig erzeugt werden.
- Für bestimmte Angriffe wie etwa die Manipulation von Routing-Tabellen müssen die erforderlichen Pakete »maßgeschneidert« werden.

Hier sollte sich jeder Penetrationstester eine gut sortierte Auswahl von Tools zulegen, damit er während des laufenden Tests nicht unnötig programmieren muss.

14.1.8 Netzwerk-Sniffer

Mit einem Netzwerk-Sniffer wird Netzwerkverkehr, der am Netzwerkadapter vorbeizieht, 1:1 aufgezeichnet und tabellarisch dargestellt. Durch Filterfunktionen auf den verschiedenen Ebenen des Netzwerk-Stacks können Pakete ausgewählt werden. Die Einsatzmöglichkeiten eines Sniffers während des Penetrationstests sind vielfältig:

- Die Abläufe von Client/Server-Verbindungen können untersucht und bei Bedarf mit einem anderen Programm simuliert und manipuliert werden.
- Bei unbekannten Diensten oder Protokollen können Hinweise auf die Funktion gewonnen werden.
- Falls Anmeldenamen und Passwörter über die Leitung gehen, nimmt der Sniffer diese auf und kann sie einem Angriffsprogramm übergeben.
- Die Nutzdaten von Verbindungen können gelesen und für die weitere Verwendung abgespeichert werden.

14.1.9 Fuzzing

Eine Technik, mit der Sicherheitslücken mehr oder weniger aus Zufall gefunden werden können, nennt sich Fuzzing. Beim Fuzzing werden zufällig generierte Zeichenketten an eine Anwendung geschickt und geprüft, wie sich die Anwendung verhält. Stürzt sie ab oder geht sie mit dem Fehler falsch um, werden die Auslöser der Fehlfunktion analysiert.

Fuzzing hat den großen Vorteil, dass die Generierung von Anfragen automatisch geschieht. Ein menschlicher Eingriff ist nur nach einem erfolgreichen Angriff nötig. Allerdings besteht keine Garantie, dass beim Fuzzing auch wirklich diejenige Zeichenkette generiert wird, die einen Angriff auslöst.

Aus diesem Grunde ist Fuzzing immer nur eine Ergänzung zu einem manuellen Penetrationstest.

14.1.10 Metasploit Framework

Das Open Source-Programm Metasploit Framework ist ein wichtiges Werkzeug bei der Durchführung von Penetrationstests. Es umfasst eine große Zahl von Angriffsmöglichkeiten, über die man in fremde Systeme eindringen kann. Einer der Schwerpunkte von Metasploit sind Pufferüberläufe in Serverprozessen, aber auch verseuchte PDF-Dateien können erzeugt werden.

Das Metasploit Framework wird in der letzten Phase von Penetrationstests eingesetzt, wenn es darum geht, tatsächlich in ein fremdes System einzudringen. Metasploit kann über eine grafische Oberfläche, aber auch interaktiv über eine Konsole bedient werden. Erfahrene Tester nutzen meist die Konsole, da diese sehr intuitiv zu bedienen ist und praktische Suchfunktionen aufweist.

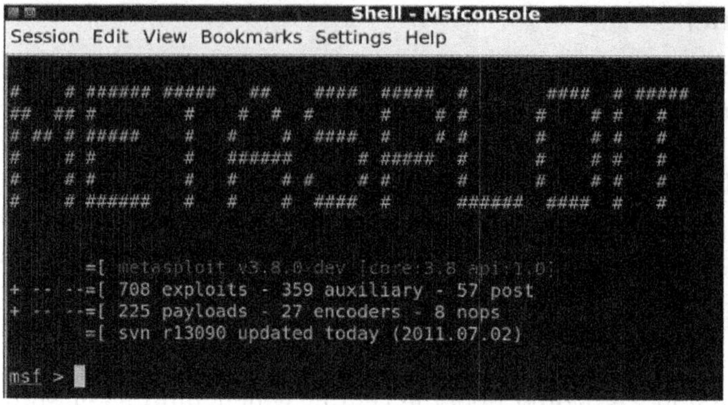

Abb. 14.5: Metasploit-Konsole

Ein Angriff mit Metasploit erfolgt nach folgendem Muster:

- Auswahl des Zielsystems
- Auswahl der Sicherheitslücke, über die angegriffen wird
- Auswahl der Nutzlast (Payload), die mittels des Angriffs auf dem Zielsystem ausgeführt werden soll; dabei wird häufig die sogenannte »Bind Shell« gewählt, die eine Konsole auf dem Zielsystem öffnet.
- Start des Angriffs

14.2 Forensics

IT-Forensik ist eine Wissenschaft, die sich mit der Analyse von Computern und anderen IT-Systemen beschäftigt. Dabei geht es in der Regel um eine Aufklärung von Angriffen oder sonstigem Missbrauch.

Auch Einbrüche in IT-Systeme oder Netzwerke können mit forensischen Methoden aufgeklärt werden. Hier ist eine schnelle und qualifizierte Reaktion erforderlich, um weiteren Schaden abzuwenden. Der Umgang mit solchen Einbrüchen und anderen Sicherheitsvorfällen wird als Incident Response bezeichnet. Als First Responder werden hierbei die Personen bezeichnet, welche die ersten Maßnahmen treffen – ein Ausdruck der übrigens aus dem Rettungswesen und nicht aus der Informatik stammt und dort die erstversorgenden Helfer vor Ort bei einem Unfall oder einem größeren Schadensereignis bezeichnet – die Übertragung in unseren Kontext ist also nicht allzu fern.

14.2.1 Aufgaben und Fragestellungen

Angriffe aus dem Inneren von Netzwerken werden in der Forensik genauso betrachtet wie Angriffe von außen, die in der Regel über das Internet ausgeführt werden.

Typische Fragestellungen der IT-Forensik sind:

- Über welche Schwachstelle wurde ein Angriff ausgeführt? Schwachstellen liegen oft im technischen Bereich, können aber auch organisatorisch oder personell begründet sein.
- Wer hat den Angriff ausgeführt? Fast immer hinterlassen Angreifer Spuren, die Hinweise geben.
- Wie groß ist der entstandene Schaden?

Um diese Fragen zu beantworten, werden Beweismittel in Form von Logdaten, Festplatten-Images und anderen Daten gesammelt, gesichert und analysiert.

14.2.2 Vorbereitung

Die Vorgehensweise ist in der IT-Forensik weitgehend standardisiert. Im ersten Schritt geht es darum, die für die Sicherung von Beweismitteln benötigten Programme bereitzuhalten. Aus diesem Grund müssen für unterschiedliche Betriebssysteme und ggf. einzelne Versionen dieser unterschiedlichen Tools beschafft und getestet werden.

Eine typische Ausstattung für eine forensische Beweissicherung kann wie folgt aussehen:

- Festplatten in externen Gehäusen mit IDE- und SATA-Anschlüssen, formatiert mit verschiedenen Dateisystemen (NTFS, ext3, HFS+), die Gehäuse haben USB- und eSATA-Anschlüsse, ggf. Hardware, um 1:1-Kopien von Platten anzufertigen
- Boot-CDs mit Programmen zur Generierung von Platten-Images
- CDs mit Software für die Sicherung von flüchtigen Beweismitteln
- Werkzeug zum Ausbau von Festplatten
- IDE- und SATA-Adapter zum Anschluss von ausgebauten Festplatten
- Laptops unter Windows und Linux
- Mehrfachsteckdosen, Adapter, Netzwerkkabel etc.
- Digitalkamera, um Fotos vom Tatort zu schießen

Wichtige Instrumente (Witnesses) für diese Beweissicherung sind:

- Digitalkamera, um Fotos vom Tatort zu schießen
- Aufnahmegerät, um Aussagen eventueller Zeugen zu dokumentieren

Zusätzlich ist es immer empfehlenswert, die eigenen Aufwände für die Untersuchung zu dokumentieren. Forensische Arbeiten sind oft sehr zeit- und kostenintensiv, sodass eine Aufzeichnung über die eingebrachten Arbeitsstunden und sonstige Kosten Transparenz schafft und klärt, ob die Kosten für die Aufklärung in einem gesunden Verhältnis zum zuvor entstandenen Schaden sind.

14.2.3 Sichern von Beweismitteln

Befindet sich das IT-System in eingeschaltetem Zustand, werden zuerst flüchtige Beweismittel gesichert. Das sind Beweismittel, die nach einem Ausschalten oder Herunterfahren eines IT-Systems vernichtet werden. Anschließend werden die nichtflüchtigen Beweismittel wie Festplatten gesichert.

In der Praxis hat sich die folgende Reihenfolge bei der Sicherung der Beweismittel bewährt:

- offene Netzwerkverbindungen
- laufende Prozesse
- geöffnete Dateien
- geöffnete Bibliotheken
- Netzwerkkonfiguration
- Datum und Uhrzeit
- Festplatten, von denen binäre 1:1-Kopien erstellt werden

```
root@bt:~# lsof -P -i -n
COMMAND     PID   USER    FD   TYPE DEVICE SIZE NODE NAME
portmap    5302 daemon    4u   IPv4  16502       UDP *:111
portmap    5302 daemon    5u   IPv4  16508       TCP *:111 (LISTEN)
rpc.statd  5312  statd    5r   IPv4  16537       UDP *:824
rpc.statd  5312  statd    7u   IPv4  16548       UDP *:59381
rpc.statd  5312  statd    8u   IPv4  16551       TCP *:49070 (LISTEN)
vsftpd     6010   root    3u   IPv4  17739       TCP *:21 (LISTEN)
dhclient3  6294   root    5u   IPv4  18903       UDP *:68
root@bt:~# 
```

Abb. 14.6: Offene Netzwerkverbindungen eines Linux-Systems

- Record time offset
  - Netzwerkkonfiguration
  - Datum, Uhrzeit und Zeitzone, um Unterschiede in den Systemuhren unterschiedlicher Systeme zu dokumentieren und bei der Analyse zu berücksichtigen

14.2.4 Beweissicherung nach RFC 3227

In der RFC 3227 mit dem Titel »Guidelines for Evidence Collection and Archiving« werden wichtige Schritte und Vorsichtsmaßnahmen bei einer Beweissicherung erläutert.

Die wesentlichen Punkte dieses Dokuments sind:

- Das Abbild eines Systems sollte so akkurat wie möglich erstellt werden.
- Detaillierte Notizen mit Datum und Uhrzeit anfertigen, falls möglich automatisiert mit einem Script.

- Niemals Beweise auf Medien des kompromittierten Systems ablegen.
- So wenige Änderungen wie möglich an den gesammelten Daten vornehmen.
- Immer zuerst Daten sammeln, dann analysieren.
- Alle notwendigen Schritte sollten vor der Beweissicherung schon einmal durchgespielt worden sein und am besten in Scripten zusammengefasst werden.
- Bei der Datenerhebung zuerst die flüchtigen Daten berücksichtigen.
- Uhrzeiten des untersuchten Rechners und der eigenen Systeme genau dokumentieren.

In Ergänzung zur RFC 3227 empfehlen sich folgende Maßnahmen:

- Nach Möglichkeit keinerlei Ressourcen des untersuchten Systems nutzen. Das bezieht sich nicht nur auf dessen Medien, sondern auch auf die installierten Programme.
- Nur eigene Programme zur Beweissicherung benutzen.
- Nur Programme benutzen, die Dateiattribute unverändert lassen.
- Der Datenträger mit den eigenen Programmen muss Read-only sein (z. B. CD).
- Kein Ausschalten des Systems, bevor nicht die flüchtigen Beweismittel gesichert wurden.
- Beim Herunterfahren eines Systems können Daten gelöscht werden (also besser ausschalten durch Abziehen der Stromversorgung!).

Zusätzlich ist es immer empfehlenswert, die eigenen Aufwände für die Untersuchung zu dokumentieren. Forensische Arbeiten sind oft sehr zeit- und kostenintensiv, sodass eine Aufzeichnung über die eingebrachten Arbeitsstunden und sonstige Kosten Transparenz schafft und klärt, ob die Kosten für die Aufklärung in einem gesunden Verhältnis zum zuvor entstandenen Schaden sind.

14.2.5 Schutz von Beweismitteln

Bei der Sicherung entstehen Dateien mit Beweismitteln. Um Vorwürfen einer nachträglichen Manipulation von Daten vorzubeugen, müssen kryptografisch gesicherte Prüfsummen (Hash-Werte) von allen Dateien erzeugt und an einem sicheren Ort aufbewahrt werden. Es ist sinnvoll, diese Daten gleich vor Ort zu berechnen.

Für die Berechnungen der Hash-Werte können die Verfahren MD5 und/oder SHA1 genutzt werden. Bei beiden Verfahren wurden von chinesischen Wissenschaftlern Schwachstellen aufgedeckt. Diese sind für die forensische Praxis aber nicht gravierend und haben noch nicht dazu geführt, dass MD5 und SHA1 von Gerichten nicht anerkannt wurden.

14.2.6 Analyse von Beweismitteln

Ziel einer forensischen Analyse ist es, die gesicherten Beweismittel aufzubereiten. Als Ergebnis entsteht eine schlüssige Beweiskette, die anzeigt, wie sich der Vorfall ereignet hat.

In vielen forensischen Untersuchungen ist es dazu nötig, Festplatten-Images zu untersuchen. Dazu gibt es eine Reihe von Programmen, mit denen

- Platten-Images eingebunden und mit einem Dateibrowser durchgesehen werden können,
- Attribute und Inhalte von Dateien angesehen werden können (auch gelöschte Dateien, sofern noch nicht überschrieben),
- Zugriffe auf Dateien und Verzeichnisse in eine zeitliche Reihenfolge (Timeline) gebracht werden können,
- Dateien nach ihrem Inhalt analysiert und kategorisiert werden (Bilder, Videodaten etc.); diese Technik wird Data-Carving genannt,
- Dateien aus dem Image zur Verwendung mit einem anderen Programm exportiert werden können,
- beliebige Bereiche der Platte angesehen und nach Zeichenketten durchsucht werden können.

Für die Analyse anderer Beweismittel sind in der Regel spezialisierte Programme erforderlich.

Beispiele:

- Registry-Viewer zur Betrachtung von aus einem Windows-Image exportierten Registry-Daten
- Office-Programme zur Betrachtung von Daten (z. B. Excel für die Analyse von im CSV-Format exportierten Daten einer SQL-Datenbank)
- Entpackprogramme für die Bearbeitung gepackter Archive

Bei der Analyse von Daten gibt es zwei prinzipiell unterschiedliche Vorgehensweisen, die sich sinnvoll ergänzen und in vielen Fällen zusammen eingesetzt werden.

Die erste Methode beginnt bei der Analyse der flüchtigen Beweismittel. Es wird versucht, z. B. durch Vergleiche mit anderen Systemen, ungewöhnliche oder im Sinne der Beweisfragen interessante Prozesse und offene Netzwerkverbindungen zu ermitteln. Im zweiten Schritt werden die Dateien bzw. Bibliotheken bestimmt, die von den dazu gehörigen Prozessen geöffnet sind. Anschließend werden diese Dateien und deren Umfeld im Image lokalisiert und mit einem Forensik-Tool untersucht.

Die zweite Methode beginnt mit dem Image. Dort werden ungewöhnliche oder im Sinne der Aufgabenstellung interessante Dateien lokalisiert. In vielen Fällen sind diese durch die Aufgabenstellung vorgegeben, z.B. wenn die Windows-Registry oder ein Browsercache untersucht werden sollen. In Fällen, wo es keine konkreten Vorgaben über Dateien oder Verzeichnisse gibt, muss die große Zahl der Dateien eines Images so weit eingeschränkt werden, dass nur noch wenige interessante Dateien übrig blieben. Dass kann durch weiter unten beschriebenen Verfahren des Data-Carvings oder eine Nutzung von Hash-Datenbanken geschehen.

Die interessanten Dateien und ihr Umfeld auf der Festplatte werden mit einem Forensik-Tool untersucht. Dabei gibt es mehrere Ansatzpunkte:

- Lesen von Textdateien oder Scripts in den Verzeichnissen von interessanten Dateien
- Betrachten von Bildern oder Internet-Links aus den Verzeichnissen
- Googeln nach vorgefundenen Dateinamen
- Exportieren von Dateien aus dem Image und Analyse der Datei mit einem Virenscanner
- Extraktion von lesbaren Zeichen aus Binärdateien; oft können so Hinweise auf Funktion oder Bedienung von Programmen gefunden werden

Bei der Analyse eines Filesystems (»Post-Mortem-Analyse«) geht es nicht nur um den durch Dateien und Verzeichnisse belegten Bereich. Ebenso wichtig sind der Freespace (der nicht belegte Bereich) und der Slackspace (nicht genutzter Bereich am Ende von Dateien).

Aus den gesammelten Hinweisen wird ermittelt, wie sich die gefundenen Dateien auf Programme, Prozesse und Netzwerkverbindungen auswirken können.

Eine wertvolle Hilfe bei der Suche nach interessanten Daten bildet eine Timeline (siehe weiter unten), bei der Ereignisse in eine zeitliche Reihenfolge gebracht werden. Ist ein bestimmter zeitlicher Rahmen in den Fragestellungen der Analyse angegeben, so erleichtert das die Suche nach Dateien ungemein.

Gelöschte Daten können rekonstruiert werden, sofern sie noch nicht überschrieben wurden. Das ist insbesondere bei Logdateien, Viren oder Hackertools interessant.

Hinweis

Bei der Analyse wird niemals mit Originaldaten gearbeitet, sondern nur mit Kopien! Ein Bedienungsfehler kann dazu führen, dass Daten oder Zeitstempel verändert werden. In diesem Fall muss mit einer neuen Kopie der Originaldaten weitergearbeitet werden.

14.2.7 Timeline

Eine Timeline ist die chronologische Zusammenstellung von Ereignissen in einer tabellarischen Übersicht. Damit können Vorgänge in ihrer zeitlichen Dimension nachvollzogen und Thesen zu Vorgängen im System aufgestellt bzw. überprüft werden. Eine Timeline speist sich aus Zeitstempeln von Dateien und Inhalten von Logdateien.

Eine Timeline ist umso aussagekräftiger, je näher das Zeitintervall der Auswertung am Zeitpunkt der Erzeugung des Images liegt. Je früher das Intervall der Auswertung liegt, desto unschärfer sind die Fakten. Das liegt daran, dass die Zeitstempel für Änderung und letzten Zugriff von Dateien immer die Zeit der letzten Änderung bzw. des letzten Zugriffs enthalten. Dateien, die mehrmals geändert wurden bzw. auf die mehrmals zugegriffen wurde, haben als Zeitstempel nur die jeweils letzten Werte.

14.2.8 Data-Carving

Als Data-Carving wird eine Technik bezeichnet, die den Typ von Dateien bestimmt. Dazu reicht es nicht aus, Dateiendungen auszuwerten, da diese fehlen oder verändert sein können. Tools zum Data-Carving analysieren die Nutzdaten selbst, um Hinweise auf den Dateityp zu finden.

Fast immer kann man Dateien eines bestimmten Typs (z. B. JPEG-Bilder, Excel-Dateien, Word-Dokumente) an einem *Header* erkennen. Ein Header ist eine Datenstruktur, die vor den eigentlichen Nutzdaten liegt und in der Kenngrößen der Datei abgelegt sind (etwa Länge der Nutzdaten). Diese Header sind standardisiert und dokumentiert und enthalten meist eine eindeutige Kennzeichnung des Dateityps (siehe folgende Abbildungen).

Offset	0	1	2	3	4	5	6	7	8	9	A	B	C	D	E	F	
00000000	FF	D8	FF	E0	00	10	4A	46	49	46	00	01	02	01	01	2C	ÿØÿà JFIF ,
00000010	01	2C	00	00	FF	E1	0B	4D	45	78	69	66	00	00	4D	4D	, ÿá MExif MM
00000020	00	2A	00	00	00	08	00	07	01	12	00	03	00	00	00	01	*
00000030	00	01	00	00	01	1A	00	05	00	00	00	01	00	00	00	62	b
00000040	01	1B	00	05	00	00	00	01	00	00	00	6A	01	28	00	03	j (
00000050	00	00	00	01	00	03	00	00	01	31	00	02	00	00	00	14	1
00000060	00	00	00	72	01	32	00	02	00	00	00	14	00	00	00	86	r 2 ▮
00000070	87	69	00	04	00	00	00	01	00	00	00	9C	00	00	00	C8	▮i ▮ È
00000080	00	00	00	76	00	00	00	01	00	00	00	76	00	00	00	01	v v
00000090	41	64	6F	62	65	20	50	68	6F	74	6F	73	68	6F	70	20	Adobe Photoshop
000000A0	37	2E	30	00	32	30	30	34	3A	31	30	3A	30	35	20	31	7.0 2004:10:05 1
000000B0	38	3A	32	35	3A	35	31	00	00	00	00	03	A0	01	00	03	8:25:51

Abb. 14.7: Header eines Bildes (JPEG-Datei)

Offset	0	1	2	3	4	5	6	7	8	9	A	B	C	D	E	F	
00000000	25	50	44	46	2D	31	2E	35	0A	25	20	E2	E3	CF	D3	0A	%PDF-1.5 % âãÏÓ
00000010	31	20	30	20	6F	62	6A	0D	3C	3C	0D	2F	54	79	70	65	1 0 obj << /Type

Abb. 14.8: Header einer PDF-Datei

14.2.9 Suche nach Zeichenketten

Alle Forensik-Tools bieten die Möglichkeit, innerhalb von Dateien oder auch frei im Image nach Zeichenketten zu suchen bzw. Zeichenketten aus Dateien zu extrahieren.

Zeichenketten können wertvolle Hinweise zu Funktionen von Programmen geben. So erweist sich das im folgenden Beispiel analysierte Programm `initsrvd` als Backdoor in Form eines umbenannten SSH-Servers:

```
# strings /home/mac/forensik/initsrvd
...
usage: sshd [-46DdeiqTt] [-b bits] [-C connection_spec] [-f config_file]
            [-g login_grace_time] [-h host_key_file] [-k key_gen_time]
            [-o option] [-p port] [-u len]
...
```

Gepackte oder anderweitig umkodierte Programme müssen vor der Suche nach Zeichenketten erst in ihre normale Binärform umgewandelt werden. Dazu ist das Programm aus dem Image zu exportieren und anschließend mit dem entsprechenden Entpacker zu bearbeiten.

14.2.10 Nutzung von Hash-Datenbanken

Hash-Werte kommen bei der Forensik in vielfältiger Weise zum Einsatz. Das wichtigste Einsatzgebiet, die Absicherung von Images und Dateien gegen nachträgliche Veränderung, wurde bereits erwähnt.

Hashes werden in der Forensik aber auch eingesetzt, um große Datenmengen schnell zu klassifizieren. Dazu werden Listen oder Datenbanken mit Hash-Werten allgemein bekannter Dateien angelegt und mit den Hash-Werten zu prüfender Dateien verglichen. Die Berechnung des Hash-Werts einer zu prüfenden Datei und der anschließende Vergleich mit bekannten Hash-Werten benötigt nur einen Bruchteil der Zeit, die ein vollständiger Vergleich einer Datei mit bekannten Mustern dauert.

Hash-Datenbanken werden in zwei unterschiedlichen Formen eingesetzt: Blacklist- oder Whitelist-Hashes:

- Eine Blacklist enthält Prüfsummen bekannter, schädlicher Dateien (beispielsweise Kinderpornografie). Verdächtige Dateien werden mit der Blacklist verglichen, um schnell Manipulationen oder Strafdaten aufzudecken.
- Eine Whitelist enthält Prüfsummen bekannter, als »sauber« klassifizierte Dateien (beispielsweise Windows-Betriebssystem im Auslieferungszustand). Die

Dateien in einem Image werden mit der Whitelist verglichen. Nur die Dateien, die andere Prüfsummen aufweisen oder die in der Whitelist nicht erscheinen, müssen in die weitere Analyse einbezogen werden. Whitelists sind unter anderem unter `http://www.nsrl.nist.gov/` erhältlich.

14.2.11 Programme und Toolkits

Es gibt zahlreiche Programme, die für Sicherung von Beweismitteln und Analyse genutzt werden können. Dabei muss unterschieden werden zwischen solchen, die entweder Datensicherung oder Analyse bieten, und solchen, die beide Möglichkeiten offerieren. Egal welche Programme genutzt werden, die strikte Trennung von Sicherung und Analyse muss eingehalten werden. Wird etwa ein Analyse-Tool direkt auf dem zu analysierenden IT-System gestartet, ist nicht auszuschließen, dass Daten verändert und Beweismittel vernichtet werden.

Ausgeschaltete Systeme sollten nur dann eingeschaltet werden, wenn von der Festplatte schon ein Image gezogen wurde. Für die Erstellung von Images bietet es sich an, das System mit speziellen Boot-CDs, -DVDs oder USB-Sticks hochzufahren, die die Daten der Festplatte weitgehend unverändert lassen und die Programme zur Datensicherung enthalten. Praktisch alle diese Boot-Medien basieren auf einem Linux-System.

Beispiele:

- OpenSuSE Live-CD (kostenfrei): enthält ein Standard-Linux, mit dem Platten gesichert werden können; Download unter `http://de.opensuse.org/Herunterladen`
- Knoppix (kostenfrei): enthält ein Standard-Linux, mit dem Platten gesichert werden können; Download unter `http://www.knoppix.org/`
- Backtrack (kostenfrei): enthält neben einem Standard-Linux, mit dem Platten gesichert werden können, eine Reihe von Linux-Programmen für Forensik und Penetrationstests; Download unter `http://www.backtrack-linux.org/`
- Helix3 Pro (kostenpflichtig): enthält neben einem Standard-Linux, mit dem Platten gesichert werden können, eine Reihe von Programme für Forensik und Penetrationstests (Linux, Windows, Mac OS); Download unter `http://www.e-fense.com/helix3pro.php`

Bei der Analyse von Platten-Images haben sich bewährt:

- autopsy/sleuthkit (kostenfrei): unter Linux laufendes Open Source-Programm, das für normale forensische Aufgaben völlig ausreichend ist; Download unter `http://www.sleuthkit.org/autopsy/download.php` bzw. `http://www.sleuthkit.org/sleuthkit/download.php`

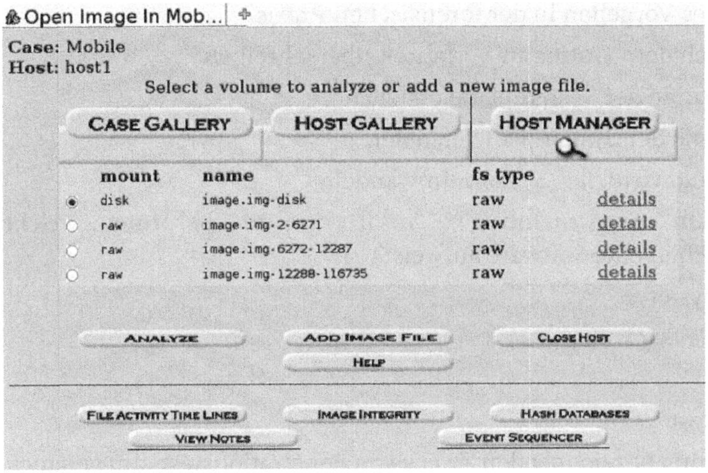

Abb. 14.9: Autopsy Forensic Browser

- WinHex (kommerziell): unter Windows laufenden Software; Website: `http://www.x-ways.net/winhex/index-d.html`
- Encase (kommerziell): unter Windows laufende Software, wird von vielen Polizeidienststellen eingesetzt; Website: `http://www.guidancesoftware.com/`
- AccessData Forensic Toolkit (kommerziell): unter Windows laufende Software, Konkurrenz zu Encase; Website: `http://www.accessdata.com/`

Sonstiges:

- Windows Registry File Viewer (kostenfrei): Programm zum Sichten und Durchsuchen von Registry-Dateien, die aus einem Image exportiert wurden; Download unter `http://www.mitec.cz/`
- `http://www.virustotal.com/` (kostenfrei): Website, auf die Dateien hochgeladen werden können; diese werden dann von allen gängigen Virenscannern untersucht.

14.3 Fragen zu diesem Kapitel

1. Wann sollte ein Techniker einen Penetrationstest durchführen?
   - A Wenn er vermutet, dass es schwache Passwörter im Netzwerk gibt
   - B Wenn er mittels Erraten Passwörter im Netzwerk aufspüren will
   - C Wenn er versuchen möchte, mittels War Driving Zugang zu erlangen
   - D Wenn er vom Eigner des Netzwerks dazu die Erlaubnis erhalten hat

2. Was ist ein übliches Vorgehen in der forensischen Praxis?
   - A Die Platte nach dem Gutmann-Verfahren überschreiben
   - B Eine binäre Kopie der Systemplatte erstellen
   - C Eine Dateikopie der Systemplatte erstellen
   - D Die Platte in ein virtuelles System umwandeln
3. Welches ist der am *wenigsten* intrusive Ansatz, um zu überprüfen, welche bekannten Schwächen eine Software aufweist?
   - A Protokollanalysierer
   - B Verwundbarkeitsscanner
   - C Portscanner
   - D Penetrationstest
4. Welche Beschreibung bezeichnet den Zweck von Penetrationstests am genauesten?
   - A Penetrationstests werden grundsätzlich benutzt, um das Netzwerk zu scannen und offene Ports zu identifizieren.
   - B Penetrationstests werden grundsätzlich genutzt, um das Netzwerk zu kartografieren.
   - C Penetrationstests werden grundsätzlich benutzt, um ohne Erlaubnis Schwachstellen zu testen und so zu zeigen, wo das Netzwerk angreifbar ist.
   - D Penetrationstests werden grundsätzlich genutzt, um Schwachstellen in einem System aufzuzeigen und diese zu dokumentieren.
5. Was sollte in einem Forensischen Koffer immer dabei sein?
   - A Druckluft
   - B Aufnahmegerät
   - C Fingerabdruckkarten
   - D Digitalkamera
6. Was sollte getan werden, wenn eine Organisation vorhat, einen Angreifer zu verfolgen, nachdem ein Angriff stattgefunden hat?
   - A Die Antivirendefinitionen aktualisieren
   - B Entsprechende forensische Maßnahmen ergreifen
   - C Das gesamte Netzwerk vom Internet trennen
   - D Die betroffenen Daten nach dem Angriff wiederherstellen
7. Was wird nach der Beschlagnahme der Beweise sofort eröffnet?
   - A Schadens- und Verlustaufnahme
   - B Sicherstellung der Beweiskette
   - C Forensische Analyse
   - D Notfallplanung in Kraft setzen

Kapitel 15

Die Notfallplanung

Notfallplanung tritt unter verschiedensten Begriffen auf. Sie wird als Desaster Recovery bezeichnet, aber auch als Katastrophenplan, als Business Continuity Plan oder als Störschutzplanung. Nicht dass diese Begriffe alles exakt das Gleiche beschreiben, aber ihnen allen ist der Kern gemeinsam: Was kann ein Unternehmen für Vorkehrungen treffen, um auch im Schadensfalls seinen Betrieb möglichst unterbrechungsfrei aufrechtzuerhalten? Während der Begriff Desaster Recovery sich hierbei eng an technische Vorgaben hält, umfasst ein Business Continuity Plan auch die Beschreibung aller zentralen Geschäftsprozesse, ebenso wie der ältere deutschsprachige Begriff des Störschutzplans. In den Grundschutzkatalogen des BSI wird in diesem Zusammenhang von Notfallvorsorge gesprochen. In der Security+-Prüfung wiederum treffen Sie meistens auf den Begriff des Business Continuity Plans.

Notfallvorsorge kann verschiedenste Aspekte umfassen. Und auch wenn wir uns hier in der technischen Informatik befinden und viele der weiteren Ausführungen darauf fokussieren werden: Ohne das Wissen um den Kern des Unternehmens, also die zentralen Geschäftsprozesse, wird Ihnen die beste Technik nichts nützen. Denken Sie bei der Notfallvorsorge immer daran: Ihre Technik schützt und unterstützt das eigentliche Thema des Unternehmens, das Kerngeschäft. Wenn Sie also eine Notfallvorsorge aufbauen, denken Sie an Ihre Mitarbeiter und deren Knowhow. Beschreiben Sie wichtige Abläufe und sichern Sie auch Dokumente, die nicht auf Netzwerken und Servern liegen. Nur dann werden Sie im Schadensfall in der Lage sein, nicht nur die Technik, sondern auch den Betrieb des Unternehmens wieder in Gang zu bringen.

15.1 Fehlertoleranz

Mechanische wie elektrische oder elektronische Systeme unterliegen der Abnutzung und erleiden Defekte. Lager werden warm, Transistoren und Sicherungen brennen durch, Batteriekapazitäten nehmen ab. Dagegen kann man nichts machen.

Man kann sich allerdings gegen Schäden und Ausfälle schützen, indem geeignete Vorkehrungen getroffen werden. Eine der einfachsten und wirkungsvollsten Vorkehrung gegen den Ausfall von Komponenten ist das mehrfache (redundante) Auslegen von anfälligen Komponenten.

15.1.1 RAID

Aufgrund der Physik von Festplatten ist es keine Frage, *ob*, sondern höchstens *wann* eine Festplatte kaputt geht. Zwei der Hauptgründe sind sich erhitzende Lager der eigentlichen Platte, die ja mit bis zu 15.000 rpm rotiert, und die sehr kleine Distanz, mit welcher der Schreib-/Lesekopf über der Magnetschicht schwebt. Natürlich können auch andere Komponenten, nicht zuletzt die Elektronik im Festplattengehäuse, ausfallen.

Da Daten aber das zentrale Element in der EDV sind, hat man sich schon sehr früh Gedanken darüber gemacht, wie man mit möglichst wenig technischem und finanziellem Aufwand die Daten auch dann weiter zur Verfügung stellen kann, wenn eine Festplatte einen Defekt hat. Einer der ersten Ansätze war die »shadow disk« (Schattenplatte). Dabei wurden die Daten parallel auf zwei physikalische Festplatten geschrieben. Fiel die Hauptplatte aus, konnte der Administrator relativ einfach den »Schatten« aktiv schalten. Dies konnte natürlich auch für Wartungszwecke geschehen.

Unter dem Namen RAID (Redundant Array of Inexpensive Disks) wurden Technologien entwikkelt, welche es erlauben, anstelle immer zuverlässigerer, aber dafür auch teurer Festplatten einen Verbund (Array) von Festplatten zu bauen, welcher auch dann weiter funktioniert, wenn eine einzelne Festplatte ausfällt (Redundanz). Da die Zuverlässigkeit in solchen Systemen eine weniger große Rolle spielte, konnten hier günstigere (inexpensive) Festplatten verwendet werden.

Da den Herstellern nicht gefiel, dass sie günstige oder sogar billige Systeme anbieten sollen, hat sich schleichend auch die Lesart »Redundant Array of Independent (unabhängige) Disks« etabliert. Heute werden beide Ausdrücke verwendet.

Die verschiedenen RAID-Stufen oder RAID Levels unterscheiden sich in der Art der Organisation des Array, also wie sie zusammengeschaltet und wie die Daten und die Fehlerkorrekturinformationen abgelegt werden.

Es existieren diverse RAID Level und auch Kombinationen verschiedener RAID Level. Im Folgenden werden die heute gebräuchlichen beschrieben.

15.1.2 RAID Level

RAID 0

Beim RAID 0 handelt es sich um keinen eigentlichen RAID Level, da er keine Fehlertoleranz bietet, sondern die Daten blockweise auf mehrere Festplatten verteilt. Da RAID 0 aber in Kombination mit anderen RAID Levels vorkommen kann, hat dieses auch als Stripe Set bezeichnete Verfahren trotzdem eine RAID-Nummer bekommen.

Man kann sich merken, dass die 0 für »keine Fehlertoleranz« steht, alle anderen RAID Level bieten nämlich Fehlertoleranz (Redundancy).

Da beim Stripe Set die Daten auf mehrere physikalische Datenträger verteilt und parallel geschrieben und gelesen werden können, bietet ein Stripe Set eine bedeutend bessere Performance als eine einzelne Festplatte.

Auf der anderen Seite erhöht sich durch das Verteilen der Daten auf mehrere physikalische Datenträger auch die Wahrscheinlichkeit, das *einer* davon kaputt geht. Die Ausfallwahrscheinlichkeit steigt also sogar.

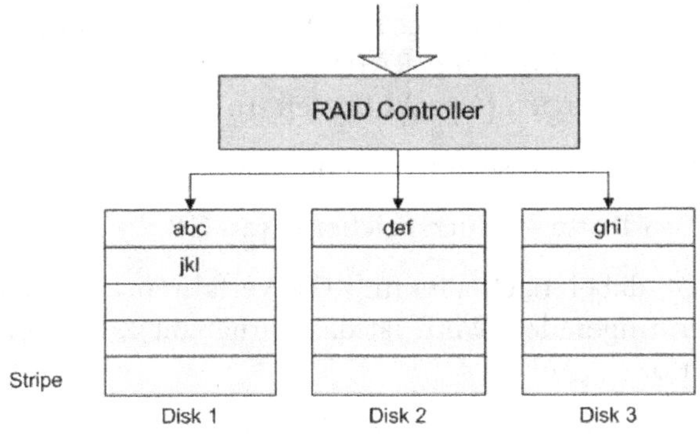

Abb. 15.1: Datenverteilung mit RAID 0

RAID 1

RAID 1 wird auch als Spiegel (mirror) bezeichnet und ist damit eigentlich der direkte Nachfolger der shadow disk. Ein RAID 1 wird aber auch beim Ausfall einer der Festplatten weiterhin ohne Performance-Einbuße unterbrechungsfrei zur Verfügung stehen, Fehlertoleranz ist ab diesem Moment natürlich nicht mehr gewährleistet.

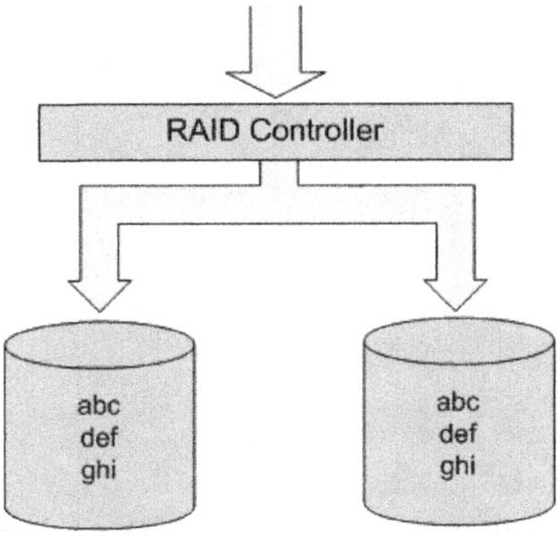

Abb. 15.2: Datenverteilung mit RAID 1

RAID 5

Bei RAID 5 wird als Fehlerkorrekturmechanismus eine Paritätsinformation verwendet. Die Daten werden bei RAID 5 ähnlich RAID 0 in Stripes (Streifen) auf mehrere Festplatten verteilt, der RAID Kontroller berechnet jetzt aber für jeden Streifen noch eine Paritätsinformation. Diese ist genauso groß wie ein Block des Stripes. Deshalb wird RAID 5 auch als »stripe set with parity« bezeichnet.

Im Gegensatz zu RAID 3 oder 4 werden diese Paritätsinformation auf alle Festplatten verteilt und nicht auf einer dedizierten fehlertoleranten Platte gespeichert. Das heißt, für die zusätzlichen Informationen benötigt RAID 5 eine der vorhandenen Platten. Die Mindestanzahl an Platten für einen RAID 5-Verbund ist drei. Somit berechnet sich die Nutzspeichergröße nach (Anzahl Platten -1).

Wenn Sie also vier Platten zu je 143 GB einsetzen, bedeutet dies:

Brutto-Speicherplatz = 572 GB – 1 Platte → Nutzspeicher = 429 GB.

Die Paritätsberechnung erfolgt dabei nach einem XOR-Verfahren: Ergibt die Summe der Berechnung einen ungeraden Wert, ist das Paritätsbit 1, bei einem geraden Wert ist das Paritätsbit 0.

Im Fehlerfall kann der RAID-Kontroller auf den verbleibenden Blöcken des Stripes und der Paritätsinformation die eigentlichen Daten wiederherstellen. Solange die fehlerhafte Festplatte nicht ausgetauscht und RAID 5 nicht wiederhergestellt wurde, wird die Zugriffs-Performance zurückgehen, während der Wiederherstellung sogar noch mehr. Zudem darf während dieser Phase bis zum Abschluss der Wiederherstellung kein weiterer Datenträger ausfallen, sonst sind die Daten auf den Platten unwiederbringlich verloren.

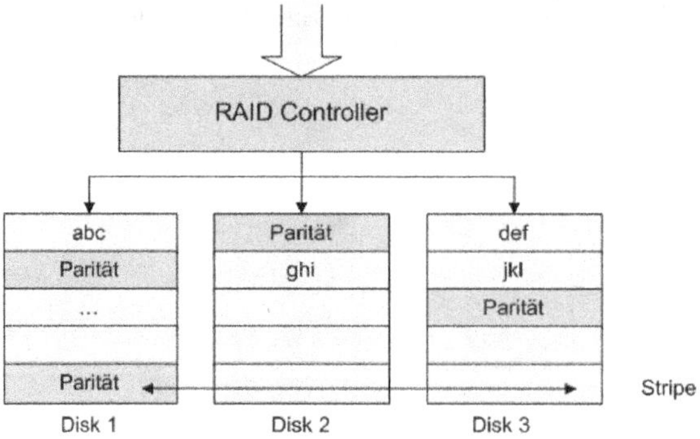

Abb. 15.3: Datenverteilung mit RAID 5

RAID 6

RAID 6 funktioniert grundsätzlich nach demselben Prinzip wie RAID 5, aber durch zusätzliche Berechnungen verträgt dieser RAID Level auch den Ausfall von zwei Festplatten. Im einfachen Fall wird eine zweite Paritätsinformation auf die Platten verteilt, im komplizierten Verfahren wird statt einer zusätzlichen Parität ein Zusatzcode geschrieben, der in der Lage ist, zwei Einzelbit-Fehler zu korrigieren. Die Schreibleistung ist bei gleicher Plattenanzahl wie bei RAID 5 etwas besser, die Leseleistung dagegen leicht geringer als bei RAID 5. Ein RAID 6-Verbund benötigt mindestens vier Festplatten, benötigt aber eben für die zusätzliche Information auch eine Platte mehr für die Informationen. Das heißt, es steht gegenüber RAID 5 noch einmal eine Nutzplatte weniger zur Verfügung.

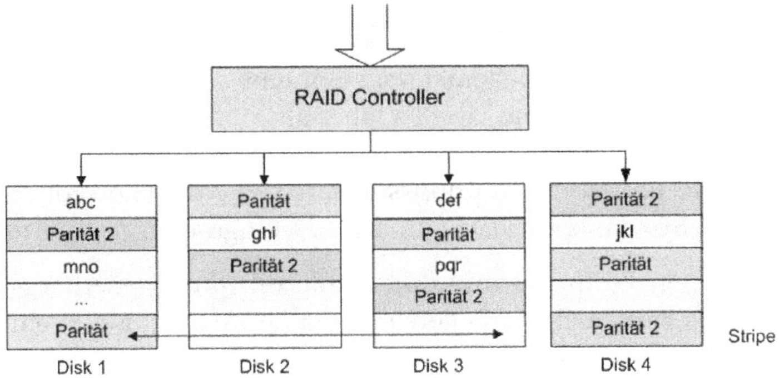

Abb. 15.4: RAID 6 mit dem Verfahren der zweiten Paritätsinformation

RAID 10

Bei RAID 10 handelt es sich eigentlich um eine Kombination von RAID 0 und RAID 1, bei dem zwei Stripe Sets (RAID 0) gespiegelt werden (RAID 1). Daraus leitet sich dann RAID 1-0 oder RAID 10 ab.

RAID 10 ist eine sehr teure Lösung, da die Hälfte der Festplatten nur für die Redundanz verwendet wird, bietet aber, je mehr Festplatten im Stripe sind, eine sehr gute Performance.

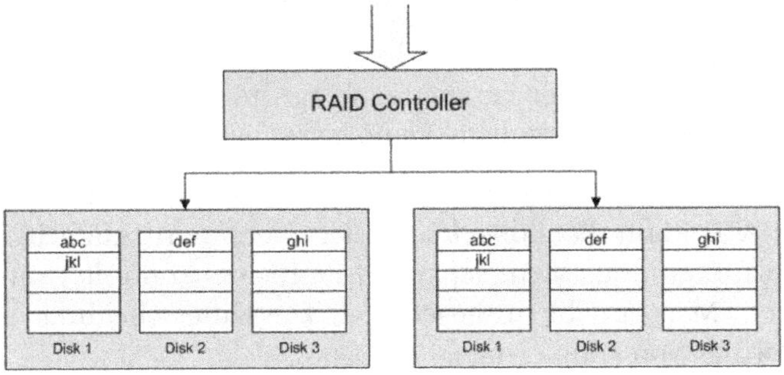

Abb. 15.5: Datenverteilung mit RAID 10

15.1.3 Festplattenausfall

Mit Ausnahme von RAID 6 funktionieren RAID-Systeme nur weiter, sofern nicht mehr als eine Festplatte ausfällt. Fallen zwei oder mehr Festplatten aus, sind die Daten dieser Arrays verloren.

Darauf lassen sich zwei wichtige Schlüsse ziehen:

1. In jedem RAID-System sind defekte Festplatten so schnell wie möglich zu ersetzen.
2. RAID ersetzt keine Datensicherung.

Aus diesem Grund kann bei RAID-Arrays oft eine zusätzliche Platte als sogenannter »Hotspare« eingesetzt werden. Das bedeutet, es steht eine zusätzliche Platte zur Verfügung, die nicht aktiv im Verbund tätig ist, aber als Hotspare bei Ausfall einer Platte im Verbund vom System sofort als Ersatz eingesetzt werden kann. Die Kontrolle über den Hotspare übt die Verwaltungssoftware des RAID-Kontrollers aus, das heißt, sie wird vom System bei Bedarf automatisch eingesetzt.

Nach dem Ersatz der defekten Festplatte muss die Fehlertoleranz wiederhergestellt werden, dieser Prozess wird auch als Regenerierung bezeichnet. Bei einem RAID 10 werden die Daten der überlebenden Festplatte auf die ersetzte Festplatte kopiert (auch: synchronisiert).

Bei allen anderen RAID-Systemen werden aus der Fehlerkorrekturinformation und den verbleibenden Festplatten die Daten der ersetzten Festplatte neu berechnet. Da dadurch der RAID-Kontroller belastet wird, sinkt die Performance während der Regenerierung. Wenn möglich, sollte dies daher in einer Niederlastzeit des Servers geschehen.

15.1.4 Duplexing

Über RAID-Systeme wird der Ausfall der eigentlichen Festplatte und der elektronischen Komponenten, welche sich im Festplattengehäuse befinden, abgesichert. Werden die am RAID-Array angeschlossenen Festplatten über einen RAID-Kontroller angesteuert, so bildet dieser einen »single point of failure«. Wenn der Kontroller ausfällt, ist der Datenzugriff auf das Array nicht mehr möglich.

Die Zuverlässigkeit der RAID-Kontroller ist aber sehr gut, insbesondere, da der RAID-Kontroller ja im Gegensatz zur Festplatte keine beweglichen Teile besitzt.

Sollten die Verfügbarkeitsanforderungen aber so hoch sein, dass dies nicht genügt, kann auch der RAID-Kontroller doppelt ausgelegt werden. Im einfachsten Falle werden zwei Festplatten mit je einem separaten Festplattenkontroller versehen und dann gespiegelt. Man spricht in diesem Fall zur Unterscheidung von einem normalen »mirroring« von »duplexing«.

Der Ausdruck wird in der Regel immer dann verwendet, wenn auch der RAID-Kontroller redundant ausgelegt wird.

15.1.5 Übersicht RAID

Level	Mind. HDD	Fehlertoleranz	Overhead	FT Technik
0	2	Nein	0	n/a
1	2	Ja	50 %	Spiegelung
2	3	Ja, verteilt	Eine HD	ECC
3	3[1]	Ja, separate HD	Eine HD	XOR
4	3	Ja, separate HD	Eine HD	Parität
5	3	Ja, verteilt	Eine HD	Parität
6	4	Ja (2 HD)	[2]	[2]
10	4	Ja	50 %	Spiegelung

Tabelle 15.1: RAID Level in der Übersicht

15.2 Redundante Verbindungen und Systeme

Die Grundgedanken beim Clustering liegen sowohl darin, durch das Verbinden mehrerer Systeme die Leistung zu verbessern (Performance-Cluster), als auch die Ausfallsicherheit (Failover-Cluster) zu erhöhen. Es wird deshalb von HPC-Cluster (High Performance Cluster) und HA-Cluster (High Availability Cluster) gesprochen.

SMP (Symmetrical Multiprocessing) weist gewisse Ähnlichkeiten auf. Allerdings bezieht sich SMP auf Prozessoren, während sich ein Cluster aus mehreren Computersystemen (Gehäusen oder zumindest Motherboards) zusammensetzt. Die einzelnen Systeme werden dann auch als Cluster-Nodes (Knoten) bezeichnet.

Vor allem beim Einsatz von mehreren Cluster-Nodes vermischen sich HPC- und HA-Clustering in der Regel. In der Folge legen wir das Hauptgewicht aber auf das HA-Clustering.

15.2.1 Network Loadbalancing

Häufig wird Network Loadbalancing auf die gleiche Stufe gestellt wie Clustering. Obwohl tatsächlich Ähnlichkeiten bei Einsatz bestehen, sollte man sich der Leistungsunterscheide bewusst sein. Beim Network Loadbalancing handelt es sich ebenfalls um Technologien, welche sowohl zur Steigerung der Performance als auch zur Verfügbarkeitssteigerung eingesetzt werden.

Beim Network Loadbalancing werden physikalisch komplett eigenständige Systeme über Verteilmechanismen auf Ebene der Netzwerkprotokolle gesteuert. In

1 RAID 3 mit zwei Festplatten ist zwar theoretisch möglich, entspricht funktional allerdings einem RAID 1
2 Abhängig von der Implementierung

der Regel werden NLB-Systeme über eine virtuelle IP Adresse angesteuert. Die NLB-Software verteilt die Anfragen dann auf die verschiedenen NLB-Knoten.

Solche Systeme eignen sich sehr gut für nicht-sitzungsorientierte Services wie zum Beispiel Webserver. Beim Ausfall eines der Knoten fällt dieser für neue Verbindungsaufbauten weg. Die vom ausgefallenen Knoten bedienten Sitzungen müssen neu initialisiert werden.

15.2.2 Cluster

Bei einem Cluster werden physikalische Systeme zu einer logischen Einheit zusammengefasst. Der Cluster bekommt einen Namen und eine IP-Adresse, über welche er angesteuert wird. Die Leistungsbezieher erkennen in der Regel nicht, dass die Leistungen von verschiedenen Hardwaresystemen zur Verfügung gestellt werden.

Eine der wichtigsten Komponenten bei Clustern ist neben der Datenablage (shared SCSI, iSCSI oder SAN) der sogenannte Heartbeat, ein Signal, welches vergleichbar mit einem Herzschlag die Verfügbarkeit des Systems angibt. Dieses Signal ermöglicht es der Clustersoftware, die Zusammenarbeit der einzelnen Knoten zu steuern.

Aktiv/Passiv Clustering

Beim Aktiv/Passiv Clustering ist ein sogenannter primärer Knoten aktiv und stellt die Serviceleistungen zur Verfügung. Bei einem Ausfall des primären Knoten übernimmt der sekundäre Knoten (Backup oder Failover Node) die Aufgaben des primären Knotens.

Aktiv/Aktiv Clustering

Beim Aktiv/Aktiv Clustering laufen alle Knoten parallel und sind voll funktionsfähig. Hier wird HPC- und HA-Clustering zwangläufig vermischt. Aufgrund der HA-Anforderungen muss sichergestellt werden, dass auch bei Ausfall eines Knotens die minimalen Leistungsanforderungen sichergestellt werden können.

15.3 Notfallvorsorgeplanung

Im Rahmen des Disaster Recovery geht es darum, die *nicht* zu erwartenden möglichen IT-Systemunterbrüche zu analysieren und entsprechende Vorkehrungen zu treffen. Das beginnt beim Wissen um die betriebswichtigen Prozesse über die Analyse möglicher Schadensszenarien bis hin zur Implementierung einer entsprechenden Sicherheitsstrategie – und deren regelmäßiger Test, damit die Strategie im Ernstfall auch funktioniert.

Die Disaster-Recovery-Planung sollte darum ein Teil der IT-übergreifenden »Business Continuity Planung« (BCP) sein.

Abb. 15.6: Durch eine Klimaanlage verursachter Wasserschaden in einem Rechenzentrum

Die Disaster-Recovery-Planung ist also nicht ein rein IT-technisches Thema, sondern bezieht das ganze Unternehmen mit ein, da es primär um den Schutz der betriebswichtigen Prozesse geht. Denn es ist natürlich schlimm genug, wenn durch ein Unwetter der Serverraum unter Wasser steht, aber das eigentliche Problem ist nicht der Serverraum, sondern die Tatsache, dass das Unternehmen jetzt nicht mehr arbeiten kann – und dieser Schaden geht sehr schnell in weit höhere Dimensionen als der Verlust der eigentlichen Infrastruktur.

Für den Disaster-Fall ist daher eine umfassende und von allen Beteiligten aktiv zu verfolgende Planung vorzunehmen, damit das Unternehmen auch im Schadensfall vorbereitet und möglichst rasch wieder einsatzbereit ist.

Folgende Grafik stellt die Schritte für das Erstellen eines Disaster-Recovery-Planes übersichtlich dar.

Abb. 15.7: Abfolge einer Disaster-Recovery-Planung

15.4 Analyse

Zu Beginn jeder Planung steht die Analyse – das gilt auch bei der Disaster-Recovery-Planung. Die Analyse umfasst zwei Bereiche, nämlich die Frage nach den gefährdeten Firmenbereichen (was kann ausfallen?) und die Frage nach den Auswirkungen (was passiert bei einem Ausfall?).

15.4.1 Ausfallszenarien

Der erste Schritt zu einem Disaster-Recovery-Plan muss eine Analyse der möglichen Disaster-Szenarien sein. Dabei sollte der Bereich der Analyse möglichst breit gefasst werden. Die Ausfallszenarien können mit dem Ausfall einzelner, nicht redundanter Komponenten (SPOF, single point of failure) beginnen und bei den eigentlichen Katastrophen wie Brand oder Wassereinbruch aufhören. Folgende Liste gibt einen nicht abschließenden Eindruck, was alles berücksichtig werden könnte:

- Ausfälle von SPOF:
  - Hardware: Switch, Modem/Router, Firewall, Drucker
  - Services: Fileserver, DNS-Server, Datenbankserver
- Stromausfälle
- Diebstahl
- Brände
  - Gehäusebrand in einem einzelnen Server
  - Brand im Rechenzentrum/Serverraum
  - Gebäudebrand
  - Brand im Lagerraum (Software, Lizenzen etc.)
- Gebäudeschäden, Erdbeben
- Wassereinbrüche (Serverraum, Lagerraum)

15.4.2 Impact-Analyse

Nachdem die möglichen Ausfallszenarien ermittelt oder im Zuge der regelmäßigen Kontrolle der Disaster-Recovery-Planung überprüft worden sind, müssen für jeden ermittelten Fall folgende Punkte ermittelt werden:

- Eintrittswahrscheinlichkeit
- Business Impact (Auswirkungen auf die Geschäftstätigkeit)

Eintrittswahrscheinlichkeit

Wie wahrscheinlich ist das Eintreten des Ereignisses?

Business Impact (Auswirkungen auf die Geschäftstätigkeit)

Wie groß ist der Einfluss des Eintretens eines Ereignisses auf die Geschäftstätigkeit des Betriebes? Was kostet das eingetretene Risiko? des Betriebes? Was kostet das eingetretene Risiko pro Jahr (*Annual Loss Expectancy*)?

Wiederherstellzeit (Recoverytime)

Wie lange würde es zum jetzigen Zeitpunkt dauern, den Soll-Zustand (= Kunden können arbeiten) wieder herzustellen?

Diese Betrachtungen bilden die Grundlage für die Umsetzungsplanung und die entsprechenden Entscheidungen, welche meist auch finanzielle Folgen haben.

15.5 Umsetzung

15.5.1 Strategie und Planung

Aufgrund der Impact-Analyse kann nun eine Disaster-Recovery-Strategie erstellt werden. Die IT-Disaster-Recovery-Strategie liegt in der Verantwortung der Geschäftsleitung und muss die Anforderungen der über den IT-Bereich hinausgehenden Business-Continuity-Strategie abdecken.

In der Strategie müssen insbesondere die Recovery-Zeiten auf Ebene der geschäftsrelevanten IT-Leistungen definiert werden.

Die IT-Strategie liefert dann die Basis für eine konkrete Umsetzungsplanung. Diese Planung definiert, wie genau die Ziele der Business-Continuity-Strategie erreicht werden sollen. Die IT-Disaster-Recovery-Planung umfasst insbesondere Folgendes:

- Datensicherungs- und Wiederherstellungskonzepte
- Technische Konzepte wie
  - Coldsite/Hotsite/redundante Umgebung
  - USV/Notstromaggregate
  - Standby-Systeme
- Reorganisation der Infrastruktur
- Definition der Disaster-Recovery-Prozesse
  - Listen von Lieferanten, Ansprechpersonen, Verträgen
- Regelmäßige Ausbildung der Mitarbeiter

Natürlich lassen sich Strategie und Planung nicht komplett trennen. Für die Entscheidungen in der Strategiephase müssen meist technische Umsetzungskonzepte als Varianten zumindest in einer groben Detaillierung ausgearbeitet werden.

Die Vorgaben der Strategie wiederum bestimmen die Umsetzungskonzepte, welche anschließend die Kosten verursachen.

Bei der Bestimmung der Strategie geht es darum, den Mittelweg zwischen Risiko und Kosten zu ermitteln. Je mehr Sicherheit umgesetzt wird, desto höher werden die Kosten. Je weniger in das Disaster Recovery investiert wird, desto höher bleibt das Risiko.

Die Kunst besteht darin, das für das Unternehmen optimale Verhältnis zu finden.

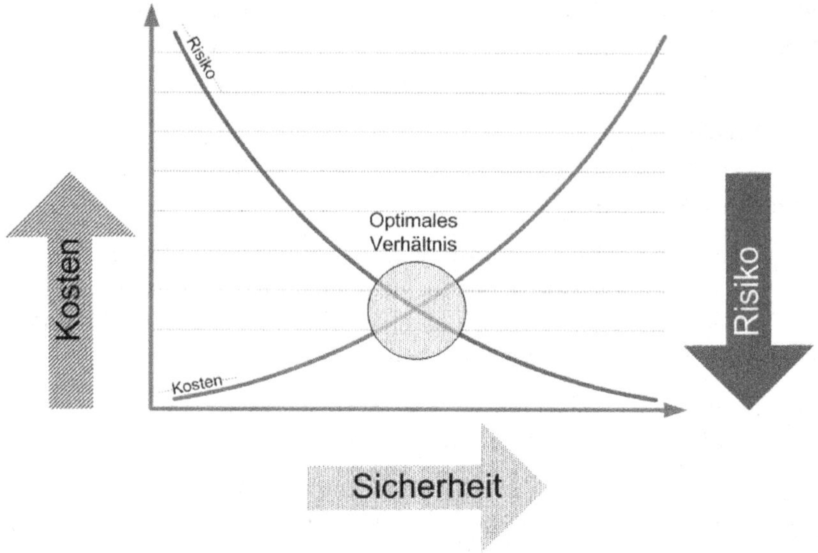

Abb. 15.8: Notfallplanung: die richtige Mischung zwischen Sicherheit, Kosten und Risiko

Für die Umsetzung eines Notfallplanes gibt es unterschiedliche Mittel. Die Schlüsselfrage hier lautet: Wie lange dauert es im Katastrophenfall, bis der normale Betriebszustand oder zumindest auch ein Notbetrieb wiederhergestellt ist?

In der Regel gilt auch hier: Je schneller die Recovery-Zeit, desto teurer die Implementierung der Lösung.

Für den Umgang mit den analysierten Risiken gibt es dabei unterschiedliche Strategien, die verfolgt werden können:

- Risiko vermeiden: Es werden Maßnahmen getroffen, die das genannte Risiko nicht beinhalten, beispielsweise durch den Wechsel der betroffenen Anwendung oder die Anschaffung neuer Systeme etc.
- Risiko verkleinern: Es werden zusätzliche Maßnahmen getroffen, welche im Verhältnis zu ihrem Aufwand einen (über)-proportionalen Effekt auf das Risiko haben und es nachhaltig verkleinern.

- Risiko versichern: Anstelle eigener Maßnahmen schließen Sie eine Versicherung ab, was vor allem dann Sinn machen kann, wenn das Risiko einen größeren Impact und eine eher kleine Wahrscheinlichkeit des Eintritts aufweist – oder wenn Sie mit vernünftigem Aufwand nicht in der Lage sind, das Risiko mit eigenen Maßnahmen zu verkleinern.
- Das Risiko tragen: Die zumindest ohne dessen Eintritt günstigste Variante lautet: Wir leben mit dem Risiko. Das kann dann sinnvoll sein, wenn die Eintrittswahrscheinlichkeit sehr klein ist, das Risiko keinen wesentlichen Impact hat oder wenn die Rahmenbedingungen die ersten Varianten nicht zulassen.

Ein Beispiel, dass einem im Jahr 2011 dabei unweigerlich in den Sinn kommt ist, der Umgang mit der Atomkraft.

Die Risiken werden durch Maßnahmen so weit wie möglich verkleinert (technische und organisatorische Maßnahmen, hohe Sicherheitsanforderungen etc.). Des Weiteren werden hohe Versicherungen für den unwahrscheinlichen Fall eines Unfalls abgeschlossen, und das, was übrig bleibt, nennen wir dann – auch umgangssprachlich – das Restrisiko. Und wo die Problematik hierbei liegt, erläutert die Geschichte zurzeit sehr eindrücklich selber. Weshalb man in Zukunft verstärkt in Lösungen investieren wird, welche das Risiko vermeiden ...

15.5.2 Verschiedene Implementierungsansätze

Es gibt unterschiedliche Implementierungsansätze, die wir im Folgenden betrachten.

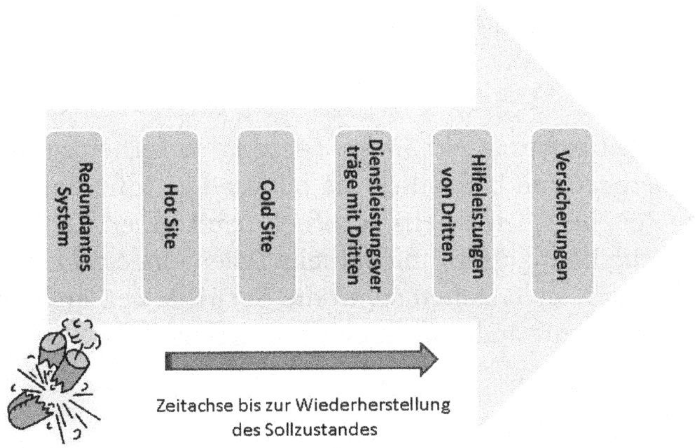

Abb. 15.9: Unterschiedliche Implementierungen von Sicherheitsstrategien

Redundante Systeme

Redundanz kann auf verschiedenen Ebenen realisiert werden, wie wir bereits in Kapitel 5 gesehen haben. Hier sprechen wir von einer vollständigen Redundanz.

Das bedeutet, die gesamte Systemumgebung läuft im Parallelbetrieb. Dies umfasst die Systeme, die Netzwerkverbindungen und das Personal. Damit ist im Katastrophenfall ein Weiterarbeiten ohne Unterbrechung möglich, da durch das Umschalten auf den redundanten Standort der Betrieb sofort weitergeführt werden kann. Eine solche Umgebung bietet sich für große Banken und Versicherungen an. In der Schweiz gibt es beispielsweise Bereiche der Nationalbank, welche so gesichert sind.

Als »schwächere Variante« gibt es auch die Möglichkeit, die Systemumgebung mit reduziertem Personal zu betreiben, d.h. ohne eigentlichen Parallelbetrieb, sondern lediglich mit kontinuierlich replizierten Datenbeständen. Dies senkt die Kosten und ermöglicht dennoch einen fast unterbrechungsfreien Betrieb mit kurzer Ausfallzeit.

Hot Site

Eine sehr gute Leistung beim Eintreten von größeren Schadenfällen bieten Ersatzrechenzentren, welche jederzeit den IT-Betrieb übernehmen könnten (Hot Site). Die Systeme im Ersatzrechenzentrum sind betriebsbereit, und die Datenbestände sind aktuell. Aber im Unterschied zu obiger Lösung verfügt die Hot Site über kein eigenes Personal aus dem Tagesbetrieb des Unternehmens.

Ein Standort mit dieser Beschreibung, aber ohne Livedaten wird demgegenüber auch als Warm Site bezeichnet. Hierbei werden die Daten im Bedarfsfall zuerst eingespielt, und danach kann der Betrieb wieder aufgenommen werden. Das kann zum Beispiel bedeuten, dass zuerst von einem Backup aktuelle Daten in das System zurückgeholt werden müssen. Durch diese Verzögerung wird der Begriff Warm Site von dem der Hot Site abgegrenzt.

Cold Site

Eine etwas längere Recovery-Zeit bieten »Cold Sites«. Diese Ersatzrechenzentren sind für den Notbetrieb vorbereitet und beinhalten die notwendige Infrastruktur, brauchen aber eine gewisse Zeit, bis sie den Betrieb aufnehmen können. Die Systeme müssen meist zuerst fertig konfiguriert und aktuelle Daten eingespielt werden. Dem Vorteil der geringeren Kosten stehen somit die Nachteile der längeren Anlaufzeit und des höheren Initialaufwandes im Ereignisfall gegenüber.

Dienstleistungsverträge

Verschiedene Hardware- und Systemhersteller bieten Dienstleitungen im Disaster-Recovery-Bereich an. Darunter fallen beispielsweise:

- Wartungsverträge mit garantierter Lieferzeit für Ersatzhardware
- Verträge über die Nutzung mobiler Rechenzentren im Schadensfall
- Verträge über die Verfügbarkeit personeller Ressourcen

Solche Verträge sind normalerweise kostenpflichtig, auch wenn kein Ereignis eintritt.

Hilfeleistungen von Dritten

Ebenfalls üblich sind vorbereitete Pläne für die Beschaffung von Ressourcen im Schadenfall, allerdings ohne die Garantien der Lieferanten. Insbesondere die Kontakte und Ansprechpersonen müssen regelmäßig überprüft und verifiziert werden, da für die Lieferanten keine Verpflichtungen bestehen und sich Angebote, Lagerbestände und Produkte laufend ändern können.

Versicherungen

Eine weitere Möglichkeit ist das Abschließen von Versicherungen. Dies ist aber zumeist nur begleitend zu anderen Maßnahmen sinnvoll, um die Kosten im Schadenfall in Grenzen halten zu können.

15.6 Test des Disaster-Recovery-Plans

Nach der Entwicklung eines Disaster-Recovery-Plans werden die vorgesehenen Maßnahmen auf ihre Funktionalität überprüft.

Dabei sollten mögliche Auswirkungen von Katastrophenfällen gemäß Impact-Analyse simuliert und die Einhaltung der Vorgaben der Disaster-Recovery-Strategie überprüft werden. Es ist wichtig, dass bei diesen Tests nicht nur technische, sondern auch personelle Aspekte berücksichtigt werden. Es ist beispielsweise sinnvoll, wenn beim Test nicht nur die Hauptfunktionsträger, sondern auch deren Stellvertreter regelmäßig einbezogen werden.

15.7 Wartung der Disaster Recovery

Nachdem eine Disaster Recovery implementiert wurde, muss diese auch gepflegt werden. Zwei Auslöser für Wartungsaktivitäten sollten berücksichtigt werden:

- Einführung neuer Systeme oder Dienstleistungen oder größere Änderungen an bestehenden Systemen
- Regelmäßige Überprüfung

15.7.1 Punktuelle Anpassungen

Wenn neue Systeme eingeführt oder auch bestehende Systeme durch andere oder neuere Technologien abgelöst werden, können sich Anpassungen am Disaster-Recovery-Plan ergeben.

Insbesondere zu berücksichtigen sind:

- Der erhöhte Energiebedarf bei Ausbau der Infrastruktur.
- Anpassen der Prozesse an neue Technologien oder Softwareversionen. Zum Teil können schon Service Packs die Funktionalität und die davon abhängigen Abläufe beeinflussen.
- Ansteigen der minimalen Leistungsfaktoren wie Speicherplatz, Rechenleistung oder Netzwerkleistung für einen Notbetrieb. Dies sollte normalerweise über ein SLA definiert sein.
- Vertrags-, Technologie- und Leistungsänderungen von Drittanbietern. Hierzu gehören beispielsweise auch das Anpassen von Kommunikationsparametern wie Telefonnummern, Ansprechpersonen oder Standorte von Ersatzsystemen.

Sofern nicht ein sehr grundsätzlicher Wandel der Technologien ansteht, wird eine Disaster-Recovery-Strategie in der Regel nicht betroffen sein. Sie kann aber aufgrund neuer Anforderungen (das heißt einer neuen Strategie) ebenfalls die Anpassung der eingesetzten Technologien und dementsprechend der Disaster Recovery-Planung auslösen.

15.7.2 Regelmäßige Überprüfung

Bedrohungen, allgemeine Anforderungen, Möglichkeiten für Maßnahmen, aber auch die beteiligten Mitarbeiter und deren Ausbildungsstand ändern sich dauernd. Darum ist eine regelmäßige Überprüfung nicht nur der technischen, sondern auch der organisatorischen Maßnahmen essenziell wichtig für eine Disaster-Recovery-Planung, damit diese im Katastrophenfall auch wirklich funktioniert.

Einige der Punkte, welche regelmäßig überprüft werden sollten:

- Wissen die Mitarbeiter, wo die Disaster-Recovery-Pläne physikalisch verfügbar sind? (Unter Umständen sind die elektronischen Systeme ja nicht mehr verfügbar!)
- Kennen die Mitarbeiter die Prozesse?
- Sind die Wartungsverträge noch aktuell?
- Stimmen Adressen, Namen und Telefonnummern der Notfallpläne noch?
- Wann wurde der Disaster-Recovery-Plan das letzte Mal getestet?

15.8 Merkpunkte zur Disaster Recovery

Stellen Sie sich folgende Fragen:

- Ist der Disaster-Recovery-Plan auch wirklich greifbar, wenn ein Notfall auftritt und ich beispielsweise nicht mehr in mein Büro komme oder die IT-Systeme nicht mehr laufen?

- Kann ich meine alten Sicherungsbänder auch nach der Beschaffung von Ersatzhardware wieder einspielen? Habe ich die passenden Bandstationen? Habe ich die passende Sicherungssoftware auch für alte Sicherungen?
- Kann ich meine gesicherten Anwendungsdaten mit der aktuellen vorhandenen Anwendungssoftware auch wieder lesen oder muss ich ggf. auch eine Sicherung der Anwendungssoftware anlegen, damit ich den gesicherten Datenstand wiederverwenden kann?
- Wie lange sind die Lieferfristen für Ersatzhardware? Wie lange kann meine Firma den Betrieb *ohne* die entsprechende IT-Infrastruktur aufrechterhalten?
- Habe ich meine Sicherungsmedien an einem sicheren externen Standort gelagert? Kann ich auch darauf zugreifen, wenn der Verantwortliche abwesend ist (Ferien, Unfall)?
- Wie lange ist mein feuersicherer Tresor für Datensicherungsmedien sicher?

15.9 Fragen zum Kapitel

1. Was ist ein Disaster-Plan?
   - A Ein Dokument mit möglichen Problemen in der Firma
   - B Ein unter Verschluss gehaltener Plan, in dem erläutert ist, wie man Probleme im Notfall lösen kann
   - C Ein einmal erstelltes Dokument mit möglichen Schwachstellen und Reaktionsmöglichkeiten bei Schadensereignissen
   - D Eine regelmäßig nachgeführte Strategie mit konkreten Schritten, um im Schadensfall möglichst rasch wieder handlungsfähig zu sein
2. Wie lautet der erste Schritt bei der Erstellung einer Disaster-Planung?
   - A Risiken analysieren
   - B Verschiedene Szenarien für die Planung ausarbeiten
   - C Strategien entwickeln
   - D Alarmierungspläne erstellen
3. Während einer Risikobewertung wird entdeckt, dass bei mehreren Aufgaben, die für den kontinuierlichen Betrieb kritisch sind, nur ein einziger Administrator zugeteilt ist. Es wird empfohlen, andere Administratoren ebenfalls diesen Aufgaben zuzuordnen – um welches Risiko zu minimieren?
   - A Distributed Denial of Service
   - B Privilege Escalation
   - C Datensicherheit
   - D Single Point of Failure

4. Sie sind Betriebsleiter einer IT-Abteilung und haben eine neue Sicherheitsrichtlinie entworfen, die sowohl das IT-Personal als auch die Benutzer, die Daten und die Ausrüstung umfasst. Sie behandelt Themen wie die regelmäßige Datensicherung, Netzwerksicherheit sowie Kontrollen der Daten. Die Richtlinie ist jetzt fertig verfasst, was tun Sie als Nächstes? Wählen Sie alle zutreffenden Antworten aus.

   A Veröffentlichen Sie die Richtlinie und machen Sie diese für alle Benutzer verfügbar.

   B Lassen Sie die Richtlinie von anderen IT-Mitarbeitern prüfen.

   C Lassen Sie die Richtlinie vom Management der Firma freigeben.

   D Stellen Sie eine Kopie der Sicherheitsrichtlinie dem Anwalt zur Verfügung, und lassen Sie Inhalt und Formulierung auf ihre Korrektheit nachprüfen.

5. Welche der folgenden Redundanzlösungen enthält der betroffenen Organisation vergleichbare Hardware, bietet aber keine Live-Daten an?

   A Hot Site

   B Warm Site

   C Cold Site

   D Contract Site

6. Ein Administrator sichert alle Serverdaten jede Nacht auf einem lokalen NAS. Welche zusätzlichen Schritte sollte der Administrator für den Katastrophenschutz vorsehen, falls der primäre Standort dauerhaft nicht mehr benutzt werden kann?

   A Sichern aller Daten in einem festgelegten Intervall auf Bänder und diese am Firmenstandort auf der gegenüberliegenden Straßenseite aufbewahren.

   B Sichern aller Daten in einem festgelegten Intervall auf Bänder und diese am Firmenstandort in der nächsten Stadt aufbewahren.

   C Sichern aller Daten in einem festgelegten Intervall auf Wechselplatten und diese in einem Safe beim Administrator zu Hause aufbewahren.

   D Sichern aller Daten in einem festgelegten Intervall auf Wechselplatten und diese in einem feuerfesten Schrank im Keller des Gebäudes aufbewahren.

7. Was hilft Ihnen am wenigsten, wenn es darum geht, Single Point of Failures zu reduzieren?

   A Zwangsferien

   B Clusterserver

   C Übergreifende Ausbildung

   D Disaster-Recovery-Übungen

8. Wann sollte eine Technikerin das technische Disaster Recovery testen?
   A Immer, nachdem sie etwas Neues dazugelernt hat
   B Jeden Monat einmal
   C Sobald das Netzwerk stabil läuft
   D In Übereinstimmung mit dem Disaster-Recovery-Plan
9. Wobei handelt es sich um einen Standort, welcher nicht in Betrieb ist, es aber ermöglicht, die Infrastruktur jederzeit aufzubauen, wenn eine Katastrophe am produktiven Standort dies erfordert?
   A Gespiegelter Standort
   B Cold Site
   C Warm Site
   D Hot Site
10. Sie erstellen einen Business-Continuity-Plan, der mehrere andere Pläne vereinigt, um sicherzustellen, dass Schlüsselfunktionen nicht lange unterbrochen werden, wenn ein Ereignis vorkommt.

    Welcher Plan würde verwendet, um eine Cold Site zu identifizieren, welche eingesetzt wird, um den normalen Betrieb im Schadensfall wieder aufnehmen zu können?
    A Geschäftswiederherstellungsplan
    B Geschäftswiederaufnahmeplan
    C Notfallplan
    D Kalter Plan

Kapitel 16

Security-Audit

In Unternehmen und Behörden ist es sinnvoll, von Zeit zu Zeit die eigene Sicherheit zu kontrollieren und festzustellen, ob die im Sicherheitskonzept festgelegten Richtlinien und Maßnahmen noch ausreichend sind und befolgt werden. Nicht selten schleichen sich langsam, aber sicher Nachlässigkeiten in den Umgang mit schützenswerten Daten ein, die organisatorische, personelle oder auch technische Ursachen haben. Oder die Struktur der Firma oder Behörde ändert sich. Firmen werden gekauft, Fusionen finden statt, Geschäftszwecke ändern sich. Das alles kann sich auf den Umgang mit der Sicherheit auswirken.

Regelmäßige Überprüfungen der Sicherheit können ganz unterschiedliche Zielsetzungen haben. Immer geht es aber um die Kontrolle des Zusammenspiels von Sicherheitskonzept (abgeleitet aus einer allgemeinen Sicherheitsleitlinie, auch Policy genannt) und den Richtlinien und Maßnahmen, mit denen dieses umgesetzt werden soll.

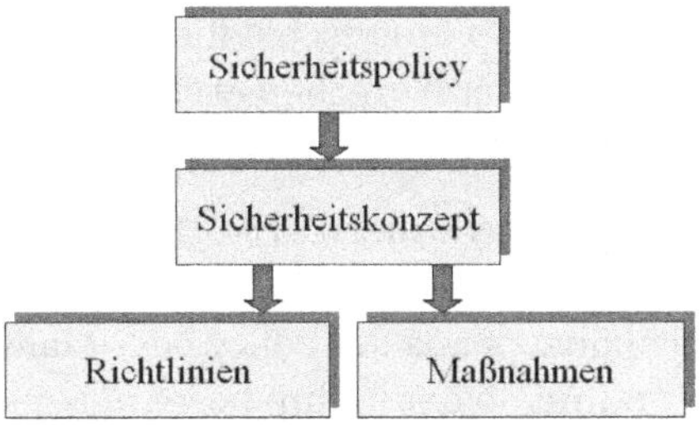

Abb. 16.1: Modell der IT-Sicherheit

16.1 Grundlagen von Security-Audits

16.1.1 Fragestellungen

Ein Security-Audit verfolgt mehrere Ansatzpunkte, die sich ergänzen und in ihrer Gesamtheit eine Bewertung der IT-Sicherheit erlauben. Folgende Fragestellungen werden bei einem Audit beantwortet:

- Werden die Richtlinien und Maßnahmen korrekt befolgt bzw. umgesetzt?
- Sind die Richtlinien und Maßnahmen der aktuellen Situation angemessen oder müssen sie ergänzt oder verändert werden?

- Beschreibt das Sicherheitskonzept noch korrekt den aktuellen Sicherheitsbedarf an Vertraulichkeit, Integrität und Verfügbarkeit oder gibt es da Veränderungsbedarf? Veränderungen haben in der Regel Auswirkungen auf die aus dem Sicherheitskonzept abgeleiteten Richtlinien und Maßnahmen.

In Einzelfällen kann es sogar dazu kommen, dass die Policy nach einem Audit in Frage gestellt wird und überarbeitet werden muss. Das kommt in der Praxis aber eher selten vor.

Die folgende Abbildung zeigt schematisch die bei einem Audit geprüften Abhängigkeiten.

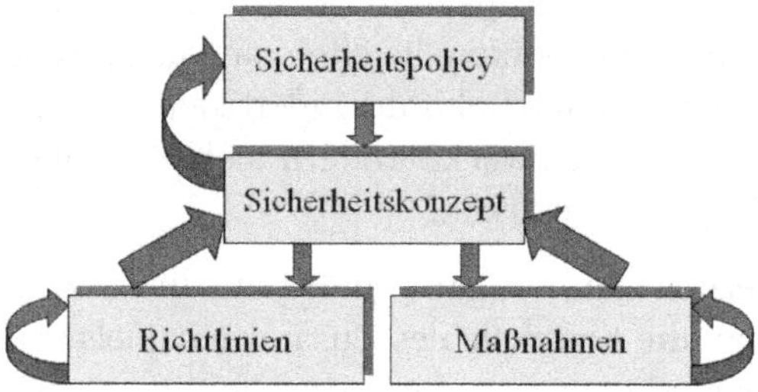

Abb. 16.2: Security-Audit

16.1.2 Prinzipielle Vorgehensweise

So vielfältig die Fragestellungen eines Audits sind, so unterschiedlich ist die Durchführung. Allerdings haben sich bestimmte Standardvorgehensweisen etabliert, die in den meisten Audits in der einen oder anderen Form zu finden sind:

- Bei einem Dokumenten-Review wird geprüft, ob das untersuchte Dokument vollständig und aktuell ist, ob es korrekt aus übergeordneten Dokumenten abgeleitet wurde (beispielsweise das Sicherheitskonzept aus der Policy oder Maßnahmenkataloge aus dem Sicherheitskonzept) und ob der in ihm beschriebene Sicherheits-Level angemessen und umsetzbar ist.
- In Interviews und Begehungen wird anhand von Ansprechpartnern und eigenen Erkenntnissen geprüft, ob Richtlinien und Maßnahmen korrekt umgesetzt werden oder ob trotz ihrer Befolgung Sicherheitslücken und offene Risiken bestehen.
- Reviews einer Sicherheitsarchitektur oder eines Designentwurfs sind verwandt mit dem Dokumenten-Review. Hier werden Architekturen und Designs auf die Konsistenz und Angemessenheit des erreichten Sicherheitsniveaus untersucht. Neben dem reinen Review der schriftlichen Dokumentation werden hier ergänzende Interviews und Begehungen durchgeführt.
- Bei einem Security-Scan werden die eigenen IT-Systeme mit einem Security-Scanner auf Sicherheitslücken untersucht.

- In Einzelfällen kann bei bestimmten Fragestellungen ein Penetrationstest durchgeführt werden. In der Regel findet dazu eine Beauftragung von externen Spezialisten statt.
- Ergänzend kann beim Audit von Anwendungen ein Code-Review durchgeführt werden. Dabei wird im Quellcode nach Sicherheitslücken gesucht und danach, ob die in der Dokumentation der Anwendung angegebenen Sicherheits-Features auch korrekt umgesetzt werden. Auch diese Aufgabe wird meist von externen Spezialisten übernommen.

16.1.3 Bestandteile eines Security-Audits

Wenn es auch keine festgelegte Vorgehensweise für ein Audit gibt, so haben sich doch im Laufe der Zeit Quasistandards etabliert, nach denen Audits organisiert und durchgeführt werden.

Ein typisches Audit hat die folgenden Bestandteile:

- Vorbereitung des Security-Audits
- Review der bestehenden Sicherheitspolitik/Dokumentation
- Gespräche, Interviews, Begehungen
- technische Nachforschungen
- Durchsicht der gesammelten Daten
- Erstellung eines Berichts
- Präsentation der Ergebnisse
- Tätigkeiten im Anschluss an das Audit

16.2 Standards

Es ist wenig sinnvoll, bei der Vorbereitung zu einem Audit bei Null anzufangen. Zu komplex sind die Überprüfungen im Detail und zu vielfältig die Teilaufgaben, als dass ein Start bei Null sinnvoll wäre. Wichtige Prüfungen könnten vergessen und Sicherheitslücken oder Risiken nicht korrekt erkannt werden.

Aus diesem Grund greifen Auditoren auf bewährte Standards zurück, die sie entweder 1:1 übernehmen oder als Inspirationsquelle für die Vorbereitung nutzen.

16.2.1 ISO 27001

Für die Durchführung von Audits hat sich der internationale Standard ISO 27001 »Anforderungen an Informationssicherheits-Managementsysteme« als besonders wertvoll erwiesen.

ISO 27001 besteht aus Anforderungen zum Management von IT-Sicherheit sowie einem Anhang mit Maßnahmenzielen und Maßnahmen. Diese lassen sich in folgende Themengebiete aufteilen:

- Sicherheitsleitlinie
- Organisation der Informationssicherheit
- Management von organisationseigenen Werten
- personelle Sicherheit
- physische und umgebungsbezogene Sicherheit
- Betriebs- und Kommunikationsmanagement
- Zugangskontrolle
- Beschaffung, Entwicklung und Wartung von Informationssystemen
- Umgang mit Informationssicherheitsvorfällen
- Sicherstellung des Geschäftsbetriebs
- Einhaltung von Vorgaben

Inhaltlich ist die ISO 27001 etwas knapp gehalten. Alle für ein Audit wichtigen Punkte sind allerdings enthalten und grob skizziert. Für die inhaltliche Ausprägung ist der Auditor selbst verantwortlich.

16.2.2 IT-Grundschutzkataloge

In Deutschland hatte sich schon vor der Verabschiedung der ISO 27001 ein anderer Standard durchgesetzt: die vom deutschen BSI (Bundesamt für Sicherheit in der Informationstechnik) definierten IT-Grundschutzkataloge. Diese haben sich insbesondere im öffentlichen Dienst durchgesetzt. Im Gegensatz zur ISO 27001 gehen die Grundschutzkataloge sehr ins Detail und können in vielen Fällen 1:1 als Vorgaben für ein Audit übernommen werden.

Die BSI-Grundschutzkataloge sind in Bausteine gegliedert, die jeweils einen organisatorischen, personellen und technischen Teilaspekt von IT-Sicherheit enthalten. Zu jedem Baustein gibt es einen Gefährdungskatalog mit potenziellen Risiken sowie einen Maßnahmenkatalog, mit dem diese Risiken wirksam bekämpft werden können. Mehr zum Aufbau haben Sie ja bereits in Kapitel 3 nachlesen können.

Bei den übergreifenden Aspekten sind folgende Bausteine vorgesehen:

- Sicherheitsmanagement
- Organisation
- Personal
- Notfallmanagement
- Datensicherungskonzept
- Datenschutz
- Schutz vor Schadprogrammen

- Kryptokonzept
- Behandlung von Sicherheitsvorfällen
- Hard- und Software-Management
- Standardsoftware
- Outsourcing, Archivierung
- Sensibilisierung und Schulung zur Informationssicherheit
- Patch- und Änderungsmanagement
- Löschen und Vernichten von Daten
- Anforderungsmanagement

Während bei den übergreifenden Aspekten organisatorische und personelle Fragestellungen im Vordergrund stehen, befasst sich die Bausteinsammlung zum Thema Infrastruktur mit Räumlichkeiten und deren Ausstattung:

- Gebäude
- elektrotechnische Verkabelung
- Büroraum
- Serverraum
- Datenträgerarchiv
- Raum für technische Infrastruktur
- Schutzschränke
- häuslicher Arbeitsplatz
- Rechenzentrum
- mobiler Arbeitsplatz
- Besprechungs-, Veranstaltungs- und Schulungsräume
- IT-Verkabelung

Weitere Bausteine finden sich zu den Themen IT-Systeme, Netze sowie Anwendungen. Nachteilig an den Grundschutzkatalogen ist ihre oft mangelnde Aktualität. Neue Versionen von Betriebssystemen oder Serverprogrammen (wie etwa Exchange Server) werden oft erst nach Jahren in die Kataloge eingebaut. Bis dahin muss man sich mit den Vorgaben für die Vorgängerversionen begnügen und diese entsprechend anpassen.

16.2.3 Kombination aus ISO 27000 und IT-Grundschutz

Standards wie ISO 27001 oder die IT-Grundschutzkataloge werden nicht nur für Audits genutzt, sondern auch für Zertifizierungen. Mit einer solchen Zertifizierung kann die Leitungsebene einer Firma oder Behörde nachweisen, dass Sicherheit als wichtig wahrgenommen und korrekt umgesetzt wird. Das Damoklesschwert

»Organisationsverschulden«, das bei mangelnder Risikovorsorge sogar strafrechtliche Konsequenzen haben kann, schwebt nach einer erfolgreichen Zertifizierung nicht mehr so dicht über den Köpfen des Managements.

Mit Zertifizierungen ist gutes Geld zu verdienen. ISO 27000 als internationaler Standard konnte gegenüber einer nationalen Zertifizierung wie die nach BSI einen großen Marktanteil gewinnen. Deshalb hat das BSI von einigen Jahren seine Grundschutzkataloge und die damit zusammenhängenden Prozeduren kompatibel zur ISO 27001 gemacht und bietet nun eine Zertifizierung nach ISO 27001 als Basis des IT-Grundschutzes an.

Für Auditoren bietet diese Zusammenführung von ISO 27001 und BSI-Grundschutz große Vorteile. So können bei der Vorbereitung zu einem Audit das Grundgerüst aus der ISO-Norm, konkrete Details aber aus den Grundschutzkatalogen entnommen werden.

16.3 Beispiel-Audit Windows Server 2008

Im Folgenden werden an einem Beispiel einige zentrale Fragestellungen herausgearbeitet, die bei einem Audit eine Rolle spielen. Bei einem konkreten Audit müssen diese Fragestellungen noch angepasst und ergänzt werden. Ferner muss entschieden werden, ob die Fragestellungen durch Reviews von Dokumenten oder Architekturen, Interviews, Begehungen, Security-Scans, einen Penetrationstest oder ein Code-Review beantworten werden sollen.

In unserem Beispiel soll ein Windows Server 2008 auditiert werden. Dazu wird auf den in den Grundschutzkatalogen enthaltenen Baustein »Windows Server 2003« zurückgegriffen, da dieser die meisten Fragestellungen der neueren Version abdeckt.

Die angegebenen Maßnahmen, die bei unserem Beispiel-Audit kontrolliert werden, kommen aus den Bereichen

- Planung und Konzeption
- Umsetzung
- Betrieb
- Aussonderung

Da eine vollständige Ausarbeitung aller Prüfungsfragen den Rahmen dieses Buches sprengen würde, werden im Folgenden nur die elf bei der Kontrolle der Umsetzung der Sicherheitsvorgaben geprüften Maßnahmen behandelt.

16.3.1 Nutzung von Sicherheitsvorlagen

In einem Interview können folgende Fragestellungen abgearbeitet werden:

- In welchen Bereichen werden Sicherheitsvorlagen genutzt?
- Wie wird gewährleistet, dass jeder Server über Sicherheitsvorlagen verwaltet wird?
- Wie werden die Vorlagen verwaltet?
- Wie wird gewährleistet, dass die Vorlagen in einer sicheren Art und Weise erstellt, verteilt und genutzt werden?
- Wie sind die Vorlagen und deren Funktion dokumentiert?
- Inwieweit sind die Vorlagen in das Change-Management eingebunden?

16.3.2 Einsatz von Kommandos und Skripten

In einem Interview ist abzuklären:

- Welche Vorgaben zur Benutzung von Skripten auf organisationskritischen Servern gibt es?
- Wie wird der Einsatz von Skripten dokumentiert?
- Wie wird für die ausreichende Ausbildung der Personen gesorgt, die Kommandos und Skripte einsetzen?
- Welche Prozeduren für Test und Freigabe von Skripten gibt es?
- Wie wird Missbrauch (auch z. B. durch Trojaner) von Skripten verhindert?

16.3.3 Passwortschutz

Hier sind ein Interview und ein Test mit einem Passwort-Cracker von Interesse:

- Welche Richtlinien für Passwörter existieren?
- Wie sind diese Vorgaben dokumentiert?
- Wie wird sichergestellt, dass die Vorgaben auch eingehalten werden?

16.3.4 Geräteschutz

Hier können ein Interview sowie ein Test mit einem Security-Scanner durchgeführt werden:

- Welche Vorgaben für den Geräteschutz unter Windows existieren?
- Wie sind diese Vorgaben dokumentiert?
- Wie wird sichergestellt, dass die Vorgaben auch eingehalten werden?

16.3.5 Sichere Basiskonfiguration

In einem Interview ist abzuklären:

- Wie sind die für eine Basisinstallation notwendigen Arbeiten dokumentiert?
- Wie wird mit der eingebauten Windows-Firewall umgegangen?

- Welche Sicherheitsvorlagen und administrativen Vorlagen kommen zum Einsatz?
- Wie wird kontrolliert, ob die Basiskonfiguration den Vorgaben entspricht?

16.3.6 Sichere Installation und Bereitstellung

Hier wird ein Interview durchgeführt, das durch einen Security-Scan ergänzt wird:

- Welche Punkte enthält die Installationsanweisung?
- Wie wird gewährleistet, dass die Installationsanweisung konform zu den eigenen Anforderungen ist?
- Wie wird für die Konformität mit Sicherheitsrichtlinien gesorgt?
- Wie wird dafür gesorgt, dass für jedes System eine ausreichende Dokumentation der Installation angefertigt wird?

16.3.7 Sichere Konfiguration der IIS-Basis-Komponente

Mit einem Interview wird abgeklärt:

- Welche Komponenten sind installiert?
- Welche IIS-Dienste sind neben dem Webserver aktiv?
- Wie wird die Basisinstallation abgesichert?
- Wie wird mit dynamischen Inhalten umgegangen?
- Wie ist der Zugriff auf die virtuellen Server und Verzeichnisse konfiguriert?
- Welche Methoden zur Authentifizierung werden genutzt?
- Welche Verschlüsselung wird eingesetzt?
- Wie wird das System überwacht?
- Wie wird die Konfiguration dokumentiert?

16.3.8 Sichere Migration auf Windows Server 2003/2008

Falls eine solche Migration erfolgt ist, wird mit einem Interview abgeklärt:

- Welche Planungen gibt es für die Migration?
- Welche Dateisysteme gibt es auf dem zu migrierenden Server?
- Wie wird getestet, ob die Software zum neuen System kompatibel ist?
- Welche technischen Hilfsmittel werden bei der Migration genutzt?
- Wie wird dafür gesorgt, dass sich keine Sicherheitslücken auftun?

16.3.9 Umgang mit Diensten unter Windows Server

Mit einem Interview wird abgeklärt:

- Welche Dienstkonten (Accounts) werden für die Dienste genutzt?
- Wie sind die Kennwortrichtlinien für die Dienste aufgebaut?
- Nach welcher Vorgehensweise werden die Kennwörter von Zeit zu Zeit geändert?

16.3.10 Deinstallation nicht benötigter Client-Funktionen

Mit einem Interview wird abgeklärt:

- Welche Programme werden auf dem Server deinstalliert?
- Welche Programme werden auf dem Server deaktiviert?
- Wie wird gewährleistet, dass sich auf dem Server keine überflüssigen Client-Programme befinden?

16.3.11 Verwendung der Softwareeinschränkungsrichtlinie

Mit einem Interview wird abgeklärt:

- Welche Regeln werden bei der Softwareeinschränkungsrichtlinie genutzt?
- Wie wird der Einsatz der Softwareeinschränkungsrichtlinie dokumentiert?

16.4 Berichtswesen

Nach der Sammlung von Fakten und deren Auswertung wird ein Bericht erstellt. Dieser umfasst die Fragestellung des Audits, die Vorgehensweise, gefundene Probleme sowie Tipps zum Schließen von Lücken. Optional kann dieser Bericht auch im Rahmen einer Präsentation einem Leitungsgremium vorgestellt werden.

Für den Aufbau solcher Berichte hat sich ein in der Praxis bewährten Quasistandard herausgebildet.

16.4.1 Titelseite

Auf der Titelseite wird die Fragestellung des Audits in einer knappen Überschrift zusammengefasst. Wichtig sind hier die Kontaktdaten der Auditoren sowie das Datum der Erstellung des Berichts.

16.4.2 Einleitung

In der Einleitung zum Bericht wird die Fragestellung des Audits etwas ausführlicher erörtert. Dabei werden zunächst die Ziele der Untersuchung dargelegt sowie die Teilbereiche, die vom Audit erfasst wurden.

In einem zweiten Abschnitt wird dann beschrieben, wie und mit welchen Tools die Untersuchung stattgefunden hat. Hier werden auch Interviewpartner sowie andere Ansprechpartner aufgeführt.

16.4.3 Management-Summary

Bekanntermaßen haben Mitglieder der Leitungsebene nicht viel Zeit zum Lesen von Berichten. Deshalb ist es sinnvoll, die später noch ausführlich dokumentierten Ergebnisse der Untersuchung sowie die gemachten Verbesserungsvorschläge vorab zusammenzufassen.

Da die Zielgruppe dieses Kapitels in der Regel aus Nicht-Technikern besteht, hat es keinen Zweck, mit technischen Finessen aufzuwarten. Dieses Kapitel des Berichts muss umgangssprachlich und allgemein verständlich formuliert werden. Wenn es sich um technische Themen handelt, ist das keine einfache Aufgabe. Sicherheitslücken im organisatorischen und personellen Bereich lassen sich oftmals leichter formulieren.

16.4.4 Ergebnisse der Untersuchung

Dieses Kapitel ist der eigentliche Kern eines Audits-Berichts. Hier wird im Detail beschrieben, welche Untersuchungen durchgeführt und welche Ergebnisse erzielt wurden.

Zielgruppe dieses Kapitels sind Verantwortliche in der IT oder den Fachbereichen, die von der Materie Ahnung haben. Hier kann also die jeweilige »Fachsprache« genutzt werden, auch was technische Vorgänge angeht.

Bei größeren Audits kann sich die Schwierigkeit ergeben, diesem Kapitel eine angemessene und übersichtliche Struktur zu geben. Hier können die bei der Vorbereitung zum Audit genutzten Kapitel der ISO 27001 oder die Bausteine der Grundschutzkataloge als Grundlage genommen werden.

Nicht nur Fehler und Mängel sollten Bestandteil dieses Kapitels sein, sondern ebenso die Bereiche, in denen keine Risiken gefunden wurden. Ziel des Berichts ist es nicht, verantwortliche Personen in einem schlechten Licht dastehen zulassen, sondern das Motto eines Berichts sollte in der Regel lauten: »Was ist gut und was kann noch weiter verbessert werden?«. Das ist besonders wichtig für externe Auditoren, die sich sonst kaum Hoffnung auf Folgeaufträge machen können.

16.4.5 Erforderliche Maßnahmen

Der für den Auftraggeber eines Audits interessanteste Teil des Berichts ist die Zusammenstellung von Maßnahmen, mit denen gefundene Risiken behoben werden können.

Die nötigen Maßnahmen sollten knapp beschrieben und mit Prioritäten versehen werden. Zudem sollte eine sinnfällige farbliche Markierung erfolgen:

- Maßnahmen, mit denen gefährliche Sicherheitslücken geschlossen werden, erhalten die Priorität »hoch« und werden rot markiert.

- Maßnahmen, die kleinere Probleme beheben, erhalten die Priorität »mittel« und werden gelb markiert.
- Optionale Maßnahmen, die keine Probleme lösen, aber zur Verbesserung der Sicherheit beitragen, erhalten die Priorität »gering« und werden blau markiert (nicht grün, da das suggerieren könnte, dass nichts weiter passieren sollte).

Die folgende Tabelle gibt ein Beispiel:

Webserver

Thema	Erläuterung	Maßnahme	Zeitrahmen	Risiko
Cross Site Scripting	Der Webserver war für Cross Site Scripting anfällig.	Kontrolle der Eingabefelder	2 Wochen	hoch
Admin-Port	Der Admin-Port 8081 ist aus dem Internet erreichbar, eine Anmeldung ist allerdings nicht möglich.	Sperren des Ports an der Firewall	2 Tage	mittel
Benutzerführung	Die Benutzerführung bei der Anmeldung ist unlogisch.	Ablauflogik verbessern	4 Wochen	gering

16.4.6 Anhang

Falls während der Untersuchung größere Protokolle anfallen, etwa bei einem Security-Scan eines Servers, so gehören diese nicht in das Kapitel der Untersuchungsergebnisse. Dort werden nur die relevanten Punkte aufgeführt. Größere Protokolle und umfangreiche Logdaten lassen sich sinnvoll in einem Anhang unterbringen, der nur bei Bedarf gelesen wird.

Falls die Menge an Protokoll- und Logdaten so umfangreich ist, dass ein Abdruck den Rahmen eines normale Berichts von etwa 15 bis 50 Seiten überschreitet, kann anstelle eines Anhangs auch eine CD mit den Daten beigefügt werden.

16.5 Ergänzende Maßnahmen

Ein Security-Audit wird in der Regel zur von Zeit zu Zeit durchgeführt. Typische Intervalle für Audits liegen im Bereich von einem bis zu drei Jahren. Selbst wenn nach größeren Änderungen bei Organisation, Personal oder Technik zusätzliche Audits angesetzt werden, ist der Zeitraum zwischen zwei Audits nie kurz genug, als dass sich nicht neue, zunächst unerkannte Risiken auftun können.

Als Ergänzung von Audits haben sich einige Maßnahmen bewährt, die im Folgenden kurz skizziert werden.

16.5.1 Logfile-Analyse

Die meisten IT-Systeme loggen sicherheitsrelevante Daten: sei es, wenn sich Benutzer an – oder abmelden, sei es, wenn Zugriffsversuche aufgrund mangelnder Rechte abgewiesen werden. Diese Daten werden in Logdateien auf die Platte geschrieben und können von dort gelesen und ausgewertet werden.

Das größte Problem bei der Auswertung von Logdaten ist meist nicht das Fehlen wichtiger Daten. Im Gegenteil: Viele IT-Systeme loggen dermaßen viele Daten, dass eine globale Auswertung oft schon an der Menge der Daten scheitert.

Für eine regelmäßige Auswertung von Logdaten, die einen wirklichen Erkenntnisgewinn über Sicherheitslücken und Sicherheitsvorfälle erbringt, sollten folgende Regeln beachtet werden:

- Logdaten sollten zentral auf einem Logserver gesammelt werden. Um die Menge der anfallenden Daten nicht ins Unermessliche ansteigen zu lassen, kann auf den einzelnen IT-Systemen, deren Daten zentral gesammelt werden, schon eine Filterung nach wichtigen Ereignissen vorgenommen werden.
- Aus Gründen des Datenschutzes ist es sinnvoll, die Daten auf dem zentralen Logserver zu verschlüsseln. Da viele der gespeicherten Daten personenbezogen sind, ist ein direkter Zugang nur nach dem Vieraugenprinzip zusammen mit einem Datenschutzbeauftragten möglich.
- Da bei der Suche nach übergeordneten Zusammenhängen innerhalb von Logdaten die Zeiten der jeweiligen Ereignisse wichtig sind, müssen die Systemuhren aller beteiligten Systeme synchron gehalten werden. Das kann durch einen zentralen Timeserver geschehen.
- Die Auswertung der Daten sollte täglich erfolgen. Dabei kommen in der Regel automatische Tools zum Einsatz. Erst wenn diese Tools verdächtige Vorfälle melden, lohnt sich die direkte Analyse einzelner Daten.

Eine Logfile-Analyse wie hier beschrieben lässt sich aufgrund des finanziellen und organisatorischen Aufwands nur in großen Firmen und Behörden durchführen. In kleinen Institutionen ist eine manuelle Analyse an der Tagesordnung. Aber auch diese sollte täglich durchgeführt werden.

Typische Quellen für die Analyse von Logdaten können sein:

- Firewall-Logs
- Intrusion-Detection- und Intrusion-Prevention-Systemen
- Virenscanner und Spamfilter
- Windows-Logdaten wie etwa das Security-Eventlog eines Domänen-Controllers

16.5.2 Echtzeit-Analyse von Netzwerkverkehr und Zugriffen

Die beschriebene Analyse von Logdaten kann zwar häufiger durchgeführt werden als ein Audit. Doch auch zwischen zwei Analysen klafft ein Zeitfenster, das ebenfalls abgedeckt werden muss. Für solche Echtzeitanalysen kann ein normaler Netzwerk-Sniffer genutzt werden, der beispielsweise aus dem Internet ankommende Pakete aufnimmt und nach potenziell gefährlichen Mustern filtert. Besser sind natürlich die bereits vorgestellten ISD oder IPS.

16.5.3 Risikoanalyse

Zusammen mit einem Audit wird oft eine Risikoanalyse der IT-Infrastruktur durchgeführt. Eine Risikoanalyse unterscheidet sich von einem Audit dadurch, dass hier der Soll-Zustand nicht die vorgegebene Sicherheitspolitik und das daraus abgeleitete Sicherheitskonzept sowie die Richtlinien und Maßnahmen sind, sondern der technische Stand der Dinge.

Bei einer Risikoanalyse werden systematisch alle bekannten Sicherheitslöcher geprüft. Das Risiko ergibt sich dann aus der geschätzten Eintrittswahrscheinlichkeit des betreffenden Angriffs und dem daraus entstehenden Schaden. Eine Risikoanalyse kann als Vorgabe zu Investitionen in die Sicherheit dienen. Ist der entstehende Schaden wesentlich kleiner als die zu seiner Vermeidung benötigten Investitionen, kann vom Schließen der Sicherheitslücke abgesehen werden.

Das Ergebnis einer Risikoanalyse ist ein Bericht, der alle aktuell bekannten Verwundbarkeiten aufzeigt, diese bewertet und letztlich die drohenden Schäden aufzeigt.

16.6 Fragen zu diesem Kapitel

1. Wie stellen Sie am zuverlässigsten sicher, dass die Sicherheitsrichtlinien des Unternehmens auf ein bestimmtes Gerät angewendet werden?
   - A Sicherheitspatch
   - B Regelmäßige Updates
   - C Sicherheitsvorlage (Template)
   - D Betriebssystemrichtlinien
2. Welche Technologie kann eingesetzt werden, um Bedrohungen vom Host-Betriebssystem zu isolieren?
   - A Intrusion Detection
   - B Virtualisierung
   - C Intrusion Prevention
   - D System klonen

3. Nachdem Sie ein Datei-Auditing eingerichtet haben, in welchem Protokoll wird Ihnen angezeigt, ob jemand versucht hat, unberechtigt auf die Dateien zuzugreifen?

   A Leistung

   B System

   C Sicherheit

   D Anwendung

## Kapitel 17

Die CompTIA Security+-Prüfung

Wenden wir uns zum Schluss des Buches der aktuellen CompTIA Security+-Prüfung zu. Diese besteht aus einer computergestützten Multiple-Choice-Prüfung.

Wie wir bereits in der Einleitung dieses Buchs erwähnt haben, besteht die Prüfung verschiedenen Teilgebieten. In der bisherigen Prüfungsversion SY0-201 lauteten sie:

	Wissensgebiet	Prüfungsgewicht
Domain 1	Systemsicherheit	21 %
Domain 2	Netzwerkinfrastruktur	20 %
Domain 3	Zugangskontrolle	17 %
Domain 4	Assessments & Audits	15 %
Domain 5	Kryptografie	15 %
Domain 6	Betriebssicherheit	12 %

Tabelle 17.1: Die Themen und deren Gewichtung an der Prüfung

Mit den Veränderungen in der aktualisierten und ab September 2011 verfügbaren Prüfung SY0-301 sieht das aktuell wie folgt aus:

	Wissensgebiet	Prüfungsgewicht
Domain 1	Netzwerksicherheit	21 %
Domain 2	Compliance und Betriebssicherheit	18 %
Domain 3	Bedrohungen und Schwachstellen	21 %
Domain 4	Anwendungs-, Daten- und Rechnersicherheit	16 %
Domain 5	Zugriffskontrolle und Identitätsmanagement	13 %
Domain 6	Kryptografie	11 %

Tabelle 17.2: Die Themen und deren Gewichtung an der Prüfung

Diese Gebiete sind unterschiedlich stark in der Prüfung vertreten, wie Sie oben ersehen können. Allerdings sind die Gewichte in der aktuellen Fassung der Prüfung recht gleichmäßig verteilt. Die Fragen sind während der Prüfung indes nicht nach Gebieten gekennzeichnet, sondern folgen einfach eine nach der anderen ohne bestimmte Reihenfolge oder thematischem Zusammenhang. Die obige

Gewichtung zeigt Ihnen lediglich an, mit wie vielen Fragen Sie pro Thema rechnen können.

Die einzelnen Themengebiete sind in den sogenannten »Objectives« genau beschrieben. Von daher gilt: Gehen Sie auf die Website der CompTIA zur Security+ Zertifizierung und laden Sie sich diese Objectives herunter – und lesen Sie sie. Stellen Sie sicher, dass Sie sich unter den geforderten Stichworten konkrete Inhalte oder Standards vorstellen können, sodass Sie zur Prüfung bereit sind.

17.1 Was von Ihnen verlangt wird

Die Prüfung findet in einem offiziellen Prüfungscenter statt, zurzeit entweder bei Pearson VUE oder bei Thomson Prometric.

Auf deren Webseiten können Sie sich online anmelden, ein eigenes Konto auf Ihren Namen eröffnen und danach die Prüfung planen.

Die bisherige CompTIA Security+-Prüfung enthielt folgende Eckwerte:

Prüfungscode	SY0-201
Dauer der Prüfung	90 Minuten
Anzahl Fragen	100
Empfohlene Voraussetzungen	Zwei Jahre Erfahrung im Netzwerkbereich mit Schwerpunkt Sicherheit
Skala	von 100 bis 900
Anzahl Punkte fürs Bestehen	750
Verfügbare Sprachen	Englisch, Deutsch, Spanisch, Japanisch

Tabelle 17.3: Die Fakten zur CompTIA Security+-Prüfung

Die neue CompTIA Security+-Prüfung enthält folgende Eckwerte:

Prüfungscode	SY0-301
Dauer der Prüfung	90 Minuten
Anzahl Fragen	100
Empfohlene Voraussetzungen	Zwei Jahre Erfahrung im Netzwerkbereich mit Schwerpunkt Sicherheit
Skala	von 100 bis 900
Anzahl Punkte fürs Bestehen	750
Verfügbare Sprachen	Englisch, Deutsch, Spanisch, Japanisch

Tabelle 17.4: Die Fakten zur CompTIA Security+-Prüfung

Wichtig

Dies sind Angaben, die sich verändern können. Prüfen Sie daher unbedingt auf der Website von CompTIA (www.comptia.org) die aktuell gültigen Bedingungen für die Prüfung!

17.2 Wie Sie sich vorbereiten können

Folgende Ratschläge möchte ich Ihnen für Ihre Vorbereitung und die Prüfung noch mitgeben:

- Arbeiten Sie alle Unterlagen intensiv durch, und besuchen Sie wenn möglich ein Training für Netzwerktechnik.
- Unterschätzen Sie den Faktor »Erfahrung« nicht, Braindumps sind dafür kein Ersatz und helfen gerade bei supportorientierten Fragen wenig.
- Planen Sie Ihre Prüfung – das geht auch online (VUE, Prometric).
- Sie müssen sich im Prüfungscenter doppelt (2 Ausweise) ausweisen können.
- Sie dürfen nichts in den Prüfungsraum mitnehmen.
- Sie haben für den Testteil exakt 90 Minuten – der erste Teil von Text besteht aber aus Informationen, die nicht zu den 90 Minuten zählen (Präambel). Nach den 90 Minuten wird die Prüfung geschlossen und ausgewertet.
- Das Ergebnis sehen Sie kurze Zeit später direkt auf dem Bildschirm.
- Lassen Sie keine Frage unbeantwortet!
- Vergessen Sie nicht, den Prüfungsreport aus dem Center mitzunehmen, es ist Ihr rechtlicher Nachweis für das Absolvieren der Prüfung.

17.3 Wie eine Prüfung aussieht

Damit Sie sich von der konkreten Prüfung ein Bild machen können, stelle ich sie Ihnen anhand einiger Screenshots hier einmal vor. Die CompTIA Germany GmbH und Pearson Vue haben uns dafür freundlicherweise folgende prüfungsnahe Abbildungen zur Verfügung gestellt:

Auf dem Begrüßungsbildschirm erhalten Sie alle wichtigen Informationen zum Ablauf der Prüfung noch einmal vorgestellt. Auch die Tatsache, dass nicht alle Fragen zwingend in die Wertung mit einfließen werden.

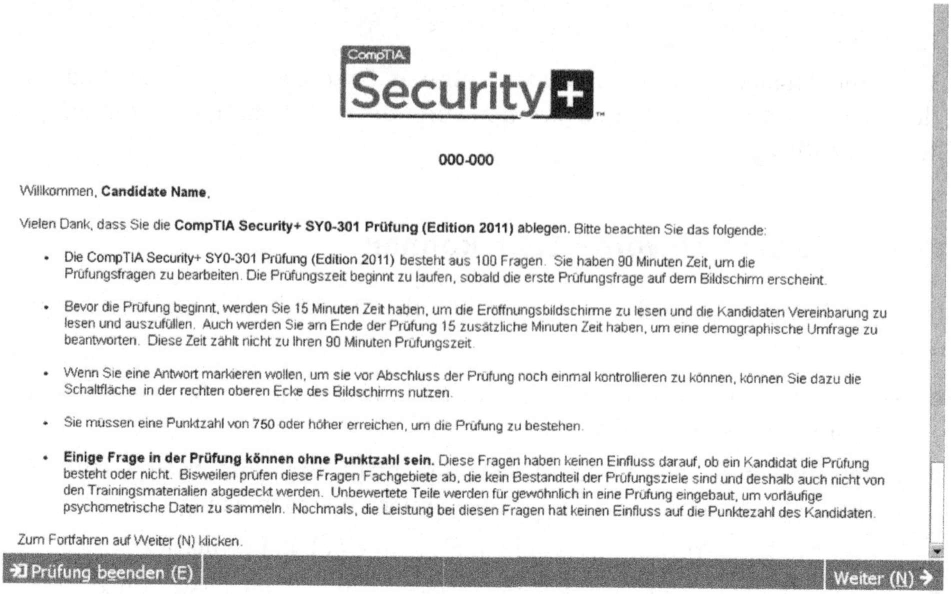

Abb. 17.1: Begrüßungsbildschirm zur Prüfung (Abbildungen © CompTIA und Pearson Vue, 2011)

Nach einigen Eingangsfragen startet der Test. Sie werden noch einmal auf die Zeit hingewiesen und können den Test anschließend manuell starten:

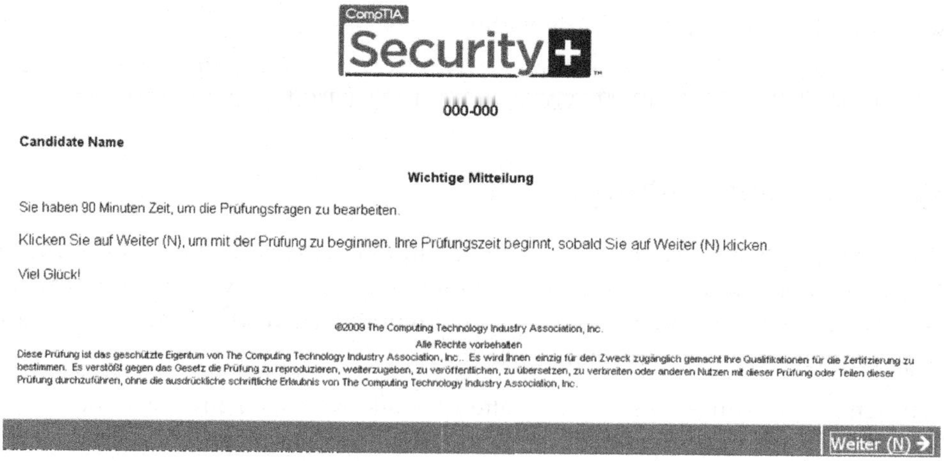

Abb. 17.2: Bildschirm mit wichtigen Hinweisen, bevor die Prüfung effektiv startet

Dabei gibt es zwei Sorten von Fragen: die Entscheidungsfragen und die Mehrfachauswahlfragen. Die Entscheidungsfragen erkennen Sie am runden Knopf, dem

»Radio Button«. Bei diesen Fragen können Sie nur eine Antwort auswählen, es ist immer nur die zuletzt gewählte Antwort aktiv.

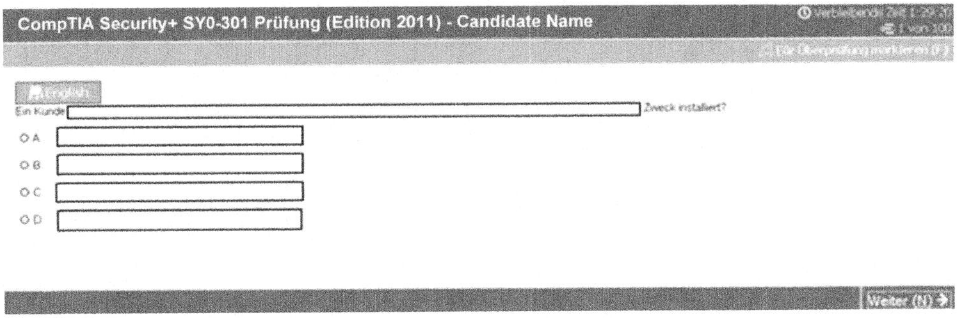

Abb. 17.3: Fragen mit Radio Button

Zugleich sehen Sie auf dem eben gezeigten Bildschirmausschnitt oben rechts (eingekreist) auch die Auswahlmöglichkeit für die nachträgliche Überprüfung. Sie können also jede Frage, bei welcher Sie unsicher sind, markieren und später noch einmal anschauen. Den Übersichtsbildschirm dazu zeige ich Ihnen gleich. Doch zuerst schauen wir uns noch den zweiten Fragetyp an: die Mehrfachauswahlfragen (Check Box).

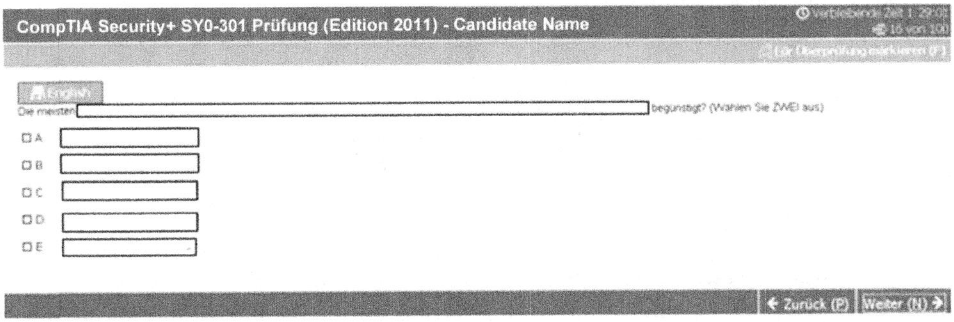

Abb. 17.4: Fragen mit Mehrfachauswahl

Die Fragen mit den Check Box-Antworten erlauben Ihnen im Unterschied zu den Radio Buttons die Auswahl von mehreren Antworten. Hier ist es wichtig, dass Sie in der Frage genau lesen, wie viele Antworten gefragt sind, ob zwei oder drei oder »Alle, die richtig sind«.

Nachdem Sie mit allen Fragen fertig sind, erscheint der Review-Bildschirm. Hier sehen Sie, welche Fragen Sie unvollständig beantwortet haben, und können diese noch einmal anwählen. Sie können auch genau die auswählen, welche Sie vorher für den Review markiert haben.

Abb. 17.5: Der Bildschirm mit der Übersicht zu allen Fragen

Nach Beendigung der Prüfung sehen Sie den Bildschirm, der Ihnen anzeigt, ob Sie bestanden haben oder nicht.

Abb. 17.6: Bildschirm mit dem Prüfungsergebnis

Anschließend wird Ihnen der Punktebericht (Score Report) angezeigt inklusive der jeweils abgelegten Prüfungsversion (hier SY0-201, Edition 2008) und allfälligen Hinweisen zu den nicht bestandenen Fragegebieten.

CompTIA Security+™

KANDIDAT	MARIAN SCHWANKE
KANDIDATEN ID	[redacted]
REGISTRIERUNGSNUMMER	[redacted]
PRÜFUNG	CompTIA Security+ (Edition 2008) Prüfung
DATUM	Thursday, February 17, 2011
PRÜFUNGSORTNUMMER	G[redacted]
MINDESTPUNKTZAHL	750
Kandidaten Punktzahl	885
Bestanden/Nicht bestanden	Bestanden

Abb. 17.7: Punktebericht (Score Report) nach der Prüfung

Lassen Sie sich im Prüfungszentrum auf jeden Fall den Score Report ausdrucken und mitgeben, er ist Ihr Nachweis, dass Sie die Prüfung abgelegt haben. Sollten Sie nicht bestanden haben, gibt Ihnen der Bericht zudem wertvolle Hinweise darauf, in welchen Themen Sie sich verbessern können.

Nach einer Bearbeitungszeit seitens der CompTIA erhalten Sie anschließend Ihr Zertifikat, das in etwa so aussehen wird wie folgendes Beispiel. Achten Sie sich auch darauf, dass die Zertifikate für drei Jahre ihre Gültigkeit behalten, danach ist eine Re-Zertifizierung notwendig, wenn Sie sich weiterhin »CompTIA certified« nennen möchten.

Abb. 17.8: Das CompTIA Security+-Zertifikat

17.4 Beispielfragen zur Prüfung CompTIA Security+

Im Folgenden haben wir Ihnen Fragen zusammengestellt, die Ihnen den Charakter der CompTIA Security+-Prüfung vorstellen und die Sie jetzt durchgehen können, um festzustellen, wie gut Sie für diese Prüfung vorbereitet sind.

Frage 1

Bei welchem Begriff handelt es sich um *keinen* gültigen Zugriffskontrollmechanismus?

- A DAC (Discretionary Access Control)
- B MAC (Mandatory Access Control)
- C SAC (Subjective Access Control)
- D RBAC (Role Based Access Control)

Frage 2

Wieso setzen Sicherheitsspezialisten häufig virtuelle Maschinen ein?

- A Um eine Umgebung zur Verfügung zu haben, in welcher Netzwerkapplikationen getestet werden können
- B Um eine Umgebung zur Verfügung zu haben, in welcher direkt Aktualisierungen vorgenommen werden können
- C Um eine Umgebung zur Verfügung zu haben, in welcher Schadsoftware mit minimalen Risiken für die Systeme ausgeführt werden kann
- D Als virtuelle Diskussionsplattform für die Ergebnisse ihrer Forschungen

Frage 3

Sie müssen in Ihrem Unternehmen den Brandschutz für einen Serverraum sicherstellen, in welchem auch Personal arbeitet. Welche Substanz können Sie zum Schutz des elektronischen Equipments am ehesten einsetzen?

- A CO_2
- B Löschschaum
- C Halon
- D Wasser

Frage 4

Sie arbeiten als Netzwerkadministrator und sind gerade dabei, Whitelists und Blacklists zu implementieren sowie offene Relays zu schließen. Welche Bedrohung haben Sie dabei im Visier?

A Adware
B Spyware
C Viren
D Spam

Frage 5

Wozu kann ein Unternehmen das Intranet, Newsletter, Anzeigen, Poster und E-Mail einsetzen?

A Für eine Sicherheitsüberprüfung
B Für eine Sicherheitsbewusstseinskampagne
C Für einen Sicherheits-Audit
D Für Sicherheitskontrollen

Frage 6

Welche Vorsorgemaßnahme sollte ein Administrator treffen, um die Angreifbarkeit eines Webservers möglichst gering zu halten?

A Alle Herstellerupdates und Patches laufend auf den Server einspielen
B Die Protokollierung auf dem Webserver einschalten und die Protokolle regelmäßig lesen und auswerten
C Mit einem Paketanalysierer allen eingehenden Datenverkehr scannen
D Externe DNS-Anfragen ablehnen, die an den Server gerichtet werden

Frage 7

Die meisten Verschlüsselungen basieren auf?

A Zeitstempel
B Algorithmen
C Digital Right Management
D Zufallsgeneratoren

Frage 8

Eine Attacke, bei welcher sich der Angreifer mit seinen eigenen Daten am Server anmeldet, danach aber Programme und Befehle ausführen kann, zu denen nur ein Administrator die notwendigen Rechte besitzt, ist ein Beispiel wovon?

A Trojaner

B Backdoor

C Wörterbuch

D Privilege Escalation

Frage 9

Welcher Zugriffskontrollmechanismus wird beschrieben, wenn die Kontrollentscheide anhand von Verantwortlichkeiten einer Person oder eines Prozesses im Unternehmen erfolgen?

A DAC (Discretionary Access Control)

B MAC (Mandatory Access Control)

C RBAC (Role Based Access Control)

D Keiner der obigen

Frage 10

Was beweist ein Unternehmen, wenn es eine Schwachstellenprüfung für kritische Systeme durchführen lässt?

A Dass diese Systeme nicht angreifbar sind

B Dass das Unternehmen unsicher ist in Bezug auf die eigene Sicherheit

C Ein Bekenntnis zum Schutz von Daten und Kunden des Unternehmens

D Dass das Unternehmen unnötige Angst vor Angriffen hat

Frage 11

Wie wird ein Mitarbeiter bezeichnet, welcher ein Gebäude betritt, indem er eine gültige Kombination aus Benutzer-ID und PIN-Nummer benutzt?

A Angreifer

B Identifizierter Benutzer

C Authentifizierter Benutzer

D Externer Benutzer

Frage 12

Was ist die beste Methode, um Mitarbeiter davon abzuhalten, E-Mail in der Firma zu missbrauchen?

A Erzwingen von ACLs
B Erarbeiten einer Netzwerksicherheitsrichtlinie
C Starke Authentifizierung implementieren
D Mailnachrichten verschlüsseln

Frage 13

Was sollten Sie in einem SLA (Service Level Agreement) nebst den Leistungsparametern für die Server mit einschließen, um die Verfügbarkeit von serverbasierten Ressourcen sicherzustellen?

A Netzwerk
B Hosting
C Anwendung
D Sicherheit

Frage 14

Nach welchem Grundsatz sollten Sie Zugriffsrechte erteilen, wenn Sie eine Sicherheitsrichtlinie dazu erstellen?

A Least Privilege
B Less Privilege
C Lack of Privilege
D No Privilege

Frage 15

Welche technische Maßnahme erhöht die Verfügbarkeit Ihrer Systeme?

A Antivirenprogramme
B Firewall
C RAID
D IPv6

Frage 16

Welche Verschlüsselung wird heute üblicherweise eingesetzt, um eine Integritätsprüfung vorzunehmen?

A PKI

B asymmetrisch

C MD5

D symmetrisch

Frage 17

Was gehört in einen Notfallplan (Disaster Recovery Plan)?

A Penetrationstests

B Risikobeurteilung

C DDoS (Distributed Denial of Service)

D RBAC (Role Based Access Control)

Frage 18

Was ist eine systembedingte Schwäche von DAC (Discretionary Access Control)?

A DAC beruht lediglich auf der Identität eines Benutzers oder Prozesses und lässt dadurch Raum für einen Trojaner.

B DAC beruht auf Zertifikaten und erlaubt es Angreifern, diese zu benutzen.

C DAC beruht nicht auf der Identität eines Benutzers und erlaubt daher jedem, ein bestimmtes Benutzerkonto zu nutzen.

D DAC hat keine bekannten Sicherheitslücken.

Frage 19

Wie nennt sich ein alternativer Standort, welcher mit der notwendigen Hardware, den Netzwerkverbindungen und eigenem Personal ausgestattet und sieben Tage die Woche rund um die Uhr für einen Notfall zur Verfügung steht?

A Cold Site

B Warm Site

C Hot Site

D Redundant Site

Frage 20

Welche Sicherungsmethode sichert nur diejenigen Dateien, welche seit der letzten Vollsicherung geändert oder erstellt worden sind?

A Kopieren
B Differenzial
C Inkremental
D Deduplikation

Frage 21

Was muss ein Administrator tun, um sicherzustellen, dass Systemprotokolle eine effiziente Sicherheitsmethode sind?

A Die Protokollierung regelmäßig laufen lassen
B Die Protokolle regelmäßig überprüfen
C Die Systeme so konfigurieren, dass sie bei vollen Protokollen herunterfahren
D SNMPv3 als Protokoll einsetzen

Frage 22

Welcher der folgenden Vorgänge erlaubt es einem Angreifer, eine Domain während maximal fünf Tagen für seine Zwecke einzusetzen und sie dann wieder aufzugeben?

A Domain Poisoning
B Domain Hijacking
C Domain Kiting
D Domain Spoofing

Frage 23

Welches Verfahren bietet für drahtlose Netzwerke eine Sicherheit, die derer von verkabelten Netzwerken gleichkommt?

A WEP (Wired Equivalent Privacy)
B ISSE (Information Systems Security Engineering)
C VPN (Virtual LAN)
D SSID (Service Set Identifier)

Frage 24

Welches Verfahren zur Anmeldung basiert einzig auf biometrischer Erkennung?

A Benutzername und Passwort
B Fingerabdruck, Iris-Scan und PIN-Nummer
C Spracherkennung, Fingerabdruck und Iris-Scan
D Gesichtserkennung, PIN-Nummer und starke Passwörter

Frage 25

Ein Administrator möchte eine IPsec-basierte VPN-Verbindung zwischen zwei Routern über ein WAN einrichten. Dabei möchte er sicherstellen, dass die VPN-Verbindung so sicher wie möglich verschlüsselt ist. Welches ist dazu die beste Methode und Konfiguration?

A IPsec im Tunnel-Modus, Einsatz von ESP- und AH-Protokollen
B IPsec im Tunnel-Modus, Einsatz des ESP-Protokolls
C IPsec im Transport-Modus, Einsatz des AH-Protokolls
D IPsec im Transport-Modus, Einsatz von ESP- und AH-Protokollen

Frage 26

Eine CRL-Liste enthält welche Schlüssel?

A Private Schlüssel
B Öffentliche Schlüssel
C Geheime Schlüssel
D Öffentliche und private Schlüssel

Frage 27

Für welche Art von Angriff ist es für den Angreifer notwendig, das Netzwerk abzuhören?

A Domain-Kiting
B DDoS-Attacke
C DNS-Poisoning
D Man in the Middle

Frage 28

Was müssen Sie während einer Beweisaufnahme sicherstellen?

A Buchungsbelge
B Eidesstattliche Erklärungen
C Beweiskette
D Beweisprotokolle

Frage 29

Welches Protokoll können Sie einsetzen, um Benutzerangaben über Telnet oder FTP für die Übertragung zu verschlüsseln?

A SSH
B HTTPS
C S/MIME
D SSL

Frage 30

Welcher Begriff steht für den Prozess der Sicherstellung, dass beide Teilnehmer einer Verbindung auch wirklich sind, wer sie angeben zu sein?

A Identifikation
B Vertraulichkeit
C Authentifikation
D Unleugbarkeit (Non-Repudiation)

Frage 31

Auf welchem Verschlüsselungsprinzip basiert PKI?

A Logisch
B Asymmetrisch
C Hybrid
D Symmetrisch

Frage 32

Sie möchten ein wichtiges Büro mit einer Zugangsbeschränkung ausstatten. Was können Sie von folgenden Möglichkeiten empfehlen?

A Videoüberwachung

B Starke Passwörter

C Personenschleuse

D RSA

Frage 33

Welchen Begriff verwenden Sie, um einen wesentlichen Bestandteil einer DDoS-Attacke (Distributed Denial of Service) zu bezeichnen ?

A Phishing

B Pharming

C Botnet

D Adware

Frage 34

Was gilt als »Best Practice« in der sicheren Anwendungsentwicklung?

A Eingabevalidierung

B Objektorientierte Entwicklung

C Rapid Application Developement (RAD)

D Scriptbasierte Entwicklung

Frage 35

Ein Netzwerkadministrator hat am Übergang zum öffentlichen Netzwerk ein IDS installiert. Dennoch ist er besorgt, dass auch zwischen den Arbeitsstationen noch unerwünschter Datenverkehr fließen kann. Was kann der Administrator am besten unternehmen?

A Ein HIDS implementieren

B Ein VLAN implementieren

C Eine ACL implementieren

D Mehrere Router ins lokale Netzwerk einbauen

Frage 36

Bei welchem der folgenden Angriffe handelt es sich um ein TCP/IP-Hijacking?

- A MAC-Flooding
- B Birthday-Attacke
- C ARP-Poisoning
- D Man in the Middle

Frage 37

In einer firmeninternen Richtlinie zur Aufbewahrungspflicht von Dokumenten können Sie alles finden, *außer* ...?

- A Typ der Aufbewahrungsmedien
- B Zugangskontrollregeln
- C Aufbewahrungsfristen
- D Passwortkomplexitätsregeln

Frage 38

Bei welcher Methode verändert ein Angreifer Dateien so, dass er durch das Manipulieren der beiden niederwertigesten Bits geheime Informationen in der Datei unterbringen kann?

- A Kryptografie
- B Trojaner
- C Steganografie
- D File-Poisoning

Frage 39

Wie lauten die Funktionen von asymmetrischen Schlüsseln?

- A Entschlüsseln, Entziffern, Encodieren, Verschlüsseln
- B Verschlüsseln, Signieren, Entschlüsseln, Verifizieren
- C Entschlüsseln, Kodieren, Validieren, Verifizieren
- D Verschlüsseln, Validieren, Entschlüsseln, Verifizieren

Frage 40

Welche der folgenden Zugriffskontrollmethoden basiert auf Sicherheit durch Identifikation des Benutzers und einer Datenklassifizierung?

A RBAC (Role Based Access Control)

B NDAC (Non-Discretionary Access Control)

C MAC (Mandatory Access Control)

D DAC (Discretionary Access Control)

Frage 41

Was kann ein Indiz dafür liefern, dass ein System kompromittiert ist?

A Ein Portmonitor zeigt an, dass auf Port 80 viel Verkehr herrscht.

B Ein Leistungsmonitor zeigt an, dass seit Kurzem und fortlaufend Geschwindigkeit, Plattenverfügbarkeit oder Arbeitsspeicher gegenüber dem Normalzustand nach unten abweichen.

C Ein Protokollanalysierer zeigt eine große Menge an UDP-Paketen an, die von einem Media Streaming Server im Internet stammen.

D Das Zertifikat eines Ihrer Webserver ist abgelaufen, und die Anzahl Transaktionen zu diesem Webserver nimmt rapide ab.

Frage 42

Welche Angriffsform kann durch Erhöhung der Anzahl möglicher Schlüssel sowie durch komplexe Passwörter massiv behindert werden?

A Wörterbuchattacke

B Brute-Force-Attacke

C Frontalattacke

D Interferenzattacke

Frage 43

Was ist der Hauptunterschied zwischen einem Wurm und einem Trojaner?

A Ein Wurm wird via Mailverkehr verbreitet, ein Trojaner nicht.

B Ein Wurm repliziert sich selber, was ein Trojaner nicht tut.

C Würmer enthalten Schadcode, Trojaner nicht.

D Ein Wurm kann durch Antivirensoftware entfernt werden, Trojaner nicht.

Frage 44

Womit lässt sich die Topologie eines Netzwerks am besten bestimmen und unbekannte Geräte entdecken?

A NIPS
B Protokollanalysierer
C HIPS
D Network Mapper

Frage 45

Welche Angriffsform kann ohne großen Aufwand ein Passwort enträtseln, wenn der Benutzer ein einfaches und aussagekräftiges Passwort wie Familiennamen oder bekannte Feiertage verwendet?

A Brute-Force-Attacke
B Spoofing-Attacke
C RBAC-Attacke
D Mickey-Mouse-Attacke
E Wörterbuch-Attacke
F Man-in-the-Middle-Attacke

Frage 46

Welche Sicherheitsmaßnahme hilft am effizientesten gegen Angreifer, die sich durch »Huckepack«, das heißt dem Nachfolgen einer berechtigen Person, Zutritt zu einem Bereich erlangen wollen?

A Videoüberwachung
B Biometrisches Erkennungssystem
C Personenschleuse
D Sicherheitspersonal

Frage 47

Welchen Port benutzt secure LDAP?

A 363
B 389
C 465
D 636

Frage 48

Welche Methode ist am effizientesten, um große Datenmengen zu verschlüsseln?

A Symmetrische Verschlüsselung

B Kryptische Verschlüsselung

C Asymmetrische Verschlüsselung

D Hash-Verschlüsselung

Frage 49

Sie arbeiten als Netzwerkadministrator und entdecken während einer Routineüberprüfung, dass in der Marketingabteilung ein nicht autorisierter W-LAN-Access Point im Einsatz ist. Die zuständige Person verneint auf Anfrage, von diesem Access Point etwas zu wissen, gibt aber zu, dass ein neuer Freund sie in der letzten Zeit regelmäßig besucht und auch einmal zum Mittagessen ausgeführt hat. Welche Form von Angriff wird hier beschrieben?

A DDoS (Distributed Denial of Service)

B Man-in-the-Middle-Attacke

C Social Engineering

D Halloween-Attacke

Frage 50

Welche der folgenden ist die beste Methode zur Verteidigung gegen eine Man-in-the-Middle-Attacke?

A VLAN

B GRE (Generic Route Encapsulation)

C IPIP (Internet Protocol within Internet Protocol Encapsulation Protocol)

D PKI (Public Key Infrastructure)

Antworten zu den Fragen

Im Folgenden finden Sie die Antworten zu den Fragen, die am Ende der Kapitel standen, sowie zur Musterprüfung im vorhergehenden Kapitel.

A.1 Antworten zu den Vorbereitungsfragen

Frage	Richtige Antwort
1	D
2	C
3	D
4	A
5	D
6	A
7	E
8	E
9	A
10	D
11	D
12	D
13	B

Frage	Richtige Antwort
14	B
15	C
16	D
17	D
18	A
19	B
20	D
21	B
22	C
23	C
24	D
25	A

A.2 Antworten zu den Kapitelfragen

Kapitel 3	
Frage 1	A
Frage 2	C
Frage 3	D
Frage 4	A
Frage 5	B

Kapitel 4	
Frage 1	A
Frage 2	C
Frage 3	B
Frage 4	A
Frage 5	C
Frage 6	B
Frage 7	C

Kapitel 5	
Frage 1	B
Frage 2	C
Frage 3	A
Frage 4	D
Frage 5	B
Kapitel 6	
Frage 1	C
Frage 2	D
Frage 3	B
Frage 4	C
Frage 5	A
Kapitel 7	
Frage 1	B
Frage 2	C
Frage 3	C
Frage 4	D
Frage 5	D
Frage 6	C
Frage 7	B
Frage 8	A
Frage 9	C
Kapitel 8	
Frage 1	C
Frage 2	D
Frage 3	A
Frage 4	D
Frage 5	A
Frage 6	C
Kapitel 9	
Frage 1	B
Frage 2	B
Frage 3	D
Frage 4	A
Frage 5	A
Frage 6	B
Frage 7	D
Frage 8	B
Kapitel 10	
Frage 1	A
Frage 2	D
Frage 3	D
Frage 4	A
Frage 5	D
Kapitel 11	
Frage 1	D
Frage 2	A
Frage 3	D
Frage 4	C
Frage 5	D
Frage 6	C
Frage 7	B
Kapitel 12	
Frage 1	D
Frage 2	B
Frage 3	B
Frage 4	A
Frage 5	A
Frage 6	C
Frage 7	D
Frage 8	A
Kapitel 13	
Frage 1	C
Frage 2	C
Frage 3	D
Frage 4	A
Frage 5	B
Frage 6	D
Frage 7	C
Kapitel 14	
Frage 1	D
Frage 2	B
Frage 3	B
Frage 4	D
Frage 5	D
Frage 6	B
Frage 7	B

Kapitel 15	
Frage 1	D
Frage 2	A
Frage 3	D
Frage 4	C D
Frage 5	B
Frage 6	B
Frage 7	D
Frage 8	D
Frage 9	B
Frage 10	A

Kapitel 16	
Frage 1	C
Frage 2	B
Frage 3	C

A.3 Antworten zu den Beispielfragen

Frage	Richtige Antwort
1	C
2	C
3	A
4	D
5	B
6	A
7	B
8	D
9	C
10	C
11	C
12	B
13	B
14	A
15	C
16	D
17	B
18	A
19	C
20	B
21	B
22	C
23	A
24	C
25	A

Frage	Richtige Antwort
26	D
27	D
28	C
29	A
30	D
31	B
32	C
33	C
34	A
35	A
36	D
37	D
38	C
39	B
40	C
41	B
42	B
43	B
44	D
45	E
46	C
47	D
48	A
49	C
50	D

Glossar

3DES	Triple Digital Encryption Standard
ACK	Acknowledge (Kommunikationssteuerungskommando)
ACL	Access Control List (Zugriffskontrollliste)
ACPI	Advanced Configuration and Power Management Interface
AD, ADS	Active Directory
ADSL	Asymmetric Digital Subscriber Line
AES	Advanced Encryption Standard
AFP	Apple Filing Protocol
AH	Authentication Header
ALE	Annualized Loss Expectancy
AOL	America Online; Onlinedienst und Internet-Provider
AP	Authentication Process, oder auch: Access Point
API	Application Programming Interface
APIPA	Automatic Private Internet Protocol Addressing
Applet	In Java geschriebener Programmcode, der auf dem lokalen Rechnersystem innerhalb einer eigenen Umgebung ausgeführt wird
ARO	Annualized Rate of Occurrence
ARP	Address Resolution Protocol
AS	Autonomes System (im Bereich Routing-Protokolle)
ASP	Application Service Provider
ATM	Asynchronous Transfer Mode
ATP	AppleTalk Transaction Protocol
AUP	Acceptable Use Policy
AV	Anti–Virus
Backdoor	Hintertür, versteckte bzw. undokumentierte Programmfunktion
BAN	Body Area Network
BDSG	Bundesdatenschutzgesetz (Deutschland), in der Schweiz: DSG
BERT	Bit-Error Rate Test
BGP	Border Gateway Protocol
BIND	Berkeley Internet Name Domain

BIOS	Basic Input/Output System
BNC	British Naval Connector/Bayonet Niell-Concelman
BootP	Boot Protocol /Bootstrap Protocol
BOTS	Network Robots
BPDU	Bridge Protocol Data Unit
BRI	Basic Rate Interface
BSD	Berkeley Software Distribution
CA	Certificate Authority
CAN	Campus Area Network
CBC	Cipher Block Chaining
CCMP	Counter Mode with CBC Message Authentication Code Protocol
CCTV	Closed-Circuit Television
CDFS	CD-ROM File System
CFB	Cipher Feedback
CHAP	Challenge Handshake Authentication Protocol
CERT	Computer Emergency Response Team
CIDR	Classless Inter-Domain Routing
CIFS	Common Internet File System
CNAME	Canonical Name
CRAM	Challenge-Response Authentication Mechanism
CRL	Certification Revocation List
CSMA/CA	Carrier Sense Multiple Access/Collision Avoidance
CSMA/CD	Carrier Sense Multiple Access/Collision Detection
CSNW	Client Services for NetWare
CSU	Channel Service Unit
CTI	Computer Telephony Integration
DAC	Discretionary Access Control
dB	Dezibel (Pegeleinheit)
DC	Domain Controller
DDoS	Distributed Denial of Service (siehe auch DoS)
DECT	Digital Enhanced Cordless Telecommunication
Demarc	Demarcation Point (Verkabelung)
DES	Digital Encryption Standard
DHCP	Dynamic Host Configuration Protocol
DIG	Domain Information Groper (Programm zur DNS-Abfrage)
DLC	Data Link Control

DLL	Dynamic Link Library
DMZ	Demilitarized Zone
DNAT	Destination Network Address Translation
DNS	Domain Name Service/Domain Name Server/Domain Name System
DOCSIS	Data-Over-Cable Service Interface Specification
DOD	Department of Defense (DOD4-Modell)
DoS	Denial of Service (siehe auch DDoS)
DSL	Digital Subscriber Line
DSLAM	Digital Subscriber Line Access Multiplexer
DSSS	Direct Sequence Spread Spectrum
DSU	Data Service Unit
E1	E-Carrier Level 1
EAP	Extensible Authentication Protocol
ECB	Electronic Code Book
ECC	Elliptic Curve Cryptography
ECP	Encryption Control Protocol
EFS	Encrypting File System
EGP	Exterior Gateway Protocol (Protokollgruppe)
ElGamal	Asymmetrischer Verschlüsselungsalgorithmus
EIGRP	Enhanced Interior Gateway Routing Protocol
EMI	Elektromagnetische Interferenz
ESP	Encapsulated Security Payload
ESSID	Extended Service Set Identifier
FCS	Frame Check Sequence
FDDI	Fiber Distributed Data Interface
FDE	Full Disk Encryption
FDM	Frequency Division Multiplexing
FHSS	Frequency Hopping Spread Spectrum
FM	Frequenzmodulation
FQDN	Fully Qualified Domain Name/Fully Qualified Distinguished Name
FTP	File Transfer Protocol (Dienstprotokoll)
FTP	Foiled Twisted-Pair (TP-Kabel)
GBIC	Gigabit Interface Converter
Gbps	Giga bits per second AUCH: Gbit/s
GPO	Group Policy Object
GPRS	General Packet Radio Service

GRE	Generic Routing Encapsulation
GSM	Global System for Mobile Communications
GSNW	Gateway Services for NetWare
HAL	Hardware Abstraction Layer
HBCI	Home Banking Computer Interface
HDLC	High-Level Data Link Control
HIDS	Host Based Intrusion Detection System
HIPS	Host Based Intrusion Prevention System
HMAC	Hash-based Message Authentication Code
HSDPA	High Speed Downlink Packet Access
HSM	Hardware Security Mode – Hardware-Sicherheitsmodul
HSPA	High Speed Packet Access
HSRP	Hot Standby Router Protocol
HTTP	Hypertext Transfer Protocol
HTTPS	Hypertext Transfer Protocol Secure
HVAC	Heating, Ventilation Air Conditioning
Hz	Hertz (Frequenzeinheit)
IAB	Internet Architecture Board
IANA	Internet Assigned Numbers Authority
ICANN	Internet Corporation for Assigned Names and Numbers
ICMP	Internet Control Message Protocol
ICS	Internet Connection Sharing
ID	Identifikation
IDS	Intrusion Detection System
IEEE	Institute of Electrical and Electronics Engineers
IESG	Internet Engineering Steering Group
IETF	Internet Engineering Task Force
IGMP	Internet Group Management Protocol
IGP	Interior Gateway Protocol (Protokollgruppe)
IGRP	Interior Gateway Routing Protocol (Cisco Routing-Protokoll)
IIS	Internet Information Services (vormals Server)
IKE	Internet Key Exchange
IM	Instant Messaging
IMAP4	Internet Message Access Protocol version 4
IOS	Internetwork Operating System (Cisco OS für Netzwerkgeräte)
IP	Internet Protocol

IPS	Intrusion Prevention System
IPsec	Internet Protocol Security
IPv4	Internet Protocol version 4
IPv6	Internet Protocol version 6
IPX	Internetwork Packet Exchange
IPX/SPX	Internetwork Packet Exchange/Sequenced Packet Exchange
IRC	Internet Relay Chat
IRTF	Internet Research Task Force
ISDN	Integrated Services Digital Network
IS-IS	Intermediate System to Intermediate System (Protocol)
ISM	Industrial, Scientific, and Medical
ISO	International Organization for Standardization
ISOC	Internet Society
ISP	Internet Service Provider
Kbps	Kilobits per second AUCH: Kbit/s
KDC	Key Distribution Center
KTC	Key Translation Center
L2F	Layer 2 Forwarding
L2TP	Layer 2 Tunneling Protocol
LAN	Local Area Network
LANMAN	Local Area Network Manager
LC	Local Connector
LDAP	Lightweight Directory Access Protocol
LED	Light Emitting Diode
LLC	Logical Link Control
LPD	Line Printer Daemon
LPR	Line Printer Remote
LTE	Long Term Evolution
MAC	Media Access Control/Medium Access Control
MAN	Metropolitan Area Network
MAU	Multistation Access Unit
Mbps	Megabits per second AUCH: Mbit/s
MD5	Message Digest 5 (Vorgänger: MD2, MD4)
MDC	Message Distribution Center
MDI	Media Dependent Interface
MDIX	Media Dependent Interface Crossover

MIB	Management Information Base (siehe SNMP)
MIME	Multipurpose Internet Mail Extensions (Mailformat)
MIMO	Multiple Input Multiple Output
MMF	MultiMode Fiber
MPLS	Multiprotocol Label Switching
MSAU	MultiStation Access Unit
MS-CHAP	Microsoft Challenge Handshake Authentication Protocol
MTA	Mail Transfer Agent
MTP	Message Transfer Part
MT-RJ	Mechanical Transfer-Registered Jack
MTU	Maximum Transfer Unit
MX	Mail Exchanger
NAC	Network Access Control (Netzwerkzugangskontrolle)
NAPT	Network Address Port Translation
NAS	Network Attached Storage
NAT	Network Address Translation
NCP	NetWare Core Protocol
NDS	NetWare Directory Services
NetBEUI	NetBIOS Extended User Interface
NetBIOS	Network Basic Input/Output System
NFS	Network File System
NGN	Next Generation Network (unterschiedliche neue WAN-Technologien)
NIC	Network Interface Card
NIDS	Network Based Intrusion Detection System
NIPS	Network Based Intrusion Prevention System
NIS	Network Information Service
NIST	National Institute of Standards and Technology
NLM	NetWare Loadable Module
NNTP	Network News Transport Protocol
NOS	Network Operating System
NSA	National Security Agency
NTFS	New Technology File System
NTLM	New Technology LANMAN
NTP	Network Time Protocol
NVP	Nominal Velocity of Propagation (Ausbreitungsgeschwindigkeit)
OCx	Optical Carrier (x für eine Zahl, z.B. OC-12)

OFDM	Orthogonal Frequency Division Multiplex
OFB	Output Feedback
OS	Operating System, Betriebssystem
OSI	Open Systems Interconnection, OSI-Modell
OSPF	Open Shortest Path First (Routing-Protokoll)
OTDR	Optical Time Domain Reflectometer (Messgerät)
OU	Organizational Unit (Begriff in Verzeichnisdiensten wie ADS oder NDS)
OVAL	Open Vulnerability Assessment Language
PAP	Password Authentication Protocol
PAT	Port Address Translation
PBX	Private Branch Exchange
PCA	Policy Certification Authority
PCM	Pulse Code Modulation
PDC	Primary Domain Controller (Windows NT)
PGP	Pretty Good Privacy
PII	Personally Identifiable Information (personenbezogene Daten)
PIN	Personal Identification Number
PKA	Public-Key Authority
PKI	Private Key Infrastructure
PoE	Power over Ethernet
POP3	Post Office Protocol version 3
POTS	Plain Old Telephone System
PPP	Point-to-Point Protocol
PPPoE	Point-to-Point Protocol over Ethernet (PPPoA = ...over ATM)
PPTP	Point-to-Point Tunneling Protocol
PRI	Primary Rate Interface
PSTN	Public Switched Telephone Network
PVC	Permanent Virtual Circuit
QoS	Quality of Service
RACE	Research and Development in Advanced Communications Technologies in Europe
RAD	Rapid application development
RADIUS	Remote Authentication Dial-In User Service
RAID	Redundant Array of Independent Disks (auch ... of Inexpensive Disks)
RARP	Reverse Address Resolution Protocol
RAS	Remote Access Service

RBAC	Role Based Access Control
RC4	Rivest Cipher Version 4 (Stromverschlüsselung)
RC5/RC6	Neuere Versionen von RC4
RDP	Remote Desktop Protocol
RFC	Request for Comment
RFI	Radio Frequency Interface
RG	Radio Grade (auch: Radio Guide)
RIP	Routing Information Protocol
RIPEMD	RACE Integrity Primitives Evaluation Message Digest
RJ	Registered Jack
RMON	Remote Monitoring
RPC	Remote Procedure Call
RSA	Ron **R**ivest, Adi **S**hamir und Leonard **A**dleman
RTP	Realtime Transport Protocol (Protokoll für Audio-/Videostream)
S/MIME	Secure Multipurpose Internet Mail Extensions
S/STP	Screened STP-Kabel
SAT	Source Address Table (Adresstabelle in Switching Hubs)
SC	Standard Connector/Subscriber Connector (Glasfaseranschluss)
SCP	Secure Copy Protocol
SCSI	Small Computer System Interface
SDSL	Symmetric Digital Subscriber Line
SFF	Small Form Factor
SFTP	Secure File Transfer Protocol
SHA	Secure Hash Algorithm
SHTTP	Secure Hypertext Transfer Protocol
SIP	Session Initiation Protocol – Protokoll für die IP-Telefonie
SLA	Service Level Agreement
SLE	Single Loss Expectancy
SLIP	Serial Line Internet Protocol
SMB	Server Message Block
SMF	Single Mode Fiber
SMON	Switched Monitoring
SMS	Storage Management Services
SMTP	Simple Mail Transfer Protocol
SNAT	Source Network Address Translation
SNMP	Simple Network Management Protocol

SOA	Start of Authority
SOHO	Small Office/Home Office
SONET	Synchronous Optical Network
SPIM	Spam over Internet Messaging
SPS	Standby Power Supply
SPX	Sequence Packet Exchange
SSH	Secure Shell
SSID	Service Set Identifier
SSL	Secure Sockets Layer
SSO	Single Sign On
ST	Straight Tip
STD	Synchronous Time Divison (Multiplexing)
STP	Shielded Twisted-Pair
Stratum	Schichtbezeichnung im NTP-Protokoll
SYN	Synchronize (Kommunikationssteuerungskommando)
T1	T-Carrier Level 1
TA	Terminal Adapter
TACACS	Terminal Access Controller Access Control System
TCL	Terminal Control Language
TCP	Transmission Control Protocol
TCP/IP	Transmission Control Protocol/Internet Protocol
TDM	Time Division Multiplexing
TDR	Time Domain Reflectometer
TFTP	Trivial File Transfer Protocol
TGT	Ticket Granting Ticket
TKIP	Temporal Key Integrity Protocol
TLD	Top Level Domain
TLS	Transport Layer Security (Weiterentwicklung zu SSL)
TP	Twisted-Pair (siehe auch FTP, STP und UTP)
TPM	Trusted Platform Module
TTL	Time to Live
UDP	User Datagram Protocol
UFI	Unique Firewall Identifier
UMTS	Universal Mobile Telecommunications System
UNC	Universal Naming Convention
UPS	Uninterruptible Power Supply (Siehe auch USV)

URL	Uniform Resource Locator
USB	Universal Serial Bus
USV	Unterbrechungsfreie Stromversorgung
UTM	Unified Threat Management
UTP	Unshielded Twisted-Pair
VDSL	Very high bit-rate Digital Subscriber Line
VLAN	Virtual Local Area Network
VoIP	Voice over IP
VPN	Virtual Private Network
VTP	Virtual Trunk Protocol
W3C	World Wide Web Consortium
WAN	Wide Area Network
WAP	Wireless Application Protocol/Wired Access Point
WEP	Wired Equivalent Privacy
WiMAX	Worldwide Interoperability for Microwave Access
WINS	Window Internet Name Service
W-LAN	Wireless Local Area Network
WPA	Wi-Fi Protected Access
www	World Wide Web
XDSL	Extended Digital Subscriber Line
XML	Extensible Markup Language
Zeroconf	Zero Configuration

Stichwortverzeichnis

Q

R

S

T

Made in the USA
Monee, IL
08 November 2026

68028677R00201